新编会计项目化教程系列丛书

新编成本会计项目化教程

主　编　吴鑫奇
副主编　徐洪波　张海芹
参　编　（按姓氏笔画排序）
　　　　朱如颖　袁始烨
　　　　宋茂霞　仲怀公
　　　　陈　宏

东南大学出版社
·南京·

内 容 提 要

本书依据《中华人民共和国会计法》《企业会计准则》《企业产品成本核算制度(试行)》以及《会计基础工作规范》，在充分吸收当前会计改革与发展的新成果的基础上编写而成，主要阐述了成本会计的基本理论和基本方法，重点介绍了成本会计核算方法的具体应用，并以制造业为例系统介绍了制造业产品成本的计算方法，同时也简单地介绍了其他行业成本的核算以及成本费用报表的编制方法和分析方法。本书采用项目任务方式，能够满足项目化教学模式的要求。

本书既可作为高等职业院校、高等专科院校、成人高校及民办高校财会专业的成本会计与实训教材，也可作为会计从业人员参考用书。

图书在版编目(CIP)数据

新编成本会计项目化教程 / 吴鑫奇主编. —南京：东南大学出版社，2015.12
ISBN 978-7-5641-6321-1

Ⅰ.①新… Ⅱ.①吴… Ⅲ.①成本会计-高等学校-教材 Ⅳ.①F234.2

中国版本图书馆 CIP 数据核字(2015)第 319901 号

东南大学出版社出版发行
(南京四牌楼2号 邮编 210096)
出版人：江建中
江苏省新华书店经销　扬中市印刷有限公司
开本：787mm×1092mm　1/16　印张：20.25　字数：510千字
2015年12月第1版　2015年12月第1次印刷
ISBN 978-7-5641-6321-1
印数：1—3 000 册　定价：39.00元
(凡因印装质量问题，可直接向营销部调换。电话：025-83791830)

前　言

成本会计是企业财务会计的一个重要分支，是一门实践性极强的学科。因此，成本会计的学习不仅要求学生掌握成本会计核算的理论和方法，更需要学生具备解决专业实际业务问题的能力。

随着高校课程改革的不断深入，特别在高职高专院校，对教学改革、课程整合的呼声日益提高，宽基础、重实践、重技能的培养方向已经成为大家的共识，在有限的授课学时内加大教学信息量，是各高校近年教改中提高学习效率的重中之重。为积极响应国务院《关于大力推进职业教育与发展的决定》，实现高等职业教育以社会需求为导向的培养目标，使成本会计学教学更加突出职业技术教育的特征，我们编写了本书。

本书编写过程中坚持以下理念：以就业为导向，满足产业升级、技术进步和职业岗位变化的需求，对接职业标准和岗位要求；以学生为主体，着眼于学生职业生涯发展和职业素养的培养，满足学生自主学习、合作学习的要求；以职业教育教学改革的要求为目标，适应教师个性化教学，注重做中学、做中教、教、学、做合一，理论实践一体化。

本书内容具有一定的前沿性、实用性和代表性，充分体现能力本位的思想，通过大量例题说明一些比较复杂的问题，让学生灵活掌握基础会计岗位的基本技能，做到理论与实践的零距离结合。

本书由南京工业职业技术学院注册会计师、副教授、高级会计师吴鑫奇担任主编，负责全书总体框架设计、编写大纲的拟定和各项目初稿的修订，并对全书进行了总撰和定稿；南京工业职业技术学院博士、副教授徐洪波和南京钟山学院张海芹担任副主编；参加编写的还有南京工业职业技术学院高级会计师朱如颖、南京钟山学院袁始烨、南京工业职业技术学院副教授宋茂霞、南京金审学院副教授仲怀公以及金陵石化公司高级会计师陈宏。

本书在编写过程中得到了各参编单位领导和出版社的大力支持与帮助，在此一并表示衷心感谢！

由于编者水平有限，且成书时间紧迫，书中难免会存在疏忽和错误，恳请读者批评指正。

编者

2015 年 10 月

目　　录

项目 1　成本会计基本理论 ·· (1)
　任务 1.1　成本会计概述 ·· (2)
　　1.1.1　费用、成本的涵义 ·· (2)
　　1.1.2　成本项目与期间费用 ·· (3)
　　1.1.3　成本会计的产生和发展 ·· (6)
　　1.1.4　成本会计的概念 ·· (7)
　　1.1.5　成本会计的对象和内容 ·· (7)
　　1.1.6　成本会计的组织及基础工作 ······································· (11)
　任务 1.2　制造业成本核算的要求和一般程序 ································· (14)
　　1.2.1　制造业成本核算的一般原则和基本要求 ····························· (14)
　　1.2.2　制造业成本核算的一般程序 ······································· (18)
　　1.2.3　制造业成本核算的账户设置 ······································· (19)

项目 2　要素费用的归集与分配 ··· (26)
　任务 2.1　制造业要素费用的核算 ··· (27)
　　2.1.1　材料费用的归集与分配 ··· (27)
　　2.1.2　外购动力费用的归集与分配 ······································· (33)
　　2.1.3　职工薪酬的归集与分配 ··· (35)
　　2.1.4　其他要素费用的归集与分配 ······································· (42)
　任务 2.2　辅助生产费用的核算 ··· (44)
　　2.2.1　辅助生产费用的归集 ··· (44)
　　2.2.2　辅助生产费用的分配 ··· (45)
　任务 2.3　制造费用的核算 ··· (55)
　　2.3.1　制造费用的归集 ··· (55)
　　2.3.2　制造费用的分配 ··· (55)
　任务 2.4　损失性费用的核算 ··· (59)
　　2.4.1　废品损失的核算 ··· (59)
　　2.4.2　停工损失的核算 ··· (63)
　任务 2.5　期间费用的核算 ··· (64)
　　2.5.1　管理费用的核算 ··· (64)
　　2.5.2　销售费用的核算 ··· (66)
　　2.5.3　财务费用的核算 ··· (67)
　任务 2.6　作业成本核算法 ··· (67)
　　2.6.1　作业成本核算法的适用范围 ······································· (68)

· 1 ·

2.6.2　作业成本核算法的基本程序 ……………………………………… (68)
　　2.6.3　作业成本核算法与传统成本核算法的比较 ……………………… (69)
　　2.6.4　作业成本法计算实例 ………………………………………………… (70)

项目3　制造业生产费用在完工产品与在产品之间的分配 ……………………… (99)
　任务3.1　在产品数量的核算 …………………………………………………… (100)
　　3.1.1　在产品的定义 ………………………………………………………… (100)
　　3.1.2　在产品成本和完工产品成本与生产费用的关系 ………………… (100)
　　3.1.3　在产品数量的核算方法 ……………………………………………… (100)
　任务3.2　生产费用在完工产品和在产品之间的分配方法 ………………… (102)
　　3.2.1　在产品不计算成本法 ………………………………………………… (102)
　　3.2.2　在产品按年初固定成本计价法 ……………………………………… (103)
　　3.2.3　在产品按所耗原材料费用计算法 …………………………………… (103)
　　3.2.4　约当产量比例法 ……………………………………………………… (104)
　　3.2.5　在产品按完工产品成本核算法 ……………………………………… (108)
　　3.2.6　在产品按定额成本计价法 …………………………………………… (109)
　　3.2.7　定额比例法 …………………………………………………………… (110)

项目4　制造业产品成本核算方法 ……………………………………………… (120)
　任务4.1　成本核算对象的选择 ………………………………………………… (121)
　　4.1.1　生产特点和管理要求对成本核算方法的影响 …………………… (121)
　　4.1.2　产品成本核算方法的种类 …………………………………………… (124)
　　4.1.3　各种成本核算方法的实际应用 ……………………………………… (125)
　任务4.2　产品成本核算的品种法 ……………………………………………… (126)
　　4.2.1　品种法的适用范围及特点 …………………………………………… (126)
　　4.2.2　品种法成本核算的一般程序 ………………………………………… (127)
　任务4.3　产品成本核算的分批法 ……………………………………………… (136)
　　4.3.1　分批法的适用范围及特点 …………………………………………… (136)
　　4.3.2　分批法成本核算的一般程序 ………………………………………… (137)
　　4.3.3　简化的分批法 ………………………………………………………… (141)
　任务4.4　产品成本核算的分步法 ……………………………………………… (146)
　　4.4.1　分步法的适用范围及特点 …………………………………………… (146)
　　4.4.2　逐步结转分步法 ……………………………………………………… (147)
　　4.4.3　平行结转分步法 ……………………………………………………… (158)
　任务4.5　产品成本核算的辅助方法 …………………………………………… (166)
　　4.5.1　产品成本核算的分类法 ……………………………………………… (166)
　　4.5.2　产品成本核算的定额法 ……………………………………………… (168)

项目5　其他行业成本核算 ……………………………………………………… (216)
　任务5.1　商品流通企业成本核算 ……………………………………………… (216)

  5.1.1 商品流通企业成本核算的对象和范围 …………………………… (216)
  5.1.2 批发企业成本核算 …………………………………………………… (217)
  5.1.3 零售企业成本核算 …………………………………………………… (222)
 任务 5.2 建筑企业成本核算 …………………………………………………………… (225)
  5.2.1 建筑企业成本核算的对象和范围 …………………………………… (225)
  5.2.2 建筑工程的成本核算 ………………………………………………… (226)

项目 6 成本费用报表的编制与分析 ………………………………………………… (242)
 任务 6.1 成本费用报表的编制 ………………………………………………………… (242)
  6.1.1 成本报表的定义与作用 ……………………………………………… (243)
  6.1.2 商品产品成本表的编制 ……………………………………………… (244)
  6.1.3 主要产品单位成本表的编制 ………………………………………… (246)
  6.1.4 制造费用明细表的编制 ……………………………………………… (248)
  6.1.5 期间费用明细表的编制 ……………………………………………… (250)
 任务 6.2 成本费用报表的分析 ………………………………………………………… (252)
  6.2.1 成本报表分析的内容和基本方法 …………………………………… (253)
  6.2.2 商品产品成本表分析 ………………………………………………… (257)
  6.2.3 主要产品单位成本表分析 …………………………………………… (261)
  6.2.4 制造费用、期间费用明细表分析 …………………………………… (265)

参考答案 ……………………………………………………………………………………… (272)

参考文献 ……………………………………………………………………………………… (316)

项目1　成本会计基本理论

【教学目标】

知识目标
(1) 掌握成本核算的要求和原则。
(2) 掌握制造业成本项目。
(3) 掌握制造业成本核算的一般程序。
(4) 理解成本及成本会计的概念。
(5) 了解成本会计的工作内容和任务。

能力目标
(1) 能协调企业生产过程中各部门有关成本核算的凭证填制、传递及交接工作。
(2) 能结合制造业生产组织特点设计成本核算程序。
(3) 能确定制造业成本核算应设置的相关账户。

【学习重点、难点】

学习重点
(1) 制造业成本核算的要求和原则。
(2) 制造业成本核算的一般程序。

学习难点
(1) 成本、费用的联系与区别。
(2) 成本项目的设置。
(3) 直接生产费用、间接生产费用与直接费用、间接费用的联系与区别。

【引　言】

　　企业在生产活动中，为了获得一定的资产或收入，必然要耗费、支出一定的人力、物力和财力，这就需要运用会计的基本原理和一般原则，采用一定的会计技术方法，对发生的各种耗费进行正确地确认、计量、记录，以便恰当地核算出为获取一定资产所付出的代价（成本）或为取得一定收入而付出的费用，从而为企业管理者制定商品价格，寻求降低成本、节约费用的途径以及加强经营管理提供可靠的决策依据。为了能够更好地应用成本核算的具体方法，必须掌握成本会计的基本理论和方法。本项目介绍了成本会计的对象和工作内容、成本会计工作的组织、制造业成本费用的分类以及制造业成本核算的要求和一般程序。

任务 1.1 成本会计概述

会计是以货币为主要计量单位,运用专门方法,对单位的经济活动过程进行连续、系统、全面地核算和监督,旨在提高经济效益的一种管理活动。成本会计作为现代会计的一个分支,同样具备会计的基本特征:即以货币作为主要计量单位;对其对象的核算和监督具有连续性、系统性、全面性和综合性。成本会计侧重于对企业生产经营过程中发生的产品(或商品、劳务、服务)成本和各项费用进行核算和监督,其目的是对成本和费用加强管理,在取得同样的资产或经营成果的前提下,尽可能地降低成本、节约费用,进而提高经济效益。

1.1.1 费用、成本的涵义

1) 费用的涵义

费用作为会计要素或会计报表要素的构成内容之一,是和收入相对应而存在的。企业会计准则中将费用定义为:"费用是指企业在日常活动中所发生的、会导致所有者权益减少的、与向所有者分配利润无关的经济利益的总流出。"企业为获取营业收入需要提供商品或劳务,在提供商品或劳务的生产过程中会发生如原材料、燃料、动力、机器设备和人工等各种耗费。这些耗费或为实现当期销售而发生,或为制造产品而发生,或为以后实现销售而发生,但这些耗费最终可望从获取的营业收入中得到补偿,并于补偿后获得盈利。因此可以这样讲,费用是企业为了获取营业收入而发生的必要的耗费,是与商品或劳务的提供相联系的耗费。

按照费用的归属,费用可分为营业成本和期间费用。

营业成本是指销售商品或提供劳务的成本。营业成本按照其销售商品或提供劳务在企业日常活动中所处地位可以分为主营业务成本和其他业务成本。

期间费用包括管理费用、销售费用和财务费用。管理费用是企业行政管理部门为组织和管理生产经营活动而发生的各种费用;销售费用是企业在销售商品、提供劳务等日常活动中发生的除营业成本以外的各种费用以及专设销售机构的各项费用;财务费用是企业筹集和使用生产经营资金而发生的费用。

需指出的是:费用是企业的营业性支出,但支出并不一定是企业的费用。支出是指企业在经济活动中的一切货币支出或对资产的耗费。企业的支出一般包括收益性支出(支出的效益只在当期发挥作用)、资本性支出(支出的效益可在几个连续的会计期间发挥作用)、偿债性支出和所有者权益性支出(支付利润、减资等)等多个方面。所以,支出不等于费用,支出的范围大于费用,支出与费用不能混淆。

2) 成本的涵义

成本作为一个价值范畴,是商品经济发展到一定阶段的产物。它是商品生产过程中所耗费或支出的部分活劳动和物化劳动的货币表现。因此,成本概念有广义和狭义之分。

广义成本是指为取得资产或达到特定目的而实际发生或应发生的各种耗费、支出。例如,企业为生产产品而发生的耗费、支出为产品成本;企业为购建固定资产而发生的耗费、支出为固定资产成本;企业为采购存货而发生的耗费、支出为存货的成本等。

狭义成本是指企业为生产经营一定种类和数量的产品(或商品)、提供劳务(或服务)而发生的各种耗费、支出,即产品成本。

产品成本是商品价值的组成部分。商品的价值由三个部分组成:一是生产过程中已经消耗的生产资料价值(C);二是劳动者为自己劳动创造的价值(V);三是劳动者为社会劳动创造的价值。从理论上讲,产品成本是产品生产中所消耗的物化劳动和活劳动中必要劳动的价值,即 C+V 部分,具体表现为在生产产品、提供劳务过程中而发生的折旧费、材料费、人工费等耗费。

需指出的是:在实际工作中,为了加强经济核算,节约资源耗费,减少生产损失,将劳动者为社会创造的价值(如直接销售委托加工物资的消费税)以及不形成产品价值的损失(如废品损失、停工损失等),也计入产品成本;同时,为了简化成本核算工作,对于某些难以按产品归集但又属于企业物化劳动和活劳动耗费的部分,如行政部门的固定资产折旧、行政人员工资等,作为期间费用直接计入当期损益,不计入产品成本。因此,企业实际工作中产品成本的构成和范围由国家通过有关法规制度来界定,与理论存在一定差别。

由此可见,产品的生产过程,同时也是生产的耗费过程。企业要生产产品、提供劳务,必然要发生各种生产耗费,主要包括劳动手段、劳动对象和劳动力等方面的耗费。企业在一定时期内为生产产品、提供劳务过程中发生的各种耗费,称为生产费用。生产费用和期间费用都是企业生产经营过程中发生的耗费,可以将企业的生产费用和期间费用合称为生产经营费用。产品成本是企业为生产一定种类和数量的产品(劳务)所发生的各种生产费用的总和。因此,产品成本也称为产品生产成本或产品制造成本。

3)费用与成本的关系

费用和成本是两个并行使用的概念,两者之间既有联系也有区别。成本是按一定对象所归集的费用,是对象化了的费用。也就是说,成本是相对于一定的产品而言所发生的费用,是按照产品品种等成本核算对象对当期发生的费用进行归集而形成的。两者之间也是有所区别的。费用是资产的耗费,覆盖范围比较宽,它与生产哪一种产品无关,着重于按会计期间进行归集;成本与一定种类和数量的产品或商品相联系,着重于按产品进行归集,而不论其发生在哪一个会计期间。

费用与成本之间的关系如图 1.1 所示。

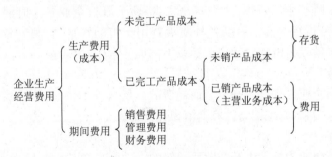

图 1.1　费用与成本的关系

1.1.2　成本项目与期间费用

1)成本项目的概念

为具体反映计入产品生产成本的生产费用的各种经济用途,还应将其进一步划分为若干项目,即产品生产成本项目,简称产品成本项目或成本项目。企业应当根据生产经营特点和管理要求,按照成本的经济用途和生产要素内容相结合的原则或者成本性态等设置成本项目。

设置成本项目可以反映产品成本的构成情况,满足成本管理的目的和要求,有利于了解企业生产费用的用途,便于企业分析和考核产品成本计划的执行情况。

2) 按经济用途设置成本项目

成本的经济用途是指生产成本在生产产品或提供劳务过程中的实际用途。按经济用途设置成本项目,能够反映出费用与产品的关系,揭示产品成本的构成内容,便于进一步分析费用支出的合理性和结构水平,为挖掘企业降低成本的潜力创造了有利条件。产品成本就其经济用途而言包括以下成本项目:

(1) 直接材料

直接材料是指企业在生产产品或提供劳务的过程中耗用的构成产品实体或有助于产品实体形成的各种材料,包括原材料、辅助材料、备品备件、外购半成品、包装物、低值易耗品等费用。

(2) 燃料及动力

燃料及动力也称直接燃料及动力,指直接用于产品生产的外购和自制的燃料和动力费用。

(3) 直接人工

直接人工是指直接从事产品生产的工人的职工薪酬。

(4) 制造费用

制造费用是指企业为生产产品或提供劳务而发生的各种间接费用,包括企业内部生产单位(分厂、车间)的管理人员职工薪酬、固定资产折旧费、租赁费(不包括融资租赁费)、机物料消耗、低值易耗品摊销、取暖费、水电费、办公费、运输费、保险费、设计制图费、试验检验费、劳动保护费、季节性或修理期间的停工损失以及其他制造费用。

3) 按经济内容设置成本项目

成本经济内容是指在生产过程中消耗了什么,如消耗了多少活劳动,消耗了哪些物化劳动。生产成本的经济内容通常称为费用要素,凡为生产产品和提供劳务而开支的货币资金以及消耗的各项实物资产,均称为费用要素。按经济内容设置成本项目可以反映企业在一定时期内发生了哪些生产费用,金额各是多少,便于分析企业各个时期各种费用占整个费用的比重,进而分析企业各个时期各种要素费用支出的水平,有利于考核费用计划的执行情况。产品成本就其经济内容而言包括以下构成要素(费用要素):

(1) 外购材料

外购材料是指企业为进行生产经营而耗费的一切从外单位购进的原料及主要材料、半成品、辅助材料、包装物、修理用备件和低值易耗品等。

(2) 外购燃料

外购燃料是指企业为进行生产经营而耗费的一切从外单位购进的各种固体、液体和气体燃料。外购燃料与外购材料从性质上看是相同的,可归为一类。但由于在许多企业里燃料是重要的能源,在成本中所占的比重较大,故将其单独列为一类进行核算。

(3) 外购动力

外购动力是指企业为进行生产经营而耗费的一切从外单位购进的电力、蒸汽等各种动力。

(4) 职工薪酬

职工薪酬是指企业应计入产品成本的职工薪酬。

(5) 折旧费

折旧费是指企业应计入产品成本的按照规定的固定资产折旧方法计算提取的折旧费用。

(6) 其他支出

其他支出是指不属于以上各费用要素但应计入产品成本的支出,如生产单位(车间、分厂)发生的办公费、差旅费、租赁费、外部加工费以及保险费等。

4) 按成本性态设置成本项目

成本性态又称成本习性,是指成本总额与业务量(产品产量或劳务量)之间的依存关系。成本项目按成本性态设置有利于企业成本的预测与决策。产品成本就其性态而言包括以下成本项目:

(1) 变动成本

变动成本是指成本总额与业务量成正比例变动的那部分成本。如构成产品实体的原料和主要材料、播种用的种子、工艺过程耗用的燃料动力、商品包装材料等。这些成本,虽随着业务量的增减而增减,但就单位产品或商品所应负担的成本来说,则不因产品产量或商品流转量的变动而变动。

变动成本的这种成本总额随着业务量变动并成正比例变动的完全的线性联系,只有在一定的相关范围内存在;超出了相关范围,它们之间的联系则可能表现为非线性的。

(2) 固定成本

固定成本是指成本总额在一定时期和一定业务量范围内,不受业务量增减变动影响而能保持不变的成本。比如,固定资产折旧费、租赁费用等。它们一般不会随着业务量的变化而变化,但是,若从单位业务量的固定成本来看,则情况有所不同,它是变动的,与业务量的增减成反向变动。

固定成本总额只有在一定时期和一定业务量范围内才是固定的,这就是说固定成本的固定性是有条件的。如业务量的变动超过这个相关范围,固定成本就会发生变动。

区分变动成本和固定成本,有助于进行成本分析和寻求降低成本的途径。改进产品设计,革新工艺流程,采用新技术、新材料,减少单位产品或商品的各种物资消耗量和耗用工时,是降低变动成本的主要途径。

成本项目的设置应根据管理上的要求确定,对于制造业而言,一般可设置"直接材料""燃料及动力""直接人工"和"制造费用"等项目。

由于生产的特点、各种费用支出的比重及成本管理和核算的要求不同,各企业可根据具体情况,增设"废品损失""停工损失"等成本项目。

5) 期间费用

制造业期间费用包括销售费用、管理费用和财务费用三个方面的内容。

(1) 销售费用

销售费用是指企业销售产品发生的应由企业负担的各项费用以及专设销售机构的各项经费,包括运输费、装卸费、包装费、保险费、展览费、广告费、租赁费,专设销售机构的人员薪酬、补贴、办公费、差旅费、折旧费、修理费及其他经费等。

(2) 管理费用

管理费用是指企业行政管理部门为组织和管理生产经营活动而发生的各项费用。包括由企业统一负担的公司经费、管理人员薪酬、固定资产修理费、董事会会费、咨询费、审计费、诉讼费、税金、土地使用费、土地损失补偿费、技术转让费、技术研究费、无形资产摊销、业务招待费及其他管理费用。

(3) 财务费用

财务费用是指企业为筹集资金等理财活动而发生的各项费用，包括企业在生产经营期间发生的利息净支出(利息收入减去利息支出)、汇兑净损失和金融机构手续费等。

1.1.3 成本会计的产生和发展

社会经济的发展推动了会计学的产生和发展。成本会计作为会计学的一个重要分支，伴随着企业传统会计的发展从无到有、从低到高，逐步发展成为一门自成体系、相对独立的学科。成本会计的产生和发展大体经过了以下几个阶段。

1) 成本会计的萌芽阶段

14世纪后期至19世纪前期，英国手工制造业发展迅速。业主为了对工匠进行有效的控制，特别在意工匠手中所持有的材料的消耗情况；同时，在接受顾客订货时需要事先定价，于是产生了满足定价需要的估计成本。为了使估计成本接近实际，开始用统计方法和实地盘点方法对生产经营消耗予以确定，并与簿记方法结合，形成了初步的成本记录，开始显露出成本会计的端倪。这种极为粗略的成本原始计算行为，表明成本会计的萌芽已经产生。

2) 成本会计的形成阶段

19世纪末至20世纪初，资本主义产业革命已基本完成，社会生产力得到巨大的发展，工业规模日渐壮大，企业间的竞争加剧，机器大生产在整个社会生产中占有显著的优势。资本家为了在竞争中取胜，迫切需要了解成本费用资料，于是成本费用受到了足够的重视。为了提高成本费用计算的准确性，必须寻求科学、系统的成本费用核算方法，因为成本费用核算方法不当会导致成本费用不实，给企业带来不利影响。实践中企业开始将成本费用的计算工作交由会计人员承担。一些会计人员分别根据纺织及冶金行业的工艺和生产组织的特点，提出并制定了成本核算方法；另外，还根据装配生产的特点，提出和制定了分批成本核算方法，于是一套较为完整的成本核算方法和理论体系开始形成。成本核算与复式记账相结合，标志着成本会计的形成，这一时期的成本会计以事后的成本核算为重点。

3) 成本会计的成熟阶段

20世纪初至20世纪中叶，世界经济迅猛发展，企业之间的竞争更趋激烈。企业为了在竞争中处于有利地位，都特别注意加强企业内部的管理，注重事前的预测、决策、控制和考核环节，将管理的重心从事后转向事前。作为内部管理的重要方面，成本管理的表现尤为突出。20世纪初，"泰勒制"被广泛采用，同泰勒的科学管理方法直接相联系的标准管理、预算控制、差异分析等科学的技术方法开始运用于会计，成为会计的一个组成部分。成本会计开始了事先制定成本标准，并据以进行日常的成本控制和定期的成本差异分析，用标准成本对实际成本进行控制。变动成本核算法的产生，为企业进行成本预测和决策提供了可能，实现了事前的成本控制。20世纪中叶以后，科学技术迅速发展，生产自动化程度大大提高，产品更新速度加快，成本会计有了较快的发展。企业在广泛采用了通过成本预测制定目标成本后，又在成本控制环节上建立了责任成本制度，加之计算机技术的广泛运用，现代数学、数理统计方法的渗透，也有力地推动了成本会计职能的发展，这时，成本会计的内容已不再仅是对生产过程中的成本控制和事后的成本核算和分析，而扩展到事前成本预算和全过程成本控制,从而使成本会计的方法和理论体系得到了进一步的完善和发展,成本会计日趋成熟。

20世纪80年代前后,现代高科技被广泛应用于生产和经营管理中,自动化程度显著提高,加上全面质量管理制度的实施,管理者们力图将企业的消耗与最终产品直接挂钩。这对企业成本的计量工作激发了新的思路,把企业中所有作业区分为两大类:能为最终产品增加价值的作业和不能为最终产品增加价值的作业。保证前者,缩减后者,使存货制度既有需要也有可能从永续盘存制改为无盘存制(零存制)。日本丰田公司提出了适时制的管理思想,从而引发了作业成本法的产生。作业成本法是以生产的自动化为基础,同适时制和全面质量管理紧密配合的,以成本作业为核算对象,追踪成本的形成和积累过程的一种成本核算方法,它是成本核算和成本管理相结合的产物。

1.1.4 成本会计的概念

从成本会计的产生和发展过程可以看出,成本会计的理论和实务是随着社会生产力的发展而不断发展的。它既有财务会计的成分,又是管理会计的起源。因此对不同时期表现出不同侧重点的成本会计,其涵义是有所区别的。但作为现代会计的一个重要分支,我们给成本会计的定义是:

成本会计是运用会计的基本原理和一般原则,采用一定的技术方法,对企业生产经营过程中发生的各项费用和产品(劳务)成本进行连续的、系统的、全面的、综合的核算和监督的一种管理活动。

成本会计是现代会计的一个重要分支,它必须遵循会计的基本原理和一般原则。作为专业会计,成本会计具备会计的基本特征:即以货币作为主要计量单位;对其对象的核算和监督具有连续性、系统性、全面性和综合性。

成本会计与财务会计既有联系又有区别。成本会计提供的资料是财务会计进行资产计价和利润计算的必要依据。但是,成本会计只是向企业内部管理者提供信息,其成本报表一般不向企业外部的其他报表使用者公开。

1.1.5 成本会计的对象和内容

1) 成本会计的对象

成本会计作为专业会计,它的基本职能与会计的基本职能相同:核算和监督。此外,它也有其他职能,即:预测、决策、计划、控制、分析、考核和检查等。

成本会计核算和监督的对象是企业生产经营过程中发生的各种耗费,亦即为获得营业收入所付出的代价。它表现为各项费用和产品(劳务、服务)成本。成本是对象化了的生产费用,当期已经销售产品(劳务、服务)的成本又转化为费用。所以,成本、费用是紧密联系的,它们都是成本会计的对象。从这个意义上来讲,成本会计实际上是成本费用会计。具体成本核算对象的确定,应当根据企业生产经营特点和管理要求加以确定。

一般情况下,对制造业而言,大量大批单步骤生产产品或管理上不要求提供有关生产步骤成本信息的,以产品品种为成本核算对象;小批单件生产产品的,以每批或每件产品为成本核算对象;多步骤连续加工产品且管理上要求提供有关生产步骤成本信息的,以每种产品及各生产步骤为成本核算对象;产品规格繁多的,可将产品结构、耗用原材料和工艺过程基本相同的各种产品,适当合并作为成本核算对象。成本核算对象确定后,各种会计、技术资料的归集应当与此一致,一般不应该中途变更,以免造成成本核算不实、结算漏账和经济责任不清的弊端。

如果企业内部管理有相关要求的,还可以按照现代企业多维度、多层次的管理要求,确定多元化的产品成本核算对象。多维度是指以产品的最小生产步骤或作业为基础,按照企业有关部门的生产流程及其相应的成本管理要求,利用现代化信息技术,组合出产品维度、工序维度、车间维度、车间班组维度、生产设备维度、客户订单维度、变动成本维度和固定成本维度等不同的成本核算对象。多层次是指根据企业成本管理需要,划分为企业管理部门、工厂、车间和班组等成本管理层次。

2) 成本会计的内容

成本会计的内容是其职能的体现。成本会计的职能包括成本预测、成本决策、成本计划、成本控制、成本核算、成本分析、成本考核和成本检查,因此,成本会计的内容也就是这几个方面。

(1) 成本预测

成本预测是指根据有关成本数据和其他有关资料,并考虑到当前市场动态和今后可能影响成本的各种因素,运用定量分析和定性分析的方法,对企业未来的成本水平及变动趋势作出科学估计。

通过成本预测,可以提高企业降低成本的自觉性,减少成本管理的盲目性;可以把握企业未来的成本水平及其变动趋势,提高成本管理的科学性和预见性;可以为成本决策、成本计划和成本控制提供及时有效的信息。

成本预测既要在成本计划编制以前和成本决策之前进行,还要在成本计划执行过程中经常地进行。在成本决策之前进行成本预测,可以为成本决策提供依据,有助于企业正确确定目标成本,正确编制成本计划;在成本计划执行过程中进行成本预测,可以随时掌握企业成本、费用的变化趋势,有利于企业进行成本控制,成本分析。

(2) 成本决策

成本决策是在成本预测的基础上,结合其他有关资料,运用决策理论和方法,对各种备选方案进行比较和分析,从中选择最优或最满意的方案,确定目标成本的过程。

进行成本决策,确定了目标成本,从而为编制成本计划提供了前提条件。同时也是企业实现成本事前控制,提高经济效益的重要途径。

企业应该在成本预测的基础上,编制各种提高产品质量、改进生产技术、改善经营管理以及降低成本、费用的方案,并且采用一系列的专门方法,对各种方案进行可行性研究和技术经济分析,以此作出成本决策,确定目标成本。

(3) 成本计划

成本计划是根据成本决策所确定的目标,具体规定计划期内企业生产经营费用数额、各种产品的成本水平和降低任务,并提出为达到规定的成本水平所应采取的各项措施。

成本计划通常包括生产费用预算、期间费用预算、商品产品总成本计划、商品产品单位成本计划、可比产品成本降低计划等。成本计划是降低成本的具体目标,也是进行成本控制、成本分析和成本考核的依据。

(4) 成本控制

成本控制是根据成本计划所确定的目标,对费用的发生和产品成本形成过程以及影响成本的各种因素和条件施加积极主动的影响,将各项费用的发生和产品成本的形成限制在成本计划和成本标准的范围内。

从企业的经营过程来看,成本控制包括成本的事前控制、事中控制和事后控制。成本事前控制是整个成本控制活动中最重要的环节,它直接影响以后产品制造成本和使用成本的高低;成本的事中控制是对制造产品实际劳动耗费的控制;成本的事后控制是通过定期对过去某一段时间成本控制的总结和反馈去控制成本。

费用和成本是反映企业工作质量的综合积极指标。成本控制的范围涉及企业生产经营各个环节和各职能部门及生产单位;成本控制的内容包括企业人力、物力、财力的消耗和每一项费用的开支。

(5) 成本核算

成本核算是对生产经营过程中实际发生的成本、费用,按一定的成本核算对象和标准进行归集和分配,并进行相应的账务处理。

成本核算是成本会计的中心内容。成本核算的过程,既是对生产经营过程中的各种劳动耗费进行如实反映的过程,也是对生产经营过程中的各种费用的发生实施控制的过程。通过成本核算不仅可以考核和分析成本计划的执行情况,揭露生产经营中存在的问题,还可以为编制下期成本计划,进行未来的成本预测和成本决策提供依据。

(6) 成本分析

成本分析是指根据成本核算提供的成本数据及其他有关资料,运用一定的方法,揭示影响费用发生和成本形成的各种因素,评价各个因素变化对费用预算和产品成本计划完成情况的影响程度,以挖掘企业降低成本、节约费用的潜力。

成本分析通常包括生产费用和期间费用预算完成情况的分析,商品产品总成本计划完成情况的分析,主要产品单位成本计划完成情况的分析,主要技术指标变动对成本影响的分析,不同企业之间同类型产品成本和期间费用的对比分析及车间、班组的成本分析等。通过成本分析,可以正确认识和掌握成本变动的规律,有利于实现降低成本目标,并为未来成本预测和决策,编制新的成本计划提供依据。

(7) 成本考核

成本考核是在成本分析的基础上,定期对成本计划的执行结果进行评价和总结。

成本考核是评价成本管理工作的成绩,检验成本管理目标是否实现的一项重要工作。成本考核要以成本计划的实施者即成本责任的承担者为对象,以其可以控制的成本为界限,来考核其成本指标的完成情况,评价其工作业绩并决定其奖惩。将成本管理的责、权、利紧密结合起来,充分调动各责任者努力完成目标成本的积极性。

(8) 成本检查

成本检查是通过对各项生产经营费用和产品成本的审核,检查企业各项费用支出的真实性、合法性和合理性以及产品成本核算的正确性。

成本检查是会计检查的一个重要方面。通过成本检查,可以促使企业遵守国家有关法规和制度,及时发现成本费用管理中的漏洞和贪污舞弊等违法行为,以节约费用、降低成本、堵塞漏洞、防止弊端。

成本检查既包括企业内部成本会计人员的日常审核和监督,又包括企业外部有关人员定期和不定期的对企业成本费用的检查。成本检查是企业内部审计和外部审计工作的重要内容。

上述各项成本管理活动的内容是互相联系、互相依存的一个有机整体。成本预测是成本决策的前提；成本决策是成本预测的结果；成本计划是成本决策所确定目标的具体化,同时又是成本控制、成本分析和成本考核的依据；成本控制是对成本计划的执行情况进行监督,保证决策目标实现的手段；成本核算是对成本决策目标是否实现的最后检验；成本分析可以查明成本计划的完成程度和实际脱离计划的原因；成本考核是实现决策目标的重要手段；成本检查是保证成本核算资料的真实性、合法性和合理性的重要手段。

3) 成本会计的任务

成本会计的任务是其内容的具体表现,是发挥成本会计职能作用所要达到的目标和要求。作为企业经营管理的一个重要组成部分,成本会计的根本任务是为企业经营管理提供所需的数据和信息,并促使企业尽可能节约生产经营过程中的物化劳动和活劳动的消耗,不断提高经济效益。成本会计的任务具体表现在如下几个方面：

(1) 加强成本预测,优化成本决策

成本预测和成本决策是成本会计的职能,也是社会生产发展和现代化管理的需要。进行成本预测,要兼顾事前和事中全过程的成本预测,并按一定程序,采用科学的方法,对历史资料进行去伪存真,确保预测的准确性。优化成本决策,是降低成本费用的一项重要活动。在目标成本实施过程中,通过目标成本与实际成本的比较,找出两者的差异,并分析产生差异的原因,为成本优化提供依据。成本预测和成本决策具有密切的联系,做好成本预测是优化成本决策的前提；而优化成本决策是做好成本预测的结果。因此,应将两者结合起来,为企业挖掘降低成本费用的潜力、提高经济效益指明方向和道路。

(2) 正确地进行成本核算,及时提供成本信息

成本核算是成本会计最基本的职能和要求,也是成本会计的核心环节。只有正确地计算产品成本并及时提供成本费用信息,才能保证企业损益计算和存货估价的正确性,才能为企业进行成本预测、成本决策、成本控制及成本分析提供依据。

(3) 制定目标成本,强化成本费用控制

目标成本是企业为了实现目标利润而制定的成本费用控制指标,它是企业进行成本控制的依据。目标成本的制定,必须以真实可靠的数据为依据,应用科学的方法计算出来,并应注意其先进性和可行性。成本费用控制是目标成本的实施过程。加强成本费用控制,应该按成本费用内部会计控制规范的规定,严格控制各项费用支出,并划清各项支出的界限,按成本开支范围列支各项成本费用,在此基础上进行目标成本控制,促使企业降低消耗,减少浪费。

(4) 建立成本责任制,增强企业活力

成本责任制是企业内部对各单位(部门)、各层次和各职能人员在成本费用方面的职责所作出的规定。建立成本责任制,要求企业把成本责任指标分解到各单位(部门)、各层次及个人,使其直接承担一定的成本责任,同时将责、权、利结合起来形成激励机制,从而充分调动企业职工完成责任成本、实现目标成本的积极性和创造性,以增强企业活力。

只有明确成本会计的任务,企业各职能部门才能明确其奋斗目标,发挥成本会计的作用,促进各职能部门强化成本管理,提高管理水平。此外,成本会计还可以从成本管理的角度出发,根据成本现状及其发展趋势的分析和综合性研究,对企业的新产品开发、设备投资、人员安排等决策,提供有重要价值的成本资料和建议,使经营决策更具有科学性。

1.1.6 成本会计的组织及基础工作

1) 成本会计的组织

为了充分发挥成本会计的职能作用,完成成本会计的任务,应该科学地组织成本会计工作。为此,必须在企业中设置成本会计机构,配备专职或兼职的成本会计人员,并且严格按照与成本会计有关的各种法律、法规和制度进行工作。

（1）成本会计机构

企业的成本会计机构,是在企业中直接从事成本会计工作的职能部门。成本会计机构的建立为做好成本会计工作提供了组织上的保证。由于成本会计工作是会计工作的组成部分,因而企业的成本会计机构应是企业会计机构的重要组成部分。在大中型企业里,通常在专设的会计机构中单独设置成本核算科、组或室,配备必要的具有成本会计专业知识的成本会计人员,从事企业的成本核算工作;在规模较小的企业,可以不设立成本会计的专门机构,但应配备专职的成本会计人员负责成本会计工作。

成本会计机构的设置,必须与企业业务类型和经营规模相适应。一般情况下,业务类型比较复杂、经营环节比较多的企业,其成本会计工作的内容、步骤比业务类型简单、经营环节少的企业要多一些;经营规模大的企业,由于其涉及面比较广,具体工作比较多,其成本会计的工作量比经营规模小的企业就要大一些。因此,企业设置成本会计机构、配备成本会计人员应与企业的业务类型和生产经营规模相适应,既要保证成本会计工作的质量,又要提高成本会计工作的效率。

既然成本会计机构是企业会计机构的重要组成部分,因此,成本会计机构的设置,还必须与企业的管理体制、组织机构和会计工作组织形式相适应。企业的管理体制有集中和分散两种形式,与之相适应,成本会计也有集中和分散两种组织形式。

集中管理组织形式,是指成本会计工作中的预测、决策、计划、控制、核算、分析、考核和检查等方面工作,都由企业总部成本会计机构集中处理;企业各具体的生产单位(如车间、班组)只负责登记原始记录和填制原始凭证,并对原始凭证进行初步的审核、整理和汇总,为会计部门的成本核算和其他成本会计工作提供资料。在这种形式下,企业内部各单位一般不配备或仅配备兼职的成本核算人员。采用集中管理组织形式,企业总部成本会计机构可以比较及时地掌握企业有关成本的全部信息,便于成本数据的集中处理,还可以减少成本会计机构的层次和成本会计人员的数量。但该形式不利于实行责任成本核算,不便于直接从事生产经营活动的各单位和职工及时掌握本单位的成本信息,因而不利于调动他们参与成本管理的积极性。因此,这种组织形式一般适用于成本会计工作比较简单的企业。

分散管理组织形式,是指成本会计工作中的计划、控制、核算和分析工作,分散由各生产单位和其他部门的成本会计机构或人员分别进行,成本考核工作由上一级成本会计机构对下一级成本会计机构逐级进行。企业总部成本会计机构负责对部门或车间成本会计机构或成本核算人员进行业务上的指导和监督,并对全企业成本进行汇总核算工作。但成本的预测和决策工作一般仍由总部会计机构集中进行。采用这种组织形式,虽然会增加成本会计工作的层次和成本会计工作人员的数量,但它却有利于企业内部各单位增强成本意识,加强成本的控制和核算,也便于配合经济责任制的实行,为考核各单位的成本控制业绩提供必要信息。这种组织形式一般适用于成本会计工作较为复杂、各单位独立性较强的企业。

(2) 成本会计人员

成本会计人员是专门从事成本会计工作的专业技术人员。在企业的成本会计机构中，配备适当数量的政治上合格、业务上过硬的成本会计人员，是做好成本会计工作的决定性因素。因此，从事成本会计工作的人员，对其自身的政治和业务素质都应有较高的要求，以适应成本会计工作的需要。

成本会计人员应当熟悉并认真执行有关方针、政策和法规，认真履行自己的职责，正确行使自己的职权，积极参与企业的生产经营决策，参与制定企业的生产经营计划和各项定额，督促检查企业内部各单位部门成本计划的执行情况及法律法规的遵守情况，充分挖掘企业降低成本的潜力，为企业改善经营管理提供合理化建议，促使企业不断降低成本费用水平。

企业应当在会计机构内部和会计人员中建立岗位责任制，对会计岗位要定岗、定编、定责，使成本会计人员明确分工、各司其职。同时，企业应当加强成本会计人员的职业道德教育和业务培训，不断提高会计人员的理论水平和业务能力。

2) 成本会计相关法规和制度

成本会计法规和制度是会计法规和制度的重要组成部分，是组织和从事成本会计工作必须遵守的规范。制定和执行成本会计的法规和制度，可以使企业在成本会计工作中贯彻执行国家有关的方针、政策，保证成本会计核算资料的真实可靠。成本会计机构和人员必须严格按有关法规和制度的规定进行成本核算，实行会计监督。与成本会计有关的法规和制度可以分为以下4个层次：

(1) 会计法律

会计法律主要指《中华人民共和国会计法》(以下简称《会计法》)。《会计法》是我国会计工作的根本大法，是指导和规范会计工作的最高准则，也是从事会计工作、制定会计方面其他法规、制度和方法的依据。它以法律的形式规定了会计工作的基本目的、会计管理权限、会计责任主体、会计核算和会计监督的内容、会计机构和会计人员的职责权限，并对违反会计法规定应承担的法律责任做出了规定，保证了会计工作的正常、顺利进行，促使会计人员贯彻国家方针政策，执行规章制度，履行职责权限，依法处理会计事务。

(2) 会计行政法规

会计行政法规是由国家最高行政机关——国务院制定发布或者由国务院有关部门拟定经国务院批准发布，用以调整会计关系中有关会计工作的法律规范。其制定依据是《会计法》，是会计法律的补充和具体化，法律效力仅次于《会计法》。我国的会计法律规范体系中，属于这个层次的有《总会计师条例》《企业财务会计报告条例》等。会计行政法规是《会计法》的具体化，是连接《会计法》和会计规章的桥梁。

(3) 会计规章

会计规章也称国家统一会计制度，是指由主管全国会计工作的行政部门——财政部门就会计工作中某些方面内容所制定的规范性文件，其制定依据是《会计法》和会计行政法规的规定。会计规章包括《企业会计准则》《企业产品成本核算制度(试行)》等。

(4) 企业内部成本会计制度

企业内部成本会计制度是企业为了具体规范本企业的成本会计办法，根据会计法律、法规和制度，结合本企业生产经营的特点和管理要求，制定的本企业具体的成本会计制度、规章和办法。它是企业组织费用和成本的核算，处理各项具体成本会计业务的直接依据。

企业内部成本会计制度包括成本定额、成本计划的编制方法；成本核算制度；成本预测和成本决策制度；成本控制制度；成本分析制度；成本报表制度；责任成本制度及其他成本会计制度等。企业制定的内部成本会计制度，必须符合会计法规和国家统一会计制度的要求；必须适应企业内部生产经营活动和业务活动的特点；必须满足企业加强成本管理和成本监督的要求。

3）成本会计的基础工作

为了保证成本核算的质量，加强成本费用的控制与审核，必须建立健全一系列成本核算的基础工作，这些基础工作是保证成本核算和管理工作顺利进行的前提条件。

(1) 建立健全原始记录制度

成本会计的重要内容，是对各项生产费用进行数据处理和计算产品成本，这就要通过一定的方式取得各项数据。原始记录是对企业生产经营活动的具体事项所做的最初记载，是编制成本计划、进行成本核算、分析消耗定额和成本计划完成情况的依据，也是成本管理的基础。企业必须建立健全原始记录制度，及时提供真实可靠、内容完整的原始记录。

原始记录的内容一般包括：反映生产经营活动及其成果的原始记录，如生产记录、产品入库单、废品报销单、产品出库单等；反映材料物资动态的原始记录，如领料单、退料单、材料盘点盈亏报告单等；反映劳动耗费的原始记录，如考勤记录、加班加点记录、工资结算单等。原始记录的填写必须按规定的项目，反映经济业务活动发生的时间、地点、内容、计量单位、数量、经办人和负责人等，同时，根据成本管理的要求，规定原始凭证的传递程序，并按照规定的程序，依次传递、审核和登记入账，还要对原始凭证进行妥善保管，以保证原始凭证的安全和完整。

(2) 建立健全定额管理制度

定额是企业本单位当前的生产条件和技术水平，在充分考虑各方面因素的基础上，对人力、物力和财力的配备、利用和消耗以及获得成果等方面所规定的应达到的标准。各项定额是企业进行成本预测和决策、制定成本计划、实施成本控制和进行分析的主要依据，也是衡量经营成果的尺度。做好定额工作可以使企业编制计划建立在科学的基础之上，进行成本核算有了可靠的依据，也为开展成本控制和成本分析提供了客观的标准。

定额按其反映的内容不同，主要有工时消耗定额、产量定额、原材料消耗定额、燃料动力消耗定额、各项费用定额、生产设备利用定额等。定额按其标准的不同，主要有计划定额、现行定额。计划定额是反映计划期内达到的平均水平定额；现行定额是反映工作进行时应达到的定额。在编制计划时，一般应采用计划定额；在进行成本核算时，要采用现行定额。各项定额制定的基本方法有经验统计法和技术分析法两种。企业究竟采用什么定额方法比较合适，要从实际出发，根据需要与可能的条件来确定。定额的制定既要先进，又要合理、切实可行，并且要随着生产条件、技术水平和管理要求的变化及时修订，充分发挥定额的作用。

(3) 建立健全计量验收制度

计量验收是对各项财产物资的收发、领退进行正确的数量计算，并根据技术标准鉴定其质量的方法。通过计量验收，一方面能为成本会计工作提供准确的数据资料；另一方面也能反映出企业各项财产物资的实际结存。做好财产物资的计量验收、领退和清查工作，是正确核算成本费用的前提条件，也是改善和加强经营管理的基础工作。

企业一切物资的收发都要经过计量、验收和办理必要的凭证手续。为做好计量工作，企业应该配置齐全必要的计量设备、工具和仪表,并建立计量设备、工具和仪器的保管与定期检查制度;应该按照规定对财产物资进行定期或不定期盘点清查,掌握数量和质量变化的实际情况,确保计量的准确性,并防止财产物资的丢失、损坏、积压,提高其使用效益;领发材料物资,都要有严格的手续和制度,有消耗定额的,应实行限额领料,无消耗定额的材料,也应按合理需要发料,对于每月或每批生产剩余的材料物资应及时办理退库手续,并结转到下期继续使用,以便使计入产品成本的材料物资消耗正确无误。

(4) 建立健全内部结算价格制度

内部结算价格是指企业对各种自制零部件、半成品和辅助生产部门提供的各种劳务在企业内部各部门、各生产单位之间进行结算的价格。建立健全内部结算价格制度,以合理的内部结算价格作为企业内部结算和考核依据,可以有效地贯彻执行责任制,计算、控制和考核内部各单位费用预算和成本计划的执行情况,并简化和加快成本核算工作。

内部结算价格制定方式通常有4种:其一,以原材料、半成品、产成品的计划成本为内部结算价格;其二,在计划成本的基础上,再加上一定的内部利润为内部结算价格;其三,以近期的实际平均成本作为内部结算价格;其四,以市场价格或供需双方临时协商价格作为内部结算价格。

内部结算价格是否合理、准确,直接关系到成本核算是否正确,也是考核企业内部各部门工作情况的依据。因此,内部计算价格的制定应尽可能接近实际,并保持相对稳定,不宜经常变动。

(5) 建立健全成本管理责任制

成本管理责任制,是根据权、责、利结合的原则,以成本责任单位为对象,以责任成本为内容的一种内部控制考核评价制度。建立健全成本责任制,对于调动广大职工的劳动积极性,挖掘增产节约的潜力,降低成本具有重要意义。

成本管理责任制的基本内容包括:根据分级管理的原则,在企业内部设立若干成本单位,将企业的成本目标进行层层分解,分配落实到各个责任单位。各责任单位对本单位的成本负责,企业负责人对整个企业的全部成本负责。通过责任成本核算,反映实际与预算数的差异,并对差异形成的原因进行分析,对各单位的成本管理工作业绩作出客观评价与奖惩。成本管理责任制的建立,可以明确企业内部各部门的经济责任,有效地控制成本费用的水平。

任务 1.2 制造业成本核算的要求和一般程序

企业成本核算是成本管理的重要内容。任何一项工作的开展都要遵循一定的原则,并按照其基本要求完成工作任务。成本核算也不例外,为加强成本管理,不断降低生产消耗,提高经济效益,成本核算也要遵循一定的原则,按照成本费用开支范围和成本核算的基本要求进行,以提供真实、可靠的成本信息,满足企业经营管理的需要。

1.2.1 制造业成本核算的一般原则和基本要求

1) 制造业成本核算的一般原则

企业成本核算既要遵循《企业财务通则》《企业会计准则》《企业产品成本核算制度(试行)》和《内部会计控制基本规范》等法规制度对成本核算的要求,也要符合企业生产经营特点和成本管理的特定要求。为了正确核算成本,规范成本核算工作,企业应该遵循以下成本核算原则。

(1) 分期核算原则

企业的生产经营活动是连续不断进行的,为了发挥会计对生产经营活动的控制监督作用,人为地将持续经营的生产经营活动划分成连续、相等的期间,据以结算盈亏,按期编报财务会计报告,从而及时向各方面提供有关企业财务状况、经营成果和现金流量的信息。企业计算一定期间所生产产品的成本,也必须将其生产经营活动划分为若干个相等的成本会计期间,分别计算各期产品的成本。成本核算的分期与财务会计的分期相一致,一般也是按月度、季度、年度划分会计期间,这样有利于经营成果的确定。但须指出的是,成本核算的分期与产品成本核算中的成本核算期是有区别的。产品成本核算期是对产品负担生产费用所规定的起讫期,它受产品生产类型和生产组织特点的影响,可以与会计期间一致,也可以与产品的生产周期一致。产品成本的分期核算原则,与产品生产类型和产品生产组织方式无具体联系,它要求成本的具体核算工作,包括费用的归集和分配,产品成本的计算和报告,都必须按会计期间定期进行,并于期末对成本核算账户的发生额进行加计,及时计算完工产品成本和月末在产品成本。

(2) 实际成本计价原则

实际成本计价也称历史成本计价,要求企业在对外报送财务会计报告时,必须按实际成本对资产和劳务予以计价,以客观反映企业各项资产和劳务的实际情况。根据该原则,在成本核算中对生产所耗用的原材料、燃料和动力等费用,都必须按实际成本计价。具体地说,原材料、燃料和动力在数量方面要按其实际耗用数量计算,在价格方面,即使采用计划价格计价,但在最终计入产品成本时,应对计划价格与实际价格的差异进行调整,将其调整为实际成本;对固定资产折旧时,必须按其原始价值和规定的使用年限计算;对完工产品也要按实际成本计价,即使对库存商品采用计划成本计价,也应在库存商品对外销售时,将其计划成本脱离实际成本的差异调整进来,使其成为实际成本。按实际成本计价,可以减少成本核算的随意性,正确地计算企业当期的盈利水平。但是它存在一定的局限性,当物价变动较大时,将使历史成本不能确切地反映资产的现有价值。我国《企业会计准则》规定,资产如果发生减值,企业应当计提减值准备。除法律、行政法规和国家统一的会计制度另有规定者外,企业一律不得自行调整其账面价值。

(3) 合法性原则

成本核算的合法性原则是指计入产品成本的各项费用及费用开支标准,必须符合国家有关法律、法规和制度等的规定,不符合规定的费用就不能计入产品成本,费用标准不能随意突破。企业应严格按照国家规定的成本开支范围和费用标准进行成本费用核算,这样就能使同类型企业之间以及企业本身不同时期之间的产品成本内容一致,从而具有可比性,并能保证企业利润计算的正确性以及利润分配的合理性。

(4) 重要性原则

成本核算的重要性原则是指对成本有重大影响的项目,应作为成本核算的重点,力求准确;而对成本影响不大的项目,则可简化核算,或与其他内容合并反映。这样,企业在进行成本核算时,所采用的成本核算步骤、费用分配方法、成本核算方法等,都应根据企业的具体情况加以选择。对于一些主要产品、主要费用,应采取比较复杂、详细的方法进行分配和计算,而对于一些次要的产品、次要费用,则可采用简化的方法进行合并计算和分配,不能主次不分。按照重要性原则进行成本费用核算,既减轻了成本费用计算的工作量,保证了成本费用核算的及时性,也提高了成本费用核算资料的有用性。

(5) 一致性原则

成本核算的一致性原则是指成本费用核算所采用的方法在前后各期应当保持一致,以保证成本费用核算资料相互可比。企业在进行成本费用核算时,一般应根据企业生产的特点和管理的要求,选择不同的会计处理方法进行成本费用核算。会计处理方法一经确定,没有特殊情况,不应经常变动,以使核算出来的成本费用资料便于相互比较。如果企业在不同的会计期间采用不同的会计处理方法,将不利于会计信息使用者对成本费用信息的理解,不利于成本费用信息作用的发挥。当然,成本费用核算的一致性原则,并不意味着在进行成本费用核算时,会计处理方法不能做合理的变动,如果因特殊情况确实需要改变原有的成本核算方法,应在有关的财务会计报告中加以说明,并根据需要披露改变方法对企业财务状况和经营成果所产生的影响。

(6) 权责发生制原则

权责发生制原则是指收入和费用的确认应当以收入和费用的实际发生作为确认和计量的标准,凡是当期已经实现的收入和已经发生或应当负担的费用,不论款项是否收付,都应作为当期的收入和费用处理;凡是不属于当期的收入和费用,即使款项已经在当期收付,都不应作为当期的收入和费用。在成本会计中运用权责发生制原则,主要是指在什么时点上确认费用,即应正确处理预付费用和应付费用。在成本费用核算时,对于已经支付的费用,如果其受益期不仅包括本期而且还包括以后各期,就应按其受益期分摊,而不能全部列入本期;对于尚未支付但应由本期负担的费用,则应先行计入本期费用中,待以后实际支出时,则不再列入费用。

2) 成本核算的基本要求

成本核算原则是指导成本费用核算工作的准则,成本核算原则在指导成本核算时,对成本核算提出了一定的要求。

(1) 正确划分各种支出的界限

费用是企业直接或间接为取得营业收入而发生的相应的耗费,不是以取得营业收入为目的的各种耗费都不能作为费用。因此,企业的费用往往指构成产品成本的费用和期间费用,即在生产经营过程中为了获取营业收入而发生的必要的耗费,是企业的收益性支出,但支出并一定是企业的费用。

支出是指企业货币等资产的支付。企业在生产经营过程中发生的支出主要包括资本性支出、收益性支出、对外投资性支出和利润性支出等。

资本性支出是指支出的效益及于几个会计年度(或几个营业周期)的支出,如企业为取得固定资产和无形资产等而发生的支出。资本性支出不仅可以在本期为企业获利,而且可以在以后多个期间为企业获利,因此按配比性原则,一般资本性支出不能于支出当期全部作为费用,而是先形成企业的长期资产的价值,然后在其获益期内逐步转化为费用。如固定资产以计提折旧的形式,无形资产以摊销的形式转化为企业当期的费用等。

收益性支出是指支出的效益仅及于本年度(或一个营业周期)的支出,又称营业性支出。如企业在生产经营过程中支出的工资、发生的材料消耗、支付的水电费等。收益性支出一般于支出的当期全部作为费用。

对外投资性支出是指企业对外投资而发生的支出,如短期投资和长期投资支出。在工业企业，由于对外投资性支出不是企业的营业性支出，因而不能作为费用处理。

营业外支出是指与企业正常的生产经营无关的各项支出，如固定资产盘亏、处理固定资产净损失、非季节性或非修理期间的停工损失、公益救助性捐赠、赔偿金、违约金等。营业外支出是与企业生产经营活动无关的支出，因而也不能作为费用处理。

利润性支出是指在企业实现的利润中支付的所得税、分配给投资者的利润等。利润性支出自然也不能作为费用处理。

从上面的论述可知，支出不等于费用，支出的范围大于费用。如果不能正确划分各种支出的界限，多计了收益性支出，就会多计当期费用，使利润虚减并少计资产价值；而少计了收益性支出，就会少计当期费用，使利润虚增并多计了资产的价值。所以，企业应严格按照国家规定的成本开支范围和费用开支标准进行成本费用的核算。

(2) 正确划分各期成本费用的界限

对于可以计入成本费用的支出，应当按照权责发生制原则，正确划分各期成本费用的界限。凡应由本期负担的成本费用，不论是否在本期发生，都应计入本期成本费用；不应由本期负担的成本费用，即使在本期支付，也不能计入本期成本费用。正确划分各期成本费用的界限，是正确计算各期产品成本和各期营业损益的需要。

为了正确划分各期成本费用界限，要求企业不能提前结账，将本期成本费用作为下期成本费用处理，也不能延后结账，将下期成本费用作为本期成本费用处理。

为了正确划分各期成本费用界限，还要求企业贯彻权责发生制原则，正确核算预付费用和应付费用。本期已经支付但应由以后各期负担的费用，应作为预付费用处理；本期尚未支付，但应由本期负担的费用，应作为应付费用处理。

(3) 正确划分费用和成本的界限

在正确划分各种支出和各期成本费用的基础上，企业还应当正确划分成本和费用的界限。企业生产经营费用包括生产费用和期间费用。生产费用是企业为生产产品而发生的各种耗费，一定时期所发生的生产费用是构成产品成本的基础。但生产费用并不能完全等同于产品成本，两者之间存在一定的区别：生产费用包括构成本期产品成本的生产费用和不构成本期产品成本的生产费用，而产品成本只是生产费用中构成产品成本的部分；生产费用着重于按会计期间归集所发生的费用，而产品成本则侧重于按产品品种归集费用，一件完工产品的成本可能包括几个会计期间的生产费用。

生产费用需要直接或间接地计入产品成本，而期间费用则是直接计入当期损益，不计入在产品、产成品成本的各项费用。它们都是一种耗费，都必须从营业收入中获得补偿，但是它们补偿的时间不同。期间费用直接从当期收入中补偿，而构成产品成本的生产费用即生产成本，在产品尚未出售前表现在存货中，待销售时，表现为主营业务成本，从而使一定时期的主营业务成本与一定时期的营业收入相配比。

为了正确计算产品成本和营业损益，对于应计入产品成本的费用，企业不得列为期间费用；同样，应列为期间费用的支出，企业不得计入产品成本。

(4) 正确划分各种产品成本的界限

对于应计入本期产品成本的各项费用，还应在各种产品之间进行划分。凡能分清应由某种产品负担的直接费用，应当直接计入该种产品成本；各种产品共同发生、不易分清应由哪种产品负担的间接费用，则应采用合理的分配方法，在各种产品之间进行分配之后，再计入各种产品成本。在进行费用的分配时，不能为了简化成本核算方法或其他目的，将费用随意在各种产品中进行分配,即不得将应计入可比产品的费用,计入不可比产品成本中,或相反;也不能将应列入亏损产品的费用,计入盈利产品成本中,或相反。此外,采用的分配方法应遵循一致性原则。

(5) 正确划分完工产品成本与期末在产品成本的界限

通过以上费用界限的划分,确定了各种产品本期应负担的生产费用,但由于产品的生产周期与会计核算期间经常不一致,往往会造成各会计期期末有尚未完工的在产品存在。这时就需要采用适当的方法,将生产费用在完工产品和在产品之间进行分配,分别计算出完工产品应负担的费用和在产品应负担的费用。为了分清这一界限,企业应当注意核实期末在产品的数量和完工程度,采用既合理又简便的方法,将已计入该产品成本的费用在本期完工产品和期末在产品之间进行分配。企业不得以计划成本、估计成本或定额成本代替实际成本,不得任意提高或降低期末在产品的成本,从而人为调节本期完工产品成本水平。为了保证准确地将费用在完工产品和在产品之间进行分配,使各期的成本指标具有可比性,在产品成本的计算方法一经确定,一般不应随意改变。

正确划分上述几个方面的费用界限厘定过程,也就是计算产品成本的过程。费用界限划分正确与否,可以反映出企业是否遵守了有关成本费用的开支范围规定。只有正确划分各种费用界限,才能正确计算各种产品成本。费用界限的划分,应遵循"受益原则",即:谁受益谁负担;何时受益何时负担;负担费用的多少,应与受益程度大小成正比。只有这样,才能较好地保证成本核算的准确真实。

1.2.2 制造业成本核算的一般程序

成本核算的一般程序,是指对企业在生产经营过程中发生的各项生产费用和期间费用,按照成本核算的要求,逐步进行归集和分配,最后计算出各种产品的成本和各项期间费用的过程。

企业可以根据生产经营特点、生产经营组织类型和成本管理的要求,自行确定成本核算方法。不同生产工艺过程和生产组织的企业,成本核算的具体方法是不同的,企业内部不同的生产单位也可以采用不同的成本核算方法。尽管成本核算的具体方法都有其各自的特点,但就其基本步骤而言是一致的。所以,将成本核算的各种具体方法都应具备的基本步骤称为成本核算的一般程序,也称为产品成本核算原理。根据成本核算要求和产品成本、期间费用的内容,可将成本核算的一般程序归纳如下:

1) 确定成本核算对象

成本核算对象是指承担企业生产经营中各种耗费、支出的客体。换句话说,要算"谁"的成本,"谁"就是成本核算对象。比如,要计算所生产"电视机"的成本,"电视机"就是成本核算对象;要计算电视机中某一"零件"的成本,那么,这个"零件"就是成本核算对象;要计算某一批产品的成本,那么,该批次产品就是成本核算对象。确定了成本核算对象,也就解决了生产耗费、支出要分配给谁,由谁负担的问题,进而确定具体的分配标准和分配方法。企业在生产经营中所发生的各项耗费、支出,有的应当计入制造成本,有的应当计入期间费用。计入制造成本的各种耗费、支出,应由"各种产品"来负担。这样,"各种产品"就是工业企业的成本核算对象。工业企业的成本核算对象,除了产品品种以外,还可以是产品批次、产品类别或者生产步骤等。企业成本核算对象一经确定,不得随意变更,如需变更,应当根据管理权限,经股东大会或董事会,或经理办公会议或类似机构批准,并在会计报表附注中予以说明。成本核算对象,是开设基本生产成本明细分类账、设置成本核算单的依据。也就是说,企业是根据成本核算对象来开设基本生产成本明细分类账和设置成本核算单的。

2) 对各要素费用进行汇总和分配

首先,企业应对生产经营过程中的各项耗费和支出进行严格的审核和控制,并按国家规定的费用、成本开支范围,企业内部财务会计制度和成本费用核算办法中规定的费用审核标准确定其应否计入产品成本、期间费用。其次,对应计入产品成本和期间费用的各项生产耗费和支出分别按生产费用要素进行汇总。最后,编制各种要素费用分配表,在各种产品之间依据一定的分配标准按照成本项目进行分配,分别计入各个成本核算对象、辅助生产成本、制造费用和期间费用。对制造产品所发生的直接成本,可直接记入产品成本明细账,对于各基本生产车间所发生的制造费用、各辅助生产车间所发生的费用,分别记入制造费用明细账和辅助生产成本明细账。

尽管分配要素费用的方法多种多样,但分配原则只有一个,就是"受益原则"。按照这个原则对能直接计入各成本核算对象的生产耗费、支出,应当直接计入;对不能直接计入的生产耗费、支出,按照受益程度的大小分配计入各成本核算对象。

3) 分配辅助生产成本

对辅助生产成本明细账中的费用,按其所服务的对象,编制辅助生产费用分配表,采用适当的分配标准分配记入产品成本明细账及其他有关明细账。

4) 分配制造费用

制造费用所归集的各种间接耗费和支出,也是产品成本的组成部分,制造费用是构成产品成本的成本项目之一。所以,在计算各成本核算对象的成本之前,应将归集的制造费用采用适当的标准,分配给各个成本核算对象。

5) 分配废品损失与停工损失

当企业发生废品损失和停工损失时,应对其进行核算。企业发生的废品损失、停工损失较多时,应单独设置"废品损失""停工损失"账户,月末将归集的废品损失和停工损失分配给各成本核算对象,并在基本生产成本明细分类账中单独设置相应的成本项目进行明细核算。

6) 将归集的生产费用在完工产品和在产品之间进行分配

对于月末没有在产品的产品(成本核算对象),其所归集的全部生产费用都是本期完工产品的成本;对于月末既有完工产品又有在产品的产品(成本核算对象),将该种产品(成本核算对象)的生产费用累计(月初在产品成本与本月归集的生产费用之和)在完工产品与月末在产品之间进行分配,计算出该种产品(成本核算对象)的完工产品成本和月末在产品成本,并结转完工产品成本。

7) 结转期间费用

期末将归集的期间费用(销售费用、管理费用和财务费用)转入"本年利润"账户。

8) 结转已销产品生产成本

月末,采用适当的方法计算出本月已销产品的生产成本,并将其转入"主营业务成本"账户。结转本年利润时,再将主营业务成本转入"本年利润"账户。

成本核算程序如图1.2所示。

1.2.3 制造业成本核算的账户设置

为了归集和分配生产费用,计算产品成本,成本费用核算需设置"生产成本""制造费

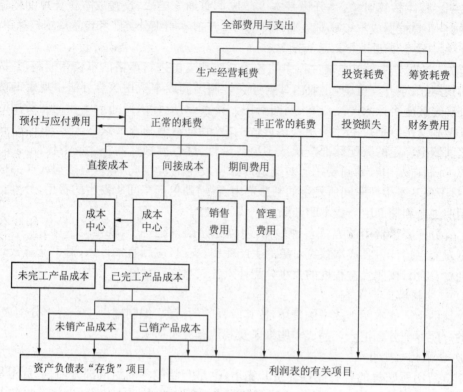

图1.2 成本费用核算的一般程序

用""库存商品""主营业务成本""销售费用""管理费用""财务费用"等总分类账账户及其必要的明细分类账账户。对于单独核算废品损失、停工损失的企业,还需设置"废品损失""停工损失"账户,并设置必要的明细账。"废品损失""停工损失"账户的用途和结构,核算和监督内容等将在"任务2.4 损失性费用的核算"中再详细介绍,在此不进行阐述。

1)"生产成本"账户

"生产成本"账户按经济内容分类属于成本费用类账户,按用途和结构分类属于成本核算账户。该账户用来核算企业进行工业性生产,包括生产各种产品(产成品、自制半成品、提供劳务等)、自制材料、自制工具、自制设备等所发生的各项生产费用。本账户应当设置"基本生产成本"和"辅助生产成本"两个二级账户,用以分别核算基本生产和辅助生产成本,并在各明细账下再按生产车间和成本核算对象(如产品的品种、类别、订单、批别、生产阶段等)设置明细账(或成本核算单),并按规定的成本项目设置专栏。根据核算的需要,企业也可将本账户的"基本生产成本"和"辅助生产成本"两个二级账户分设为"基本生产"和"辅助生产"两个一级账户进行核算。

企业发生的各项生产费用,应按成本核算对象和成本项目分别归集。属于直接材料、直接人工等直接生产费用,直接计入本账户(基本生产成本、辅助生产成本)的借方,贷记"原材料""库存现金""银行存款""应付职工薪酬"等账户。对于企业各生产车间应分摊的制造费用,借记本账户(基本生产成本、辅助生产成本),贷记"制造费用"账户。

企业辅助生产车间为基本生产车间、企业管理部门和其他部门提供的劳务和产品,月度终了,应按照一定的分配标准分配给受益对象,借记本账户(基本生产成本)、"制造费用""管理费用""销售费用""其他业务成本""在建工程"等账户,贷记本账户(辅助生产成本)。

企业已经生产完成并已验收入库的产成品以及入库的自制半成品,应于月度终了将其实际成本从本账户(基本生产成本)贷方转出,同时借记"库存商品""自制半成品"等账户。

本账户的期末余额在借方,表示尚未加工完成的各种在产品成本。

2)"制造费用"账户

"制造费用"账户按经济内容分类属于成本费用类账户,按用途和结构分类属于集合分配账户。该账户用来核算企业为生产产品和提供劳务而发生的各项间接费用,包括车间管理人员薪酬、折旧费、办公费、水电费、机物料消耗、劳动保护费、季节性或修理期间的停工损失等。企业行政管理部门为组织和管理生产经营活动而发生的管理费用,应作为期间费用,计入"管理费用"账户,不在本账户中核算。

车间发生各项间接费用时,记入"制造费用"账户的借方,贷记"原材料""银行存款""应付职工薪酬""累计折旧"等账户。制造费用应按企业成本核算办法的规定,分配计入有关的成本核算对象,分配时由"制造费用"账户的贷方转入"生产成本(基本生产成本)"账户的借方。

本账户应按不同的车间、部门设置明细账,并按费用项目设置专栏,进行明细核算。除季节性生产企业按计划分配率分配制造费用外,本账户期末应无余额。

3)"库存商品"账户

"库存商品"账户按经济内容分类属于资产类账户,按用途和结构分类属于盘存类账户。该账户用于核算企业库存的各种商品的实际成本,包括库存的外购商品、存放在门市部准备出售的商品、发出展览的商品以及寄存在外库或存放在仓库的商品等。

工业企业的库存商品主要指产成品,一般应按实际成本进行核算。对生产完成验收入库的产成品,按实际成本借记本账户,贷记"生产成本"等账户。发出和销售产成品时,可以采用先进先出法、一次加权平均法、移动平均法或者个别计价法等方法确定其实际成本,记账时,借记"主营业务成本"账户,贷记本账户。

本账户应按库存商品的种类、品种和规格设置明细账,进行明细核算。

本账户期末借方余额,反映企业各种库存商品的实际成本。

4)"主营业务成本"账户

"主营业务成本"账户属于损益类账户中的费用账户,用于核算企业销售商品、提供劳务等日常活动而发生的实际成本。

企业结转销售成本时,借记本账户,贷记"库存商品""劳务成本""自制半成品""生产成本"等账户,库存商品采用计划成本核算的企业,应同时结转应负担的产成品的成本差异;期末应将本账户余额从贷方转入"本年利润"账户借方,结转后本账户应无余额。

本账户应按主营业务的种类设置明细账,进行明细核算。

5)"销售费用"账户

"销售费用"账户属于损益类账户中的费用账户,用于核算企业在产品销售过程中发生的费用,包括运输费、装卸费、包装费、修理费、保险费、展览费和广告费,以及为销售本企业商品而专设的销售机构的职工薪酬、业务费等经营费用。

企业发生销售费用时,借记本账户,贷记"银行存款""应付职工薪酬"等账户;期末应将本账户余额从贷方转入"本年利润"账户借方,结转后本账户应无余额。

本账户应按费用项目设置明细账,进行明细核算。

6)"管理费用"账户

"管理费用"账户属于损益类账户中的费用账户,用于核算企业行政管理部门为组织和管理生产经营活动所发生的管理费用,包括公司经费(包括管理人员薪酬、修理费、物料消耗、办公费、差旅费等)、待业保险费、劳动保险费、董事会费、咨询费、业务招待费、税金、无形资产摊销等。

企业发生的各项管理费用,借记本账户,贷记"库存现金""银行存款""无形资产""累计折旧""应付职工薪酬"等账户;期末应将本账户余额从贷方转入"本年利润"账户借方,结转后本账户应无余额。

本账户应按费用项目设置明细账,进行明细核算。

7)"财务费用"账户

"财务费用"账户属于损益类账户中的费用账户,用于核算企业为筹集生产经营所需资金等而发生的费用,包括利息支出(减利息收入)、汇兑损失(减汇兑收益)以及相关的手续费等。符合资本化条件的利息,不包括在本账户的核算范围内。

企业发生的财务费用,借记本账户,贷记"应付利息""银行存款""长期借款"等账户。发生的应冲减财务费用的利息收入、汇兑收益,借记"银行存款"等账户,贷记本账户。期末应将本账户余额从贷方转入"本年利润"账户借方,结转后本账户应无余额。

本账户应按费用项目设置明细账,进行明细核算。

【思考题】

1. 成本的性质是什么?成本与费用有哪些联系与区别?
2. 成本会计有哪些作用?
3. 什么是成本项目?包括哪些内容?
4. 什么是期间费用?包括哪些内容?期间费用的共同特点是什么?
5. 简述成本会计的概念及其内容。
6. 简述成本会计与财务会计的关系。
7. 成本会计的基础工作有哪些?
8. 成本核算的原则有哪些?
9. 成本核算的基本要求有哪些?
10. 简述制造业成本核算的一般程序。

【练习题】

1. 单选题

(1) 成本会计侧重于对企业生产经营过程中发生的(　　)进行核算和监督。
　　A. 销售费用　　　　　　　　　　B. 期间费用
　　C. 管理费用和期间费用　　　　　D. 产品(或商品、劳务)成本和期间费用

(2) 成本会计的对象简单地说是(　　)。
　　A. 成本　　　　B. 费用　　　　C. 成本与费用　　　　D. 以上均不对

(3) 工业企业为了生产一定种类和数量的产品所支出的各种费用的总和是(　　)。
　　A. 产品成本　　　B. 生产费用　　　C. 业务成本　　　D. 经营管理费用

(4) 下列不构成产品制造成本的项目是(　　)。

A. 直接材料　　B. 直接人工　　C. 管理费用　　D. 制造费用

（5）成本会计工作的组织,主要包括设置成本会计机构,（　），制定科学、合理的成本会计制度等。
A. 确定核算方法　　　　　　B. 配备必要的成本会计人员
C. 确定职工薪酬　　　　　　D. 配备必要的设备

（6）在下列各项目中,属于制造费用的是（　）。
A. 产品耗用原料费用　　　　B. 产品耗用动力费用
C. 生产工人工资　　　　　　D. 机器设备折旧费用

（7）对本期生产经营性支出,为了正确地计算产品的生产成本,应划清的界限是（　）。
A. 生产成本和制造费用　　　B. 制造成本和期间成本
C. 制造费用和管理费用　　　D. 管理费用和财务费用

（8）为了保证按每个成本核算对象正确地归集应负担的费用,必须将应由本期产品负担的生产费用正确地在（　）。
A. 各种产品之间进行分配
B. 完工产品和在产品之间进行分配
C. 盈利产品与亏损产品之间进行分配
D. 可比产品与不可比产品之间进行分配

2. 多选题

（1）成本会计的对象包括（　）。
A. 各行业生产经营业务成本　　B. 经营管理费用
C. 营业税金　　　　　　　　　D. 营业外支出

（2）按照现行《企业会计准则》的规定,（　）应以期间费用的形式计入当期损益。
A. 管理费用　　B. 制造费用　　C. 财务费用　　D. 销售费用

（3）下列各项中属于成本会计环节的有（　）。
A. 成本决策　　B. 成本核算　　C. 成本控制　　D. 成本分析

（4）企业成本会计工作的组织可以采取（　）。
A. 集中核算方式
B. 分散核算方式
C. 集中核算与分散核算相结合的方式
D. 有时集中核算有时分散核算

（5）在已设置"生产成本"总账科目的情况下,不应再设置的总账科目是（　）。
A. "基本生产成本"科目　　　B. "制造费用"科目
C. "停工损失"科目　　　　　D. "辅助生产成本"科目

（6）为了正确计算产品成本,应做好的基础工作包括（　）。
A. 定额的制定与修订
B. 做好原始记录
C. 正确选择各种分配方法
D. 材料物资的计量、收发、领退和盘点

（7）为了正确计算产品成本,费用界限划分过程应贯彻的原则是（　）。
A. 成本效益原则　　　　　　B. 受益原则

C. 收付实现制原则　　　　　　D. 负担费用多少与受益程度成正比原则

(8) 工业企业成本核算的一般程序包括(　　)。

A. 对企业的各项支出、费用进行严格的审核和控制

B. 正确划分各个月份的费用界限,正确核算跨期费用

C. 将生产费用在各种产品之间进行分配和归集

D. 将生产费用在本月完工产品与月末在产品之间进行分配和归集

3. 判断题

(1) 成本会计的对象,概括地讲,就是产品的生产成本。　　　　　　　　(　　)

(2) 以已经发生的各项费用为依据,为经济管理提供真实的、可以验证的成本信息资料,是成本会计核算职能的基本方面。　　　　　　　　　　　　　　　　　　(　　)

(3) 制定和修订定额,只是为了进行成本审核,与成本核算没有关系。　　(　　)

(4) 成本会计的各个环节都是建立在成本计划的基础上。　　　　　　　(　　)

(5) "辅助生产成本"科目期末应无余额。　　　　　　　　　　　　　　(　　)

(6) "生产成本"账户应该按成本核算对象设置明细分类账,账内按成本项目分设专栏。
　　　　　　　　　　　　　　　　　　　　　　　　　　　　　　　　(　　)

(7) 企业生产经营的原始记录,是进行成本预测、编制成本计划、进行成本核算的依据。
　　　　　　　　　　　　　　　　　　　　　　　　　　　　　　　　(　　)

(8) 产品成本项目就是计入产品成本的费用按经济内容分类核算的项目。(　　)

【技能实训】

1. 成本、费用区分的实训

实训目的

区分支出、成本、费用三者之间的关系。

实训资料

假定某工业企业 2015 年 6 月发生如表 1.1 所示部分经济业务。

表 1.1　2015 年 6 月发生的经济业务

序号	本月发生的部分支出项目	属于成本	属于费用	属于其他
1	企业以银行存款购入设备 1 台,价值 20 万元,当即交付使用			
2	以银行存款支付购买原材料价款 10 万元			
3	以银行存款支付甲产品生产工人工资 8 万元			
4	以现金支付职工出差借款 3 000 元			
5	以银行存款支付车间办公费 5 000 元			
6	以银行存款支付前欠光明公司货款 2 万元			
7	生产甲产品领用 A 材料 30 万元			
8	生产车间本月应计提固定资产折旧费 3 万元			
9	以银行存款支付本月短期借款利息 1 000 元			
10	以银行存款支付甲产品广告费 2 万元			

续表

序号	本月发生的部分支出项目	属于成本	属于费用	属于其他
11	以银行存款对地震灾区捐款9万元			
12	职工出差回来报销差旅费2 800元			
13	生产车间修理设备发生支出合计6 000元			
14	企业盘亏B材料100元,经批准予以核销			
15	甲产品生产完工经验收入库,总成本42万元			
16	结转已销甲产品销售成本37万元			

实训要求

根据表内所列经济业务内容,分析经济业务的支出属性,并将分析结果用"√"填入表内适当位置。

项目2　要素费用的归集与分配

【教学目标】

　　知识目标

（1）掌握材料费用的归集与分配。
（2）掌握工资总额的组成，计时工资、计件工资的计算。
（3）掌握辅助生产费用的归集与分配。
（4）掌握制造费用的归集与分配。
（5）掌握损失性费用的核算。
（6）掌握期间费用的核算。
（7）掌握作业成本核算法的程序。

　　能力目标

（1）能根据企业实际选择合适的材料费用分配法、辅助生产费用分配法。
（2）能将作业成本核算法运用于实际工作。

【学习重点、难点】

　　学习重点

（1）材料费用分配法。
（2）辅助生产费用分配法。

　　学习难点

（1）计时工资、计件工资的计算。
（2）辅助生产费用的交互分配法。
（3）作业成本核算法。

【引　言】

　　费用可按其不同经济内容（经济性质）划分为若干要素费用。划分、归集各种要素费用是成本核算过程中的一个环节，但更加重要的是将这些按经济内容归集的要素费用再按经济用途予以分配，以形成产品的各成本项目或计入期间费用。

　　材料费用是产品成本的一个重要组成部分。材料费用归集的会计处理有两种方法：按实际成本计价和按计划成本计价。在按实际成本计价下又有先进先出法、加权平均法、移动加权平均法、个别计价法等。在按计划成本计价时，企业应当正确计算发出材料应分摊的材料成本差异，将发出材料的计划成本调整为实际成本。某产品直接耗用的材料直接计入该产品成本；如果是几种产品共同耗用的材料，则需采用一定的方法在各产品之间进行分配，具体可以按产品的重量或体积分配、按定额耗用量比例分配、按标准产量比例分配等,各企业应根据本单位具体情况和产品特点进行选择。

燃料和动力费用的归集和分配与材料费用基本相同。如果产品耗用的燃料或动力费用金额不大,则可直接归入直接材料项目;金额较大时也可单独设立一个成本项目。对几种产品共同耗用的动力费用,要采取适当的方法在各种产品之间进行分配。常用的分配方法有生产工时分配法、机器工时分配法等。

人工费用也是产品成本的一个重要组成部分。工资费用的计算是一个重点内容,其中比较复杂的是计时工资的计算。在月薪制下两种计算方式与两种工资率进行组合形成了四种计时工资的计算方法,不同方法计算出的计时工资不尽相同。工资费用在不同产品之间的分配主要是对于计时工资、各种津贴和非工作时间工资而言,可以按生产工时比例进行分配;计件工资一般直接计入产品成本,不需要分配。

低值易耗品、固定资产折旧和其他直接支出的费用一般不单独设成本项目,而是按其发生地点和用途分别记入"制造费用""管理费用""销售费用"等账户。低值易耗品价值摊销的会计处理与材料不同,主要有一次摊销法和分次摊销法。固定资产的折旧方法包括年限平均法、工作量法、双倍余额递减法和年数总和法 4 种,企业应当根据固定资产所含经济利益的预期实现方式选择适当的折旧方法。

任务 2.1 制造业要素费用的核算

企业生产产品的过程既是物化劳动和活劳动耗费的过程,也是产品成本形成的过程。在这一过程中,发生的能以货币计量的生产耗费,叫作生产费用。要素费用是指将生产费用按照经济内容(或性质)进行分类所形成的项目,又称为生产费用要素,包括材料费用、外购动力费用、人工费用、其他要素费用(折旧费用、车间办公费用、其他直接支出费用)等。

2.1.1 材料费用的归集与分配

1) 材料费用的内容

产品的生产过程,也是一种耗费过程。企业在生产过程中所耗费的材料费用,是指用于制造产品并构成产品实体或有助于产品形成的各种材料物资的货币表现,包括产品生产过程中耗用的原料及主要材料、辅助材料、燃料、外购半成品、修理用备件、包装材料以及包装物、低值易耗品等形成的费用。

(1) 原料及主要材料

原料及主要材料是指经过加工后,构成产品主要实体的各种原料和材料,如机械制造业中使用的钢材、铸铁等。

(2) 辅助材料

辅助材料是指直接用于生产或有助于产品的形成或便于生产的顺利进行,但不构成产品主要实体的各种材料,如润滑油、油漆、染料等。

(3) 外购半成品

外购半成品是指从企业外部购入,但尚需继续加工或进行装配,才能构成产品主要实体的半成品及配套件,如汽车制造厂外购的汽车轮胎、电冰箱厂外购的压缩机等。

(4) 燃料

燃料是指在生产过程中用于燃烧、发热等用途的各种材料,包括固体、液体和气体燃料,如煤、汽油和天然气等。

(5) 修理用备件

修理用备件是指为修理本企业机器设备、运输工具而从外部购入的专用零部件,如维修用的齿轮、轴承等。

(6) 包装材料

包装材料是指在产品生产过程中用于包扎产品一次性使用的各种材料,如包装纸、包装绳、铁丝、铁皮等。

(7) 包装物

包装物是指为包装本企业产品,随产品出售、出租或出借的各种包装容器,如包装产品用的桶、箱、袋、瓶、坛等。

(8) 低值易耗品

低值易耗品是指单位价值较低或容易损耗,不能作为固定资产管理的各种用具物品,如各种工具、管理用具、玻璃器皿,以及在经营过程中周转使用的包装容器等。

2) 材料的领用

车间等企业内部单位在领取材料时,应由领用单位填制领料单或领料登记表等发料凭证。材料物资管理部门和会计部门要对发料凭证所列材料的种类、规格、数量和单价以及用途等内容进行审核,只有经过审核、签章的发料凭证才能据以发料,并作为发料核算的原始凭证。

为了控制材料的消耗,节约材料费用,企业对于经常领用并有消耗定额的材料,应尽可能实行限额领料制度,即根据所要生产的产品数量和材料消耗定额,计算出应消耗的材料限额数量,开具限额领料单领用材料。对于超过限额的材料,要另行填写领料单,并在领料单中说明理由,经过主管人员审批后才能据以发料。如果所领用的材料不合理或有剩余,应该填制退料单,并将材料退回仓库。对于已领未用的材料,为避免本月交库,下月初又要办理领用的手续,可以采用"假退料"的方法,即实物不动,只是填制一份本月份的退料单表示该项余料已退库,从当月领用数量中扣除,同时填制一份下月份的领料单,表示该项余料又作为下月份的领料出库。这样既能准确计算本月耗用材料的费用,又避免了材料实物的搬运之劳,可谓一举两得。

根据这些发料凭证所作出的会计处理有两种方法:实际成本计价和计划成本计价。

(1) 按实际成本计价

按实际成本计价时,由于这些材料是分批购进分批入库的,它们的购进单价不一样,因而每次收入材料的实际单位成本也不一样,所以,确定发出材料的实际单位成本必须按照一定方法计算。常用的方法有先进先出法、加权平均法、移动加权平均法、个别计价法等。企业应根据自己的具体情况选用不同的方法,但方法一经确定,不得随意变更。

(2) 按计划成本计价

在材料按计划成本计价时,材料的收发凭证都按材料的计划单位成本计价。为了反映成本费用的实际数,应及时计算材料实际成本与计划成本的差异,并于月末分摊材料成本差异。分摊的材料成本差异为超支差异时(实际成本大于计划成本),与计划成本相加;反之,为节约差异时(实际成本小于计划成本),与计划成本相减。企业应当正确计算发出材料应分摊的材料成本差异,将发出材料的计划成本调整为实际成本。有关计算公式如下:

$$\text{材料成本差异率} = \frac{\text{月初结存材料的成本差异额}+\text{本月收入材料的成本差异额}}{\text{月初结存材料的计划成本}+\text{本月收入材料的计划成本}} \times 100\%$$

$$发出材料应负担的差异额 = 发出材料的计划成本 \times 材料成本差异率$$

$$\begin{aligned}发出材料实际成本 &= 发出材料计划成本 + 发出材料应负担的差异额 \\ &= 发出材料计划成本 \times (1 + 材料成本差异率)\end{aligned}$$

3）材料费用的归集与分配方法

材料费用的归集和分配是将生产过程中领用的材料，按照费用发生的地点和经济用途，归集分配到有关成本、费用总账及所属各明细账的有关成本项目或费用项目中。

凡能分清成本核算对象的材料消耗，应当直接计入各成本核算对象直接材料成本项目；属于几个成本核算对象共同耗用的材料，应当选择适当的分配方法，分配计入有关成本核算对象的直接材料成本项目。材料费用的分配一般可以按产品的重量或体积分配、按定额耗用量比例分配、按标准产量比例分配等。

(1) 重量（体积）分配法

重量（体积）分配法是以各种产品的重量（体积）为分配标准进行材料费用分配的方法。如果企业生产的几种产品共同耗用同一种材料，而耗用量的多少又与产品重量（体积）有着直接联系，可以选用重量（体积）分配法。其计算公式如下：

$$材料费用分配率 = \frac{各种产品共同耗用的材料费用}{各种产品的重量（体积）之和}$$

某产品应分配材料费用 = 该产品重量（体积）× 材料费用分配率

【例 2.1】 某企业生产甲、乙两种产品，本月两种产品共同耗用 A 材料 144 000 元，本月两种产品的净重分别为 2 000 千克和 3 000 千克。采用重量分配法，分配计算如下：

$$材料费用分配率 = \frac{144\,000}{2\,000 + 3\,000} = 28.8（元/千克）$$

甲产品应分配的材料费用 = 2 000 × 28.8 = 57 600（元）

乙产品应分配的材料费用 = 3 000 × 28.8 = 86 400（元）

(2) 定额耗用量比例分配法

定额耗用量比例分配法是以各种产品材料定额耗用量为分配标准进行材料费用分配的方法。所谓材料定额耗用量是指一定产量的产品按照消耗定额计算的材料耗用数量；而消耗定额又是指生产单位产品平均消耗某种材料的数量限额。采用定额耗用量比例分配法，要求企业对其各种产品的材料消耗，都制定有比较先进和合理的消耗定额。其计算公式如下：

$$材料分配率 = \frac{各种产品共同耗用的材料总量}{各种产品材料定额消耗量之和}$$

某种产品材料定额消耗量 = 该产品实际产量 × 该产品材料消耗定额

某种产品应分配的材料数量 = 该产品材料定额消耗量 × 材料分配率

某种产品应分配的材料费用 = 该种产品应分配的材料数量 × 材料单价

【例 2.2】 某企业生产甲、乙两种产品，本月两种产品共同耗用 B 材料 28 725 千克，材料单价为 3 元/千克。本月生产甲产品 210 件，乙产品 180 件，甲产品的材料消耗定额为 23 千克/件，乙产品材料消耗定额为 37 千克/件。采用定额耗用量比例法，分配计算如下：

甲产品材料定额消耗量 = 210 × 23 = 4 830（千克）

乙产品材料定额消耗量 = 180 × 37 = 6 660（千克）

$$\text{材料分配率} = \frac{28\,725}{4\,830 + 6\,660} = 2.5$$

甲产品应分配的材料数量=4 830×2.5=12 075(千克)
乙产品应分配的材料数量=6 660×2.5=16 650(千克)
甲产品应分配的材料费用=12 075×3=36 225(元)
乙产品应分配的材料费用=16 650×3=49 950(元)

上述分配计算是先计算各种产品所消耗材料的实际数量,再计算各种产品的实际材料费用。这样分配可以考核材料消耗定额的执行情况,有利于进行材料消耗的实物管理,但分配计算的工作量较大。

为了简化分配计算工作,也可以按材料定额耗用量直接分配材料费用,其计算结果与上述分配程序的计算结果相同。

$$\text{材料费用分配率} = \frac{28\,725 \times 3}{4\,830 + 6\,660} = 7.5$$

甲产品应分配的材料费用=4 830×7.5=36 225(元)
乙产品应分配的材料费用=6 660×7.5=49 950(元)

但这一种分配方法,由于不计算各种产品所耗材料的实际数量,所以不能考核材料消耗定额的执行情况,不利于加强材料消耗的实物管理。

(3) 标准产量比例分配法

标准产量比例分配法又称系数分配法,它是将各种产品的实际产量按照预定的折合系数折算标准产量,再以标准产量(也称总系数)为分配标准进行材料费用分配的方法。这种方法的计算步骤如下:

① 选择标准产品。企业一般应当选择正常稳定、大量生产的产品作为标准产品,或者选择系列产品中规格型号居中的产品作为标准产品。

② 计算各种产品的系数。这里的系数是指某种产品与标准产品的比例关系。企业可以根据产品的消耗定额、单位售价或产品的体积、面积、重量等来计算各种产品的系数,其中标准产品的系数为1。计算公式如下:

$$\frac{\text{某产品}}{\text{的系数}} = \frac{\text{该产品材料消耗定额(或工时、费用、单位售价、体积、重量定额等)}}{\text{标准产品材料消耗定额(或工时、费用、单位售价、体积、重量定额等)}}$$

③ 计算标准总产量(总系数)。标准总产量(总系数)就是各种产品的实际产量按预定系数换算为标准产品的产量(总系数)。计算公式如下:

$$\frac{\text{某种产品}}{\text{标准总产量}} = \frac{\text{该产品的}}{\text{实际产量}} \times \frac{\text{该产品}}{\text{的系数}}$$

④ 计算费用分配率。以标准产量为分配标准分配材料费用。计算公式如下:

$$\frac{\text{材料费用}}{\text{分配率}} = \frac{\text{各种产品共同耗用的材料费用}}{\text{各种产品标准总产量之和}}$$

⑤ 计算各种产品应分配的材料费用。各种产品应分配材料费用应以材料费用分配率乘以该产品的标准产量。计算公式如下:

$$\frac{\text{某产品应分}}{\text{配材料费用}} = \frac{\text{该产品标}}{\text{准总产量}} \times \frac{\text{材料费用}}{\text{分配率}}$$

【例2.3】 某企业生产丙—1、丙—2、丙—3、丙—4、丙—5共5种系列产品,5种产品单位产品的 C 材料消耗定额分别为 48 千克、54 千克、60 千克、72 千克和 78 千克。本月共同耗用 C 材料 89 775 元，共生产产品产量分别为 200 件、500 件、1 000 件、600 件和 400 件。采用标准产量分配法，材料费用分配计算如下：

由于该企业生产的是系列产品，所以选择产量最大且处于中间的产品丙—3 为标准产品。

丙—1 产品的系数 = 48÷60 = 0.8

丙—2 产品的系数 = 54÷60 = 0.9

丙—3 产品的系数 = 1

丙—4 产品的系数 = 72÷60 = 1.2

丙—5 产品的系数 = 78÷60 = 1.3

丙—1 产品的标准总产量 = 200×0.8 = 160（件）

丙—2 产品的标准总产量 = 500×0.9 = 450（件）

丙—3 产品的标准总产量 = 1 000×1 = 1 000（件）

丙—4 产品的标准总产量 = 600×1.2 = 720（件）

丙—5 产品的标准总产量 = 400×1.3 = 520（件）

$$\frac{材料费用}{分配率} = \frac{89\,775}{160+450+1\,000+720+520} = 31.5(元/件)$$

丙—1 产品应分配的材料费用 = 160×31.5 = 5 040（元）

丙—2 产品应分配的材料费用 = 450×31.5 = 14 175（元）

丙—3 产品应分配的材料费用 = 1 000×31.5 = 31 500（元）

丙—4 产品应分配的材料费用 = 720×31.5 = 22 680（元）

丙—5 产品应分配的材料费用 = 520×31.5 = 16 380（元）

实际工作中，企业应当于期末根据全部领料凭证（包括用于抵减领料的退料凭证），按照领料用途和材料类别分别汇总编制"材料费用分配表"，进行材料费用分配的核算。

下面是某企业根据本月领料凭证编制的"材料费用分配表"，如表 2.1 所示。

表 2.1 材料费用分配表

×年 ×月 ×日　　　　　　　　　　　　　　　　　　　金额单位：元

分配对象		成本费用项目	直接计入	分配计入			材料费用合计
				定额耗用量	分配率	应分配额	
基本生产车间	甲产品	直接材料	20 000	25 000	5	125 000	145 000
	乙产品	直接材料	30 000	19 800	5	99 000	129 000
	小　计		50 000	44 800	5	224 000	274 000
辅助生产部门	一般耗用	机物料	52 200				52 200
	供电车间	机物料	3 840				3 840
	锅炉车间	机物料	4 200				4 200
	小　计		8 040				8 040
企业管理部门		消耗材料	540				540
销售机构		消耗材料	600				600
合　计			111 380			224 000	335 380

根据表2.1编制会计分录如下：

借：生产成本——基本生产成本（甲产品）	145 000
——基本生产成本（乙产品）	129 000
——辅助生产成本（供电车间）	3 840
——辅助生产成本（锅炉车间）	4 200
制造费用——基本生产车间	52 200
管理费用	540
销售费用	600
贷：原材料	335 380

4) 燃料费用的归集与分配

燃料实质上也是一种材料，因而燃料费用的分配方法与材料费用的分配方法相同。但一些燃料费用在产品成本中所占比重较大的企业，可以将其与动力费一起专设"燃料与动力"成本项目，同时增设"燃料"总账账户，并将燃料费用单独核算。

对于直接用于产品生产的燃料，如果是分为各产品耗用，应根据领料凭证直接计入各该产品成本的"燃料与动力"项目；如果是几种产品共同耗用，应采用适当的分配标准，分配计入各有关产品成本的这一成本项目。分配标准一般有产品的产量、重量、体积、燃料的定额消耗量或定额费用以及所耗材料的数量或费用等。燃料费用分配表与材料费用分配表基本相同，不再赘述。

5) 低值易耗品摊销的核算

低值易耗品是指不能作为固定资产的各种用具物品，如工具、管理用具、玻璃器皿，以及在经营过程中周转使用的包装容器等。它是一项特殊的资产，具有固定资产和流动资产的双重特征，因此在管理和核算上兼有固定资产和流动资产的特点，即低值易耗品在购置和库存的管理与核算上视同材料，但在领用后可以在生产经营过程中多次使用，其价值的转移（摊销）方式又类似于固定资产。所以，低值易耗品价值摊销的会计处理与材料不同，主要有一次摊销法、分次摊销法，企业应根据具体情况选用。

（1）一次摊销法

一次摊销法是将领用的低值易耗品的价值，一次全部计入当期的成本费用。

这种方法比较简便，但若领用的低值易耗品价值较大时，会使当期成本、费用增高，不符合权责发生制原则。该方法一般适用于一次领用数量不多、单位价值较低、使用期限较短或容易破损的低值易耗品摊销。

【例2.4】某企业基本生产车间本月领用生产工具一批，计划成本800元，同时本月又报废了一批以前领用的工具，计划成本700元，残料30元，已入库。本月低值易耗品成本差异率为超支1%。编制会计分录如下：

① 领用时：

借：制造费用	800
贷：周转材料——低值易耗品	800

② 报废的残料入库时：

借：原材料	30
贷：制造费用	30

③ 月末结转领用的工具成本差异时：

借:制造费用	8
贷:材料成本差异	8

(2) 分次摊销法

分次摊销法是指根据低值易耗品可供使用的估计次数,将其成本分期计入有关成本费用的一种摊销方法。在这种摊销方法下,为了核算在用低值易耗品的价值和低值易耗品的摊余价值,应在"周转材料"总账下,设"低值易耗品(在库)""低值易耗品(在用)"和"低值易耗品(摊销)"3个明细账户。

采用分次摊销法不仅能使各月成本费用合理负担,而且低值易耗品在报废之前一直在账面上保持有关记录,不会形成账外资产,因而有利于低值易耗品的实物管理。这种方法一般适用于各月领用和报废都比较均衡、各月摊销的金额也差不多的低值易耗品。

【例 2.5】 某企业基本生产车间本月领用管理用具一批,计划成本 9 000 元,估计可使用 3 个月。本月同时又报废了管理用具一批,计划成本 6 000 元,已摊销 4 000 元,回收残料 300 元。本月低值易耗品成本差异率为超支 1‰。采用分次摊销法编制会计分录如下:

① 领用时:

借:周转材料——低值易耗品(在用)	9 000
贷:周转材料——低值易耗品(在库)	9 000

② 同时摊销本月消耗的价值(9 000÷3＝3 000):

借:制造费用	3 000
贷:周转材料——低值易耗品(摊销)	3 000

③ 摊销本月报废的另一部分价值:

借:原材料	300
制造费用	1 700
贷:周转材料——低值易耗品(摊销)	2 000

④ 注销报废的管理用具:

借:周转材料——低值易耗品(摊销)	6 000
贷:周转材料——低值易耗品(在用)	6 000

⑤ 月末结转本月报废的低值易耗品成本差异:

借:制造费用	60
贷:材料成本差异	60

2.1.2 外购动力费用的归集与分配

1) 外购动力费用的内容

动力包括外购动力和自制动力。外购动力是指企业外部单位提供的电力和热力等;自制动力是指企业辅助生产车间(如供电车间、供气车间)提供的电力和热力等。企业自制动力费用属于辅助生产费用,因此,本节所指动力费用主要是指外购动力费用。

企业外购动力费用,有些直接用于产品生产,有些用于照明、取暖等。它们的计量与确认应当遵循权责发生制原则。也就是说,计入产品成本或有关费用的外购动力费用,应当是按照当月有关电力和蒸汽等计量装置确认的实际耗用数量,再乘上合同或协议规定的单价以后的金额,而不管这些款项是否已经支付。

在实际工作中,由于企业支付外购动力款项的时间与成本费用计算时间不一致,所以支付有关款项和分配动力费用的核算一般通过"应付账款"账户进行。如果每月支付动力费用的日期基本固定，而且每月付款日到月末的应付动力费用相差不多，在这种情况下，也可以不通过"应付账款"账户核算，直接将当月支付的动力费用作为当月应计入产品成本动力费用有关费用。

2）外购动力费用的归集与分配

当直接用于产品生产的动力费用在产品成本中所占的比重较大时，为体现会计核算的重要性原则和便于考核，一般产品成本中应单独设置"燃料与动力"成本项目；如果动力费用在产品成本中所占比重不大，也可以将其计入"直接材料"项目；为了简化核算，有时还可以将其并入"制造费用"项目。

如果是几种产品共同耗用动力费用，要采取适当的方法将外购动力费用在各种产品之间进行分配。常用的分配方法有生产工时分配法、机器工时分配法等。其计算公式如下：

$$\text{外购动力费用分配率} = \frac{\text{各种产品共同耗用的动力费用}}{\text{各种产品生产（机器）工时之和}}$$

$$\text{某产品应分配动力费用} = \text{该产品实际生产（机器）工时} \times \text{外购动力费用分配率}$$

同材料费用分配一样，外购动力费用的分配也是通过月末编制"外购动力费用分配表"来进行的。

【例 2.6】 某企业根据电表计量本月外购电力合计 75 000 度。根据各专用电表计量，基本生产车间产品生产用电应负担 55 000 度，生产车间一般照明用电应负担 9 000 度，行政管理部门照明用电应负担 11 000 度。合同规定的电价为 0.8 元/度。该企业本月共生产甲、乙、丙 3 种产品，实际生产工时分别为 10 000、15 000 和 25 000 小时。

根据以上资料编制"外购动力费用分配表"，如表 2.2 所示。

表 2.2 外购动力费用分配表

×年 ×月

分配对象	成本或费用项目	生 产 工 时（分配率0.88元/工时）	用 电 度 数（单价0.8元/度）	金 额（元）
甲产品	直接材料	10 000		8 800
乙产品	直接材料	15 000		13 200
丙产品	直接材料	25 000		22 000
小 计		50 000	55 000	44 000
车间一般用	水电费		9 000	7 200
行政管理用	水电费		11 000	8 800
合 计			75 000	60 000

根据表 2.2"外购动力费用分配表"编制会计分录如下：

借：生产成本——基本生产成本（甲产品）　　8 800
　　　　　　——基本生产成本（乙产品）　　13 200
　　　　　　——基本生产成本（丙产品）　　22 000
　　制造费用　　　　　　　　　　　　　　7 200

　　　　管理费用　　　　　　　　　　　　　　　　　　8 800
　　　　贷：应付账款　　　　　　　　　　　　　　　　　　60 000

2.1.3 职工薪酬的归集与分配

　　职工薪酬，是指企业为获得职工提供的服务或解除劳动关系而给予的各种形式报酬或补偿。职工薪酬包括短期薪酬、离职后福利、辞退福利和其他长期职工福利。
　　下面只对短期薪酬中的主要内容进行介绍。
　　1) 短期薪酬的组成
　　短期薪酬是指企业在职工提供相关服务的年度报告期间结束后12个月内需要全部予以支付的职工薪酬，因解除与职工的劳动关系给予的补偿除外。具体包括：职工工资、奖金、津贴和补贴，职工福利费，医疗保险费、工伤保险费和生育保险费等社会保险费，住房公积金，工会经费和职工教育经费，短期带薪缺勤，利润分享计划，非货币性福利以及其他短期薪酬。
　　(1) 职工工资、奖金、津贴和补贴
　　职工工资是企业在一定时期内支付给职工的劳动报酬总额，包括计时工资和计件工资。
　　计时工资是按计时工资标准和工作时间支付给职工的劳动报酬。计时工资标准是指根据每个职工工作的技术难度、熟练程度、劳动强度等确定的单位时间(如月、日、小时)内应得的工资额。
　　计件工资是按照职工所完成的工作量和计件单价计算支付给职工的劳动报酬。计件单价是指完成单位工作量应得的工资额。计件工资又有个人计件工资和集体计件工资两种形式。
　　奖金是指企业支付给职工的超额劳动报酬和由于增收节支而支付给职工的奖励。
　　津贴和补贴是指企业为补偿职工特殊或额外的劳动消耗和因其他特殊原因支付给职工的报酬，以及为保证职工工资水平不受物价上升的影响而支付给职工的物价补贴。
　　(2) 职工福利费
　　职工福利费主要是集体福利人员的工资、医务经费、职工因公负伤赴外地就医路费、职工生活困难补助费、独生子女费及按规定发生的其他职工福利支出。《中华人民共和国企业所得税法实施条例》规定："企业发生的职工福利费支出不超过工资薪金总额14%的部分，准予扣除。"这实际上规定了职工福利费的税前扣除标准，即在企业所得税税前据实列支进入成本费用中的职工福利费的上限。
　　(3) 社会保险费
　　社会保险费是指企业按国务院、各地方政府规定的基准和比例计算的，向社会保险经办机构缴纳的医疗保险费、工伤保险费和生育保险费。
　　值得注意的是，这里的社会保险费不包括养老保险费和失业保险费，它们属于离职后福利。
　　(4) 住房公积金
　　住房公积金是指企业按照国务院《住房公积金管理条例》规定的基准和比例计算的，向住房公积金管理机构缴存的住房公积金。
　　(5) 工会经费和职工教育经费

工会经费和职工教育经费是指企业为了改善职工文化生活，为了职工学习先进技术和提高文化水平和业务素质，用于开展工会活动和职工教育及职工技能培训等方面的相关支出。企业应按职工工资总额的2%和1.5%的计提标准计算工会经费和职工教育经费。

（6）短期带薪缺勤

带薪缺勤是指企业支付工资或提供补偿的职工缺勤，包括年休假、病假、短期伤残、婚嫁、产假、丧假、探亲假等。

（7）利润分享计划

利润分享计划是指企业与职工达成的基于利润或其他经营成果提供薪酬的协议。

（8）非货币性福利

非货币性福利是指企业以自己的产品或外购商品发给职工作为福利，企业提供给职工无偿使用自己拥有的房屋、汽车等资产，或租赁房屋、汽车等资产提供给职工无偿使用，或向职工提供企业支付了补贴的商品或房屋等。

2）短期薪酬核算的原始记录

进行短期薪酬核算必须有原始记录。各单位应根据本单位生产经营、管理和薪酬制度具体要求，建立健全各项薪酬计算的原始记录，保证各项薪酬计算的原始记录真实、完整和正确。薪酬计算的原始记录主要有工资卡、考勤记录、产量工时记录。

（1）工资卡

工资卡是反映职工到职、离职、内部调动、职务变动、工资等级、工资标准与各种津贴变动等基本情况的一种卡片。它属于一种工资档案，由单位劳动人事部门按人设置，并分部门进行保管。

（2）考勤记录

考勤记录是反映企业职工出勤、缺勤情况的原始记录，是计算职工工资、分析考核职工出缺勤和工作情况的依据。为了正确核算薪酬，各单位应严格考勤制度，做好考勤记录工作。

实际工作中考勤记录一般可以采取考勤簿或考勤卡等方式。

（3）产量工时记录

产量工时记录是反映生产工人或生产班组在出勤时间内完成产品产量和耗用工时的原始记录，它既是统计产品产量和工时、计算计件工资的原始记录，也是监督生产作业计划和工时完成情况、考核劳动生产率的重要依据。

实际工作中常用的产量工时记录有：工作通知单、工序进程单及工作班组产量记录等。

除上述工资卡、考勤记录、产量工时记录外，在薪酬计算中，还需填制一些其他凭证，如废品通知单、停工通知单、代扣款项通知单以及各种奖金、津贴发放通知单等。

3）工资的计算

工资的计算和分配是薪酬核算的主要内容。工资计算包括应付工资的计算和实发工资的计算等。其基本计算公式为：

应付工资＝计时工资＋计件工资＋加班加点工资＋奖金＋津贴与补贴＋特殊情况下支付的工资

实发工资＝应付工资－各种扣款合计

在计算工资时，应分别每个职工和工资项目计算。

（1）计时工资的计算

职工的计时工资,是根据考勤记录登记的每一职工出勤和缺勤的日数,按照企业规定的工资标准计算的。工资标准按其计算的时间不同,有月工资、日工资和小时工资3种。月工资标准也称月薪制。我国职工工资的计算一般采用月薪制。

在月薪制下,无论各月日历天数是多少,每月的标准工资相同。也就是说,如果职工每月均出满勤,每月均可得到相同的月标准工资。但是,如果职工有缺勤的话,则计算有缺勤职工的应付计时工资有两种方法:

① 减法计算:即从月标准工资中扣除缺勤工资的计算方法。

应付某职工计时工资＝该职工月标准工资－缺勤天数×日工资率×扣款比例
（如果是事假,扣款比例为100%）

② 加法计算:即按出勤天数计算应付工资的方法。

应付某职工计时工资＝该职工本月出勤天数×日工资率＋病假缺勤天数×
日工资率×(1－扣款比例)。

由于各月日历天数不同,有的月份30天,有的月份31天,而2月份则只有28天或29天,因而同一职工各月的日工资率不尽相同。在实际工作中,为了简化日工资率的计算工作,一般可按以下两种方法之一计算:第一种方法,每月固定按30天计算,即用月标准工资除以30天,算出日工资率;第二种方法,每月按法定平均工作天数计算,即用年日历天数365天减去104天休息日,再除以12个月计算出的平均工作天数21.75天(按照《中华人民共和国劳动法》第51条的规定,法定节假日用人单位应当依法支付工资,即计算日工资、小时工资)。

需要注意的是,在按30天计算日工资率的企业中,由于没有扣除节假日,因而出勤期间的节假日,也按出勤日计算工资,缺勤期间的节假日,也应与缺勤日一样扣发工资。而在按21.75天计算日工资率的企业中,由于已经扣除了节假日,因此,所有的节假日不算工资,也不扣工资。

由于月薪制下计时工资的计算有两种方法,而日工资率的计算也有两种方法,它们组合起来就产生了计算应付计时工资的4种方法:第一种,按30天计算日工资率,按扣除缺勤工资计算应付计时工资;第二种,按30天计算日工资率,按出勤天数计算应付计时工资;第三种,按21.75天计算日工资率,按扣除缺勤工资计算应付计时工资;第四种,按21.75天计算日工资率,按出勤天数计算应付计时工资。

【例2.7】 某职工月标准工资为3 120元。10月份病假3天,事假2天,实际出勤15天。本月休息日8天,法定节假日3天。该职工病假扣款比例为20%,病事假期间未遇节假日。按上述4种方法计算该职工10月份的计时工资如下:

① 按30天计算日工资率:

日工资率＝3 120÷30＝104(元)

按扣除缺勤工资计算应付计时工资:

应付计时工资＝3 120－2×104－3×104×20%＝2 849.6(元)

按出勤天数计算应付计时工资:

应付计时工资＝(15＋11)×104＋3×104×(1－20%)＝2 953.6(元)

② 按21.75天计算日工资率:

日工资率＝3 120÷21.75＝143.448 3(元)

按扣除缺勤工资计算应付计时工资:

应付计时工资＝3 120－2×143.448 3－3×143.448 3×20％＝2 747.03(元)

按出勤天数计算应付计时工资：

应付计时工资＝(15＋3)×143.448 3＋3×143.448 3×(1－20％)＝2 926.35(元)

上述4种计算计时工资的方法各有利弊。相对而言，按21.75天计算日工资率，法定节假日既不发工资，也不扣工资，更能体现按劳分配的原则。一般来讲，职工缺勤天数总比出勤天数少，计算缺勤工资比计算出勤工资简便。因此，按21.75天计算日工资率，按缺勤天数扣发月标准工资的计算方法相对比较好。企业无论选择哪种方法，一旦确定后，就不应随意改变。

(2) 计件工资的计算

计件工资按照计算对象的不同，可分为个人计件工资和集体计件工资两种。

① 个人计件工资的计算：职工的个人计件工资，应根据产量记录中登记的每一个职工的产品产量，乘以规定的计件单价计算。这里的产品产量包括合格品产量和不是由于职工本人过失造成的不合格品产品数量(例如料废产品数量)；由于职工本人过失造成的不合格产品(例如工废产品数量)，不计算、不支付工资，有的还应由职工赔偿损失。

产品的计件单价是根据工人生产单位产品所需要的工时定额和该工人相应工资等级的小时工资率计算的。由于同一工人在月份内可能从事计件工资单价不同的多种产品生产，所以计件工资的计算公式为：

应付某工人的计件工资＝∑(月内该工人某种产品的产量×该种产品的计件单价)

【例2.8】 某工人本月加工甲、乙两种产品，甲产品的工时定额为30分钟，乙产品的工时定额为15分钟。该工人的小时工资率为12元，本月共生产甲产品300件，乙产品400件。该工人本月的计件工资计算如下：

甲产品计件单价＝12×(30÷60)＝12×0.5＝6(元/件)

乙产品计件单价＝12×(15÷60)＝12×0.25＝3(元/件)

应付计件工资＝300×6＋400×3＝3 000(元)

实际工作中，个人计件工资还可以按其完成产品的定额工时乘以小时工资率计算，即：

应付计件工资＝完成定额工时数×小时工资率

其中：完成定额工时数＝∑(某种产品完成数量×该种产品的工时定额)

上例可计算如下：

甲产品定额工时＝300×(30÷60)＝300×0.5＝150(小时)

乙产品定额工时＝400×(15÷60)＝400×0.25＝100(小时)

应付计件工资＝(150＋100)×12＝3 000(元)

值得注意的是，尽管料废产品视同合格品照样要支付工资，但如果料废产品是加工过程中发现的，这时该料废产品的计件工资应按已完成的定额工时来计算，而不是按照完整的合格品工时来计算；只有当料废产品是加工完成后才发现的，则该料废产品工时才能与合格品工时同等计算。

假设上例中，甲产品有10件料废不合格产品，其中4件是加工完成后发现的，6件是加工过程中发现的，发现时已加工了一半，其余资料不变。则：

应付计件工资＝(290＋4)×6＋6×50％×6＋400×3＝2 982(元)

或＝[(290×0.5＋4×0.5＋6×0.5×50％)＋400×0.25]×12＝2 982(元)

② 集体计件工资的计算：集体计件工资是根据某一集体完成的工作量和计件单价计算

的(与个人计件工资计算相同),然后再将所计算出的集体计件工资在集体内部成员之间进行分配。分配时要充分考虑各成员工作质量的高低和工作时间的长短。常用的分配方法有以下两种:

(a) 以各成员的计时工资作为分配标准:即按各成员工作时间与其工资标准的乘积作为分配标准进行集体计件工资的内部分配。

【例 2.9】 某集体由 4 名不同工资等级的职工组成,他们共同完成了某项工作任务,共获得计件工资 18 651.6 元。该集体各成员的工作时间、工资等级以及应得的计件工资分配计算如表 2.3 所示。

表 2.3 集体计件工资分配表(1)

职工姓名	工资等级	出勤天数(天)(1)	日工资率(元)(2)	分配标准(元)(3)=(1)×(2)	分配率(4)	各成员应得计件工资(元)(5)=(3)×(4)
赵虎	2	21	69.6	1 461.6		4 384.8
钱程	4	22	72	1 584		4 752
孙明	6	20	74.4	1 488		4 464
李平	5	23	73.2	1 683.6		5 050.8
合计				6 217.2	$\frac{18\,651.6}{6\,217.2}=3$	18 651.6

这种方法实质上是按照工人的工资等级和工作时间加权平均计算,其分配的结果较为合理,但是计算比较复杂,一般适用于集体成员之间工资等级和技术等级差异比较大的情况。

(b) 以各成员的工作时间作为分配标准:即按小组内各成员的实际工作时间作为分配标准进行集体计件工资的内部分配。

仍以上例计算,集体计件工资的分配表如表 2.4 所示。

表 2.4 集体计件工资分配表(2)

职工姓名	出勤天数(天)(1)	分配率(2)	各成员应得计件工资(元)(3)=(1)×(2)
赵虎	21		4 554.46
钱程	22		4 771.34
孙明	20		4 337.58
李平	23		4 988.22
合计	86	$\frac{18\,651.6}{86}=216.879$	18 651.6

这种分配方法比较简便,但分配结果不够合理,一般只适用于产品技术要求很低或小组成员之间的工资标准相差很小的情况。

(3) 加班加点工资的计算

加班加点工资是按照考勤记录的加班天数或加班时数和职工的日工资或小时工资率相乘计算的。其计算公式为:

$$\text{加班加点工资} = \text{加班天数} \times \text{日工资率} + \text{加班时数} \times \text{小时工资率}$$

短期薪酬中的奖金、津贴与补贴等内容的计算,应分别根据企业职工奖励制度、奖金计算发放方法和国家有关津贴与补贴等的发放标准进行计算。

4)职工薪酬的结算

企业根据职工考勤记录和产量记录等原始记录计算出应付工资以后,要填制在"薪酬结算单"(也称"工资单")中。薪酬结算单是薪酬结算和支付薪酬的原始凭证,也是编制薪酬结算汇总表的依据,一般按月份和部门进行编制,分别反映每一职工的应付工资、代扣款项和实发金额。薪酬结算单通常一式三份,一份按职工姓名裁成小条,随薪酬一同发给职工,以便职工检查核对;一份作为支付薪酬的原始凭证,留在财务部门保管;另一份作为人力资源部门进行劳动薪酬统计的依据。薪酬结算单的基本格式如表2.5所示。

表2.5 薪酬结算单

车间或部门:　　　　　　年　月

工号	姓名	应付工资								代扣款项				实发金额
		工资	奖金	津贴	物补	加班工资	缺勤扣款	其他	合计	公积金	养老金	医保	个人所得税	
总计														

劳动工资部门(签章):　　　　　财会部门(签章):　　　　　复核人(签章):

为了汇总反映各车间、部门应付工资、代扣款项、实发金额的情况,企业一般要根据薪酬结算单编制"薪酬结算汇总表",它是企业进行薪酬费用分配的依据,实际工作中薪酬的发放也是根据其汇总金额进行的。薪酬结算汇总表的基本格式如表2.6所示。

表2.6 薪酬结算汇总表

年　月

部门	职工类别	应付工资								代扣款项				实发金额
		工资	奖金	津贴	物补	加班工资	缺勤扣款	其他	合计	公积金	养老金	医保	个人所得税	
总计														

5)职工薪酬费用的分配

每月月末,企业对职工的薪酬总额,必须按受益对象将其分配计入成本费用。分配时,应记入有关账户的借方和"应付职工薪酬"账户的贷方。

在计件工资制度下,由于计件工资是直接根据各完工产品的数量和计件单价计算的,所以可根据薪酬结算单直接计入某种产品成本相应的成本项目；在计时工资制度下，月份内又同时生产几种产品时，则由于计时工资是根据职工的考勤记录和规定的月工资标准计算的，从计时工资计算本身无法反映生产工人工资的用途，所以各产品应负担的生产工人工资应按生产工时比例，分配计入各有关产品成本的这一成本项目。其计算公式如下：

$$\frac{\text{工资}}{\text{分配率}} = \frac{\text{生产工人工资总额}}{\text{各产品生产耗用的实际（定额）工时}}$$

$$\frac{\text{某产品应}}{\text{分配的工资}} = \frac{\text{该产品生产耗用的}}{\text{实际（定额）工时}} \times \frac{\text{工资}}{\text{分配率}}$$

工资费用的分配一般是通过工资费用分配表来进行的，其格式如表2.7所示。

【例2.10】 某企业生产A、B两种产品，采用计时工资制，本月生产工人计时工资总额为35 000元。本月A产品耗用生产工时3 000小时，B产品耗用生产工时2 000小时，根据薪酬结算单等有关资料，编制"工资费用分配表"。

表2.7 工资费用分配表
×年×月　　　　　　　　　　　　　　　　　　金额单位：元

分配对象	成本或费用项目	直接计入	分配计入			工资费用合计
			生产工时	分配率	应分配额	
A产品	直接人工		3 000		21 000	21 000
B产品	直接人工		2 000		14 000	14 000
小计			5 000	7	35 000	35 000
车间管理人员	工资	6 560				6 560
行政管理人员	工资	7 080				7 080
销售机构人员	工资	2 700				2 700
福利部门人员	工资	920				920
合计		17 260			35 000	52 260

表中工资分配的计算如下：

$$\frac{\text{工资}}{\text{分配率}} = \frac{35\,000}{3\,000 + 2\,000} = 7（\text{元}/\text{小时}）$$

A产品应分配的工资＝3 000×7＝21 000（元）
B产品应分配的工资＝2 000×7＝14 000（元）

根据表2.7工资费用分配表，编制会计分录如下：
借：生产成本——基本生产成本——A产品　　　　　　　21 000
　　　　　　——基本生产成本——B产品　　　　　　　14 000
　　制造费用　　　　　　　　　　　　　　　　　　　　 6 560
　　管理费用　　　　　　　　　　　　　　　　　　　　 7 080
　　销售费用　　　　　　　　　　　　　　　　　　　　 2 700
　　应付职工薪酬——福利费　　　　　　　　　　　　　　 920
　　贷：应付职工薪酬——工资　　　　　　　　　　　　52 260

6) 职工福利费的核算

企业除了支付职工工资以外,还必须负担对职工福利方面的义务,包括货币性福利和非货币性福利。国家对福利费没有明确规定计提基础和计提标准,企业应据实计入成本费用。但企业也可以根据历史经验数据和自身实际情况,计算确定应付职工薪酬金额和应计入成本费用的薪酬金额,如为补助职工食堂、生活困难员工等,企业可以自行决定以职工工资为基础,按一定比例从成本费用中提取,当实际发生额大于计提数时,应当补提;反之,冲回多提数。其计入成本费用的途径与工资相同,即提取时,应借记有关账户,贷记"应付职工薪酬"账户。

职工福利的计提和分配一般是通过编制"职工福利计提分配表"进行的,其格式如表2.8所示。实际工作中也可以和前述"工作费用分配表"一起编制。

【例2.11】 假设例2.10中,该企业根据上年福利费实际发生情况,决定福利费计提比例为14%。则根据工资费用分配表,可编制"职工福利费计提表",如表2.8所示。

表2.8 职工福利费计提分配表

×年×月　　　　　　　　　　　　　　　　　　　　　　　单位:元

分配对象	成本或费用项目	工资总额	应提职工福利费
A产品	直接人工	21 000	2 940
B产品	直接人工	14 000	1 960
小计		35 000	4 900
车间管理人员	职工福利费	6 560	918.4
行政管理与福利人员	职工福利费	8 000	1 120
销售机构人员	职工福利费	2 700	378
合计		52 260	7 316.4

根据表2.8职工福利费计提分配表编制会计分录如下:

借:生产成本——基本生产成本——A产品　　　　　　2 940
　　　　　　——基本生产成本——B产品　　　　　　1 960
　　制造费用　　　　　　　　　　　　　　　　　　918.4
　　管理费用　　　　　　　　　　　　　　　　　　1 120
　　销售费用　　　　　　　　　　　　　　　　　　378
　贷:应付职工薪酬——福利费　　　　　　　　　　7 316.4

2.1.4 其他要素费用的归集与分配

1) 折旧费用的核算

折旧费用是产品成本的组成部分,不单独设置成本项目,而是按照固定资产的使用车间、职能部门进行核算,分别借记"制造费用""管理费用""销售费用"等账户,贷记"累计折旧"账户。

在实际工作中,企业应于每月月末通过编制"固定资产折旧计算表"计算各车间、职能部门的折旧额,并据以进行固定资产折旧分配的核算。

【例 2.12】 某企业采用年限平均法计提固定资产折旧,本月编制的"固定资产折旧计算表"如表 2.9 所示。

表 2.9 固定资产折旧计算表

×年×月　　　　　　　　　　　　　　　　　　　　　　　　　单位:元

使用单位	固定资产类别	月初应计折旧固定资产原价	月分类折旧率(%)	月折旧额
基本生产车间	房屋建筑物	5 000 000	0.2	10 000
	机器设备	9 000 000	0.4	36 000
	小　计	14 000 000	—	46 000
行政管理部门	房屋建筑物	1 000 000	0.2	2 000
	运输工具	400 000	0.9	3 600
	小　计	1 400 000	—	5 600
专设销售机构	房屋建筑物	3 000 000	0.2	6 000
	运输工具	800 000	0.9	7 200
	小　计	3 800 000	—	13 200
合　计		19 200 000		64 800

根据表 2.9 固定资产折旧计算表,编制会计分录如下:

借:制造费用　　　　　　　　　　　　　　　　　　　　　46 000
　　管理费用　　　　　　　　　　　　　　　　　　　　　　5 600
　　销售费用　　　　　　　　　　　　　　　　　　　　　13 200
　贷:累计折旧　　　　　　　　　　　　　　　　　　　　　　64 800

2) 修理费用的核算

一般情况下,固定资产投入使用后,由于固定资产磨损,各组成部分耐用程度不同,可能导致固定资产的局部损坏,为了维护固定资产的正常运转和使用,充分发挥其使用效能,企业将对固定资产进行必要的维护。发生固定资产维护支出只是确保固定资产的正常工作状态,并不导致固定资产性能的改善或固定资产未来经济利益的增加。因此,对固定资产修理(不分大修、中修或小修)所发生的费用,《企业会计准则——固定资产》规定,应在其发生时一次性直接计入当期损益。企业生产车间(部门)和行政管理部门等发生的固定资产修理费用等计入"管理费用";企业专设销售机构发生的固定资产修理费用计入"销售费用"。

【例 2.13】 某企业按计划对基本生产车间的设备进行大修,以银行存款支付修理费用 45 000 元,另耗用材料 1 000 元。编制会计分录如下:

借:管理费用　　　　　　　　　　　　　　　　　　　　　46 000
　贷:银行存款　　　　　　　　　　　　　　　　　　　　　45 000
　　　原材料　　　　　　　　　　　　　　　　　　　　　　1 000

3) 其他直接支出费用的核算

其他直接支出费用是指除了前面所述各种要素费用以外的各种费用,包括办公费、运输费、邮电费用、租赁费、外部加工费、印刷费、实验检验费、差旅费、误餐补助费、交通补助费、财产保险费、职工技术培训费等。这些费用有的是产品成本组成部分,有的则不是。其中属于产品成本组成部分的各种费用,一般均不单设成本项目。在费用发生的时候,根据有关付款凭证,按其用途和发生地点编制会计分录,分别借记"制造费用""管理费用""其他业务成本"等账户,贷记"银行存款"或"库存现金"等账户。

【例 2.14】 某企业本月购买办公用品一批计 5 800 元,其中生产车间用 1 200 元,行政管理部门用 3 000 元,专设销售机构用 1 600 元,款项以转账支票支付。编制会计分录如下:

  借:制造费用   1 200
    管理费用   3 000
    销售费用   1 600
    贷:银行存款   5 800

任务 2.2 辅助生产费用的核算

工业企业的生产车间可以分为两大类:一个是基本生产车间;另一个是辅助生产车间。基本生产车间是直接进行产品生产或对外提供劳务、实现企业基本生产过程的车间;辅助生产车间是实现辅助生产过程,为企业基本生产车间和内部各部门提供产品或劳务的车间。虽然有时辅助生产车间生产的产品或提供的劳务也对外销售,但这不是辅助生产车间的主要任务。

2.2.1 辅助生产费用的归集

1) 辅助生产费用的内容

辅助生产车间生产的产品或提供的劳务各不相同,有的辅助生产车间只生产一种产品或提供一种劳务,如供电、供水、供风、运输等;有的辅助生产车间则生产多种产品或提供多种劳务,如从事工具、模具、修理用备件的制造,以及机器设备的修理等。无论是哪种情况,辅助生产产品或劳务的形成,必然要发生各种耗费,这些耗费有的是辅助生产车间自身发生的直接材料、直接人工和制造费用等各项费用;有的是其他辅助生产车间分配转入的费用。辅助生产车间所耗费的各种生产费用之和,就形成了这些产品或劳务的成本。而这些产品或劳务主要被基本生产车间和企业内部其他部门所耗用,因此,对于耗用这些产品或劳务的基本生产车间、部门来讲,这些辅助生产产品或劳务又是一种费用,即辅助生产费用。

辅助生产费用中被基本生产车间耗用的部分,就构成了基本生产产品成本的一部分;被行政管理部门耗用的部分,就形成了管理费用的一部分;被专设销售机构耗用的部分,就形成了销售费用的一部分。所以,辅助生产产品或劳务成本的高低,对基本生产产品成本和经营管理费用的高低有着直接的影响。而且,只有在辅助生产产品或劳务成本确定以后,才能正确计算基本生产的产品成本和经营管理费用。因此,正确、及时地计算辅助生产产品或劳务的成本,并将其合理、恰当地分配到受益对象上,对企业降低成本、节约费用,正确计算企业产品成本、经营管理费用以及利润,都有着重要的意义。

2) 辅助生产费用的归集方法

辅助生产费用的归集和分配,主要是通过"生产成本——辅助生产成本"账户进行的。

该账户一般应按车间以及产品或劳务设立明细账,明细账中按照成本项目设立专栏或专行,进行明细核算。

实际工作中,"生产成本——辅助生产成本"明细账有两种格式:一种是对辅助生产车间发生的,直接用于辅助生产,并专设成本项目的费用,单独地直接记入"生产成本——辅助生产成本"账户及所属明细账的借方。而对于各辅助生产车间发生的,没有专设成本项目的费用(例如辅助生产车间机器设备折旧费等),以及间接用于辅助生产的费用(例如辅助生产车间管理人员薪酬、机物料消耗和运输费等),通过先设立"制造费用——××辅助生产车间"明细账进行归集,然后期末再将归集起来的这些费用直接转入或分配转入"生产成本——辅助生产成本"账户及所属明细账的借方。这种"生产成本——辅助生产成本"明细账的格式如表2.10所示。

若辅助生产车间规模较小,发生的制造费用很少,为了简化辅助生产费用的核算工作,也可以不设"制造费用——××辅助生产车间"明细账,而将该账户原先核算的内容全部直接或分配记入"生产成本——辅助生产成本"账户。此时,"生产成本——辅助生产成本"账户的借方登记了该辅助生产车间发生的所有费用(不论是否专设成本项目)。这种"生产成本——辅助生产成本"明细账的格式如表2.11所示。

表2.10　辅助生产成本明细账

车间:机修　　　　　　　　　　　　　　　　　　　　　　　　　　　　单位:元

摘　要	直接材料	直接人工	制造费用	合计

表2.11　辅助生产成本明细账

车间:机修　　　　　　　　　　　　　　　　　　　　　　　　　　　　单位:元

摘　要	材料	职工薪酬	折旧费	办公费	保险费	其他	合计

2.2.2　辅助生产费用的分配

辅助生产车间主要是向基本生产车间和企业内部各部门提供产品或劳务的。它们所提供的产品或劳务有的需要入库,有的不需要入库。对需要入库的辅助生产产品或劳务,如自制材料、自制工具等,应在完工入库时,将其成本从"生产成本——辅助生产成本"账户的贷方结转到"原材料"或"周转材料"账户的借方。

对不需要入库的辅助生产产品或劳务,如水、电、气、风等产品或运输等劳务,则应将这些产品或劳务的成本,在各受益对象之间采用适当的方法进行分配,从"生产成本——辅助生产成本"账户的贷方结转到各受益对象的成本费用之中。

实际工作中,提供不需要入库的产品或劳务的辅助生产车间,将辅助生产费用分配给各受益对象时,是通过辅助生产费用分配表进行的。常采用的分配方法有直接分配法、交互分配法、代数分配法、计划成本分配法和顺序分配法等。各企业应结合本单位实际情况选用不同的方法。

1) 直接分配法

直接分配法是指在分配辅助生产费用时,不考虑各辅助生产车间之间相互提供劳务(或产品)的情况,而是将各辅助生产费用直接分配给辅助生产车间以外的各受益单位。其分配程序是:首先根据各辅助生产车间实际发生的费用和向辅助生产车间以外的各受益对象提供的产品或劳务数量,计算费用分配率(即产品或劳务的单位成本);然后再根据费用分配率和各受益对象的耗用量,计算各受益对象应负担的费用。计算公式如下:

$$\text{费用分配率} = \frac{\text{某辅助生产车间待分配的费用总额}}{\text{该辅助生产车间提供给辅助生产车间以外部门的劳务或产品总量}}$$

$$= \frac{\text{某辅助生产车间待分配的费用总额}}{\text{该辅助生产车间提供的劳务或产品总量} - \text{其他辅助生产车间耗用的数量}}$$

$$\text{某受益对象应负担费用} = \text{该受益对象的耗用数量} \times \text{费用分配率}$$

【例 2.15】 某企业有供电和模具两个辅助生产车间,在分配结转前,"生产成本——辅助生产成本"账户归集的辅助生产费用供电车间为 54 000 元,模具车间为 180 000 元。该企业本月辅助生产车间提供的产品和劳务供应量如表 2.12 所示。

表 2.12 辅助生产车间产品(劳务)供应量汇总表

×年×月

受益对象	供电数量(度)	模具产量(件)
供电车间		2 500
模具车间	3 000	
甲产品	25 300	
乙产品	31 600	
一车间	5 500	8 200
二车间	5 100	8 800
行政管理部门	4 500	3 000
合 计	75 000	22 500

根据上列资料,采用直接分配法计算辅助生产费用分配率如下:

$$\text{供电车间费用分配率} = \frac{54\,000}{75\,000 - 3\,000} = 0.75(\text{元/度})$$

$$\text{模具车间费用分配率} = \frac{180\,000}{22\,500 - 2\,500} = 9(\text{元/件})$$

根据费用分配率,可以计算出各受益对象应负担的辅助生产费用,并编制"辅助生产费用分配表",如表 2.13 所示。

表 2.13 辅助生产费用分配表(直接分配法)

×年×月

金额单位:元

项 目	供电车间	模具车间	合 计
待分配费用	54 000	180 000	234 000
对外供应劳务数量	72 000	20 000	

续表

项　　目		供电车间	模具车间	合　　计
费用分配率(单位成本)		0.75	9	
基本生产车间	甲产品 耗用数量	25 300		
	甲产品 分配金额	18 975		18 975
	乙产品 耗用数量	31 600		
	乙产品 分配金额	23 700		23 700
	金额小计	42 675		42 675
	一车间 耗用数量	5 500	8 200	
	一车间 分配金额	4 125	73 800	77 925
	二车间 耗用数量	5 100	8 800	
	二车间 分配金额	3 825	79 200	83 025
	金额小计	7 950	153 000	160 950
行政管理部门	耗用数量	4 500	3 000	
	分配金额	3 375	27 000	30 375
金额合计		54 000	180 000	234 000

根据表2.13辅助生产费用分配表,编制分配结转辅助生产费用的会计分录如下:

借:生产成本——基本生产成本(甲产品)　　　　18 975
　　　　　　——基本生产成本(乙产品)　　　　23 700
　　制造费用——一车间　　　　　　　　　　　77 925
　　　　　　——二车间　　　　　　　　　　　83 025
　　管理费用　　　　　　　　　　　　　　　　30 375
　贷:生产成本——辅助生产成本(供电)　　　　　　　　54 000
　　　　　　——辅助生产成本(模具)　　　　　　　　180 000

采用直接分配法,由于各辅助生产车间的费用只对外分配一次,不对内交互分配,因此分配结转比较简便。但是,如果各辅助生产车间相互提供的产品或劳务成本数额较大,必然会影响分配结果的准确性。因此,这种方法一般适用于辅助生产车间之间相互提供劳务或产品不多,或相互分配费用悬殊较小的情况。

2) 交互分配法

交互分配法是对辅助生产车间费用的分配分两次进行。即首先根据各辅助生产车间内部相互供应的产品或劳务数量和交互分配前的费用分配率(单位成本),进行一次交互分配;然后再将各辅助生产车间交互分配后的实际费用(即交互分配前的费用加上交互分配转入的费用,减去交互分配转出的费用)按对外提供的产品或劳务数量,在辅助生产以外的各受益对象之间进行分配。其计算公式如下:

$$\text{交互分配费用分配率} = \frac{\text{交互分配前某辅助生产车间的待分配费用总额}}{\text{该辅助生产车间提供的产品或劳务总量}}$$

$$\text{某辅助生产车间应负担的费用} = \text{该辅助生产车间耗用的数量} \times \text{交互分配费用分配率}$$

$$\text{对外分配费用分配率} = \frac{\text{交互分配前待分配费用总额} + \text{交互分配转入费用} - \text{交互分配转出费用}}{\text{该辅助生产车间提供给辅助生产车间以外部门的劳务或产品总量}}$$

$$= \frac{\text{交互分配前待分配费用总额} + \text{交互分配转入费用} - \text{交互分配转出费用}}{\text{该辅助生产车间提供的劳务或产品总量} - \text{其他辅助生产车间耗用的数量}}$$

$$\text{某辅助生产车间以外受益对象应负担费用} = \text{该受益对象的耗用数量} \times \text{对外分配费用分配率}$$

【例 2.16】 利用例 2.15 提供的某企业资料,采用交互分配法进行辅助生产费用的分配,有关计算过程如下:

$$\text{供电车间交互分配费用分配率} = \frac{54\,000}{75\,000} = 0.72(\text{元/度})$$

$$\text{模具车间交互分配费用分配率} = \frac{180\,000}{22\,500} = 8(\text{元/件})$$

模具车间应负担的电费 $= 3\,000 \times 0.72 = 2\,160$(元)

供电车间应负担的模具费 $= 2\,500 \times 8 = 20\,000$(元)

对外分配的费用分配率:

$$\text{供电车间对外分配费用分配率} = \frac{54\,000 + 20\,000 - 2\,160}{75\,000 - 3\,000} = 0.997\,78(\text{元/度})$$

$$\text{模具车间对外分配费用分配率} = \frac{180\,000 + 2\,160 - 20\,000}{22\,500 - 2\,500} = 8.108(\text{元/件})$$

根据费用分配率,可以计算出各受益对象应负担的辅助生产费用,并编制"辅助生产费用分配表",如表 2.14 所示。

表 2.14 辅助生产费用分配表(交互分配法)

×年×月　　　　　　　　　　　　　　　　　　　金额单位:元

项目			交互分配			对外分配		
			供电	模具	合计	供电	模具	合计
待分配费用(元)			54 000	180 000	234 000	71 840	162 160	23 400
供应产品劳务数量			75 000	22 500		72 000	20 000	
分配率(单位成本)			0.72	8		0.997 78	8.108	
辅助车间	供电	耗用数量		2 500				
		分配金额		20 000	20 000			
	模具	耗用数量	3 000					
		分配金额	2 160		2 160			
	金额小计		2 160	20 000	22 160			

续 表

项目			交互分配			对外分配		
			供电	模具	合计	供电	模具	合计
基本生产车间	甲产品	耗用数量				25 300		
		分配金额				25 243.83		25 243.83
	乙产品	耗用数量				31 600		
		分配金额				31 529.85		31 529.85
	金额小计					56 773.68		56 773.68
	一车间	耗用数量				5 500	8 200	
		分配金额				5 487.80	66 485.60	71 973.40
	二车间	耗用数量				5 100	8 800	
		分配金额				5 088.68	71 350.40	76 439.08
	金额小计					10 576.48	137 836	148 412.48
行政管理部门		耗用数量				4 500	3 000	
		分配金额				4 489.84	24 324	28 813.84
分配金额合计						71 840	162 160	234 000

说明:本例分配率保留 5 位小数,第六位四舍五入;分配的小数尾差,计入管理费用。

根据表 2.14 辅助生产费用分配表,编制会计分录如下:
交互分配:
借:生产成本——辅助生产成本(供电)　　　　　　　20 000
　　　　　——辅助生产成本(模具)　　　　　　　　2 160
　贷:生产成本——辅助生产成本(供电)　　　　　　　　　2 160
　　　　　——辅助生产成本(模具)　　　　　　　　　　20 000
对外分配:
借:生产成本——基本生产成本(甲产品)　　　　　　25 243.83
　　　　　——基本生产成本(乙产品)　　　　　　31 529.85
　　制造费用——一车间　　　　　　　　　　　　71 973.40
　　　　　——二车间　　　　　　　　　　　　76 439.08
　　管理费用　　　　　　　　　　　　　　　　28 813.84
　贷:生产成本——辅助生产成本(供电)　　　　　　　　　71 840
　　　　　——辅助生产成本(模具)　　　　　　　　　162 160

采用交互分配法对辅助生产车间之间相互提供的产品或劳务进行了交互分配,与直接分配法比较,在一定程度上提高了费用分配的准确性。但由于在分配费用时都要计算交互分配和对外分配两个费用分配率,进行两次分配,增加了计算工作量。同时,交互分配的单位产品或劳务费用是根据交互分配前的待分配费用计算的,并不是该辅助生产车间单位产品或劳务的实际单位成本,因此分配结果也不是非常准确。这种分配方法一般适用于辅助生产车间不多的企业。有时为了简化计算工作,在各月辅助生产的成本水平相差不多的情况下,也可以用上月的交互分配率作为本月交互分配的标准。

3) 代数分配法

代数分配法是先根据数学上解联立方程的原理,计算出辅助生产车间单位产品或劳务的单位成本,然后再根据各受益对象(包括辅助生产车间和外部各单位)耗用的数量和计算出的单位成本分配辅助生产费用。

【例 2.17】 仍利用例 2.15 提供的某企业资料,采用代数分配法进行辅助生产费用的分配,有关计算过程如下:

设该企业每度电的成本为 x 元,每一件模具的成本为 y 元,根据资料可得到二元一次方程组:

$$\begin{cases} 54\,000 + 2\,500y = 75\,000x \\ 180\,000 + 3\,000x = 22\,500y \end{cases}$$

解上述方程组得:

$$\begin{cases} x = 0.991\,07 \\ y = 8.132\,1 \end{cases}$$

根据计算出的供电和模具的单位成本,可以计算出所有受益对象应负担的辅助生产费用,并编制"辅助生产费用分配表",如表 2.15 所示。

表 2.15 辅助生产费用分配表(代数分配法)

×年×月　　　　　　　　　　　　　　　　　金额单位:元

项　　目			供电车间	模具车间	合　　计
待分配费用			54 000	180 000	234 000
供应产品、劳务总量			75 000	22 500	
费用分配率(单位成本)			0.991 07	8.132 1	
辅助生产车间	供电车间	耗用数量		2 500	
		分配金额		20 330.25	20 330.25
	模具车间	耗用数量	3 000		
		分配金额	2 973.21		2 973.21
	金额小计		2 973.21	20 330.25	23 303.46
基本生产车间	甲产品	耗用数量	25 300		
		分配金额	25 074.07		25 074.07
	乙产品	耗用数量	31 600		
		分配金额	31 317.81		31 317.81
	金额小计		56 391.88		56 391.88
	一车间	耗用数量	5 500	8 200	
		分配金额	5 450.89	66 683.22	72 134.11
	二车间	耗用数量	5 100	8 800	
		分配金额	5 054.46	71 562.48	76 616.94
	金额小计		10 505.35	138 245.70	148 751.05

续 表

项　　目		供电车间	模具车间	合　　计
行政管理部门	耗用数量	4 500	3 000	
	分配金额	4 459.81	24 397.26	28 857.07
金额合计		74 330.25	182 973.21	257 303.46

说明：本例分配率保留5位小数，第六位四舍五入；分配的小数尾差，计入管理费用。

根据表2.15"辅助生产费用分配表"，编制分配结转辅助生产费用的会计分录如下：

借：生产成本——辅助生产成本（供电）　　　20 330.25
　　　　　　——辅助生产成本（模具）　　　 2 973.21
　　　　　　——基本生产成本（甲产品）　　25 074.07
　　　　　　——基本生产成本（乙产品）　　31 317.81
　　制造费用——一车间　　　　　　　　　　72 134.11
　　　　　　——二车间　　　　　　　　　　76 616.94
　　管理费用　　　　　　　　　　　　　　　28 857.07
　贷：生产成本——辅助生产成本（供电）　　74 330.25
　　　　　　——辅助生产成本（模具）　　 182 973.21

由于是通过解联立方程组计算求得辅助生产产品或劳务的实际单位成本的，因此采用代数分配法分配的结果最为准确。但当企业辅助生产车间较多时，计算工作就会很复杂，因此这种方法一般适用于辅助生产车间较少或已经实现电算化的企业。

4）计划成本分配法

计划成本分配法是先按辅助生产车间提供的产品或劳务的数量和计划单位成本在各受益对象（包括辅助生产车间和外部各单位）之间分配辅助生产费用，然后计算辅助生产车间实际发生的费用（包括辅助生产车间之间交互分配转入的费用在内）与按计划成本分配转出的费用的差额，即辅助生产的成本差异，对该差异再按一定的标准（一般采用实际耗用量比例），分配给辅助生产车间以外的各受益对象。但有时为了简化分配工作，也可以将辅助生产成本差异全部计入管理费用，不再分配给各受益单位。计划成本分配法的具体步骤为：

（1）按计划成本分配

$$\text{某受益对象按计划单位成本应负担的费用} = \text{该受益对象耗用的数量} \times \text{计划单位成本}$$

（2）成本差异结转分配

$$\text{某项辅助生产产品或劳务成本差异额} = \text{该辅助生产车间实际发生的费用} + \text{该辅助生产车间耗用其他辅助生产车间产品或劳务实际数量} \times \text{计划单位成本} - \text{该辅助生产车间按计划单位成本分配转出费用总额}$$

【例2.18】 仍利用例2.15提供的某企业资料，假设该企业供电车间的每度电计划单价为0.8元/度，模具车间的每件模具计划单位成本为8元，实际成本与计划的差额按各受益对象实际耗用量比例分配。按计划成本分配法编制的"辅助生产费用分配表"，如表2.16所示。

表 2.16 辅助生产费用分配表(计划成本分配法)

×年×月　　　　　　　　　　　　　　　　　　　金额单位:元

项目			按计划成本分配			成本差异分配		
			供电	模具	合计	供电	模具	合计
待分配费用(元)			54 000	180 000	234 000	14 000	2 400	16 400
供应产品劳务数量			75 000	22 500		72 000	20 000	
分配率(单位成本)			0.8	8		0.194 44	0.12	
辅助车间	供电	耗用数量		2 500				
		分配金额		20 000	20 000			
	模具	耗用数量	3 000					
		分配金额	2 400		2 400			
	金额小计		2 400	20 000	22 400			
基本生产车间	甲产品	耗用数量	25 300			25 300		
		分配金额	20 240		20 240	4 919.33		4 919.33
	乙产品	耗用数量	31 600			31 600		
		分配金额	25 280		25 280	6 144.30		6 144.30
	金额小计		45 520		45 520	11 063.63		11 063.63
	一车间	耗用数量	5 500	8 200		5 500	8 200	
		分配金额	4 400	65 600	70 000	1 069.42	984	2 053.42
	二车间	耗用数量	5 100	8 800		5 100	8 800	
		分配金额	4 080	70 400	74 480	991.64	1 056	2 047.64
	金额小计		8 480	136 000	144 480	2 061.06	2 040	4 101.06
行政管理部门		耗用数量	4 500	3 000		4 500	3 000	
		分配金额	3 600	24 000	27 600	875.31	360	1 235.31
金额合计			60 000	180 000	240 000	14 000	2 400	16 400

说明:本例成本差异额分配率保留 5 位小数,第六位四舍五入;分配的小数尾差,计入管理费用。

表 2.16 中成本差异分配计算如下:

供电车间电力成本差异额 $= 54\,000 + 2\,500 \times 8 - 75\,000 \times 0.8 = 14\,000$(元)(超支差异)

分配率 $= \dfrac{14\,000}{75\,000 - 3\,000} = 0.194\,44$(元/度)

模具车间模具成本差异额 $= 180\,000 + 3\,000 \times 0.8 - 22\,500 \times 8 = 2\,400$(元)(超支差异)

分配率 $= \dfrac{2\,400}{22\,500 - 2\,500} = 0.12$(元/件)

根据表 2.16 辅助生产费用分配表,编制分配结转辅助生产费用的会计分录如下:

按计划成本分配:

借：生产成本——辅助生产成本（供电） 20 000
　　　　　　——辅助生产成本（模具） 2 400
　　　　　　——基本生产成本（甲产品） 20 240
　　　　　　——基本生产成本（乙产品） 25 280
　　制造费用——一车间 70 000
　　　　　　——二车间 74 480
　　管理费用 27 600
　贷：生产成本——辅助生产成本（供电） 60 000
　　　　　　——辅助生产成本（模具） 180 000

结转分配成本差异：
借：生产成本——基本生产成本（甲产品） 4 919.33
　　　　　　——基本生产成本（乙产品） 6 144.30
　　制造费用——一车间 2 053.42
　　　　　　——二车间 2 047.64
　　管理费用 1 235.31
　贷：生产成本——辅助生产成本（供电） 14 000
　　　　　　——辅助生产成本（模具） 2 400

采用计划成本分配法，由于辅助生产产品或劳务的单位成本是预先制定的，各辅助生产车间的生产费用不需要计算费用分配率，因此简化和加速了成本核算和分配工作。同时，通过辅助生产成本差异的计算，还能反映和考核辅助生产成本计划的执行情况。这种方法一般适用于计划成本资料比较齐全并较为接近实际成本的企业，否则，应用这种方法会影响分配结果的准确性。

5）顺序分配法

顺序分配法也称为梯形分配法。它在分配辅助生产费用时，首先对辅助生产车间按相互受益程度的多少排列顺序，受益少的排列在前，受益多的排列在后。然后按排列好的顺序对各辅助生产车间费用进行分配。分配时，每个辅助生产车间的费用，只分配给排列在后面的辅助生产车间和辅助生产车间以外的受益对象，而不分配给排列在前面的辅助生产车间。因此，某个辅助生产车间分配的费用总和就等于其本身直接归集的费用加上自身所耗的排列在比自己前位的辅助生产费用之和。

【例2.19】 仍利用例2.15提供的某企业资料，假设按模具、供电为排列顺序，用顺序分配法编制的"辅助生产费用分配表"，如表2.17所示。

表2.17 辅助生产费用分配表（顺序分配法）

×年×月

金额单位：元

项　目	模具车间	供电车间	合　计
待分配费用	180 000	74 000	254 000
供应产品、劳务数量	22 500	72 000	
费用分配率（单位成本）	8	1.027 78	

续表

项目			模具车间	供电车间	合计
辅助生产车间	供电车间	耗用数量	2 500		
		分配金额	20 000		20 000
基本生产车间	甲产品	耗用数量		25 300	
		分配金额		26 002.83	26 002.83
	乙产品	耗用数量		31 600	
		分配金额		32 477.85	32 477.85
	金额小计			58 480.68	58 480.68
	一车间	耗用数量	8 200	5 500	
		分配金额	65 600	5 652.79	71 252.79
	二车间	耗用数量	8 800	5 100	
		分配金额	70 400	5 241.68	75 641.68
	金额小计		136 000	10 894.47	146 894.47
行政管理部门		耗用数量	3 000	4 500	
		分配金额	24 000	4 624.85	28 624.85
金额合计			180 000	74 000	254 000

说明:本例费用分配率保留5位小数,第六位四舍五入;分配的小数尾差,计入管理费用。

表2.17中费用分配率的计算如下:

模具分配率 $= \dfrac{180\,000}{22\,500} = 8(元/件)$

供电分配率 $= \dfrac{54\,000 + 20\,000}{75\,000 - 3\,000} = 1.027\,78(元/度)$

根据表2.17辅助生产费用分配表,编制分配结转辅助生产费用的会计分录如下:

借:生产成本——辅助生产成本(供电) 20 000
　　　　　　——基本生产成本(甲产品) 26 002.83
　　　　　　——基本生产成本(乙产品) 32 477.85
　　制造费用——一车间 71 252.79
　　　　　　——二车间 75 641.68
　　管理费用 28 624.85
　贷:生产成本——辅助生产成本(模具) 180 000
　　　　　　——辅助生产成本(供电) 74 000

采用顺序分配法,辅助生产车间之间并不是完全交互分配,而只将费用分配给排列在后面的辅助生产车间,排列在前面的辅助生产车间尽管耗用排列在后面的辅助生产费用却不计成本,这样,分配结果的正确性必然受到影响,计算工作量也有所增加。这种方法一般适用于各辅助生产车间之间相互受益程度具有明显顺序的企业。

任务 2.3 制造费用的核算

产品在生产过程中,除了要消耗直接材料、直接人工和其他直接支出外,还要消耗各种间接费用。这些间接费用(即制造费用)核算准确与否,直接影响产品成本的可靠性。因此,加强制造费用的控制和管理,组织好制造费用的核算,对企业正确核算产品成本具有重要意义。

2.3.1 制造费用的归集

1) 制造费用的内容

制造费用是指企业为生产产品或提供劳务而发生的、应计入产品成本但不专设成本项目的各项费用。

制造费用大部分是间接产生于产品生产的费用,例如:机物料消耗,车间生产用房屋及建筑物的折旧费、租赁费和保险费,车间生产用的照明费、取暖费,运输费以及劳动保护费等。车间用于组织和管理生产的费用,也作为间接用于产品生产的费用进行核算。这些费用通常包括车间管理人员薪酬、租赁费和保险费、车间管理用的照明费、取暖费、水费、差旅费和办公费等。制造费用还包括直接用于产品生产,但管理上不要求或者不便于单独核算,因而不专设成本项目的费用,例如机器设备的折旧费和生产工具摊销费等。除此以外,制造费用还有设计制图费、试验检验费等。

2) 制造费用的归集方法

制造费用的归集是通过"制造费用"账户进行的。该账户按不同的车间设立明细账,账内按费用项目设立专栏。借方登记各项制造费用的实际发生数,期末分配计入有关的成本核算对象时记入贷方。除季节性生产企业外,该账户期末无余额。制造费用明细账的格式如表 2.18 所示。

表 2.18 制造费用明细账

××车间　　　　　　　　　　　　　　　　　　　　　　　　　　　　　　　　　　　单位:元

摘要	工资及福利费	折旧费	保险费	办公费	水电费	机物料消耗	周转材料摊销	其他	合计
支付办公费等				1 800				400	2 200
分配材料费用						1 200			1 200
分配职工薪酬	1 710								1 710
计提折旧费		1 500							1 500
摊销周转材料价值							900		900
支付保险费、水电费			680		1 500				2 180
本月发生额合计	1 710	1 500	680	1 800	1 500	1 200	900	400	9 690
结转本月发生额	1 710	1 500	680	1 800	1 500	1 200	900	400	9 690

2.3.2 制造费用的分配

为了正确计算产品成本,在归集汇总了制造费用以后,还必须于期末将其分配给各受益对象。如果车间只生产一种产品,则归集的制造费用属于直接费用,制造费用可以直接计入该种产品成本,不存在制造费用分配的问题。如果车间生产多种产品,则归集的制造费用属于间接费用,这时应采用适当的方法对制造费用进行分配,分别计入各种产品的成本。

制造费用的分配方法很多,通常有生产工人工时比例法、生产工人工资比例法、机器工时比例法和年度计划分配率法等。

1) 生产工人工时比例法

这是按照各种产品所耗用生产工人工时的比例分配制造费用的方法。这里的生产工人工时一般是实际生产工时,当企业定额资料比较健全时,也可以是定额工时。其计算公式如下:

$$制造费用分配率 = \frac{制造费用总额}{各种产品生产工时总数}$$

某种产品应分配的制造费用 = 该种产品生产工时 × 制造费用分配率

【例 2.20】 假设某企业一车间本月发生的制造费用已登记入账,如表 2.18 所示,各种产品的生产工时总数为 1 938 小时,其中甲产品耗用 1 024 小时,乙产品耗用 914 小时。该企业按生产工人工时比例分配制造费用时,计算如下:

$$一车间制造费用分配率 = \frac{9\ 690}{1\ 938} = 5(元/小时)$$

甲产品应分配的制造费用 = 1 024 × 5 = 5 120(元)

乙产品应分配的制造费用 = 914 × 5 = 4 570(元)

实际工作中,制造费用的分配是通过编制"制造费用分配表"进行的,如表 2.19 所示。

表 2.19 制造费用分配表(工人工时比例法)

一车间　　　　　　　　　　　　　　　×年×月

产品名称	生产工时(小时)	分配率(元/小时)	分配金额(元)
甲产品	1 024		5 120
乙产品	914		4 570
合计	1 938	5	9 690

根据表 2.19 制造费用分配表,编制会计分录如下:

借:生产成本——基本生产成本(甲产品)　　　5 120
　　　　　　——基本生产成本(乙产品)　　　4 570
　贷:制造费用　　　　　　　　　　　　　　　　　9 690

按生产工人工时比例分配制造费用,可使产品负担制造费用的多少与劳动生产率的高低联系起来。当企业劳动生产率提高时,单位产品耗用的生产工时相对减少,所负担的制造费用也就相应减少,使单位产品成本降低,从而正确地反映了劳动生产率与产品成本之间的关系。但是,如果制造费用中折旧费、保养费、租赁费所占比重比较大,且各种产品工艺过程的机械化程度不同,这时以生产工时比例为分配标准,就会造成工艺机械化程度较低的产品,由于耗用工时较多,而负担过高的制造费用;机械化程度较高的产品,由于耗用工时较少,而少负担了制造费用,从而使分配结果与实际发生情况不相符合。因此,这种分配方法一般适用于机械化程度不高,或所生产的各种产品机械化程度大致相同的车间。

2) 生产工人工资比例法

这是按照计入各种产品成本的生产工人实际工资的比例分配制造费用的方法。其计算公式为：

$$制造费用分配率 = \frac{制造费用总额}{各种产品生产工人工资总额}$$

$$某种产品应分配的制造费用 = 该产品生产工人工资 \times 制造费用分配率$$

【例2.21】 假设某企业一车间本月发生的制造费用已登记入账，如表2.18所示，本月甲产品生产工人工资为8 192元，乙产品本月生产工人工资为7 312元。该企业按生产工人工资比例分配制造费用，其分配结果如表2.20"制造费用分配表"所示。

表2.20 制造费用分配表（工资比例法）

一车间　　　　　　　　　　　　×年×月

产品名称	生产工人工资(元)	分配率	分配金额(元)
甲产品	8 192		5 120
乙产品	7 312		4 570
合计	15 504	0.625	9 690

由于工资费用分配表中有着现成的生产工人工资，因而采用这种分配方法，核算工作比较简便。但是，同按生产工人工时比例分配一样，应用这种方法要求各种产品的机械化程度相差不大，否则机械化程度高的产品，由于工资费用少，负担的制造费用也少；而机械化程度低的产品，工资费用高，负担的制造费用也高，必然影响制造费用分配的正确性。

如果生产工人工资全部是按照生产工时比例分配计入各种产品成本的，那么，按照生产工人工资比例分配制造费用，实际上也就是按照生产工时的比例分配制造费用。

3) 机器工时比例法

机器工时比例法是以各种产品的机器设备工作时间（运转时间）的比例分配制造费用的方法。其计算公式如下：

$$制造费用分配率 = \frac{制造费用总额}{各种产品机器工时总数}$$

$$某种产品应分配的制造费用 = 该种产品机器工时 \times 制造费用分配率$$

【例2.22】 假设某企业一车间本月发生的制造费用已登记入账，如表2.18所示，各种产品的机器工时总数为2 000小时，其中甲产品耗用1 100小时，乙产品耗用900小时。该企业按机器工时比例分配制造费用，其分配结果如表2.21"制造费用分配表"所示。

表2.21 制造费用分配表（机器工时比例法）

一车间　　　　　　　　　　　　×年×月

产品名称	机器工时(小时)	分配率(元/小时)	分配金额(元)
甲产品	1 100		5 329.5
乙产品	900		4 360.5
合计	2 000	4.845	9 690

这种方法一般适用于产品生产机械化程度较高的车间。因为在这种车间的制造费用中,与机器设备使用有关的费用比重比较大,如折旧费等,而相应的人工费用较小,因此产品所负担的制造费用的多少与产品所耗的机器设备运转时间的长短有密切的联系。很显然,这种情况按机器工时比例分配比按生产工时或生产工人工资比例分配要合理得多。

由于制造费用包含各种性质和用途的费用,且车间生产产品的各种机器设备的机械化程度也不同,为了提高制造费用分配结果的合理性,在核算工作量增加不多的情况下,可以将制造费用大致分为与机器设备使用有关的制造费用和无关的(为组织、管理生产而发生的)制造费用两类。对于前者,将不同类别的机器设备工时,按预先确定的系数换算成标准机器工时系数,采用机器工时比例法分配;而对于后者可按生产工时或生产工人工资比例分配。

4) 计划分配率法

计划分配率法又称预定分配率法或正常分配率法,它是按照年度开始前确定的计划分配率分配制造费用的方法。这种方法无论各月实际发生的制造费用是多少,每月分配转出的制造费用分配率都是一样的,实际与计划分配转出的差异,在年末按已分配数的比例调整。其计算公式如下:

$$计划分配率 = \frac{年度制造费用计划总额}{年度各种产品计划产量的定额工时总数}$$

其中:

$$年度各种产品计划产量的定额工时总数 = \sum \left[某种产品年度计划产量 \times 单位产品定额工时 \right]$$

$$某月某种产品应负担的制造费用 = 该月该种产品实际产量的定额工时数 \times 计划分配率$$

$$= 该月该种产品实际产量 \times 单位产品定额工时 \times 计划分配率$$

【例 2.23】 某企业第二车间生产甲、乙两种产品,本年度该车间制造费用预算总额为 210 000 元;本年计划产量甲产品为 8 000 件,乙产品为 5 000 件,单位产品定额工时甲产品为 50 小时,乙产品为 60 小时。本月实际生产甲产品 700 件,乙产品 400 件,实际发生制造费用 18 500 元。经查,本月初"制造费用——二车间"明细账有贷方余额 450 元。该企业按计划分配率法分配制造费用时,计算如下:

年度各种产品计划产量的定额工时总数 = 8 000×50+5 000×60 = 700 000(小时)

$$计划分配率 = \frac{210\ 000}{700\ 000} = 0.3(元/小时)$$

甲产品应负担的制造费用 = 700×50×0.3 = 10 500(元)

乙产品应负担的制造费用 = 400×60×0.3 = 7 200(元)

编制的"制造费用分配表"如表 2.22 所示。

表 2.22 制造费用分配表(计划分配率法)

二车间　　　　　　　　　　　　×年×月

产品名称	数量(件)	单位工时定额	定额工时	计划分配率	分配金额(元)
甲产品	700	50	35 000		10 500

续表

产品名称	数量(件)	单位工时定额	定额工时	计划分配率	分配金额(元)
乙产品	400	60	24 000		7 200
合 计			59 000	0.3	17 700

根据表2.22制造费用分配表编制会计分录如下：

借：生产成本——基本生产成本(甲产品)　　　　10 500
　　　　　　——基本生产成本(乙产品)　　　　 7 200
　　贷：制造费用　　　　　　　　　　　　　　　17 700

由于月初"制造费用——二车间"明细账有贷方余额450元，本月借方发生额为18 500元，贷方发生额为17 700元，因此，月末"制造费用——二车间"明细账有借方余额350元。1—11月的制造费用月末余额，无论是借方余额还是贷方余额，在各月内都不进行调整，编制资产负债表时列入"存货"项目，只有到年末，才将该余额按已分配数的比例一次调整计入12月份的产品成本，借记"生产成本"账户，贷记"制造费用"账户，"制造费用"账户如为借方余额用蓝字补加，贷方余额用红字冲减。调整后"制造费用"账户年末无余额。

采用这种方法分配制造费用，省略了每月计算费用分配率的手续，在一定程度上简化了制造费用的分配工作，提高了企业成本核算工作的及时性，并能及时反映制造费用预算数与实际数的差异，有利于分析成本预算执行情况。但是，如果企业各月制造费用实际发生额与计划分配额相差过大，将会影响制造费用分配的准确性，从而影响产品成本核算的正确性，年末调整时，还将导致12月份产品成本的骤升或骤降。因此，这种方法一般适用于季节性生产企业，因为在这种企业中，生产旺季和淡季的产量相差悬殊，而制造费用中有大部分属于固定费用，各月相差不多，如果各月按实际费用分配，必然会使淡季产品成本中的制造费用偏高，而旺季偏低。采用计划分配率法，则能避免此问题的发生，使淡季和旺季的产品成本负担的制造费用比较合理及稳定。

任务2.4 损失性费用的核算

损失性费用是指企业由于生产组织不合理、经营和管理不善以及生产工人未按规定执行技术操作规程等原因而造成的，应计入产品成本的人力、物力、财力上的损失，主要包括废品损失、停工损失。

2.4.1 废品损失的核算

1) 废品的涵义

废品是指不符合规定的技术标准，不能按原定用途加以利用，或者需要加工修复后才能利用的在产品、半成品和产成品。不论是在生产过程中发现的废品，还是在入库后发现的废品，都包括在废品范围内。

废品按其产生的原因，分为工废和料废。工废是指由于生产工人操作上原因造成的废品；料废是指由于被加工的材料质量、规格、性能不符合加工要求而造成的废品。

废品按其消除缺陷在技术上的可能性和经济上的合理性，分为可修复废品和不可修复废品。可修复废品是指经过修理可以使用,并且支付的修复费用在经济上是合算的废品;不可修复废品是指在技术上不可修复,或者虽可修复但修复费用在经济上不合算的废品。

2) 废品损失的涵义

废品损失是指企业因产生废品而发生的损失,包括在生产过程中和入库后发现的不可修复废品的生产成本(扣除回收的废品残料价值和应由过失单位或个人的赔款),以及可修复废品的修复费用(废品修复过程中发生的材料费用、人工费用及其他应负担的费用)。

需要注意的是,有些产品的质量虽然不符合规定的技术标准,但经过质量检验部门鉴定不需要返修,可以降价出售的不合格品,应与合格品同等计算成本,其降价损失,应在销售损益中体现,不应作为废品损失处理;产品入库后,由于保管不善、运输不当等原因造成的损坏变质的损失,属于管理上的问题,应作为管理费用处理,不作为废品损失处理;实行产品包修、包退、包换"三包"的企业,在产品出售以后发现废品所发生的一切损失,计入销售费用,也不包括在废品损失内。

3) 废品损失的核算方法

废品损失可单独核算,也可不单独核算。如果企业废品损失经常发生,且数额较大,或者企业在管理上需要单独考核"废品损失"及有关费用项目指标,则需单独核算;反之,则不需单独核算。

单独核算废品损失的企业,可以单独设置"废品损失"一级科目,或在"生产成本"一级科目下设置"废品损失"二级科目,组织废品损失的核算;在成本项目中,应当增设"废品损失"成本项目。"废品损失"科目的借方登记可修复废品的修复费用和不可修复废品的生产成本;贷方登记回收废品的残料价值和过失单位或个人的赔款;月末,应将废品损失净额从该科目的贷方转入"生产成本"科目的借方,结转后该科目无余额。

在不单独核算废品损失的企业,可修复废品的损失应直接计入有关的成本项目;不可修复废品只扣除产量,不结转成本;废品残料的价值可直接冲减相应产品成本明细账中的"直接材料"成本项目。

(1) 不可修复废品损失的核算

不可修复废品的损失,是指不可修复废品的生产成本扣除残料和赔款后的净损失。进行不可修复废品损失的核算,应首先确定其生产成本,然后再扣除废品残料价值和应收赔偿款,计算出废品净损失,最后将净损失计入合格品成本。不可修复废品的生产成本,可以按实际成本核算,也可以按定额成本核算。

① 按实际成本核算的不可修复废品的核算:采用这一方法,就是在废品报废时根据报废前废品和合格品发生的全部实际费用,采用一定的分配方法,在合格品和废品之间进行分配,计算出废品的实际成本。

如果不可修复废品是发生在完工入库阶段,这时单位废品与单位合格品应负担相等的费用,因而可以按两者的产量作为分配标准进行分配。其计算公式为:

$$费用分配率 = \frac{待分配生产费用}{合格品产量 + 废品产量}$$

$$合格品应分配的费用 = 合格品产量 \times 费用分配率$$

$$废品应分配的费用 = 废品产量 \times 费用分配率$$

如果不可修复废品是发生在生产过程中,当原材料是一次性投入时,则原材料费用仍可按产量作为分配标准,其他费用则应以生产工时为分配标准;若原材料是分次投入,并与产品完工程度一致,则应以废品的约当产量(即废品数量乘以废品的完工程度)作为分配标准进行分配。其计算公式和上式基本相同,只需将公式中的"产量"换成"生产工时"或"约当产量"即可。如果原材料费用在生产费用中所占比重较大,为了简化核算,有时也可以只将原材料费用在合格品与废品之间进行分配,而其他费用则全部由合格品负担。

【例 2.24】 某企业基本生产车间本月共生产丙产品 5 000 件,其中合格品为 4 800 件,不可修复废品 200 件。原材料系一次性投入。200 件废品中有 100 件是完工入库时发生的,另 100 件是在生产过程中发生的,它们的平均完工程度为 40%。本月丙产品实际生产费用为 100 000 元,其中直接材料为 51 062 元,直接人工为 28 158 元,制造费用为 20 780 元。废品残值估价 700 元,已交仓库验收;同时,按规定应由过失人赔偿 350 元。假定该企业按产量比例为标准分配生产费用。根据以上资料编制"废品损失计算表"如表 2.23 所示。

由于原材料是一次性投入,因此,200 件废品应与合格品同等分配直接材料费用,直接人工与制造费用按 200 件废品折合为 140 件(100+100×40%)约当产量。

表 2.23 废品损失计算表

××车间　　　　　　　　　　×年×月　　　　　　　　　　　　单位:元

项　　目	直接材料	直接人工	制造费用	合　　计
生产费用总额	51 062	28 158	20 780	100 000
分配标准	4 800+200	4 800+100+40	4 800+100+40	
费用分配率	10.212 4	5.7	4.2	
废品生产成本	2 042.48	798	588	3 428.48
减:残料	700			700
赔款		350		350
废品损失	1 342.48	448	588	2 378.48

根据"废品损失计算表"编制会计分录如下:

① 结转废品生产成本:
借:废品损失——丙产品　　　　　　　　　　　　3 428.48
　　贷:生产成本——基本生产成本(丙产品)　　　　　　3 428.48

② 回收残料价值:
借:原材料　　　　　　　　　　　　　　　　　　700
　　贷:废品损失——丙产品　　　　　　　　　　　　　700

③ 结转应由过失人赔偿款项:
借:其他应收款——××过失人　　　　　　　　　350
　　贷:废品损失——丙产品　　　　　　　　　　　　　350

④ 将废品净损失转入合格品成本:
借:生产成本——基本生产成本(丙产品)　　　　2 378.48
　　贷:废品损失——丙产品　　　　　　　　　　　　　2 378.48

若该企业不单独核算废品损失,则不需作上述第①和第④笔会计分录,只需作下面两笔会计分录:

① 回收残料价值：
借：原材料　　　　　　　　　　　　　　　　　　　　　700
　　贷：生产成本——基本生产成本（丙产品）　　　　　700
② 结转应由过失人赔偿款项：
借：其他应收款——××过失人　　　　　　　　　　　350
　　贷：生产成本——基本生产成本（丙产品）　　　　　350

按实际成本结转计算、分配废品损失，其结果比较准确，但核算工作量较大，并且只能在期末产品生产费用全部计算出后才能进行，不利于及时控制废品损失。

② 定额成本核算的不可修复废品的核算：为了简化废品损失的核算，在消耗定额和费用定额比较健全的企业，也可以按废品所耗定额费用计算不可修复废品的生产成本，即按废品的实际数量和各项消耗定额、费用定额计算不可修复废品的生产成本，实际成本与定额成本的差额全部由合格品负担。

【例 2.25】　仍沿用上例有关资料，假设 200 件不可修复废品已完成的定额工时为 168 小时。丙产品单位产品的原材料消耗定额为 10 元，工时消耗定额为 1.2 小时。每小时的费用定额：直接人工费用为 5 元，制造费用为 3.2 元。根据上述资料，编制"废品损失计算表"，如表 2.24 所示。

表 2.24　废品损失计算表

××车间　　　　　　　　　　　　×年×月　　　　　　　　　　　　单位：元

项　目	直接材料	直接人工	制造费用	合　计
费用定额	10 元/件	5 元/小时	3.2 元/小时	
废品定额成本	2 000	840	537.6	3 377.6
减：残料	700			700
赔款		350		350
废品损失	1 300	490	537.6	2 327.6

废品损失计算表中废品定额成本核算如下：

直接材料：200×10＝2 000(元)

直接人工：168×5＝840(元)

制造费用：168×3.2＝537.6(元)

废品生产成本合计：2 000＋840＋537.6＝3 377.6(元)

会计分录的编制同前例，不再列示。

采用这种方法计算废品成本，使得计入产品成本的废品损失数额只受废品数量多少的影响，不受废品实际费用水平高低的影响。这样不仅使废品成本的计算简便、及时，而且有利于废品损失的控制。所以，定额成本资料比较完善、准确的企业适宜采用这种方法。

（2）可修复废品损失的核算

可修复废品损失是指在修复废品过程中所发生的各种修复费用，包括为修复废品所耗用的直接材料、直接人工和制造费用等。在返修以前发生的生产费用，不是废品损失，不需将其从生产成本明细账中转出。在返修过程中，如果有残值或赔款，则应从修复费用中扣除，从而得到废品净损失。

【例 2.26】　某企业在所生产的丁产品中，发现可修复废品 8 件，修复后验收入库。在修复过程中耗用原材料 480 元,耗用修理工时 120 小时,每小时直接人工费用为 6.84 元,制造费用 4 元。按规定应由过失人赔偿 300 元。该企业本月可修复废品的修复费用为:直接材料 480 元,直接人工 820.8 元(其中生产工人工资 720 元,福利费 100.8 元),制造费用 480 元,扣除过失人赔偿后废品净损失为 1 480.8 元。应编制的会计分录如下:

① 借:废品损失——丁产品　　　　　　　　　　　1 780.8
　　贷:原材料　　　　　　　　　　　　　　　　　　480
　　　　应付职工薪酬　　　　　　　　　　　　　　820.8
　　　　制造费用　　　　　　　　　　　　　　　　480
② 借:其他应收款——××过失人　　　　　　　　300
　　贷:废品损失——丁产品　　　　　　　　　　　300
③ 借:生产成本——基本生产成本(丁产品)　　　1 480.8
　　贷:废品损失——丁产品　　　　　　　　　　　1 480.8

若该企业不单独核算废品损失,则所作的会计分录为:

① 借:生产成本——基本生产成本(丁产品)　　　1 780.8
　　贷:原材料　　　　　　　　　　　　　　　　　　480
　　　　应付职工薪酬　　　　　　　　　　　　　　820.8
　　　　制造费用　　　　　　　　　　　　　　　　480
② 借:其他应收款——××过失人　　　　　　　　300
　　贷:生产成本——基本生产成本(丁产品)　　　300

2.4.2 停工损失的核算

1) 停工损失的涵义

停工损失是指企业或生产车间、班组因停工而发生的各项费用,包括停工期间内发生的燃料及动力费、应支付的生产工人工资及提取的福利费、损失的材料费用和应负担的制造费用等。

企业停工的原因是多种多样的,有计划内停工,如因计划减产、季节性停产期间造成的停工;有计划外停工,如各种事故(停工待料、动力中断、设备故障等)和自然灾害等造成的停工。并不是所有的损失都要计入产品成本:对于计划减产造成企业连续停产 10 天以上,或企业主要生产车间连续停产一个月以上,以及自然灾害造成的停工损失,应计入"营业外支出";不超过一个工作日的停工可以不计算停工损失。

2) 停工损失的核算方法

同废品损失核算一样,停工损失可以单独核算,也可以不单独核算。一般来讲,小型企业往往不单独核算停工损失。

如果企业单独核算停工损失,则可单独设置"停工损失"一级科目,或在"生产成本"一级科目下设置"停工损失"二级科目,组织停工损失的核算;在成本项目中,应当增设"停工损失"成本项目。"停工损失"科目的借方登记因停工发生的各项费用;贷方登记应由过失单位或个人的赔款,以及应转出和分配到产品成本中或营业外支出的净损失;月末若停工终止,则科目无余额;若继续停工,其停工损失可暂不结转,待停工终止后再进行结转。因此,该科目可能会出现借方余额。计入产品成本的停工损失与废品损失一样,只有完工产品负担停工损失,在产品和自制半成品不负担停工损失。如果停工车间只生产一种产品,应直接计入该产品成本明细账"停工损失"成本项目下,并由该种完工产品成本负担;如果生产多种产品,应采用一定的分配方法在各种产品之间进行分配,分别计入各种完工产品成本明细账"停工损失"成本项目下,由这些完工产品成本负担。其分配方法可参照制造费用分配方法。

在不单独核算停工损失的企业中,不需设置"停工损失"科目,停工期间发生的各种停工损失直接计入有关的成本项目即可。

【例 2.27】 某企业基本生产车间本月由于设备故障停工 4 天,停工期间支付工人工资 5 000 元,提取的福利费 700 元,应负担的制造费用 1 700 元。经分析,故障原因系工人违规操作所致,确定由该工人赔偿 600 元。假设该车间只生产一种产品。根据有关凭证,编制会计分录如下:

① 借:停工损失　　　　　　　　　　　　　　　　　　　7 400
　　　贷:应付职工薪酬　　　　　　　　　　　　　　　　5 700
　　　　　制造费用　　　　　　　　　　　　　　　　　　1 700
② 借:其他应收款——××过失人　　　　　　　　　　　　600
　　　生产成本——基本生产成本(×产品)　　　　　　　6 800
　　　贷:停工损失　　　　　　　　　　　　　　　　　　7 400

若该企业不单独核算停工损失,则所做的会计分录为:

① 借:生产成本——基本生产成本(×产品)　　　　　　　7 400
　　　贷:应付职工薪酬　　　　　　　　　　　　　　　　5 700
　　　　　制造费用　　　　　　　　　　　　　　　　　　1 700
② 借:其他应收款——××过失人　　　　　　　　　　　　600
　　　贷:生产成本——基本生产成本(×产品)　　　　　　600

任务 2.5　期间费用的核算

我国 2015 年颁布的《企业产品成本核算制度(试行)》规定:产品成本,是指企业在生产产品过程中所发生的材料费用、职工薪酬等,以及不能直接计入而按一定标准分配计入的各种间接费用。即产品成本核算到制造成本为止,销售费用、财务费用、管理费用不得计入产品成本,而作为期间费用直接计入当期损益。

2.5.1　管理费用的核算

(1) 管理费用的内容

管理费用是指企业行政管理部门为管理和组织生产经营活动而发生的各项费用。管理费用具体包括以下内容:

① 公司经费:包括总部管理人员工资、职工福利费、差旅费、办公费、折旧费、修理费以及其他公司经费。

② 工会经费:是指按行政管理人员工资总额的一定比例(2%)计提的工会经费。

③ 待业保险费:是指企业按国家规定为行政管理人员交纳的待业保险基金。

④ 职工教育经费:是指企业按行政管理人员工资的一定比例(1.5%)计提,用于职工学习先进技术和提高文化水平的费用。

⑤ 劳动保险费:是指离退休职工的退休金、价格补贴、医药费(包括离退休人员参加医疗保险的医疗保险基金)、易地安家费、职工退职金、职工死亡丧葬补助费、抚恤费、按规定支付给离退休干部的各项经费以及实行社会统筹办法的企业按规定提取的行政管理人员退休统筹基金。

⑥ 董事会会费:是指企业最高权力机构(如董事会)及其成员为执行职能而发生的各项费用,如差旅费、会议费等。

⑦ 咨询费:是指企业向咨询机构进行科技、经营咨询支付的费用,如聘请经济技术顾问、法律顾问等支付的费用。

⑧ 诉讼费:是指企业因起诉或应诉而发生的各项费用。

⑨ 审计费:是指查账验资及资产评估等而发生的费用。

⑩ 业务招待费:是指企业为业务经营的合理需要而支付的交际应酬费。

⑪ 税金:是指企业按规定支付的房产税、车船使用税、土地使用税、印花税等。

⑫ 排污费:是指企业按规定交纳的排污费用。

⑬ 绿化费:是指企业对厂区、矿区进行绿化而发生的零星绿化费。

⑭ 土地使用费:是指企业使用土地而支付的费用。

⑮ 技术转让费:是指使用他人的非专利技术而支付的费用。

⑯ 无形资产摊销费:是指按规定对无形资产进行的摊销。

⑰ 技术开发费:是指企业研究开发新产品、新技术、新工艺而发生的新产品设计费、工艺规程制定费、设备调试费、原材料和新产品的试验费、技术图书资料费、未纳入国家计划的中间试验费、研究人员工资、研究设备的折旧、与新产品试制和技术研究有关的其他经费、委托其他单位进行科研试制的费用以及试制失败损失等。

⑱ 其他管理费用:是指未包括在以上项目内的其他管理费用,如固定资产修理费等。

(2)管理费用账户设置

为了核算和监督企业各项管理费用的发生及转销情况,企业应设置"管理费用"总分类账户,进行总分类核算。该账户属损益类账户,其借方登记发生的各项管理费用,贷方登记期末转入"本年利润"账户的管理费用数额,结转后该账户无余额。

【例2.28】 甲公司聘请法律顾问,以现金支付咨询费500元。应作会计分录如下:

借:管理费用	500
贷:库存现金	500

【例2.29】 甲公司以现金支付业务招待费1 000元。应作会计分录如下:

借:管理费用	1 000
贷:库存现金	1 000

【例2.30】 甲公司按规定比例2%计提工会经费,本月生产工人工资200 000元,车间管理人员工资50 000元,行政管理人员工资100 000元。应作会计分录如下:

借:生产成本	4 000
制造费用	1 000
管理费用	2 000
贷:应付职工薪酬——工会经费	7 000

【例2.31】 甲公司摊销应由本月负担的固定资产大修理费2 500元,摊销期为2年。应作会计分录如下:

借：管理费用 2 500
　　贷：长期待摊费用 2 500

2.5.2 销售费用的核算

(1) 销售费用的内容

工业企业的销售费用是指企业在销售商品和材料、提供劳务的过程中发生的各项费用以及专设销售机构的各项经费。具体包括以下内容：

① 运杂费：是指发出产品的运输费与装卸费，代购买单位垫付的运杂费不包括在内。

② 包装费：是指随同产品出售不单独计价的包装物费用，如桶、箱、袋、瓶、罐等以及打包、装箱、装袋费用。

③ 保险费：是指企业为销售、运输产品而支付的保险费。

④ 展览费：是指企业为展览产品发生的一切费用，如展品制作和场地布置耗用的人工、材料费用和其他费用。

⑤ 广告费：是指企业为开拓商品销路或为保持企业产品声誉所做的各种广告费用和各种样品费用。

⑥ 专设销售机构经费：是指企业的专设销售机构所发生的一切费用，包括工资及福利费、折旧费、租金、办公费、差旅费等费用。

⑦ 其他费用：是指上述费用以外的各项销售费用。

(2) 销售费用账户设置

为了核算和监督各项销售费用的发生及结转情况，企业应设置"销售费用"总分类账户，进行总分类核算。该账户属于损益类，其借方登记发生的各项销售费用，贷方登记"银行存款"等账户，期末应将该账户借方余额全部转入"本年利润"账户，结转后该账户没有余额。

【例 2.32】 甲公司开出转账支票一张 20 000 元，用以支付广告费。应作会计分录如下：

借：销售费用 20 000
　　贷：银行存款 20 000

【例 2.33】 A 公司收到受托代销单位报来的代销商品清单，列明已实现销售收入 6 000 元，增值税税率为 17%，代销手续费为售价的 10%。应作会计分录如下：

借：应收账款 6 420
　　销售费用 600
　　贷：主营业务收入 6 000
　　　　应交税费——应交增值税(销项税额) 1 020

【例 2.34】 甲公司支付专设销售机构的职工工资共计 3 500 元，并按工资的 14% 计提职工福利费 490 元。应作会计分录如下：

借：销售费用 3 990
　　贷：应付职工薪酬——工资 3 500
　　　　　　　　　　——职工福利 490

2.5.3 财务费用的核算

财务费用是指企业为筹集生产经营所需资金而发生的费用。具体包括下列内容：
（1）财务费用的内容

① 利息支出：是指企业在筹集资金过程中发生的利息支出（减去利息收入），包括短期借款利息、长期借款利息、应付票据利息、票据贴现利息、应付债券利息等。值得注意的是，应该资本化的利息支出不应计入财务费用。

② 汇兑损失：是指企业的外币存款、外币现金和以外币结算的各种债权、债务等因汇价的变动所造成的损失，若发生汇兑收益则记入贷方。

③ 金融机构手续费及筹集资金发生的其他费用：是指企业发行债券所需支付的发行手续费、印刷费、开出汇票的银行手续费以及其他财务费用。

（2）财务费用账户设置

为了核算和监督各项财务费用的发生和结转情况，企业应设置"财务费用"总分类账户，进行总分类核算。该账户借方登记发生的各种财务费用，贷方登记冲减财务费用的利息收入、汇兑收益，以及期末转入"本年利润"账户的借方余额，结转后该账户应无余额。

【例 2.35】 A 公司接银行通知，公司在银行的存款应得利息收入 400 元已转入存款户。应作会计分录如下：

借：银行存款　　　　　　　　　　　　　　　400
　　贷：财务费用　　　　　　　　　　　　　　　　400

【例 2.36】 甲公司从银行买入美元 5 000 元，当天美元买入汇率为 8.20，公司付出人民币 41 000 元。公司按当月 1 日市场汇率 8.10 作为记账汇率。应作会计分录如下：

借：银行存款——美元户（$5 000×8.10）　　40 500
　　财务费用　　　　　　　　　　　　　　　　500
　　贷：银行存款——人民币户　　　　　　　　　　41 000

任务 2.6　作业成本核算法

作业成本核算法（Activity-Based Costing，ABC）是指以作业为核算对象，通过成本动因来确认和计量作业量，进而以作业量为基础分配间接费用的成本核算方法。作业成本法起源于美国，首先由科勒（Kohler. Eric L.）提出。科勒发现水力发电生产过程中，直接成本比重很低，间接成本很高，从根本上冲击了传统的按照工时比例分配间接费用的成本核算方法。后来，斯拖布斯（G.T. Staubus）对 ABC 理论作了进一步研究。20 世纪末，由于计算机为主导的生产自动化、智能化程度日益提高，直接人工费用普遍减少，间接成本相对增加，明显突破了制造成本法中"直接成本比例较大"的假定，导致了 ABC 研究的全面兴起，代表者是哈佛大学的卡普兰教授（Robert S. Kaplan）。卡普兰教授提出，传统管理会计的可行性下降，应该用一个全新的 ABC 思路来研究成本，其观点包括：ABC 的本质就是以作业来作为确定分配间接费用的基础，引导管理人员将注意力集中在成本发生的原因及成本动因上，而不仅仅是关注成本核算结果本身；通过对作业成本的计算和有效控制，可以较好地克服传统制造成本法中间接费用责任不清的缺点，并且使以往不可控的间接费用在 ABC 系统中变为可控。所以，ABC不仅仅是一种成本核算方法，更是一种成本控制和企业管理的手段，从而产生了作业管理法（Activity-Based Management，ABM）。

2.6.1 作业成本核算法的适用范围

在作业成本法下，作业成本可分为4个层次：第一是产品单位成本，即与生产单位产品有关的直接耗费，包括原材料、直接人工等。该层次的作业成本与产量成正比例关系。第二是生产批次成本，即与生产批次和包装批次有关的资源耗费，包括生产某批次所需要的生产准备成本、清洁成本、质量成本等。该层次的作业成本取决于生产批次的多少。第三是产品维持成本，即与产品种类有关的资源耗费，包括获得某种产品的生产许可、包装设计等方面的成本。该层次的作业成本取决于产品的范围及复杂程度。第四是工厂级成本，即与维持作业生产能力有关的资源耗费，包括折旧、安全检查成本、保险等。该层次的作业成本取决于组织规模和结构。

作业成本法可以比较好地解决间接费用的分配问题，使成本核算所提供的资料更加准确可靠。不是所有间接费用都可以归属于不同的作业，采用作业成本法进行分配。在一般情况下作业成本法只适用于由于生产作业所引起的成本费用，而与作业活动关系不大的间接费用则不能采用此方法。

从成本的构成来看，在生产自动化程度较高的情况下，不但制造费用在产品成本中所占的比重增大，而且它的构成也大大复杂化了。作业成本法把作业、作业中心、顾客和市场纳入成本核算的范围，形成了以作业为核心的成本核算对象体系，不仅核算产品成本，而且核算作业成本和动因成本。这种以作业为核心而建立起来的、由多维成本对象组成的成本核算体系，可以抓住资源向成本对象流动的关键，便于合理计算成本，有利于全面分析企业在特定产品、劳务、顾客和市场及其组合以及各相应作业上盈利性的差别。

2.6.2 作业成本核算法的基本程序

作业成本核算的基本程序，从不同角度来讲有着不同的理解。从广义的作业成本法来看，其不仅是对过去的成本进行计算与分析，而且要对未来的成本进行规划控制。因此，作业成本法的基本步骤较多，内容较广泛。但一般包括以下6个步骤：

1) 选择成本基础

选择成本基础，就是将与企业间接费用发生有关的作业活动进行分类。不同类型的企业，不同的生产，其作业活动的领域不同，其选择的成本基础也就不尽相同。同时企业生产经营过程中的作业千差万别，例如有的企业可将作业活动划分为原材料处理、制订生产计划、设备维护、调整与准备、检验、物料消耗、电力消耗等；有的企业则把作业活动分为采购、设计、规划、组织订货、制造、仓储与发运、售后服务等。

2) 确认作业，划分作业中心

企业生产经营过程中的作业千差万别，大的作业下又分许多小的作业。要实施作业成本法，应首先对企业的生产经营的全过程进行作业分析，确认作业内容及主要作业，且以主要作业为主体，追踪资源，将同质作业归集为作业中心，以便按作业中心建立作业成本库。通常作业中心可按照以下4个方面的内容进行划分，分别是：与产品产量有关的作业中心、与产品批次有关的作业中心、与产品项目有关的作业中心以及与产品设施有关的作业中心。

3) 以作业中心为成本库归集成本费用

在确定作业中心的基础上,企业发生的各项具体费用要先归集到各作业成本库,按照一定的标准进行分配,计算各作业中心的作业成本。当然,在建立作业成本库时,应当保证库内所归集的成本的同质性(可用相同的成本动因来解释库内所归集的成本),按作业中心归集,有利于衡量企业各项作业活动的效果或绩效。

4) 选择适当的成本动因

所谓成本动因就是决定成本发生的那些重要的活动或事项。成本动因可以是一个事件、一项活动或作业,它支配成本行为,决定成本的产生。选择成本动因,就是要根据追踪的资源,选择分配各作业中心成本的标准。例如,材料搬运作业的衡量标准是搬运的零件数量,生产调度作业的衡量标准是生产订单数量,自动化设备作业的衡量标准是机器工时数等。所以,要把间接成本分配到各产品中去,必须了解成本行为,识别恰当的成本动因。

5) 确定作业成本中心分配率

当作业中心已经确认,成本已经归集,成本动因已经确立后,可将该作业中心的成本除以成本动因总量,计算成本动因单位的分配率。

6) 计算产品成本

成本核算最终需要算出产品的生产成本。作业成本法下,各批产品所耗用的成本动因交易量,乘以各该作业中心的成本分配率,即可算出该批产品所应负担的成本。

上述作业成本法的计算程序如图2.1所示。

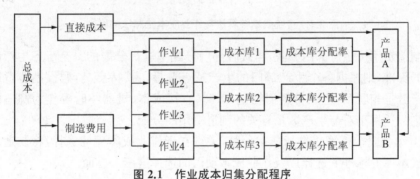

图 2.1 作业成本归集分配程序

2.6.3 作业成本核算法与传统成本核算法的比较

作业成本核算是根据"作业耗用资源,产品耗用作业;生产导致作业的发生,作业导致成本的发生"的指导思想,对成本的计算方法做了根本性的变革:即将着眼点放在作业上,以作业为核算对象,首先依据作业对资源的消耗情况将资源的成本分配到作业,再由作业以成本动因追踪到产品成本的形成和积累过程,进而得出最终产品的成本。其制造费用的核算首先将制造费用计入作业基础成本库中;然后得出和使用一系列作业成本动因分配率,将归集的成本逐一分配给各种产品。

作业成本法对直接材料、直接人工等直接成本的核算与传统的成本核算方法并无太大的差异,只是在间接制造费用的核算上存在着较大的差别,如图2.2所示。

通过图2.2可以看出:在传统的成本核算方法下,对于间接制造费用,一般是在全厂范

(a) 传统成本核算方法

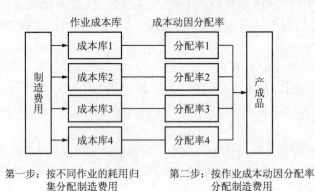

(b) 作业成本核算法

图 2.2 传统成本核算法与作业成本核算法的区别

围内先将制造费用按生产部门归集,再按各部门分配率进行分配的。至于各生产部门制造费用分配的标准,则根据各个生产部门的生产特点选择。其特点是,假设制造费用的发生完全与生产数量相联系,把原材料消耗量、工时、直接成本、机器小时等作为制造费用的分配标准。它只适用于对与生产数量有关的制造费用的分配。

而采用作业成本核算法进行成本核算,关键在于作业成本库的选择,将制造费用归集到各作业成本库的标准的选择以及作业成本动因的选择这三个方面。

2.6.4 作业成本法计算实例

【例 2.37】 某企业某期生产 A 与 B 两种产品,其中 A 产品的结构要比 B 产品复杂。本期 A 与 B 两种产品的销售价格、产量及其他有关资料如表 2.25~表 2.27 所示。

表 2.25　A 产品与 B 产品的销售价格、产量等资料

项　　目	A 产品	B 产品
产品产量(件)	20 000	200 000
单位售价(元)	25	12.5
直接材料消耗(元)	120 000	840 000
直接人工工时(小时)	2 000	10 000
小时工资率(元/小时)	10	10

表 2.26　A 产品与 B 产品本期的制造费用　　　　　　　　　　　　　　　单位:元

项目	原料处理	设备维护	电力消耗	设备折旧	检验	调整与准备	物料消耗	生产计划制定	合　计
金额	60 000	180 000	90 000	270 000	80 000	120 000	80 000	160 000	1 040 000

表 2.27　A 产品与 B 产品本期的作业耗用量

作业类别	成本动因	A 产品耗用作业量		B 产品耗用作业量	
		数　量	比　例	数　量	比　例
原料处理	搬运次数	1 000	1/3	2 000	2/3
设备维护	维护时数	2 000	1/3	4 000	2/3
电力消耗	千瓦小时	100 000	1/3	200 000	2/3
设备折旧	机器小时	20 000	1/3	40 000	2/3
检验	检验小时	3 000	1/2	3 000	1/2
调整与准备	整备次数	1 000	1/2	1 000	1/2
物料消耗	物料成本	10 000	1/8	70 000	7/8
生产计划制定	生产批次	2 000	1/2	2 000	1/2

要求:计算 A 与 B 两种产品的单位成本和盈亏状况。

根据前面所述的作业成本法的计算程序,A 与 B 两种产品的成本核算如下。

A 与 B 两种产品的直接成本如表 2.28 所示。

表 2.28　A 与 B 产品的直接成本　　　　　　　　　　　　　　　　　　单位:元

成本项目	A 产品	B 产品
直接材料	120 000	840 000
直接人工	20 000	100 000
合计	140 000	940 000
产量(件)	20 000	200 000
单位直接成本	7	4.7

通过表 2.27 对制造费用的分析可以发现,某些制造费用被 A、B 两种产品所消耗的比例是相同的,如原料处理、设备维护、电力消耗、设备折旧 4 种制造费用,可视为同质成本,划归同一成本库;检验、调整与准备、生产计划制定,划归同一成本库;而物料消耗单独作为一个成本库。由于各成本库中的制造费用是同质的,因此只要选择成本库中的任意一个成本动因作为分配制造费用的基础即可。在本例中可以选择检验小时、千瓦小时、物料成本这三个动因作为制造费用分配的基础,以计算出每个成本库的分配率,然后将其乘以成本库的成本动因数量,算出每种产品所分配到的制造费用,具体的计算过程如表 2.29 和表 2.30 所示。

表 2.29　成本库的划归及其分配率　　　　　　　　　　　　　　　　单位:元

第一成本库		第二成本库		第三成本库	
原料处理	60 000	检验	80 000	物料消耗	80 000
设备维护	180 000	调整与准备	120 000		
电力消耗	90 000	生产计划制定	160 000		
设备折旧	270 000				
合计	600 000		360 000		80 000
成本动因数量	300 000 千瓦小时	成本动因数量	6 000 检验小时	成本动因数量	80 000
成本库分配率	2元/千瓦小时	成本库分配率	60元/检验小时	成本库分配率	1元

表 2.30　由成本库分配于各产品的制造费用　　　　　　　　　　　　单位:元

项 目	A 产品	B 产品
第一成本库	2×100 000＝200 000	2×200 000＝400 000
第二成本库	60×3 000＝180 000	60×3 000＝180 000
第三成本库	1×10 000＝10 000	1×70 000＝70 000
合计	390 000	650 000
产量(件)	20 000	200 000
单位制造费用	19.5	3.25
单位直接成本	7	4.7
单位产品成本	26.5	7.95
销售单价	25	12.5
单位销售毛利	−1.5	4.55

通过表 2.30 可以看出,B 产品的单位销售毛利为 4.55 元,是为该企业带来收益的重要产品;而 A 产品的单位销售毛利则为−1.5 元,不但不能给企业创造利润,还给企业带来了负的效益,因此应立即停产。由此,采用作业成本核算法,将所耗资源的成本根据各自的成本动因追踪到产品中去,由此得到的产品成本相对来说比较真实、准确,可以为管理者作出正确的决策提供可靠真实的成本信息。

如果采用传统的成本核算方法则得到不同结果。若仍以直接材料成本、直接人工工时和机器小时这三种标准来分配所有的制造费用,那么算出的结果如表 2.31 所示。

表 2.31　传统的成本核算法下的产品成本　　　　　　　　　　　　　单位:元

成本项目	A 产品	B 产品
直接材料	120 000	840 000
直接人工	20 000	100 000

续 表

成本项目	A产品			B产品		
合计	140 000			940 000		
产量（件）	20 000			200 000		
单位直接成本	7			4.7		
单位制造费用	8.67	6.50	17.33	4.33	4.55	3.47
单位产品成本	15.67	13.50	24.33	9.03	9.25	8.17

表2.31中，以直接人工小时为制造费用的分配标准时：

制造费用分配率＝1 040 000÷(2 000＋10 000)＝86.67(元/人工小时)

A产品的单位制造费用＝(2 000×86.67)÷20 000＝8.67(元)

B产品的单位制造费用＝(10 000×86.67)÷200 000＝4.33(元)

以直接材料成本作为制造费用的分配标准时：

制造费用分配率＝1 040 000÷(120 000＋840 000)＝1.083(元/单位直接材料成本)

A产品的单位制造费用＝(120 000×1.083)÷20 000＝6.50(元)

B产品的单位制造费用＝(840 000×1.083)÷200 000＝4.55(元)

以机器小时作为制造费用的分配标准时：

制造费用分配率＝1 040 000÷(20 000＋40 000)＝17.33(元)

A产品的单位制造费用＝(20 000×17.33)÷20 000＝17.33(元)

B产品的单位制造费用＝(40 000×17.33)÷200 000＝3.47(元)

通过运用作业成本核算法和传统的成本核算法对比本例题A与B两种产品成本的计算结果，可以比较如下：

在传统的成本核算方法下，一方面高估了产量较高、复杂程度较低的产品的成本，同时低估了产量较低、而复杂程度较高的产品的成本，这种结果必然使产品的毛利率和产品的利润发生严重歪曲。在本例题中，以传统的成本核算方法计算求得的A产品的单位成本(15.67元；13.50元；24.33元)均低于A产品的单位售价，这就给企业管理者造成一种假象，以为A产品也是盈利产品。这种不真实的成本信息会给企业管理决策者的正确决策造成严重的不良影响：由于高估了B产品的成本，在需要降低售价提高产品市场占有率的情况下，企业没有降价，会降低产品的竞争能力，从而失去扩大该产品市场的机会，影响企业当期和未来的收益和发展；由于低估了B产品的毛利，高估了A产品的毛利，在企业有限的生产资源条件下又需要选择投入方向时，管理者很可能做出减少B产品的产量，增加A产品产量的错误决策(而事实上正确的决策正好相反)，其结果又可能导致企业受到严重损失。

所以，如果仅就制造费用分配这个可比因素而言，传统成本核算法的计算结果会导致成本信息的歪曲。这说明传统成本信息在很大程度已经丧失决策的相关性。由本例题可以看出，传统成本核算法与作业成本法在制造费用分配结果上之所以会产生如此大的差距，其原因就在于两种成本核算法在计算方法和分配基础的选择上有重大差别。在传统的成本核算方法下，是以数量为基础来分配制造费用的，而且一般是以工时消耗这个单一标准对所有产品分配制造费用的；而在作业成本核算法下，是以作业量为基础来分配制造费用的，即为不同的作业耗费选择相应的成本动因来向产品分配制造费用，从而使成本核算的准确性大大提高。

【思考题】

1. 按实际成本计价、计划成本计价进行的材料发出核算分别怎样进行?
2. 几种产品共同耗用材料的分配方法有哪些?各种方法应怎样进行计算?
3. 工资总额包括哪些内容?
4. 计时工资的计算方法有哪几种?有什么区别?
5. 日工资率有哪两种计算方法?
6. 低值易耗品的摊销方法有哪些?用分次摊销法应怎样进行核算?
7. 固定资产的折旧方法有哪些?区别何在?
8. 什么是制造费用?包括哪些内容?
9. 制造费用的分配标准有哪些?
10. 辅助生产费用分配的方法有哪些?分别有什么优缺点?
11. 什么是废品?废品可以分为那几类?
12. 什么是废品损失?什么是可修复废品损失?什么是不可修复废品损失?
13. 如何计算不可修复废品成本和可修复废品成本?
14. 什么是停工损失?包括哪些内容?
15. 什么是作业成本核算法?它的基本特征是什么?
16. 作业成本核算法与传统成本核算法的区别是什么?

【练习题】

1. 单选题

(1) 下列各项中不应计入产品成本的是( )。
A. 企业行政管理部门用固定资产的折旧费　　B. 车间厂房的折旧费
C. 车间生产用设备的折旧费　　D. 车间辅助人员的工资

(2) 下列项目中,( )不属于产品成本项目。
A. 直接材料　　　　B. 直接人工　　　　C. 财务费用　　　　D. 制造费用

(3) 基本生产车间本期应负担照明电费1 500元,应记入( )账户。
A. 生产成本——基本生产成本　　B. 制造费用
C. 生产成本——辅助生产成本　　D. 管理费用

(4) 按医务及生活福利部门人员工资的一定比例计提的职工福利费应借记的账户是( )。
A. 应付职工薪酬　　B. 生产成本　　C. 管理费用　　D. 销售费用

(5) 在企业生产产品成本中,"直接人工"项目不包括( )。
A. 直接参加生产的工人的工资　　B. 按生产工人工资计提的福利费
C. 直接参加生产的工人的计件工资　　D. 企业行政管理人员工资

(6) 下列各项费用中,不能直接借记"生产成本——基本生产成本"账户的是( )。
A. 车间生产工人计时工资　　B. 车间生产工人福利费
C. 车间管理人员工资　　D. 构成产品实体的原料费用

(7) 辅助生产费用的归集、分配是通过( )科目进行的。

A. 生产成本——辅助生产成本　　　　B. 辅助生产
C. 生产成本——基本生产成本　　　　D. 基本生产

(8) 辅助生产费用分配,首先在辅助生产车间之间进行交互分配,然后再对辅助生产车间以外的受益单位进行直接分配,这是辅助生产费用分配的(　　)。
A. 直接分配法　　　　　　　　　　B. 代数分配法
C. 交互分配法　　　　　　　　　　D. 计划成本分配法

(9) 辅助生产费用的分配方法中,不考虑各服务部门相互之间提供劳务的是(　　)。
A. 直接分配法　　　　　　　　　　B. 交互分配法
C. 按计划成本分配法　　　　　　　D. 代数分配法

(10) 采用计划成本分配法分配辅助生产费用时,辅助生产车间实际发生的费用应该是(　　)
A. 该车间待分配费用减去分配转出的费用
B. 该车间待分配费用加上分配转入的费用
C. 该车间待分配费用加上分配转出的费用减去分配转入的费用
D. 该车间待分配费用加上分配转入的费用减去分配转出的费用

(11) 辅助生产费用按计划成本分配法的优点是(　　)。
A. 便于分清内部各单位经济责任　　B. 计算工作简便
C. 提高了分配结果的正确性　　　　D. 分配结果最正确

(12) 制造费用应分配计入(　　)账户。
A. 基本生产成本　　　　　　　　　B. 基本生产成本和期间费用
C. 生产成本和管理费用　　　　　　D. 财务费用和销售费用

(13) 除了按年度计划分配率分配制造费用以外,"制造费用"账户月末(　　)。
A. 没有余额　　　　　　　　　　　B. 一定有借方余额
C. 一定有贷方余额　　　　　　　　D. 有借方或贷方余额

(14) "废品损失"账户核算的内容之一是(　　)。
A. 产品销售后的修理费用
B. 生产过程中发现的不可修复废品的生产成本
C. 出售不合格品的降价损失
D. 库存产品因水灾而变质的损失

(15) 不通过"废品损失"账户核算的项目是(　　)。
A. 可修复废品修复中领用的材料　　B. 废品残料的回收价值
C. 可修复废品的生产成本　　　　　D. 过失人的赔偿款

(16) 不可修复废品是指(　　)。
A. 技术上不可修复的废品
B. 修复费用过大的废品
C. 虽然技术上可修复但所花费的修复费用在经济上不合算的废品
D. 包括 A 和 C

(17) 不可修复废品应负担的原材料费用为 1 000 元,加工费用为 500 元,收回残料价值 200 元,应由过失人赔款 300 元,则废品净损失应为(　　)。
A. 1 000 元　　　B. 1 300 元　　　C. 1 200 元　　　D. 1 500 元

(18) 可修复废品返修前发生的生产费用（　　）。
A. 应借记废品损失科目
B. 与修复费用一起转入基本生产成本科目借方
C. 应从基本生产成本科目贷方转出
D. 不是废品损失，不必计算其生产成本

(19) 下列项目中不应计入企业生产费用和期间费用的是（　　）。
A. 厂部管理人员工资
B. 车间管理人员工资
C. 购买固定资产支出
D. 短期借款利息

(20) 辅助生产费用采用交互分配法，对外分配的费用总额为（　　）。
A. 交互分配前的费用
B. 交互分配前的费用加交互分配转入的费用
C. 交互分配前的费用减交互分配转出的费用
D. 交互分配前的费用加交互分配转入的费用减交互分配转出的费用

2. 多选题

(1) 下列构成产品成本的账户是（　　）。
A. 生产成本　　　　　　　　B. 制造费用
C. 辅助生产成本　　　　　　D. 废品损失
E. 财务费用

(2) 应付月工资的计算方法有（　　）。
A. 按 30 日计算日工资率，按缺勤天数扣月工资
B. 按 30 日计算日工资率，按出勤天数算月工资
C. 按 21.75 日计算日工资率，按缺勤天数扣月工资
D. 按 21.75 日计算日工资率，按出勤天数算月工资

(3) 计提福利人员的工资，涉及的账户为（　　）。
A. 应付职工薪酬　　　　　　B. 生产成本
C. 制造费用　　　　　　　　D. 管理费用

(4) 材料费用的分配方法有（　　）。
A. 重量(体积)分配法　　　　B. 定额耗用量比例分配法
C. 平均分配法　　　　　　　D. 标准产量比例分配法

(5) 标准产量比例分配法的步骤有（　　）。
A. 选择标准产品　　　　　　B. 计算各种产品的系数
C. 计算标准产量(总系数)　　D. 计算费用分配率

(6) 辅助生产费用的分配方法有（　　）。
A. 直接分配法　　　　　　　B. 一次交互分配法
C. 平均分配法　　　　　　　D 代数分配法

(7) 下列关于停工损失的说法，正确的是（　　）。
A. 停工损失可以向过失人或过失单位索赔
B. 季节性停工期间发生的费用属于停工损失

C. 停工期间行政管理部门发生的费用也属于停工损失
D. 停工损失根据不同的停工原因,可以计入营业外支出,也可以计入产品成本

(8) 成本核算中的损失性费用是指产品生产过程中发生的各种损失性费用,包括( )。
A. 停工损失　　　B. 非常损失　　　C. 废品损失　　　D. 坏账损失

(9) 计入产品成本的停工损失有( )。
A. 季节性停产损失　　　　　　B. 固定资产修理期间停产损失
C. 自然灾害的停产损失　　　　D. 计划减产造成的停工损失

(10) 下列属于期间费用的项目是( )。
A. 财务费用　　　　　　　　　B. 制造费用
C. 销售费用　　　　　　　　　D. 管理费用

3. 判断题

(1) 企业在生产经营活动中发生的一切费用支出都应计入产品成本。　　( )
(2) 基本生产车间发生的各种费用均应直接记入"生产成本——基本生产成本"账户。
　　( )
(3) 在实际工作中对材料的日常核算,可以采用实际成本计价,也可以采用计划成本计价。
　　( )
(4) 职工福利费按照企业职工工资总额的14%计提。　　( )
(5) 辅助生产费用的交互分配法,既需要在辅助生产车间内部进行分配,又需要对外分配。
　　( )
(6) 凡属生产车间领用的原材料费用,最终都必须计入"制造费用"。　　( )
(7) 企业本期发生的构成产品成本费用,包括直接人工、直接材料、制造费用,均为直接费用。
　　( )
(8) 制造费用账户月末可能有余额,也可能没有余额。　　( )
(9) 废品损失一般不由本月生产的产品成本负担。　　( )
(10) 可修复废品是指经过修理可以使用,而不管修复费用在经济上是否合算的废品。
　　( )
(11) 作业成本法对直接材料、直接人工等直接成本的核算与传统的成本核算方法并无太大的差异,只是在间接制造费用的核算上存在着较大的差别。　　( )
(12) 期间成本可以计入产品的成本。　　( )

【技能实训】

1. 材料和外购动力费用的归集和分配实训

实训目的

通过对模拟企业材料和外购动力费用进行归集和分配,了解材料和外购动力费用的内容和特点,掌握材料和外购动力费用归集和分配的方法及相应的账务处理。

实训资料

1) 企业概况

启明工厂设有3个车间:一个基本生产车间以及运输、供汽两个辅助生产车间。基本生产车间2015年5月份生产甲、乙、丙3种产品。辅助生产车间为基本生产车间和工厂其他部门提供运输和供汽服务。启明工厂属于增值税一般纳税人。

2)经济业务及处理基本流程简介

(1)领用材料:各车间填制领料单,经批准后到仓库领用材料。

(2)归集和分配材料:月底根据领料单编制领料凭证汇总表,按定额耗用量比例分配法分配材料,如图2.3所示。

(3)外购动力分配:各车间均有用电情况记录和生产工时统计。月底根据生产工时统计分配外购动力费用,如图2.4所示。

```
领料单 → 领料凭证汇总表 → 材料费用分配表
```

图2.3 材料费用归集分配处理流程

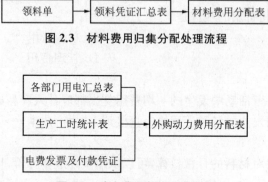

图2.4 动力费用归集分配流程

3)产量及消耗定额

甲、乙、丙3种产品共耗用C材料1 530千克,每千克3.50元。甲产品实际产量为150件,单位产品材料定额耗用量为3千克;乙产品实际产量为100件,单位产品材料定额耗用量为1.5千克;丙产品实际产量为300件,单位产品材料定额耗用量为4千克。甲、乙、丙产品采用定额耗用量比例分配法分配C材料费用。

4)周转材料摊销计划

周转材料在5月、6月、7月、8月分4个月摊销。

5)制造费用核算方式

制造费用账户核算基本生产车间的制造费用,辅助生产车间的制造费用不通过制造费用科目核算。

6)原始资料

(1)领料单,如表2.32至表2.46所示。

表2.32 领 料 单　　　　NO:001

领料部门:生产车间　　　　2015年5月1日　　　　发料仓库:第一仓库

材料编号	材料名称	规格	单位	数量		价格	
				请领	实发	单价	金额
	A		千克	500	500	20	10 000
用途	甲产品耗用			备注			
部门主管:林海　　批准人:张建　　领料人:赵峰　　仓库:李铁　　制单:张宏							

第二联　记账联

表 2.33　领 料 单　　　　NO:002

领料部门:生产车间　　　2015 年 5 月 1 日　　　发料仓库:第一仓库

材料编号	材料名称	规格	单位	数量		价格	
				请领	实发	单价	金额
	B		千克	700	700	10	7 000
用途	乙产品耗用			备注			

部门主管:林海　　批准人:张建　　领料人:赵峰　　仓库:李铁　　制单:张宏

第二联　记账联

表 2.34　领 料 单　　　　NO:003

领料部门:生产车间　　　2015 年 5 月 3 日　　　发料仓库:第一仓库

材料编号	材料名称	规格	单位	数量		价格	
				请领	实发	单价	金额
	D		千克	450	450	12	5 400
用途	丙产品耗用			备注			

部门主管:林海　　批准人:张建　　领料人:赵峰　　仓库:李铁　　制单:张宏

第二联　记账联

表 2.35　领 料 单　　　　NO:004

领料部门:生产车间　　　2015 年 5 月 4 日　　　发料仓库:第一仓库

材料编号	材料名称	规格	单位	数量		价格	
				请领	实发	单价	金额
	C		千克	1 530	1 530	3.5	5 355
用途	甲、乙、丙产品共用			备注			

部门主管:林海　　批准人:张建　　领料人:赵峰　　仓库:李铁　　制单:张宏

第二联　记账联

表 2.36　领 料 单　　　　NO:005

领料部门:供气车间　　　2015 年 5 月 6 日　　　发料仓库:第一仓库

材料编号	材料名称	规格	单位	数量		价格	
				请领	实发	单价	金额
	E		千克	150	150	6	900
用途	机物料消耗			备注			

部门主管:傅维　　批准人:赵林　　领料人:郑建建　　仓库:张云　　制单:王鑫

第二联　记账联

表2.37 领 料 单　　　　　　　　　　NO:006

领料部门:运输车间　　　2015年5月7日　　　发料仓库:第二仓库

材料编号	材料名称	规格	单位	数量		价格	
				请领	实发	单价	金额
	E		千克	100	100	6	600
用途	机物料消耗			备注			

部门主管:刘祥　　批准人:张朋　　领料人:吕东　　仓库:张云　　制单:赵芳

第二联 记账联

表2.38 领 料 单　　　　　　　　　　NO:007

领料部门:运输车间　　　2015年5月12日　　　发料仓库:第二仓库

材料编号	材料名称	规格	单位	数量		价格	
				请领	实发	单价	金额
	F		千克	90	90	10	900
用途	周转材料消耗			备注			

部门主管:刘祥　　批准人:张朋　　领料人:吕东　　仓库:张云　　制单:赵芳

第二联 记账联

表2.39 领 料 单　　　　　　　　　　NO:008

领料部门:供气车间　　　2015年5月17日　　　发料仓库:第二仓库

材料编号	材料名称	规格	单位	数量		价格	
				请领	实发	单价	金额
	F		千克	100	100	10	1 000
用途	周转材料消耗			备注			

部门主管:傅维　　批准人:赵林　　领料人:郑建建　　仓库:张云　　制单:王鑫

第二联 记账联

表2.40 领 料 单　　　　　　　　　　NO:009

领料部门:生产车间　　　2015年5月20日　　　发料仓库:第二仓库

材料编号	材料名称	规格	单位	数量		价格	
				请领	实发	单价	金额
	E		千克	150	150	6	900
用途	机物料消耗			备注			

部门主管:林海　　批准人:张建　　领料人:赵峰　　仓库:张云　　制单:张宏

第二联 记账联

表2.41 领 料 单　　NO:010

领料部门:生产车间　　2015年5月22日　　发料仓库:第二仓库

材料编号	材料名称	规格	单位	数量		价格	
				请领	实发	单价	金额
	F		千克	50	50	10	500
用途	周转材料消耗			备注			

部门主管:林海　　批准人:张建　　领料人:赵峰　　仓库:张云　　制单:张宏

第二联 记账联

表2.42 领 料 单　　NO:011

领料部门:供气车间　　2015年5月24日　　发料仓库:第二仓库

材料编号	材料名称	规格	单位	数量		价格	
				请领	实发	单价	金额
	G		千克	30	30	7	210
用途	保养用			备注			

部门主管:傅维　　批准人:赵林　　领料人:郑建建　　仓库:张云　　制单:王鑫

第二联 记账联

表2.43 领 料 单　　NO:012

领料部门:运输车间　　2015年5月25日　　发料仓库:第二仓库

材料编号	材料名称	规格	单位	数量		价格	
				请领	实发	单价	金额
	G		千克	40	40	7	280
用途	保养用			备注			

部门主管:刘祥　　批准人:张朋　　领料人:吕东　　仓库:张云　　制单:赵芳

第二联 记账联

表2.44 领 料 单　　NO:013

领料部门:生产车间　　2015年5月25日　　发料仓库:第二仓库

材料编号	材料名称	规格	单位	数量		价格	
				请领	实发	单价	金额
	G		千克	20	20	7	140
用途	保养用			备注			

部门主管:林海　　批准人:张建　　领料人:赵峰　　仓库:张云　　制单:张宏

第二联 记账联

表2.45 领 料 单 NO:014

领料部门:管理部门　　　　　　2015年5月25日　　　　　　发料仓库:第二仓库

材料编号	材料名称	规格	单位	数量		价格	
				请领	实发	单价	金额
	G		千克	5	5	7	35
用途	保养用			备注			

部门主管:王玉　　批准人:郑准　　领料人:于田　　仓库:张云　　制单:辛情

第二联 记账联

表2.46 领 料 单 NO:015

领料部门:管理部门　　　　　　2015年5月27日　　　　　　发料仓库:第二仓库

材料编号	材料名称	规格	单位	数量		价格	
				请领	实发	单价	金额
	F		千克	10	10	10	100
用途	周转材料消耗			备注			

部门主管:王玉　　批准人:郑准　　领料人:于田　　仓库:张云　　制单:辛情

第二联 记账联

(2) 各部门用电汇总表,如表2.47所示。

表2.47 各部门用电汇总表

2015年5月　　　　　　　　　　　　　　　　　　　　　　单位:度

部门	生产用电	照明用电	合计
生产车间	3 000	300	3 300
供气车间		300	300
运输车间		100	100
管理部门		300	300
合计	3 000	1 000	4 000

注:电费0.8元/度。

(3) 电费发票,如表 2.48 所示。

表 2.48 增值税专用发票

开票日期:2015 年 5 月 31 日　　　　　　　　　　　　　　　　　　　　　　　　　　　　　　　No.0542891

购货单位	名称	启明工厂			纳税人登记号							3201065430997888								第二联 发票联 购货方记账
	地址、电话	上海路 5 号			开户银行及账号							工行上海路 1043 - 4456097								
商品或劳务名		计量单位	数量	单价	金　　　额							税率 %	税　　额							
					拾万	千	百	拾	元	角	分		拾万	千	百	拾	元	角	分	
电力		度	4 000	0.8		3	2	0	0	0	0	17			5	4	4	0	0	
合计						3	2	0	0	0	0	17			5	4	4	0	0	
价税合计(大写)		叁仟柒佰肆拾肆元整											¥3744.00							
销货单位	名称	南京市供电局			纳税人登记号							3201065430994538								
	地址、电话	中山北路 34 号			开户银行及账号							工行中山北路分理处 4567234								
备注																				

销货单位(章):(印)　　　　收款人:李明　　　　复核:陈红　　　　开票人:王黎明

(4) 支付电费的支票存根,如表 2.49 所示。

表 2.49 支票存根

```
工商银行　转账支票存根
支票号码 0389874
科　　目_____
对方科目_____
出票日期 2015 年 5 月 30 日

收款人:南京市供电局
金　额:¥3744.00
用　途:电费
单位主管:王闯亮　　会计:邓建
```

(5) 生产工时统计表,如表 2.50 所示。

表 2.50 生产工时统计表

2015 年 5 月　　　　　　　　　　　　　　　　　　　　　　　　　　　单位:小时

产 品 名 称	生 产 工 时
甲 产 品	2 000
乙 产 品	1 800
丙 产 品	1 000
合　计	4 800

实训要求

(1) 根据领料单,编写领料凭证汇总表(表 2.51)。

表 2.51　领料凭证汇总表

2015 年 5 月　　　　　　　　　　　　　　　　　　　　　　　　　　　　单位:元

材料名称＼金额＼部门	生产车间		辅助生产车间		管理部门	合计
	产品用	车间用	供气车间	运输车间		
A						
B						
C						
D						
E(辅助材料)						
F(周转材料)						
G(辅助材料)						
合　计						

(2) 根据领料凭证汇总表,编写周转材料摊销表(表 2.52)。

表 2.52　周转材料摊销表

2015 年 5 月　　　　　　　　　　　　　　　　　　　　　　　　　　　　单位:元

应借记账户			应摊销金额	摊销期限	本月摊销金额	未摊销金额
总账科目	明细科目	成本费用项目				
制造费用	生产车间	周转材料				
辅助生产成本	供气车间	周转材料				
	运输车间	周转材料				
	小计					
管理费用	管理部门	周转材料				
	合计					

(3) 根据领料凭证汇总表,编写材料费用分配表(表 2.53)。

表 2.53　材料费用分配表

2015 年 5 月　　　　　　　　　　　　　　　　　　　　　　　　　　　　单位:元

分配对象		成本费用项目	直接计入金额	分配计入金额		材料费用合计
				消耗定额	分配金额(分配率:)	
基本生产车间	甲产品	直接材料				
	乙产品	直接材料				
	丙产品	直接材料				
	小计					

续 表

分配对象		成本费用项目	直接计入金额	分配计入金额		材料费用合计
				消耗定额	分配金额（分配率： ）	
基本生产车间	一般耗用	保养费				
		机物料消耗				
辅助生产部门	供气车间	保养费				
		机物料消耗				
	运输车间	保养费				
		机物料消耗				
	小计					
管理部门		保养费				
周转材料摊销						
合计						

(4) 根据各部门用电汇总表、电费发票及支付凭证、生产工时统计表，编写外购动力费用分配表（表 2.54）（生产用电按照生产工时在甲、乙、丙产品间进行分配）。

表 2.54 外购动力费用分配表

2015 年 5 月

分配对象		成本费用项目	数量		单价（元）	金额（元）
			生产工时	度数（分配率： ）		
基本生产车间	甲产品	燃料及动力费				
	乙产品	燃料及动力费				
	丙产品	燃料及动力费				
	小计					
辅助生产车间	照明用	电费				
	运输车间	电费				
	供气车间	电费				
	小计					
管理部门		电费				
合计						

(5) 编制相关记账凭证。

2. 人工费用的分配实训

实训目的

通过对模拟企业职工薪酬进行归集和分配,了解职工薪酬的内容和特点,掌握职工薪酬归集和分配的方法及相应的账务处理。

实训资料

1) 企业概况

新华工厂是一家生产机床配件的小型企业。设有两个基本生产车间,生产甲、乙、丙三种产品。第一生产车间工人22名,车间管理人员2名。第二生产车间工人26名,车间管理人员3名。厂部行政管理人员5名,销售部门销售人员6名。

2) 经济业务及处理基本流程简介

2015年6月份职工工资总额为111 070元,生产工人的工资按生产工时的比例进行分配。该企业工资结算流程如图2.5所示:

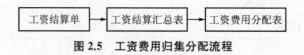

图2.5 工资费用归集分配流程

3) 原始资料

(1) 工资结算汇总表,如表2.55所示。

表2.55 工资结算汇总表

2015年6月 单位:元

部门		职工人数	基本工资	奖金	津贴和补贴		加班工资	应付工资	代扣款项				实发工资
					岗位津贴	补贴			公积金	社保	医保费	工会经费	
一车间	生产工人	22	63 900	12 600	6 000	1 350	3 000	86 850	8 685	6 948	1 737	264	69 216
	管理人员	2	8 100	3 600	1 500	300		13 500	1 350	1 080	270	24	10 776
	小计	24	72 000	16 200	7 500	1 650	3 000	100 350	10 035	8 028	2 007	288	79 992
二车间	生产工人	26	81 600	15 900	6 900	2 010	3 600	110 010	11 001	8 800.8	2 200.2	252	87 756
	管理人员	3	13 500	5 250	2 400	600		21 750	2 175	1 740	435	36	17 364
	小计	29	95 100	21 150	9 300	2 610	3 600	131 760	13 176	10 540.8	2 635.2	288	105 120
管理部门		5	30 600	3 000	4 500	1 200		39 300	3 930	3 144	786	180	31 260
销售部门		6	27 600	33 900	300			61 800	6 180	4 944	1 236	72	49 368
合计		64	225 300	74 250	21 600	5 460	6 600	333 210	33 321	26 656.8	6 664.2	828	265 740

(2) 生产工时统计表,如表2.56所示。

表2.56 生产工时统计表

2015年6月 单位:小时

产品名称	生产工时
甲产品	2 050

续表

产品名称	生产工时
乙产品	3 100
丙产品	1 200
合计	6 350

实训要求

(1) 根据工资结算汇总表和生产工时统计表,编制工资费用分配表(表2.57)。分配率保留4位小数,金额保留两位小数,尾差计入丙产品。

表2.57 工资费用分配表

2015年6月   单位:元

分配对象	成本费用项目	分配计入				工资费用合计
		直接计入	生产工时	分配率	应分配额	
甲产品	直接人工					
乙产品	直接人工					
丙产品	直接人工					
小计						
车间管理人员	工资					
行政管理人员	工资					
销售机构人员	工资					
合计						

(2) 根据工资费用分配表编写相关记账凭证。

3. 折旧费用的归集和分配实训

实训目的

通过对模拟企业折旧费用进行归集和分配,了解折旧费用的内容和特点,掌握折旧费用归集和分配的方法及相应的账务处理。

实训资料

1) 企业概况

光华化工厂是生产化工原料的一家企业,工厂有一个基本生产车间,一个供电车间,一个废水处理车间。工厂管理部门分为厂长办公室、财务科、人事科等。

2) 经济业务及处理基本流程简介

工厂设有专门的固定资产明细账,按平均年限法对规定资产计提折旧,不考虑固定资产残值。其业务处理流程如图2.6所示。

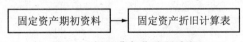

图2.6 折旧费归集分配流程

基本生产车间和辅助生产车间的固定资产折旧费用均通过"制造费用"科目核算。

3) 原始资料

（1）固定资产情况一览表，如表 2.58 所示。

表 2.58 固定资产情况一览表

2015 年 6 月　　　　　　　　　　　　　　　　　　　　　　　　　　单位：元

部门	固定资产名称	原值	月折旧率(%)
生产车间	房屋建筑物	500 000	0.2
	机器设备及其他设备	400 000	0.8
	运输设备	20 000	0.6
供电车间	房屋建筑物	300 000	0.3
	机器设备及其他设备	100 000	0.7
	运输设备	10 000	0.5
废水处理车间	房屋建筑物	100 000	0.3
	机器设备及其他设备	200 000	0.7
	运输设备	15 000	0.6
管理部门	房屋建筑物	300 000	0.4
	设备	30 000	0.7
合计		1 975 000	

实训要求

（1）根据固定资产情况一览表，编制 2015 年 6 月份固定资产折旧计算明细表（表 2.59）。金额保留两位小数。

表 2.59 固定资产折旧计算明细表

2015 年 6 月　　　　　　　　　　　　　　　　　　　　　　　　　　单位：元

项目		固定资产名称	原值	月折旧率(%)	月折旧额
基本生产车间	生产车间	房屋建筑物	500 000	0.2	
		机器设备及其他设备	400 000	0.8	
		运输设备	20 000	0.6	
辅助生产车间	供电车间	房屋建筑物	300 000	0.3	
		机器设备及其他设备	100 000	0.7	
		运输设备	10 000	0.5	
	废水处理车间	房屋建筑物	100 000	0.3	
		机器设备及其他设备	200 000	0.7	
		运输设备	15 000	0.6	
管理部门		房屋建筑物	300 000	0.4	
		设备	30 000	0.7	
合计			1 975 000		

(2) 根据固定资产折旧计算明细表,编制固定资产折旧汇总计算表(表2.60)。

表2.60 固定资产折旧汇总计算表
2015年6月
单位:元

部门	应借记科目	本月折旧额
基本生产车间	制造费用	
辅助生产车间	制造费用	
管理部门	管理费用	
合计	—	

(3) 根据固定资产折旧汇总计算表,编写相关的记账凭证。

4. 辅助生产费用的归集和分配实训

实训目的

通过对模拟企业的辅助生产费用进行归集和分配,了解辅助生产费用的内容和特点,掌握辅助生产费用归集和分配的方法及相应的账务处理。

实训资料

1) 企业概况

大中工厂设有供电车间、模具车间、运输车间3个辅助生产车间,第一、第二两个基本生产车间。第一生产车间生产甲产品,第二生产车间生产乙产品。

2) 经济业务及处理基本流程简介

月底分配辅助生产费用。

该企业辅助生产车间的制造费用不通过"制造费用"科目核算。

3) 原始资料

2015年7月辅助生产费用资料如下:

(1) 材料费用分配表,如表2.61所示。

表2.61 材料费用分配表
2015年7月
单位:元

分配对象		成本费用项目	耗用材料金额
第一车间	甲产品	直接材料	153 860
第二车间	乙产品	直接材料	234 370
辅助生产部门	供电车间	材料费	46 930
	模具车间	材料费	4 590
	运输车间	材料费	8 860
	小计		60 380
管理部门		模具费	230
合计			448 840

(2) 职工薪酬费用分配汇总表,如表 2.62 所示。

表 2.62 职工薪酬费用分配汇总表

2015 年 7 月　　　　　　　　　　　　　　　　　　　　　　单位:元

分配对象		成本费用项目	工资总额
第一车间	甲产品	直接人工	14 535
第二车间	乙产品	直接人工	30 460.8
辅助生产部门	供电车间	工资	6 384
	模具车间	工资	2 736
	运输车间	工资	3 420
	小计		12 540
管理部门		工资	7 695
销售部门		工资	9 382.2
合计			74 613

(3) 折旧费用,如表 2.63 所示。

表 2.63 固定资产折旧计算表

2015 年 7 月　　　　　　　　　　　　　　　　　　　　　　单位:元

项 目		固定资产名称	原值	月折旧率(%)	月折旧额
基本生产车间	第一车间	房屋建筑物	200 000	0.2	400
		设备	300 000	0.6	1 800
	第二车间	房屋建筑物	250 000	0.3	750
		设备	150 000	0.5	750
辅助生产车间	供电车间	房屋建筑物	280 000	0.3	840
		设备	200 000	0.7	1 400
	模具车间	房屋建筑物	170 000	0.3	510
		设备	150 000	0.8	1 200
	运输车间	房屋建筑物	100 000	0.4	400
		设备	150 000	0.7	1 050
管理部门		房屋建筑物	100 000	0.3	300
		设备	40 000	0.8	320
合计			2 090 000		9 720

(4) 办公费用和其他费用汇总表,如表 2.64 所示。

表 2.64 办公费用和其他费用汇总表

2015 年 7 月　　　　　　　　　　　　　　　　　　　　　　　　　单位:元

分　配　对　象		成本费用项目	金额
基本生产车间	第一车间	办公费	250
		其他	7 689
		小计	7 939
	第二车间	办公费	470
		其他	8 790
		小计	9 260
辅助生产成本	供电车间	办公费	895
		其他	11 801
		小计	12 696
	模具车间	办公费	546
		其他	3 918
		小计	4 464
	运输车间	办公费	460
		其他	7 710
		小计	8 170
管理部门		办公费	670
		其他	5 600
		小计	6 270
合计			48 799

(5) 辅助生产车间提供劳务明细表,如表 2.65 所示。

表 2.65 辅助生产车间提供劳务明细表

2015 年 7 月

辅助生产车间 受益部门	供电车间 (千瓦小时)	模具车间 (件)	运输车间 (千克千米)
供电车间	—	300	4 500
模具车间	4 250	—	100
运输车间	750	200	—
第一生产车间	35 000	1 300	4 000
第二生产车间	30 000	900	2 500

续 表

辅助生产车间 受益部门	供电车间 （千瓦小时）	模具车间 （件）	运输车间 （千克千米）
管理部门	25 000	50	1 500
销售部门	10 000	250	2 000
合计	105 000	3 000	14 600

(6) 计划单位成本，供电车间每千瓦小时 0.80 元；模具车间每件 5 元；运输车间每千克千米 1.70 元。

实训要求

1) 采用直接分配法进行辅助生产成本的归集和分配

(1) 登记辅助生产明细账。

(2) 编制辅助生产费用分配表(表 2.66)。

(3) 编制辅助生产费用分配的记账凭证并登记辅助生产明细账。

表 2.66 辅助生产费用分配表(直接分配法)

2015 年 7 月　　　　　　　　　　　　　　　　　　　　　金额单位：元

项　　目			供电车间	模具车间	运输车间	合计
待分配费用						
对外供应产品、劳务数量						
费用分配率(单位成本)						
基本生产车间	第一车间	耗用数量				
		分配金额				
	第二车间	耗用数量				
		分配金额				
	金额小计					
管理部门		耗用数量				
		分配金额				
销售部门		耗用数量				
		分配金额				
合计						

2) 采用交互分配法进行辅助生产成本的归集和分配

分配率保留 5 位小数，金额保留 2 位小数。

(1) 登记辅助生产明细账。

(2) 编制辅助生产费用分配表(表 2.67)。

(3) 编制辅助生产费用分配的记账凭证并登记辅助生产明细账。

表 2.67　辅助生产费用分配表（交互分配法）

2015 年 7 月　　　　　　　　　　　　　　　　　金额单位：元

项　目			交互分配				对外分配			
			供电	模具	运输	合计	供电	模具	运输	合计
待分配费用										
供应产品、劳务数量										
分配率（单位成本）										
辅助车间	供电	耗用数量								
		分配金额								
	模具	耗用数量								
		分配金额								
	运输	耗用数量								
		分配金额								
	金额小计									
基本车间	一车间	耗用数量								
		分配金额								
	二车间	耗用数量								
		分配金额								
	金额小计									
管理部门		耗用数量								
		分配金额								
销售部门		耗用数量								
		分配金额								
分配金额合计										

3）采用代数分配法进行辅助生产成本的归集和分配

分配率保留 6 位小数，金额取整数。

(1) 登记辅助生产明细账。

(2) 编制辅助生产费用分配表（表 2.68）。

(3) 编制辅助生产费用分配的记账凭证并登记辅助生产明细账。

表 2.68　辅助生产费用分配表（代数分配法）

2015 年 7 月　　　　　　　　　　　　　　　　　金额单位：元

项　目	供电	模具	运输	合计
待分配费用				
供应产品、劳务数量				
分配率（单位成本）				

续 表

项　目			供电	模具	运输	合计
辅助车间	供电	耗用数量				
		分配金额				
	模具	耗用数量				
		分配金额				
	运输	耗用数量				
		分配金额				
	金额小计					
基本车间	一车间	耗用数量				
		分配金额				
	二车间	耗用数量				
		分配金额				
	金额小计					
管理部门		耗用数量				
		分配金额				
销售部门		耗用数量				
		分配金额				
分配金额合计						

4) 采用计划成本分配法进行辅助生产成本的归集和分配

分配率保留 3 位小数,金额取 2 位小数。

(1) 登记辅助生产明细账。
(2) 编制辅助生产费用分配表(表 2.69)。
(3) 编制辅助生产费用分配的记账凭证并登记辅助生产明细账。

表 2.69　辅助生产费用分配表(计划成本分配法)

2015 年 7 月　　　　　　　　　　　　　　　　　　　　　金额单位:元

项　目			按计划成本分配				成本差异分配			
			供电	模具	运输	合计	供电	模具	运输	合计
待分配费用										
供应产品、劳务数量										
分配率(单位成本)										
辅助车间	供电	耗用数量								
		分配金额								
	模具	耗用数量								
		分配金额								
	运输	耗用数量								
		分配金额								
	金额小计									

续表

项目			按计划成本分配				成本差异分配			
			供电	模具	运输	合计	供电	模具	运输	合计
基本车间	一车间	耗用数量								
		分配金额								
	二车间	耗用数量								
		分配金额								
	金额小计									
管理部门		耗用数量								
		分配金额								
销售部门		耗用数量								
		分配金额								
分配金额合计										

5. 制造费用的归集和分配实训

实训目的

通过对模拟企业的制造费用进行归集和分配,了解制造费用的内容和特点,掌握制造费用归集和分配的方法及相应的账务处理。

实训资料

1) 企业概况

大成纸制品公司生产包装用纸,设有一个基本生产车间,生产白板纸和灰板纸两种产品。该公司为一般纳税人。

2) 经济业务及处理基本流程简介

制造费用分配方法采用机器工时比例法。

3) 原始资料

2015年8月基本生产车间发生的有关制造费用的经济业务如下:

(1) 生产车间用现金购置劳保用品500元,发票如表2.70所示。

表2.70 南京市商业发票

购货单位:大成公司　　2015年8月12日　　No.45632567

品名	规格	计量单位	数量	单价	金额							备注
					拾万	千	百	拾	元	角	分	
劳保用品(手套)		副	500	1.00			5	0	0	0	0	
合计金额(大写):人民币伍佰元整					¥		5	0	0	0	0	

单位盖章:　　　　　　收款人:张杨　　　　　制票人:王丹

第二联 报销联

(2) 开出转账支票,如表 2.71 所示,支付本月电费共 29 952 元,收到增值税发票如表 2.72 所示。

表 2.71 转账支票

```
中国建设银行转账支票存根
支票号码:058764
签发日期:2015 年 8 月 29 日

收款人:南京市供电局
金额:¥29952.00
用途:电费
备注:

单位主管:王力    会计:赵宁
```

表 2.72 增值税专用发票

开票日期:2015 年 8 月 30 日   No.056987512

购货单位	名称	大成公司			纳税人登记号		56849725894125689										
	地址、电话	南京白下路1号			开户银行及账号		中国建设银行南京白下支行 564219										
商品或劳务名	计量单位	数量	单价	金额							税率%	税额					
				拾	万	千	百	拾	元	角	分		拾	万	千	百	拾	元	角	分
				¥	2	5	6	0	0	0	0	17		¥	4	3	5	2	0	0
合计				¥	2	5	6	0	0	0	0			¥	4	3	5	2	0	0
价税合计(大写)	贰万玖仟玖佰伍拾贰元整											¥:29952.00								
销货单位	名称	南京市供电局			纳税人登记号		2589632125468951										
	地址、电话	鼓楼区××路52号			开户银行及账号		南京市工商银行汉口路支行 256130										
备注																	

销货单位(章):(印)   收款人:李滴   复核:陈狄   开票人:许海

第一联 发票联 购货方记账

(3) 电费分配表,如表 2.73 所示。

表 2.73 电费分配表

2015 年 8 月

应借记账户			用电数量(度)	分配金额(元)
总账科目	明细科目	成本费用项目		(分配率:0.8)
制造费用	生产车间	电费	30 000	24 000
管理费用	管理部门	电费	2 000	1 600
合计			32 000	25 600

(4) 生产车间材料费用分配表,如表 2.74 所示。

表 2.74 生产车间材料费用分配表

2015 年 8 月　　　　　　　　　　　　　　　　　　　　　　　单位:元

分配对象		成本费用项目	材料费用
基本生产车间	白板纸	直接材料	230 000
	灰板纸	直接材料	180 000
	小计		410 000
	一般耗用	修理费	1 000
		机物料消耗	2 000
		小计	3 000
合计			413 000

(5) 保险费用摊销表,如表 2.75 所示。

表 2.75 保险费用摊销表

2015 年 8 月　　　　　　　　　　　　　　　　　　　　　　　单位:元

应借记账户			应摊销金额	摊销期限	本月摊销金额	未摊销金额
总账科目	明细科目	成本费用项目				
制造费用	生产车间	财产保险费	2 400	1 年	200	1 600
管理费用	管理部门	财产保险费	1 800	1 年	150	900
合计			4 200		350	2 500

(6) 固定资产折旧计算明细表,如表 2.76 所示。

表 2.76 固定资产折旧计算明细表

2015 年 8 月　　　　　　　　　　　　　　　　　　　　　　　单位:元

项 目	固定资产名称	原值	月折旧率(%)	月折旧额
基本生产车间	房屋建筑物	500 000	0.2	1 000
	设备	400 000	0.8	3 200
管理部门	房屋建筑物	100 000	0.4	400
	设备	40 000	0.7	280
合计		1 040 000		4 880

(7) 职工薪酬费用分配表,如表 2.77 所示。

表 2.77 职工薪酬费用分配表

2015 年 8 月　　　　　　　　　　　　　　　　　　　　　　　单位:元

分配对象	成本费用项目	职工薪酬费用
白板纸	直接人工	29 149.8

续 表

分配对象	成本费用项目	职工薪酬费用
灰板纸	直接人工	15 327.3
小计		44 477.1
车间管理人员	职工薪酬	6 156
行政管理人员	职工薪酬	9 995.52
销售机构人员	职工薪酬	6 566.4
合计		67 195.02

(8) 白板纸和灰板纸的机器工时分别为 2 600 小时和 1 400 小时。

实训要求

(1) 根据上述经济业务编制有关记账凭证。
(2) 登记"制造费用"明细账。
(3) 编制制造费用分配表(表 2.78)。分配率保留 3 位小数,金额保留两位小数。
(4) 编制分配结转制造费用的记账凭证并登记制造费用明细账。

表 2.78 制造费用分配表
2015 年 8 月

分配对象	分配标准(机器工时)	分配率	金额(元)
白板纸	2 600		
灰板纸	1 400		
合计	4 000		

项目3　制造业生产费用在完工产品与在产品之间的分配

【教学目标】

　　知识目标

（1）理解在产品的定义。

（2）掌握在产品的数量核算。

（3）熟练掌握生产费用在完工产品与在产品之间的分配。

　　能力目标

（1）能够介绍在产品的定义。

（2）能够对在产品进行数量核算。

（3）能够将生产费用在完工产品与在产品之间进行分配。

【学习重点、难点】

　　学习重点

（1）在产品的定义。

（2）生产费用分配方法。

（3）各种方法适用范围及完工产品验收入库核算。

　　学习难点

（1）生产费用的7种分配方法。

（2）产品完工程度的核算。

【引　言】

　　生产费用经过外购材料、职工薪酬等要素费用的分配，服务部门费用的分配，以及基本生产车间制造费用的归集、分配后，应计入产品成本的各项费用，已按产品成本项目全部归集在"生产成本——基本生产成本"账户及其所属明细账中，如果产品本月全部完工，则"生产成本——基本生产成本（×产品）"的借方发生额，就是该完工产品的成本；如果本月既有完工产品，又有未完工产品，就需要将"生产成本——基本生产成本（×产品）"账户的借方发生额，在本月完工产品与月末尚未完工的产品之间进行分配，从而计算出本月完工产品成本，"生产成本——基本生产成本（×产品）"账户的月末借方余额，就是月末在产品成本。

任务3.1 在产品数量的核算

3.1.1 在产品的定义

在产品是指没有完成全部生产过程、不能作为商品销售的产品,包括正在车间加工中的在产品,已经完成一个或几个生产步骤还需要继续加工的半成品,已经完成全部生产步骤等待验收入库的产品和正在返修或等待返修的废品等。对外销售的自制半成品,属于商品产品,验收入库后不应列入在产品之列。在产品有广义和狭义之分。狭义的在产品,是就某个车间或某个生产步骤而言,正在本车间或本生产步骤加工中的那部分在产品,本车间或本生产步骤完工的半成品不包括在内,它们属于完工产品。广义的在产品,是就整个企业而言的,因此,广义的在产品包括狭义的在产品,还包括已经完成部分生产步骤,已由半成品库验收入库,但还需继续加工的半成品以及等待返修的废品。本项目述及的在产品为狭义在产品。

3.1.2 在产品成本和完工产品成本与生产费用的关系

通过前述各项要素费用、制造费用和期间费用的归集和分配,企业基本生产车间在本期生产过程中发生的各项生产费用,已经集中反映在"生产成本——基本生产成本"账户及其明细账的借方,同时也全部记入各成本核算对象的产品生产成本明细账中。这些费用是本月发生的产品的生产费用,并不是本月完工产品的成本。要计算出本月完工产品的成本,就要将本月发生的生产费用与月初在产品成本之和,在本月完工产品和月末在产品之间分配。月末在产品的情况有以下三种:

(1) 月末没有在产品,本月生产的产品全部完工。则月初在产品成本与本月发生的生产费用之和,即为本月完工产品成本。

(2) 月末没有完工产品,本月生产的产品全部未完工。则月初在产品成本与本月发生的生产费用之和即为月末在产品成本。

(3) 月末既有完工产品,又有在产品。则月初在产品成本与本月发生的生产费用之和,应采用适当的分配方法,在本月完工产品和月末在产品之间分配,从而计算出本月完工产品成本和月末在产品成本。

月初在产品成本、本月发生的生产费用、本月完工产品成本和月末在产品成本之间的关系,可用如下的公式表示:

月初在产品成本+本月发生生产费用=本月完工产品成本+月末在产品成本

公式中前两项是已知数,后两项是未知数。将前两项之和在完工产品与月末在产品之间分配的方式有两类:一是将月初在产品成本与本月发生的生产费用按一定的标准在后两项之间分配,从而计算出完工产品与月末在产品成本;二是先确定月末在产品成本,再计算出完工产品成本。无论采用哪类分配方式,都必须先取得在产品数量的核算资料。

3.1.3 在产品数量的核算方法

在产品数量的核算,主要包括在产品收发结存的日常核算和在产品的清查,即在产品同其他材料物资一样应该同时具备账面核算资料和实际盘点资料。做好这两项工作,既可以从账面上随时掌握在产品的动态,又可以清查在产品的实际数量。这对正确计算产品成本,加强生产资金管理、保护财产以及保证账实相符都有重要意义。

1) 在产品收发结存的日常核算

由于在产品品种多、数量大,每月都要组织实地盘点非常困难,因此,可根据在产品账面期末结存量计算在产品成本。车间在产品收发结存的日常核算,通常是通过"在产品收发结存账"(即在产品台账)进行的。该账簿分别不同车间并按照产品品种和在产品的名称(如零、部件名称)设置,用以反映车间各种在产品收入、发出和结存动态的业务核算资料。各车间应根据领料凭证、在产品内部转移凭证、产品检验凭证和产品交库凭证,及时登记在产品收发结存账。该账簿由车间核算人员登记。简化的在产品收发结存账格式如表3.1所示。

表 3.1 在产品收发结存账

在产品名称:甲
编号:4001　　　　　　　车间名称:三车间　　　　　　　　　　　　单位:件

月	日	摘要	转入		转出		结存	备注
			凭证号	数量	凭证号	数量	数量	
4	1	月初结存					100	
	2	由二车间转入	401	200			300	
	10	甲半成品入库			402	250	50	
	12	由二车间转入	403	100			150	
	…		…	…	…	…	…	
	30	合计		1 200		1 150	150	

2) 在产品清查的核算

为了正确确定在产品数量,保证在产品的安全完整,除进行在产品收发结存的日常核算外,还应该定期或不定期地进行在产品的清查工作。通过对在产品定期或不定期的清查,及时发现在产品的盈亏毁损情况,确保在产品账实相符。

在产品的清查采用实地盘点法。清查后,根据盘点结果和账面资料编制在产品盘点表,列明在产品的账面数、实存数、盘盈盘亏数,以及盈亏的原因和处理意见等。对于报废和毁损的在产品还要登记残值。成本会计人员应对在产品盘点表进行认真审核,并报有关部门审批后,及时进行账务处理。

在产品发生盘盈时,按计划成本或定额成本借记"生产成本——基本生产成本"账户,贷记"待处理财产损溢——待处理流动资产损溢"账户。经批准核销时,借记"待处理财产损溢——待处理流动资产损溢"账户,贷记"制造费用"账户。

在产品发生盘亏和毁损时,借记"待处理财产损溢——待处理流动资产损溢"账户,贷记"生产成本——基本生产成本"账户。经批准核销时,应根据不同原因和责任,分别将损失从"待处理财产损溢——待处理流动资产损溢"账户的贷方转入有关账户的借方:由于自然灾害造成的非常损失,转入"营业外支出"账户的借方;应由过失人(或过失单位)或保险公司赔偿部分,转入"其他应收款"账户的借方;属于车间正常的生产损耗,转入"制造费用"账户的借方;毁损在产品的残值,根据具体情况转入"原材料""银行存款"

等账户的借方。

为了正确归集和分配制造费用,在产品盘盈或盘亏的账务处理,应该在制造费用结账之前进行,以便正确、及时地归集和分配制造费用。盘盈或盘亏的在产品经批准核销后,"待处理财产损溢——待处理流动资产损溢"账户期末应无余额。

任务 3.2　生产费用在完工产品和在产品之间的分配方法

生产费用在完工产品和月末在产品之间的分配,在产品成本核算工作中是一个重要而又比较复杂的问题。具体的分配思路有三种情况:

(1) 先计算完工产品成本,再由本月生产费用合计减去完工产品成本,其余额即为月末在产品成本。

(2) 先计算月末在产品成本,再由本月生产费用合计减去月末在产品成本,其余额即为本月完工产品成本。

(3) 同时计算完工产品和月末在产品成本。

沿着这三条思路,企业应当根据月末结存在产品数量的多少、各月月末在产品数量变化的大小、产品成本中各项费用比重的大小,以及企业定额管理基础工作的好坏等具体条件,采用既合理又较简便的分配方法,正确计算本月完工产品和月末在产品成本。下面介绍几种常用方法。

3.2.1　在产品不计算成本法

有些企业生产的产品,各月末没有在产品或在产品数量很少,且各月在产品数量变动不大,如采煤业,算不算在产品成本对于完工产品成本的影响很小。在这种情况下,为了简化成本核算工作,可以不计算月末在产品成本,即某种产品每月发生的生产费用全部由当月完工产品成本负担。

【例 3.1】　某企业生产甲产品,由于甲产品月末在产品数量很少,且各月末数量变动不大,采用在产品不计算成本法。该企业 2015 年 11 月生产甲产品的生产费用总额为 630 000 元,其中,直接材料 280 000 元,直接人工 210 000 元,制造费用 140 000 元。甲产品本月完工入库 7 000 件。

根据上述本月生产费用资料,编制结转完工入库产品成本的会计分录如下:

借:库存商品——甲产品　　　　　　　　　　　630 000
　　贷:生产成本——基本生产成本(甲产品)　　　　　　630 000

根据所编会计分录以及本月生产费用资料登记甲产品生产成本明细账,如表 3.2 所示。

表 3.2　产品生产成本明细账

产品:甲产品　产量:7 000 件　　　2015 年 11 月　　　　　　　　　　　　单位:元

摘　　要	直接材料	直接人工	制造费用	合　　计
本月生产费用	280 000	210 000	140 000	630 000
结转完工产品成本	280 000	210 000	140 000	630 000
完工产品单位成本	40	30	20	90

3.2.2 在产品按年初固定成本计价法

有些企业生产的产品,各月末在产品数量较少,或者虽然在产品数量较大,但各月末在产品数量变化不大,月初、月末在产品成本的差额对完工产品成本影响不大。为了简化成本核算工作,各月末在产品成本可以按年初在产品成本核算。在各月末,由于在产品成本都按年初数计算,月初在产品成本与月末在产品成本相等,因此,本月发生的各项生产费用,全部由完工产品负担。

$$\frac{本月完工}{产品成本} = \frac{月初在产}{品成本} + \frac{本月发生}{生产费用} - \frac{月末在产}{品成本} = \frac{本月发生}{生产费用}$$

【例3.2】 某企业生产乙产品,各月末在产品数量变化不大,采用在产品按年初固定成本计价法。乙产品2015年初在产品成本为55 000元,其中,直接材料30 000元,直接人工15 000元,制造费用10 000元。2015年4月份生产乙产品发生的生产费用为850 000元,其中,直接材料400 000元,直接人工250 000元,制造费用200 000元。乙产品4月完工5 000件。根据上述本月生产费用资料以及所编结转完工入库产品成本的会计分录(会计分录省略),登记乙产品生产成本明细账,如表3.3所示。

表3.3 产品生产成本明细账

产品:乙产品　产量:5 000件　　2015年4月　　　　　　　　　　　　单位:元

摘　要	直接材料	直接人工	制造费用	合　计
月初在产品成本	30 000	15 000	10 000	55 000
本月生产费用	400 000	250 000	200 000	850 000
生产费用合计	430 000	265 000	210 000	905 000
结转完工产品成本	400 000	250 000	200 000	850 000
完工产品单位成本	80	50	40	170
月末在产品成本	30 000	15 000	10 000	55 000

采用在产品按年初固定成本计价法,1至11月各月末在产品成本都按年初数计算,12月末企业应根据年终实际盘点的在产品数量来计算在产品的实际成本,并将计算出的年末在产品成本作为下一年度在产品成本的年初数。

3.2.3 在产品按所耗原材料费用计算法

有些企业生产的产品,原材料费用在产品成本中所占比重较大,而且原材料是在生产开始时一次就全部投入的。为了简化成本核算工作,月末在产品只计算耗用的原材料费用,不计算耗用的人工费用和制造费用。生产中发生的人工费用和制造费用全部由完工产品成本负担。这种方法主要适用于直接材料成本在全部产品成本中占比重相当大的企业,否则会影响完工产品和月末在产品成本的正确性。造纸、纺织、酿酒企业可采用这种方法。

【例3.3】 某企业生产丙产品,原材料费用在产品成本中所占比重较大,在产品按原材料费用计价法。2015年7月,丙产品的月初在产品成本为3 750元,7月份发生生产费用25 500元,其中,直接材料23 000元,直接人工1 400元,制造费用1 100元;丙产品本月完工950件,月末在产品50件。该产品的原材料是在生产开始时一次投入的。原材料费用按完工产品和月末在产品的数量比例分配。分配计算如下：

直接材料分配率＝(3 750＋23 000)÷(950＋50)＝26.75(元/件)
完工产品直接材料费＝950×26.75＝25 412.5(元)
月末在产品直接材料费＝50×26.75＝1 337.5(元)
完工产品总成本＝25 412.5＋1 400＋1 100＝27 912.5(元)
月末在产品成本＝1 337.5(元)

根据上述计算结果以及所编结转完工入库产品成本的会计分录，登记丙产品生产成本明细账，如表 3.4 所示。

表 3.4　产品生产成本明细账

产品：丙产品　产量：950 件　　　2015 年 7 月　　　　　　　　　　　　　　单位：元

摘　要	直接材料	直接人工	制造费用	合　计
月初在产品成本	3 750	—	—	3 750
本月生产费用	23 000	1 400	1 100	25 500
生产费用合计	26 750	1 400	1 100	29 250
结转完工产品成本	25 412.5	1 400	1 100	27 912.5
完工产品单位成本	26.75	1.47	1.16	29.38
月末在产品成本	1 337.5	—	—	1 337.5

3.2.4　约当产量比例法

有些企业生产的产品，月末在产品数量较大，各月末在产品数量变化也较大，产品成本中直接材料费用和直接人工、制造费用所占比重相差不多，不宜采用其他分配方法时，可以采用约当产量比例法。所谓约当产量，是将月末在产品数量按照完工程度折算为相当于完工产品的产量。比如，月末在产品 10 件，完工程度 40％，则约当产量为 4 件，即 10 件在产品约当于 4 件完工产品。本月完工产品产量与月末在产品约当产量之和，称为约当总产量。约当产量比例法，是指按照完工产品数量与月末在产品约当量的比例分配计算完工产品成本和月末在产品成本的方法。

1) 月末在产品约当产量的计算

月末在产品约当产量＝月末在产品数量×完工程度

采用约当产量比例法，必须正确计算在产品的约当产量，计算月末在产品约当产量的关键在于完工程度的确定。在产品的完工程度，应按照成本项目确定。

(1) 分配直接材料费时，在产品完工程度的确定

如果在产品的生产过程中，原材料是在生产开始时一次性投入，那么按照完工产品数量和月末在产品数量比例分配直接材料费，即在产品的完工程度是 100％。

如果在产品的生产过程中，原材料不是在生产开始时一次性投入，而是随着生产过程陆续投入，比如，一些企业产品结构复杂、生产工序多，这时就要计算在产品的投料率，即在产品的完工程度。为了提高成本核算的正确性，在产品的投料率一般根据原材料消耗定额和产品原材料的投入情况确定。

$$在产品的投料率＝\frac{单位在产品已投入原材料消耗定额}{单位完工产品应投入的原材料消耗定额}$$

【例 3.4】 某企业生产丁产品,单位产品原材料定额消耗量为 800 千克,经过三道工序制成。第一道工序原材料定额消耗量为 220 千克,第二道工序为 270 千克,第三道工序为 310 千克。原材料是在每一道工序开始时一次性投入的。2015 年 7 月末,第一道工序在产品 80 件,第二道工序在产品 160 件,第三道工序在产品 160 件。根据上述资料计算丁产品月末在各工序的在产品约当产量。计算结果如表 3.5"约当产量计算表"所示。

表 3.5 约当产量计算表中有关数据计算过程如下:

① 第一道工序:投料率=(220÷800)×100%=27.5%

　　　　在产品约当产量=80×27.5%=22(件)

② 第二道工序:投料率=[(220+270)÷800]×100%=61.25%

　　　　在产品约当产量=160×61.25%=98(件)

③ 第三道工序:投料率=[(220+270+310)÷800]×100%=100%

　　　　在产品约当产量=160×100%=160(件)

表 3.5　约当产量计算表

产品名称:丁产品　　　　　　　　2015 年 7 月

在产品 所在工序	本工序原材料 消耗定额(千克)	在产品完工率 (投料率%)	在产品 数量(件)	在产品约 当产量(件)
一	220	27.5	80	22
二	270	61.25	160	98
三	310	100	160	160
合计	800	—	400	280

(2) 分配直接人工、制造费用时,在产品完工程度的确定

如果在产品生产过程中,直接人工、制造费用是随着生产过程逐步递增,费用的发生比较均衡,则在产品的完工程度可定为 50%。

如果在产品的生产过程中,直接人工、制造费用不是较为均衡的发生,那么就要计算在产品的完工率,即在产品的完工程度。在产品的完工程度一般根据各工序的工时定额来确定。其计算公式如下:

$$在产品的完工率 = \frac{单位在产品累计已完成的工时定额}{单位完工产品的工时定额}$$

【例 3.5】 某企业丁产品单位工时定额为 40 小时,经过三道工序制成。第一道工序工时定额为 10 小时,第二道工序工时定额为 15 小时,第三道工序工时定额为 15 小时。各道工序中在产品的加工程度均按 50% 计算。2015 年 7 月末,第一道工序在产品 80 件,第二道工序在产品 160 件,第三道工序在产品 160 件。根据上述资料计算丁产品在各工序的月末在产品约当产量。计算结果如表 3.6"约当产量计算表"所示。

上述企业生产工序多,难以按一个比例计算在产品约当产量,可以先分别各工序计算在产品的约当产量,再加总确定总的月末在产品约当产量。

表 3.6　约当产量计算表

产品名称：丁产品　　　　　　　　　　　　2015 年 7 月

工序	产品工时定额（小时）	在产品完工率（%）	在产品数量（件）	在产品约当产量（件）
一	10	12.5	80	10
二	15	43.75	160	70
三	15	81.25	160	130
合计	40	—	400	210

表 3.6 约当产量计算表中有关数据计算过程如下：

① 第一道工序：在产品完工率＝[(10×50%)÷40]×100%＝12.5%
　　　　　　　在产品约当产量＝80×12.5%＝10(件)

② 第二道工序：在产品完工率＝[(10+15×50%)÷40]×100%＝43.75%
　　　　　　　在产品约当产量＝160×43.75%＝70(件)

③ 第三道工序：在产品完工率＝[(10+15+15×50%)÷40]×100%＝81.25%
　　　　　　　在产品约当产量＝160×81.25%＝130(件)

丁产品在产品约当产量合计＝10+70+130＝210(件)

2) 费用分配率的计算

由于月末在产品的完工程度是按成本项目确定的，月末在产品的约当产量也是按成本项目确定的，因此，费用分配率也应当按成本项目分别计算。其计算公式如下：

$$直接材料费用分配率=\frac{月初在产品的直接材料费+本月发生的直接材料费}{本月完工产品数量+月末在产品约当产量}$$

$$直接人工费用分配率=\frac{月初在产品的直接人工费+本月发生的直接人工费}{本月完工产品数量+月末在产品约当产量}$$

$$制造费用分配率=\frac{月初在产品的制造费用+本月发生的制造费用}{本月完工产品数量+月末在产品约当产量}$$

【例 3.6】 承例 3.4、例 3.5，该企业 2015 年 7 月月初丁产品在产品成本为 52 050 元，其中，直接材料为 21 200 元，直接人工 12 410 元，制造费用 18 440 元。7 月企业在生产丁产品中发生生产费用 72 690 元，其中，直接材料为 27 940 元，直接人工 21 190 元，制造费用 23 560 元。本月完工丁产品 350 件。根据上述资料和表 3.5、表 3.6 中各成本项目的在产品约当产量，计算费用分配率。其计算结果如表 3.7"完工产品及月末在产品成本核算表"所示。

表 3.7　完工产品及月末在产品成本核算表

成本项目	月初在产品成本（元）	本月生产费用（元）	生产费用合计（元）	完工产品数量（件）	在产品约当产量（件）	分配率
直接材料	21 200	27 940	49 140	350	280	78
直接人工	12 410	21 190	33 600	350	210	60
制造费用	18 440	23 560	42 000	350	210	75

表 3.7 完工产品及月末在产品成本核算表中有关数据计算过程如下：

"直接材料"项目分配率＝49 140÷(350+280)＝78(元/件)

"直接人工"项目分配率＝33 600÷(350+210)＝60(元/件)

"制造费用"项目分配率=42 000÷(350+210)=75(元/件)

3) 完工产品成本和月末在产品成本的计算

(1) 计算完工产品成本

其计算公式如下：

$$完工产品直接材料费用 = 完工产品数量 \times 直接材料费用分配率$$

$$完工产品直接人工费用 = 完工产品数量 \times 直接人工费用分配率$$

$$完工产品制造费用 = 完工产品数量 \times 制造费用分配率$$

$$完工产品成本 = 完工产品直接材料费用 + 完工产品直接人工费用 + 完工产品制造费用$$

(2) 计算月末在产品成本

其计算公式如下：

$$月末在产品直接材料费用 = 月末在产品约当产量 \times 直接材料费用分配率$$

$$或 = 直接材料费用合计数 - 完工产品直接材料费用$$

$$月末在产品直接人工费用 = 月末在产品约当产量 \times 直接人工费用分配率$$

$$或 = 直接人工费用合计数 - 完工产品直接人工费用$$

$$月末在产品制造费用 = 月末在产品约当产量 \times 制造费用分配率$$

$$或 = 制造费用合计数 - 完工产品制造费用$$

$$月末在产品成本 = 月末在产品直接材料费用 + 月末在产品直接人工费用 + 月末在产品制造费用$$

上例中,已知月初在产品成本和本月发生的生产费用,结合上例中已计算出的各成本项目的分配率,计算月末在产品成本和完工产品的成本。其过程如下：

① 计算完工产品成本

完工产品直接材料费用=350×78=27 300(元)

完工产品直接人工费用=350×60=21 000(元)

完工产品制造费用=350×75=26 250(元)

完工产品成本=27 300+21 000+26 250=74 550(元)

② 计算月末在产品成本

月末在产品直接材料费用=280×78=21 840(元)

或=49 140-27 300=21 840(元)

月末在产品直接人工费用=210×60=12 600(元)

或=33 600-21 000=12 600(元)

月末在产品制造费用=210×75=15 750(元)

或=42 000-26 250=15 750(元)

月末在产品成本=21 840+12 600+15 750=50 190(元)

或＝(49 140＋33 600＋42 000)－74 550＝50 190(元)

根据上述计算结果以及所编制结转完工入库350件丁产品成本的会计分录，登记丁产品生产成本明细账，如表3.8所示。

借：库存商品——丁产品　　　　74 550

　贷：生产成本——丁产品　　　　74 550

表3.8　产品生产成本明细账

产品名称：丁产品　　　　2015年7月　　　　单位：元

摘　　要	直接材料	直接人工	制造费用	合计
月初在产品成本	21 200	12 410	18 440	52 050
本月生产费用	27 940	21 190	23 560	7 690
生产费用合计	49 140	33 600	42 000	124 740
结转完工产品成本	27 300	21 000	26 250	74 550
完工产品单位成本	78	60	75	213
月末在产品成本	21 840	12 600	15 750	50 190

3.2.5　在产品按完工产品成本核算法

有些企业生产的产品，月末在产品已经接近完工，或者产品已经加工完毕，但尚未验收或包装入库。在这种情况下，在产品成本已经接近完工产品成本，为了简化成本核算工作，可以将月末在产品视同完工产品，根据完工产品和月末在产品的数量比例分配生产费用。

【例3.7】　某企业生产丙产品。2015年5月，完工产品450件，月末在产品50件，已经接近完工。采用在产品按完工产品成本核算法。月初在产品成本和本月发生的生产费用合计数为65 800元，其中，直接材料25 700元，直接人工21 500元，制造费用18 600元。根据上述资料，计算结果如表3.9"完工产品及月末在产品成本核算表"所示。

表3.9　完工产品及月末在产品成本核算表

成本项目	生产费用合计(元)	产品数量(件)		分配率	完工产品(元)	月末在产品(元)
		完工	在产品			
直接材料	25 700	450	50	51.4	23 130	2 570
直接人工	21 500	450	50	43	19 350	2 150
制造费用	18 600	450	50	37.2	16 740	1 860
合　　计	65 800	—	—	—	59 220	6 580

表3.9完工产品及月末在产品成本核算表中有关数据计算过程如下：

直接材料费用分配率＝25 700÷(450＋50)＝51.4(元/件)

完工产品直接材料费用＝450×51.4＝23 130(元)

月末在产品直接材料费用＝50×51.4＝2 570(元)

或＝25 700－23 130＝2 570(元)

直接人工费用分配率＝21 500÷(450＋50)＝43(元/件)

完工产品直接人工费用＝450×43＝19 350(元)
月末在产品直接人工费用＝50×43＝2 150(元)
　　　　　　或＝21 500－19 350＝2 150(元)
制造费用分配率＝18 600÷(450＋50)＝37.2(元/件)
完工产品制造费用＝450×37.2＝16 740(元)
月末在产品制造费用＝50×37.2＝1 860(元)
　　　　　　或＝18 600－16 740＝1 860(元)
完工产品成本＝23 130＋19 350＋16 740＝59 220(元)
月末在产品成本＝2 570＋2 150＋1 860＝6 580(元)
　　　　　　或＝65 800－59 220＝6 580(元)

3.2.6 在产品按定额成本计价法

有些企业中,定额管理工作较好,各项消耗定额比较准确、稳定,而且各月末在产品结存数量比较稳定。在这种情况下,可以采用在产品按定额成本计价法,即月末在产品以定额成本计价。

采用这种方法,应根据月末实际结存的在产品数量、投料和加工程度,以及各种在产品的有关定额资料计算出月末在产品的定额成本,将其从月初在产品定额成本与本月发生的生产费用之和中扣除,余额即为本月完工产品成本。也就是说,每月实际生产费用脱离定额的差异,全部计入当月完工产品成本。其计算分两个步骤进行:

第一步:计算月末在产品定额成本
其计算公式如下:

$$\text{月末在产品直接材料费用} = \text{月末在产品数量} \times \text{单位在产品原材料定额成本}$$

$$\text{月末在产品直接人工费用} = \text{月末在产品数量} \times \text{单位在产品工时定额} \times \text{单位工时定额工资}$$

$$\text{月末在产品制造费用} = \text{月末在产品数量} \times \text{单位在产品工时定额} \times \text{单位工时定额制造费用}$$

$$\text{月末在产品定额成本} = \text{月末在产品直接材料费用} + \text{月末在产品直接人工费用} + \text{月末在产品制造费用}$$

第二步:计算完工产品成本
其计算公式如下:

$$\text{本月完工产品成本} = \text{月初在产品成本} + \text{本月发生生产费用} - \text{月末在产品定额成本}$$

【例3.8】 某企业生产乙产品,采用在产品按定额成本计价法。2015年6月,月初在产品成本为10 063元,其中,直接材料4 370元,直接人工3 050元,制造费用2 643元。本月发生的生产费用为56 200元,其中,直接材料23 750元,直接人工17 250元,制造费用15 200元。本月完工乙产品1 650件,月末在产品350件。原材料是在生产开始时一次投入的。月末单位在产品所完成的工时定额为4小时。乙产品定额资料如下:单位产品原材料定额成本为16.8元,每小时定额工资为3元,每小时定额制造费用为2.4元。则乙产品本月完工产品和月末在产品成本分配计算过程及结果如下:

(1) 计算月末在产品成本

月末在产品直接材料成本＝350×16.8＝5 880(元)

月末在产品直接人工成本＝350×4×3＝4 200(元)

月末在产品制造费用成本＝350×4×2.4＝3 360(元)

月末在产品成本＝5 880+4 200+3 360＝13 440(元)

(2) 计算完工产品成本

完工产品直接材料成本＝(4 370+23 750)－5 880＝22 240(元)

完工产品直接人工成本＝(3 050+17 250)－4 200＝16 100(元)

完工产品制造费用成本＝(2 643+15 200)－3 360＝14 483(元)

完工产品成本＝22 240+16 100+14 483＝52 823(元)

完工产品单位成本＝52 823÷1 650＝32.02(元)

根据以上计算结果及所编会计分录,登记乙产品生产成本明细账,如表 3.10 所示。

表 3.10 产品生产成本明细账

产品名称:乙产品　　　　　　　　2015 年 6 月　　　　　　　　　　单位:元

摘　要	直接材料	直接人工	制造费用	合计
月初在产品定额成本	4 370	3 050	2 643	10 063
本月生产费用	23 750	17 250	15 200	56 200
生产费用合计数	28 120	20 300	17 843	66 263
结转完工产品成本	22 240	16 100	14 483	52 823
完工产品单位成本	13.48	9.76	8.78	32.02
月末在产品定额成本	5 880	4 200	3 360	13 440

在各项消耗定额或费用定额比较准确、稳定,又不需要经常修订定额的条件下,采用这种分配方法能够比较准确又较简便地解决完工产品与月末在产品之间费用分配的问题,如不满足此条件则会影响产品成本核算的正确性。

3.2.7　定额比例法

有些企业,定额管理基础较好,各项消耗定额或费用定额比较准确、稳定,各月末在产品数量变动较大。在这种情况下,可以按照完工产品和月末在产品的定额耗用量或定额成本的比例来分配生产费用,从而计算出完工产品成本和月末在产品成本,即为定额比例法。采用该方法同样需要分别成本项目来分配生产费用。直接材料费用一般按照原材料定额耗用量或定额成本的比例分配;直接人工费用和制造费用一般按照工时的定额耗用量或定额成本的比例分配。其计算过程可分为以下步骤:

第一步,计算本月完工产品和月末在产品的总定额

$$\text{完工产品总定额} = \text{完工产品数量} \times \text{单位产品定额消耗量(或定额成本)}$$

$$\text{月末在产品总定额} = \sum \left[\text{某工序在产品数量} \times \text{该工序单位在产品定额消耗量(或定额成本)} \right]$$

第二步,计算费用分配率

$$某成本项目费用分配率=\frac{该成本项目生产费用合计数}{完工产品总定额+月末在产品总定额}$$

第三步,计算完工产品成本和月末在产品成本
(1) 计算完工产品成本

完工产品某成本项目成本＝完工产品总定额×该成本项目费用分配率

$$完工产品成本=完工产品直接材料成本+完工产品直接人工成本+完工产品制造费用成本$$

(2) 计算月末在产品成本

月末在产品某成本项目成本＝月末在产品总定额×该成本项目费用分配率

或＝该成本项目费用合计数－完工产品该成本项目成本

$$月末在产品成本=月末在产品直接材料成本+月末在产品直接人工成本+月末在产品制造费用成本$$

或＝月初在产品成本＋本月发生的生产费用－完工产品成本

【例3.9】 某企业生产"201"产品。2015年9月,月初在产品成本为5 710元,其中,直接材料2 430元,直接人工1 660元,制造费用1 620元。本月发生的生产费用为41 050元,其中,直接材料16 470元,直接人工11 640元,制造费用12 940元。本月完工产品250件,单位产品原材料定额消耗量为4.5千克,单位产品的工时定额为5小时;月末在产品50件,已知单位在产品原材料定额消耗量为2.7千克,单位在产品的工时定额为3小时。按完工产品和月末在产品的定额消耗量分配生产费用。各项费用分配的过程及结果如下:

(1) 计算定额耗用量

完工产品原材料定额耗用量＝250×4.5＝1 125(千克)

完工产品工时定额耗用量＝250×5＝1 250(小时)

月末在产品原材料定额耗用量＝50×2.7＝135(千克)

月末在产品工时定额耗用量＝50×3＝150(小时)

(2) 计算费用分配率

直接材料费用分配率＝(2 430＋16 470)÷(1 125＋135)＝15(元/千克)

直接人工费用分配率＝(1 660＋11 640)÷(1 250＋150)＝9.5(元/小时)

制造费用分配率＝(1 620＋12 940)÷(1 250＋150)＝10.4(元/小时)

(3) 计算完工产品成本和月末在产品成本

① 完工产品成本

完工产品直接材料成本＝1 125×15＝16 875(元)

完工产品直接人工成本＝1 250×9.5＝11 875(元)

完工产品制造费用成本＝1 250×10.4＝13 000(元)

完工产品成本＝16 875＋11 875＋13 000＝41 750(元)

② 月末在产品成本

月末在产品直接材料成本＝135×15＝2 025(元)

或＝(2 430＋16 470)－16 875＝2 025(元)

月末在产品直接人工成本＝150×9.5＝1 425(元)

或＝(1 660＋11 640)－11 875＝1 425(元)

月末在产品制造费用成本＝150×10.4＝1 560(元)

或 =(1 620+12 940)−13 000=1 560(元)

月末在产品成本=2 025+1 425+1 560=5 010(元)

或 =(5 710+41 050)−41 750=5 010(元)

根据以上计算结果及所编会计分录登记"201"产品生产成本明细账,如表 3.11 所示。

表 3.11 产品生产成本明细账

产品名称:201 产品　　　　　　　2015 年 9 月　　　　　　　　　　　　单位:元

摘 要	直接材料	直接人工	制造费用	合计
月初在产品成本	2 430	1 660	1 620	5 710
本月生产费用	16 470	11 640	12 940	41 050
生产费用合计数	18 900	13 300	14 560	46 760
结转完工产品成本	16 875	11 875	13 000	41 750
完工产品单位成本	67.5	47.5	52	167
月末在产品成本	2 025	1 425	1 560	5 010

相比于在产品按定额成本计价法,定额比例法将月初和月末在产品费用之间脱离定额的限定,在完工产品和月末在产品之间按比例分配,提高了产品成本核算的正确性。

【思考题】

1. 什么是在产品？怎样区分狭义在产品和广义在产品？
2. 如何对在产品的盘盈、盘亏和毁损进行账务处理？
3. 生产费用在完工产品和在产品之间分配的方法有哪几种？
4. 在产品不计算成本法应该在什么条件下采用？为什么？
5. 在产品按年初固定成本计价法应该在什么条件下采用？为什么？
6. 在产品按所耗原材料费用计价法应该在什么条件下采用？为什么？
7. 在完工产品与月末在产品之间分配直接材料费用,什么情况下可以按它们的数量比例分配,什么情况下应该按约当产量比例分配？
8. 约当产量比例法的分配步骤是怎样的？
9. 在产品按完工产品成本核算法应该在什么条件下采用？为什么？
10. 在产品按定额成本计价法应该在什么条件下采用？为什么？
11. 定额比例法应该在什么条件下采用？为什么？

【练习题】

1. 单选题

(1) 下列各项中,不应列入广义在产品的是(　　)。

A. 已验收入库的对外销售的自制半成品
B. 正在车间加工中的合格产品
C. 已验收入库仍需加工的自制半成品
D. 正在车间返修的废品

(2) 下列方法中不属于完工产品与月末在产品之间分配费用的方法是(　　)。

A. 约当产量比例法　　　　　　　　B. 在产品不计算成本法
C. 年度计划分配率分配法　　　　　D. 定额比例法

(3) 计算完工产品成本时,如果不计算在产品成本,应具备的条件是(　　)。
A. 各月末在产品数量比较稳定
B. 各月末在产品的数量很小
C. 各月末在产品的数量较大
D. 定额管理基础较好

(4) 采用在产品按完工产品计算法分配计算完工产品和月末在产品成本,应具备的条件是(　　)。
A. 各月末在产品的数量比较稳定　　B. 各月末在产品数量很少
C. 各项消耗定额比较准确　　　　　D. 在产品已接近完工

(5) 某种产品的定额准确、稳定,且各月末在产品数量变化较大,为了简化成本核算工作,其生产费用在完工产品和月末在产品之间进行分配应采用(　　)。
A. 在产品按定额成本计价法　　　　B. 在产品按完工产品计价法
C. 约当产量法　　　　　　　　　　D. 定额比例法

(6) 如果产品成本中的原料费用所占比重很大,原料随着生产进度逐渐投入生产,为了简化成本核算工作,在分配完工产品与月末在产品费用时,应该采用的方法是(　　)。
A. 在产品按所耗原料费用计价,原料费用按约当产量比例分配
B. 在产品按所耗原料费用计价
C. 约当产量法
D. 原料费用按约当产量比例分配

(7) 以完工产品和月末在产品的数量比例分配计算完工产品和月末在产品的原材料费用,必须具备的条件是(　　)。
A. 在产品接近完工　　　　　　　　B. 在产品原材料费用比重较大
C. 原材料在生产开始时一次投入　　D. 各项消耗定额比较准确

(8) 当原材料随着加工进度陆续投入,原材料投入的程度与加工进度完全一致或基本一致时,采用约当产量法计算在产品成本时(　　)。
A. 完工产品按数量比例分配,在产品按约当产量比例分配
B. 完工产品按约当产量分配材料费用,在产品按数量比例分配
C. 完工产品和在产品均按数量比例分配
D. 材料费用应按约当产量比例分配

(9) 若各项消耗定额或费用定额比较准确、稳定,而且各月末在产品数量变化不大的产品,其月末在产品成本的计算方法可采用(　　)。
A. 在产品按完工产品成本核算法　　B. 在产品按约当产量比例法
C. 在产品按定额成本计价法　　　　D. 在产品按所耗原材料费用计价法

(10) 如果产品的月末在产品数量较多,各月在产品数量变化较大,各项费用的比重相差不多,生产费用在完工产品与月末在产品之间分配,应采用的方法是(　　)。
A. 约当产量比例法
B. 在产品不计算成本法
C. 在产品按所耗原材料费用计价法

D. 在产品按固定成本计价法

(11) 分配加工费用时所采用的在产品的完工率是指产品( )与完工产品工时定额的比率。

A. 所在工序的工时定额

B. 前面各工序工时定额与所在工序工时定额之半的合计数

C. 所在工序的累计工时定额

D. 所在工序的工时定额之半

(12) 某种产品经两道工序加工完成。第一道工序的月末在产品数量为100件,完工程度为20%;第二道工序的月末在产品数量为200件,完工程度为70%。据此计算的月末在产品约当产量为( )。

A. 20件　　　　　B. 135件　　　　　C. 140件　　　　　D. 160件

2. 多选题

(1) 下列各项属于广义在产品内容的是( )。

A. 正在车间加工中的在产品　　　　B. 需要继续加工的半成品

C. 等待验收入库的产品　　　　　　D. 正在返修的废品

(2) 在产品清查盘点后,对于盘亏、毁损的在产品的结果处理时,可能借记的科目有( )。

A. 管理费用　　　　　　　　　　　B. 其他应收款

C. 营业外支出　　　　　　　　　　D. 基本生产成本

(3) 生产费用在完工产品和月末在产品之间分配的方法有( )。

A. 定额比例法　　　　　　　　　　B. 按定额成本计价法

C. 约当产量比例法　　　　　　　　D. 计划成本分配法

(4) 企业生产费用在完工产品与在产品之间进行分配方法的选择应根据( )。

A. 在产品数量的多少　　　　　　　B. 各月末在产品数量变化的大小

C. 各项费用比重的大小　　　　　　D. 定额管理基础的好坏

(5) 各月份在产品数量较多而且变化也较大,在完工产品与月末在产品之间分配生产费用时,不宜采用的方法有( )。

A. 在产品不计算成本法　　　　　　B. 在产品按固定成本计价法

C. 约当产量比例法　　　　　　　　D. 在产品按定额成本计价法

(6) 在产品成本按完工产品成本核算法,适用于( )。

A. 月末在产品已接近完工　　　　　B. 产品已经加工完毕尚未验收入库

C. 产品已经加工完毕尚未包装入库　D. 月末在产品数量很少

(7) 分配计算完工产品和月末在产品的费用时,采用在产品按定额成本计价法所具备的条件是( )。

A. 消耗定额比较准确　　　　　　　B. 消耗定额比较稳定

C. 各月末在产品数量变化不大　　　D. 各月末在产品数量变化较大

(8) 采用约当产量比例法计算完工产品和在产品成本时,应具备的条件有( )。

A. 产品成本中原材料所占比重较大　B. 月末在产品数量较大

C. 各月末在产品数量变化较大　　　D. 月末在产品数量较小

(9) 采用约当产量比例法,必须正确计算在产品的约当产量,而在产品约当产量计算正确与否取决于在产品完工程度的测定,测定在产品完工程度的方法有( )。
A. 按50%平均计算各工序完工率　　B. 分工序分别计算完工率
C. 按定额比例法计算　　　　　　　D. 按定额工时计算
(10) 基本生产车间完工产品转出时,可能借记的科目有( )。
A. 基本生产成本　　　　　　　　　B. 辅助生产成本
C. 库存商品　　　　　　　　　　　D. 自制半成品

3. 判断题

(1) 狭义在产品是指正在某车间或某生产步骤中加工的在产品。　　　　　( )
(2) 企业毁损的在产品经报批处理时,应计入"管理费用"科目。　　　　　( )
(3) 在采用在产品不计算成本法时,某产品某月发生的生产费用之和,就是该产品的完工产品成本。　　　　　　　　　　　　　　　　　　　　　　　　　　　　( )
(4) 在产品按年初固定成本计价法,适用于各月末在产品数量较大,各月末在产品数量变化也较大,原材料费用在产品成本中占有较大比重的产品。　　　　　　( )
(5) 各月末在产品数量变化不大的产品,可以不计算月末在产品成本。　　( )
(6) 当原材料在生产开始时一次投入时,原材料费用在完工产品和月末在产品之间进行分配,可以按完工产品数量和月末在产品数量比例分配。　　　　　( )
(7) 在产品按定额成本计价法,适用于定额管理基础比较好,各项消耗定额或费用定额比较准确、稳定,而且各月末在产品数量变动不大的产品。　　　　　( )
(8) 在分配和计算完工产品和月末在产品成本时,如月末在产品已接近完工,或产品已经加工完工但尚未验收或包装入库,在产品可按完工产品计算。　　　　( )
(9) 原材料不是在生产开始时一次投料,而是随着生产进度陆续投料,原材料费用的分配,应按照完工产品的产量和月末在产品的数量比例进行分配。　　　　( )
(10) 约当产量是指月末在产品数量按照完工程度折算的相当于完工产品的数量。
　　　　　　　　　　　　　　　　　　　　　　　　　　　　　　　　( )
(11) 采用约当产量比例法分配原材料费用的完工率与分配加工费用的完工率有时是可通用的。　　　　　　　　　　　　　　　　　　　　　　　　　　　　( )
(12) 定额比例法适用于定额管理基础比较好,各项消耗定额或费用定额比较准确、稳定,而且各月末在产品数量变动不大的产品。　　　　　　　　　　　　( )

【技能实训】

1. 约当产量比例法实训

实训目的

通过实训,理解约当产量的含义,了解约当产量比例法的适用范围,掌握用约当产量比例法对生产费用在完工产品与在产品之间进行分配的条件与步骤。

实训资料

1) 企业概况

长江制造厂属于机械制造行业,主要生产甲产品。该产品由101号和102号两种零件(各一件)组成,生产费用在完工产品和在产品之间的分配采用约当产量比例法。

2) 定额资料

甲产品的工时定额为10小时,其所用零件在各道工序中加工的工时定额如下:101号零件有3道工序,各道工序的工时定额分别为2小时、2小时、1小时;102号零件有两道工序,各道工序的工时定额分别为1小时、4小时。甲产品的材料费用定额为130元:101号60元,102号70元。

3) 月初在产品费用和本月发生的费用资料

月初在产品费用和本月发生的费用资料如表3.12所示。

表3.12 月初及本月费用资料　　　　　　　　　　　　　　　单位:元

项　　目	直接材料	直接人工	制造费用	合计
月初在产品费用	30 940	12 100	30 700	73 740
本月费用	65 900	13 400	39 300	118 600

4) 本月生产统计资料

甲产品本月完工270台,月末在产品数量如下:101号零件450件(其中第1道工序150件,第2道工序100件,第3道工序200件),102号零件650件(第1道工序400件,第2道工序250件)。在产品在各道工序的加工程度按50%计算。

实训要求

(1) 根据工时定额资料,计算甲产品在各道工序的完工率。

(2) 按加工程度填制月末在产品约当产量计算表(表3.13和表3.14)。

表3.13 约当产量计算表

名称:101号零件

工序	产品工时定额(小时)	在产品完工率(%)	在产品数量(件)	在产品约当产量(件)
1				
2				
3				
合计				

表3.14 约当产量计算表

名称:102号零件

工序	产品工时定额(小时)	在产品完工率(%)	在产品数量(件)	在产品约当产量(件)
1				
2				
合计				

(3) 月末材料费用按定额材料费用计算,其他费用按约当产量法分配,并列示计算过程。

(4) 填制完工产品及月末在产品成本核算表(表3.15)。

表 3.15 产品成本核算表

产品名称：甲产品　　　　　　　　　　××××年××月

成本项目	生产费用合计(元)	产品数量(件)		分配率	完工产品(件)	月末在产品(件)
		完工产品	在产品			
直接材料						
直接人工						
制造费用						
合计						

2. 定额比例法实训

实训目的

通过实训理解定额比例法的含义，了解定额比例法的适用范围，掌握运用定额比例法对生产费用在完工产品与在产品之间进行分配的条件与步骤。

实训资料

1) 企业概况

明光公司生产乙产品，乙产品由 A、B 两种零件构成，原材料在零件投产时一次投入。生产费用在完工产品和月末在产品之间的分配采用定额比例法。

2) 定额及生产统计资料

(1) 单位零件直接材料费用定额 11 元：A 零件 5 元，B 零件 6 元。

(2) 该产品工序工时定额和月末在产品数量资料如表 3.16 所示。

表 3.16　工时定额及在产品数量资料

零件	所在工序	本工序工时定额(小时)	在产品数量(件)
A 零件	1	3	300
	2	2	200
	小计	5	500
B 零件	1	2	150
	2	1	100
	小计	3	250

(3) 单位产品的工时定额为 8 小时，各道工序在产品定额按本工序工时定额的 50% 加上之前工序累计工时定额计算。定额人工费用 2 元/小时，间接制造费用 2.5 元/小时。

(4) 完工产品数量为 400 件。

3) 乙产品月初在产品和本月生产费用资料

乙产品月初在产品和本月生产费用资料如表 3.17 所示。

表 3.17　月初及本月费用资料　　　　　　　　　　　　　　　单位：元

成本项目	直接材料	直接人工	制造费用	合计
月初在产品费用	6 200	4 550	5 200	15 950
本月生产费用	12 000	6 850	7 000	25 850

实训要求

(1) 计算乙产品完工产品以及在产品的材料费用定额。
(2) 计算乙产品完工产品以及在产品的工时定额。
(3) 按定额比例法分配材料费用、人工费用、制造费用,并列示计算过程。
(4) 填制完工产品以及月末在产品成本核算表(表 3.18)。
(5) 填制产品入库的记账凭证。

表 3.18 产品成本核算表

产品名称:乙产品　　　　　　　　　　××××年××月　　　　　　　　　　　　单位:元

摘　要	直接材料	直接人工	制造费用	合计
月初在产品成本				
本月生产费用				
生产费用合计				
月末在产品成本				
完工产品成本				
完工产品单位成本				

3. 在产品按定额成本核算法实训

实训目的

通过实训,理解在产品按定额成本核算法的含义,了解在产品成本按定额成本核算法的适用范围,掌握运用定额法对生产费用在完工产品与在产品之间进行分配的条件和步骤。

实训资料

1) 企业概况

京东公司属于机械制造企业,生产丙产品,定额资料齐全,采用定额法计算月末在产品成本。

2) 定额及生产统计资料

(1) 单台丙产品直接材料定额成本 151 元,单台工时定额 54 小时;本月完工丙产品数量为 200 台。

(2) 丙产品的各种零件定额资料和数量资料如表 3.19 所示。

表 3.19 定额及在产品数量资料

零件名称	单件定额		月末盘存数量(件)	
	原材料(元)	工时(小时)	半成品	正在加工的零件
A	40	14	60	50
B	28	10	100	80
C	35	8	50	40
D	10	6	160	100

丙产品的直接材料在生产开工时一次投入,正在加工中在产品加工程度均按 50%

计算。

(3) 该企业计划每小时直接工资 0.57 元,每小时制造费用 0.6 元。

3) 丙产品的月初在产品成本和本月生产费用

丙产品的月初在产品成本和本月生产费用如表 3.20 所示。

表 3.20　月初及本月费用资料　　　　　　　　　　　　　单位:元

成本项目	直接材料	直接工资	其他直接支出	制造费用	合计
月初在产品成本	3 020	1 152.9	161.41	1 326	5 660.31
本月生产费用	40 100.5	6 300	882	7 800	55 082.5
合计	43 120.5	7 452.9	1 043.41	9 126	60 742.81

实训要求

(1) 计算丙产品在产品的材料费用定额。
(2) 计算丙产品在产品的定额工时以及定额加工费。
(3) 填制产品成本核算表(表 3.21)。
(4) 编制产品入库的记账凭证。

表 3.21　产品成本核算表

产品名称:丙产品　　　　　　　××××年××月　　　　　　　　　　　单位:元

摘要	直接材料	直接工资	其他直接支出	制造费用	合计
月初在产品成本					
本月生产费用					
生产费用合计					
月末在产品成本					
完工产品成本					
完工产品单位成本					

项目4 制造业产品成本核算方法

【教学目标】

知识目标

(1) 熟悉生产类型;掌握生产类型和管理要求对成本核算方法的影响;熟悉产品成本核算方法。

(2) 了解品种法的概念、适用范围及特点;熟练掌握品种法的计算程序。

(3) 了解分批法的概念、适用范围及特点;熟练掌握分批法的计算程序。

(4) 理解分步法的定义、适用类型、特点;熟练掌握综合结转分步法、分项结转分步法和平行结转分步法的计算程序。

(5) 理解分类法和定额法的计算原理。

能力目标

(1) 能够介绍生产类型;能够介绍生产类型和管理要求对成本核算方法的影响。

(2) 能够讲述品种法的概念、适用范围和特点并熟练运用品种法进行成本核算。

(3) 能够介绍分批法的概念、适用范围及特点并熟练运用分批法进行成本核算。

(4) 能够介绍分步法的定义、适用类型、特点,并熟练运用综合结转分步法、分项结转分步法和平行结转分步法进行成本核算。

(5) 能够介绍分类法、定额法的计算原理。

【学习重点、难点】

学习重点

(1) 根据企业生产经营类型和管理要求来确定成本核算方法。

(2) 品种法、分批法和分步法的概念、适用范围、特点和计算程序。

学习难点

(1) 成本核算方法的一般原理,各种成本方法在实际中的运用。

(2) 品种法的计算程序和方法。

(3) 分批法的计算程序和方法。

(4) 综合结转法成本核算及成本还原。

(5) 分项结转法成本核算。

(6) 平行结转分步法成本核算。

【引　言】

由于制造业不同企业产品生产的特点和管理要求不同,成本核算对象、生产费用的归集及其计入产品成本的程序、成本核算期、生产费用在完工产品与月末在产品之间分配方法等也不尽相同。将不同的成本核算对象、不同的生产费用的归集及其计入产品成本的程序、不同的成本核算期和不同生产费用在完工产品与月末在产品之间分配方法等因素组合在一起,就构成了不同的产品成本核算方法。而其中成本核算对象的确定则是决定产品成本核算方法的主要标志。

企业因生产工艺过程和生产组织特点以及成本管理要求的不同,存在着三种不同的成本核算对象,即产品的品种、批别和生产步骤。按照这3种不同的成本核算对象,形成了品种法、分批法和分步法3种基本的成本核算方法。但不论采用何种成本核算方法,最终都必须按产品品种计算出产品成本,这是成本核算的最一般要求。品种法是产品成本核算的最基本方法。

任务 4.1　成本核算对象的选择

通过前面项目2到项目3的学习,了解了制造业成本核算的一般程序,就是对生产经营过程中所发生的费用,按照一定的对象进行归集,并在完工产品与在产品之间进行分配,计算出本月完工产品成本和月末在产品成本的过程。

要正确计算产品成本,首先就要确定产品成本核算对象,然后在各个成本核算对象之间归集和分配生产费用,再在一个成本核算对象的完工产品与月末在产品之间归集和分配费用,以便最终分别计算出各个成本核算对象的完工产品成本和月末在产品成本。而这必须根据企业生产特点和管理要求,采用适宜的成本核算方法。实际上,生产类型不同,管理要求不同,产品成本核算对象也应有所不同。因为成本核算是为成本管理提供信息的,成本管理需要哪些成本信息,不仅对成本核算提出了要求,而且在很大程度上受生产特点的影响。生产特点和管理要求对产品成本核算的影响,其实主要也是表现在产品成本核算对象的确定上。

4.1.1　生产特点和管理要求对成本核算方法的影响

1)制造业的生产类型

制造业的生产类型,可以根据生产工艺过程的特点和产品生产的组织方式不同进行分类。

(1)按生产工艺过程的特点分类

产品生产工艺过程是指产品从投料到完工的生产工艺、加工制造的过程。按生产工艺过程特点,可以将产品的生产分为单步骤生产和多步骤生产两种类型。

① 单步骤生产:单步骤生产亦称简单生产,是指产品生产只需经过一个加工步骤即可完成,其生产工艺过程不可能或者不需要划分为几个生产步骤,也不便于分散在不同地点、由几个车间协作进行生产。其特点是:生产周期较短,没有自制半成品,如发电、采煤、铸造等。

② 多步骤生产:多步骤生产亦称复杂生产,是指产品生产需经过若干个生产步骤的生产加工,才能制成产成品的生产方式。它可以由一个企业单独进行,也可以由几个企业协作进行。一般除最后加工步骤生产产成品外,其他加工步骤的完工产品,都是自制半成品。多步骤生产按其加工方式的不同,又可以分为连续式生产和装配式生产(亦称平行式生产)两类。前者是指原材料需要经过若干连续性的生产步骤,才能加工成为产成品的生产方

式,例如冶金、纺织等工业;后者指将各种原材料经过平行加工制成各种零部件,然后再将其装配成为产成品的生产方式,例如造船、汽车、机械制造等。

(2) 按产品生产的组织方式分类

生产组织的方式就是指企业生产的专业化程度,亦即在一定时期内生产产品品种的多寡,同一种类产品的数量大小以及其生产的重复程度。按生产组织的方式不同可分为大量生产、成批生产和单件生产。

① 大量生产:大量生产是指不断地重复制造品种相同的产品生产。其主要特点是企业生产的产品品种较少,每种产品产量大,并且比较稳定,通常采用专用设备重复地进行生产,专业化水平高,如采掘、钢铁、纺织、造纸、面粉加工等。

② 成批生产:成批生产是指按规定的规格和数量,每隔一定时期重复生产某种产品的生产。其主要特点是:产品品种较多,各种产品数量多少不等,每隔一定时期才重复生产某种产品,一般同时采用专用及通用设备进行生产,如药品、服装等。成批生产按每种产品每批投产的数量大小,又可分为大批生产和小批生产。大批生产,由于产品批量大,往往在几个月内不断地重复制造品种相同的产品,因而与大量生产相接近;小批生产,由于生产的产品批量小,一批产品一般可以同时完工,因而与单件生产相接近。

③ 单件生产:单件生产是指根据订货单位的订单所提出的规格和数量要求而进行的性能特殊的产品的生产。其主要特点是企业生产的产品品种多,每种产品生产一件或几件后,不再重复生产,或不定期重复生产,一般采用通用设备进行生产,如造船、重型机器等。

一般来说,单步骤生产都是大量生产。连续式多步骤生产在生产组织上都是大量生产或大批生产;装配式多步骤生产的生产组织,可能是大量生产或大批生产,也可能是小批生产或单件生产。

将生产工艺特点和生产组织方式相结合,就形成了4种基本的生产类型:大量大批单步骤生产、大量大批连续多步骤生产、大量大批装配式多步骤生产及单件小批装配式多步骤生产。

2) 生产类型和管理要求对成本核算各因素的影响

(1) 对成本核算对象的影响

生产类型和管理要求对确定成本核算方法的影响,主要表现在成本核算对象的确定上。成本核算对象是为计算产品成本而确定归集生产费用的各个对象,即费用的承担者,它是设置生产成本明细账、分配生产费用和计算产品成本的前提。为正确计算产品成本,必须先确定成本核算对象。成本核算对象主要是根据企业产品生产的特点和成本管理的要求来确定的。企业生产类型不同,成本管理要求不同,成本核算对象也就不一样。在成本核算过程中,一个品种、一批产品、一类产品,以及生产过程中的各步骤的半成品,都可以作为成本核算对象。

在单步骤生产的企业或车间,由于工艺技术过程不可能也不需要划分为几个生产步骤,因此,它的成本核算对象就是每种产品,只要求按照产品品种计算产品成本。在多步骤生产的企业,由于工艺技术过程由几个可以间断的、分散在不同地点进行的生产步骤所组成,为了加强各生产步骤的成本管理,它的成本核算对象不仅是每种产品而且还包括各个生产步骤中的半成品或步骤加工成本,以便考核和分析各种产品及其各生产步骤中成本计划执行情况。可见,生产工艺过程的不同对于确定成本核算对象的影响是:单步骤生产只要求按照产品品种计算产品成本,应以产品品种作为成本核算对象;多步骤生产则往往还要求按生产步骤计算产品成本,应以生产步骤中的半成品或步骤加工成本作为成本核算对象。应该指出,生产工艺过程不同,从客观上决定了成本核算对象,但是成本核算对象的确定,还要考虑管理上的要求。在多步骤生产下,如果管理上不要求按生产步骤考核生产耗费,这时,也可以只按产品的品种或批别计算产品成本,以产品的品种或批别作为成本核算对象。

另外,生产组织不同,成本核算对象也不尽相同。在大量生产的企业,由于产品生产的连续性,大量重复生产着品种相同的产品,因而往往只要求按照产品的品种计算产品成本。至于大批生产的企业,由于批量大,往往几个月内不断地重复生产相同的产品,所以大批生产多和大量生产一样,也只要求按照产品品种计算产品成本。在小批生产下,产品批量小,一批产品往往同时完工,因而有可能按照产品的批别归集生产费用,计算各批产品的成本。在单件生产下,生产按件组织,因而也有可能或有必要按照产品的件别归集生产费用,计算产品成本。可见,生产组织的不同对于确定成本核算对象的影响是:在大量、大批生产下,只要求按照产品品种计算产品成本,应以产品品种作为成本核算对象;在单件、小批生产下,则还要按照产品的件别、批别计算产品成本,以产品的件别、批别作为成本核算对象。成本核算对象的确定主要取决于企业或车间产品生产的特点和成本管理的要求。

(2) 对生产费用的归集及其计入产品程序的影响

生产费用计入产品成本的程序,是指产品生产过程所消耗的原材料、燃料和动力等要素费用,经过一系列的归集与分配,最后汇总成产品成本的步骤和方法。

产品生产的特点,在一定程度上也影响生产费用计入产品成本的程序。例如,在大量生产单一产品的企业或车间里,产品生产所发生的全部生产费用可以直接计入该产品成本;而在装配式单件、小批生产下,由于产品生产的多样性,企业所发生的生产费用中,有一部分费用可以直接计入,另一部分费用则必须在集合分配账户中先行归集,然后按一定的标准,在各种、各批产品之间分配后计入;又如,在多步骤生产的企业,产品的生产过程往往经过若干生产步骤,因而其生产费用,必须分别按生产步骤来进行归集,逐步计算各步骤半成品成本,最终计算出完工产品成本,如果管理上不要求计算各步骤半成品成本,也可将完工产品在各步骤生产所发生的费用,组合成完工产品成本。

(3) 对成本核算期的影响

所谓成本核算期,就是计算产品成本时,对发生的费用计入产品所规定的起讫期,也就是计算成本的时期。其起讫期是否与会计报告期或生产周期一致,主要取决于企业生产组织的特点。在大量大批生产条件下,由于连续不断地进行产品生产,不可能在产品生产出来时就计算产品成本,这就要求定期地进行产品成本核算,一般以日历月份作为成本核算期,这与会计期间一致;在单件小批生产条件下,各批产品的生产周期各不相同,只有当订单中产品或一批产品生产完毕时,才能计算产品成本,所以,一般应以该批产品的生产周期为成本核算期,这种成本核算期具有不定期的特点,与产品生产周期一致,与会计期间不一致。

当然,需要指出的是,成本核算期与会计期间不一致,并不意味着每月不需要归集生产费用。无论每月是否计算产品成本,都必须归集当月所发生的生产费用,即要划清生产费用和产品成本的界限。

(4) 对生产费用在完工产品与月末在产品之间分配的影响

生产费用是否要在完工产品与月末在产品之间分配,也与产品生产特点有密切的联系。

在大量大批单步骤生产的企业或车间,由于生产过程是连续不断地、均衡地进行,一般月末没有在产品或在产品数量很小,或者各期在产品数量大致相同,这时可以不必计算月末在产品成本,本月发生的生产费用全部由本月完工产品负担;若月末在产品数量较多,各月之间数量变化较大且费用水平也波动不一,此时,则应对在产品进行计价,把生产费用在完工产品与月末在产品之间按适宜的方法进行分配。

在单件小批生产条件下,由于成本核算期与该批产品的生产周期一致,所以一般不存在对在产品进行计价问题。如果产品没有完工,则归集在生产成本明细账中的生产费用,全部为在产品成本;如果产品完工,则归集在生产成本明细账中的生产费用,全部是完工产品成本。因此,一般不需将生产费用在完工产品和月末在产品之间进行分配。

在大量大批多步骤生产的企业中,由于投料与产出同时存在,月末各生产步骤中都或多或少存在在产品,而且各期在产品数量大不相同,完工程度也不一致,此时为了计算出各生产步骤的完工产品成本和月末在产品成本,必须对月末在产品进行计价,即必须将生产费用在完工产品与月末在产品之间进行分配。

4.1.2 产品成本核算方法的种类

将不同的成本核算对象、不同的生产费用的归集及其计入产品成本的程序、不同的成本核算期和不同生产费用在完工产品与月末在产品之间分配方法等因素组合在一起,就构成了不同的产品成本核算方法。而其中成本核算对象的确定则是决定产品成本核算方法的主要标志。

1) 产品成本核算的基本方法

为了适应生产类型的特点与管理要求,在产品成本核算工作中有3种不同的产品成本核算对象以及以产品成本核算对象为标志的3种产品成本核算方法,即品种法、分批法和分步法。

(1) 品种法

产品成本核算品种法是指以产品品种(不分批、不分步)为成本核算对象,按产品品种归集生产费用,计算各种产品成本的一种成本核算方法。品种法一般适用于大量大批的单步骤生产或管理上不要求分步骤计算产品成本的多步骤生产企业。

(2) 分批法

产品成本核算分批法是指以产品批别(分批、不分步)为成本核算对象,按产品的批别或订单归集生产费用,计算各批或订单产品成本的一种成本核算方法。分批法一般适用于单件小批的单步骤生产或管理上不要求分步骤计算产品成本的多步骤生产企业。

(3) 分步法

产品成本核算分步法是指以产品生产步骤(分步、不分批)为成本核算对象,按产品的生产步骤归集生产费用,计算产品成本的一种成本核算方法。分步法一般适用于大量大批且管理上要求分步骤计算产品成本的多步骤生产企业。

这3种方法,是计算产品实际成本必不可少的方法,因而是产品成本核算的基本方法。由于产品成本核算对象不外乎分品种、分批和分步3种,因而基本方法总的来说也只有这3种。

2）产品成本核算的辅助方法

在实际工作中,除了 3 种基本方法以外,还采用了一些其他成本核算方法。

(1) 分类法

产品成本核算分类法是指在产品品种、规格繁多的制造业,为了简化产品成本核算工作,按照产品的类别作为成本核算对象,归集生产费用,计算产品成本的一种简便的成本核算方法。

(2) 定额法

在定额管理工作上有一定基础,消耗定额较准确、稳定的多步骤制造企业中,为了配合和加强生产费用和产品成本的定额管理,可采用一种将符合定额的费用和脱离定额的差异分别核算的成本核算方法,即定额法。它是以产品的定额成本为基础,加减实际脱离定额的差异、材料成本差异和定额变动差异,计算产品实际成本的一种方法。

从计算产品实际成本的角度来看,分类法、定额法都不是必不可少的,因而统称为产品成本核算的辅助方法。成本核算的辅助方法一般均应与基本方法结合运用。

上述产品成本核算的基本方法和辅助方法是目前我国实际工作中广泛采用的几种主要方法。此外,在有些管理基础非常好的企业,为了向企业的决策人提供短期生产经营决策的数据,采用一种只计算产品的变动成本,而将固定成本直接计入当期损益的变动成本法;为了加强企业内部成本控制和分析,有的企业采用一种只计算产品的标准成本,而将实际成本与标准成本的差异直接计入当期损益的标准成本法;有的企业为了改变将间接计入费用分配到各种产品的标准,提高产品成本核算的正确性而采用作业成本法。这些方法都是为了某种目的而采用的成本核算方法,不受企业生产类型特点的制约,只要具备条件在哪个企业都能应用,因而同分类法和定额法一样,也应归属于成本核算的辅助方法。但这些方法实际上是管理会计的组成部分,本书就不予具体介绍了。

综上所述,可将产品成本核算方法归类,如图 4.1 所示。

图 4.1　产品成本核算方法分类图

4.1.3　各种成本核算方法的实际应用

需要指出的是,在实际工作中,同一个企业的各个车间,同一个车间的各种产品,它们的生产特点和管理要求也不尽相同。因而在一个企业或一个车间中,就有可能同时应用几种不同的成本核算方法。例如,纺织企业中纺纱和织布等基本生产车间,一般都属于多步骤大量生产,应该采用分步法计算半成品纱和产成品布的成本,而厂内供电、供水车间属于单步骤大量生产,则应采用品种法计算产品成本。又如,家具加工厂所生产的各种家具,有的已经定型、已开始大量大批生产,这时可以采用分步法计算产品成本,有的则刚刚设计成型,只能单件、小批生产,则应采用分批法计算产品成本。

另外,一种产品可能结合采用几种不同的成本核算方法。一种产品的不同生产步骤、一种产品的不同零部件(半成品)之间、一种产品各个成本项目之间也都可以采用不同的产品成本核算方法。例如,单件小批生产的机械厂,铸工车间可以采用品种法计算产品成本,而加工装配车间则可采用分批法计算产品成本;又如,机械厂所生产产品的各种零部件,其中不对外销售的专用件,不需要单独计算其成本,而经常对外销售的标准件以及各种产品通用件,则应按照这些零部件的生产特点和管理要求,采用分批法、分步法或分类法等适当的成本核算方法计算其成本;再如,机械厂所生产产品的原材料费用占全部成本的比重较大时,如果定额资料比较准确稳定,可以采用定额法计算产品直接材料成本,而其他成本项目则可采用其他方法计算成本。

至于分类法和定额法,都是为了解决成本核算或成本管理工作某一方面的问题而采用的成本核算方法。这两种方法与企业生产类型没有直接的联系,在各种生产类型的企业中都可以采用,但必须与成本核算基本方法结合起来运用。

由于企业实际情况错综复杂,因而所采用的成本核算方法也是多种多样。我们应着重掌握几种典型的成本核算方法的基本原理,在实际应用中,结合不同的生产特点和管理要求,并考虑到企业的生产规模大小和管理水平的高低等具体条件,从实际出发,灵活地、综合地加以应用,以满足成本核算和成本管理的要求,防止生搬硬套某种成本核算方法的做法。

任务 4.2　产品成本核算的品种法

4.2.1　品种法的适用范围及特点

不论采用何种成本核算方法最终都必须按产品品种计算出产品成本,这是成本核算的最一般要求。品种法是产品成本核算的最基本方法。

1)品种法的概念和适用范围

品种法是以产品品种作为成本核算对象来归集生产费用,计算产品成本的方法。这种方法主要适用于:大量大批单步骤生产企业,如发电、采掘等行业;封闭式的生产车间,如辅助生产的供水、供电、供汽等车间;在管理上不需要分步骤计算产品成本的多步骤大量大批生产企业,也可以采用品种法,如小型水泥厂、小型制砖厂、小型糖果厂等。

2)品种法的特点

(1)成本核算对象

采用品种法计算产品成本时,以产品品种作为成本核算对象,并据以设置产品成本明细账归集生产费用,计算产品成本。采用该种成本核算方法的企业,往往是大量大批重复生产一种或少数几种产品。在只生产一种产品的企业里,只需以这一产品开设基本生产成本明细账(或产品成本核算单),并按成本项目设置专栏。由于这种情况下发生的各项生产费用都是直接费用,可以直接计入该产品成本明细账的有关成本项目,不存在在各成本核算对象之间分配费用的问题。如果生产的产品在两种或两种以上,基本生产成本明细账(或产品成本核算单)就要按照产品品种分别设置,发生的生产费用,能分清是哪种产品消耗的,可以直接计入该种产品成本明细账的有关成本项目;不能分清是哪种产品消耗的,属于几种产品共同消耗的费用,要采用适当的分配方法在各成本核算对象之间进行分配,然后分别计入各成本明细账的有关成本项目。

(2) 成本核算期

品种法成本核算期与会计报告期一致,即按月定期计算产品成本。在大量大批生产的企业,其生产是连续不断进行的,不可能在产品生产完工时就计算出产品成本,只能定期在月末计算当月产出的完工产品成本,从而成本核算期与会计报告期一致,但与产品的生产周期不一致。

(3) 月末生产费用在完工产品和在产品之间分配

在单步骤生产企业,月末计算产品成本时,一般不存在尚未完工的在产品,或者是在产品数量很小,因而可以不计算在产品成本。在这种情况下,产品成本明细账中按成本项目归集的生产费用,也就是该产品的总成本,除以该产品的产量,即可求得该产品的单位成本。此时品种法也称单一法、简单法或简化的品种法。

在规模较小,管理上又不要求按照生产步骤计算产品成本的大量大批、多步骤生产企业,月末一般都有在产品,而且数量较多,这就需要将产品成本明细账中归集的生产费用选择适当的分配方法,在完工产品与在产品之间进行分配,以计算完工产品与月末在产品成本。

4.2.2 品种法成本核算的一般程序

1) 品种法成本核算的程序

采用品种法计算产品成本的企业或车间,其成本核算的一般程序如下:

(1) 按产品品种开设产品生产成本明细账,并分别成本项目开设专栏

开设产品生产成本明细账是汇集生产费用、计算产品成本的前提条件。采用品种法计算产品成本,首先应按产品品种开设产品生产成本明细账(成本核算单),并分别成本项目开设专栏;对于有月初在产品成本的产品,还应在产品生产成本明细账中分成本项目登记月初在产品成本;同时,还应开设辅助生产成本、制造费用、期间费用明细账等,账内按成本或费用项目开设专栏。

(2) 按产品品种汇集和分配本月生产费用

按产品品种汇集和分配本月生产费用时应根据其原始凭证进行。对于各种生产费用的原始凭证,应先进行审核,经审核无误后,应据以编制各项费用分配表,将直接费用直接计入各种产品生产成本明细账有关项目中,将为几种产品共同耗用的间接费用,按一定标准分配计入各种产品生产成本明细账有关成本项目中;对于各生产单位发生的制造费用以及各辅助生产部门发生的辅助生产费用应先通过制造费用明细账、辅助生产成本明细账进行归集,月终再按受益对象和一定的分配方法分配计入各种产品生产成本明细账有关成本项目中;对于发生的期间费用,应分别计入有关期间费用明细账中。

(3) 分配本期应负担的其他费用

月末,应根据权责发生制原则,正确分配本月应负担的相关费用,编制费用分配表,并登记辅助生产成本明细账、制造费用明细账和期间费用明细账。

(4) 分配辅助生产费用

月末,应根据辅助生产成本明细账上所归集的辅助生产费用,采用一定的分配方法,按各种产品和各单位的耗用量,采用一定的辅助生产费用分配方法,编制辅助生产费用分配表,分配辅助生产费用。

(5) 分配基本生产车间的制造费用

月末,应根据基本生产车间制造费用明细账上所归集的制造费用,采用一定的分配方

法,在各种产品之间进行分配,编制制造费用分配表,并登记各种产品生产成本明细账。

(6) 计算各种产品的总成本和单位成本

月末,汇总各产品生产成本明细账上的生产费用,如果没有在产品或在产品数量很少,则各产品生产成本明细账上汇集的全部生产费用,就是该完工产品的总成本;除以该产品的产量,就是该产品的单位成本。如果在产品数量较多,则应按照一定的分配方法,将全部生产费用在完工产品与月末在产品之间进行分配,计算出该产品的完工产品成本和月末在产品成本。完工产品的总成本,除以该产品产量,就是该产品的单位成本。

(7) 结转完工产品成本

月末,根据产品成本核算的结果,编制产成品成本汇总表,并据此编制结转完工产品成本的会计分录,分别记入产品生产成本明细账和库存商品明细账。

品种法成本核算的一般程序如图4.2所示。

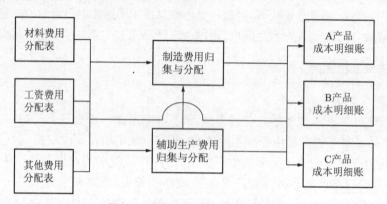

图4.2 品种法成本核算一般程序

2) 品种法举例

为了全面系统地掌握品种法的计算程序和计算方法,这里用一完整的例子加以说明。

【例4.1】 某工业企业为单步骤简单生产企业,设有一个基本生产车间,大量生产甲、乙两种产品;另设有供电、模具两个辅助生产车间,为全厂提供产品和劳务。辅助生产车间之间相互分配,采用的是计划成本分配法,计划成本与实际成本的差额全部计入管理费用。辅助生产车间不单独核算制造费用。月末在产品完工程度均为50%。原材料均为生产开始时一次投入。该企业2015年6月份成本有关资料如下:

(1) 产量资料

有关产量资料见表4.1。

表4.1 产量资料

2015年6月 数量单位:件

产品名称	月初在产品	本月投入	本月完工产品	月末在产品
甲产品	50	700	450	300
乙产品	70	580	650	0

(2) 月初在产品成本

月初在产品成本见表4.2。

表 4.2　月初在产品成本

2015 年 6 月　　　　　　　　　　　　　　　　　　　　　　　金额单位:元

产品名称	直接材料	直接人工	制造费用
甲产品	10 000	4 080	6 186
乙产品	9 175	7 030	3 034

（3）本月发生生产费用

本月发生生产费用见表 4.3、表 4.4、表 4.5 和表 4.6。

表 4.3　本月领用材料费用资料（根据审核后的领料凭证资料）

2015 年 6 月　　　　　　　　　　　　　　　　　　　　　　　金额单位:元

领料用途	直接领用 A 材料	共同领用 B 材料	耗料合计	B 材料定额耗用量（千克）
甲产品	40 000			1 000
乙产品	50 000			1 100
小　计	90 000	21 000	111 000	
基本生产车间一般耗用	5 000		5 000	
模具车间	14 000		14 000	
供电车间	6 000		6 000	
合　计	115 000	21 000	136 000	

表 4.4　本月人工费用资料（根据薪酬结算汇总表资料）

2015 年 6 月　　　　　　　　　　　　　　　　　　　　　　　金额单位:元

人员类别	工资	福利费
产品生产工人	17 000	2 380
模具车间	10 000	1 400
供电车间	8 000	1 120
基本生产车间管理人员	7 000	980
合　计	42 000	5 880

表 4.5　折旧费用资料（根据固定资产明细账资料）

2015 年 6 月　　　　　　　　　　　　　　　　　　　　　　　金额单位:元

车间名称	金　额
基本生产车间	10 000
模具车间	4 000
供电车间	6 000
合　计	20 000

表 4.6 其他费用资料(根据收、付、转账凭证及原始凭证资料)

2015 年 6 月　　　　　　　　　　　　　　　　　　　　金额单位:元

车间名称	费用项目					
	低值易耗品摊销	办公费	水费	保险费	其他	合计
基本生产车间	1 600	500	2 800	2 200	400	7 500
模具车间	800	200	1 000	500	500	3 000
供电车间	500	400	1 800	1 200	600	4 500
合　计	2 900	1 100	5 600	3 900	1 500	15 000

(4) 工时记录

生产工时记录:甲产品 4 000 小时,乙产品 4 500 小时。

(5) 辅助生产产品及劳务供应量

辅助生产产品及劳务供应量见表 4.7。

表 4.7 辅助生产产品及劳务供应量分配表(根据相关原始记录)

受益单位	模具车间(件)	供电车间(度)	单位计划成本
供电车间	100	—	0.9 元/度
模具车间	—	1 000	10 元/件
基本生产车间	3 100	29 000	
合　计	3 200	30 000	

(6) 有关费用分配方法

① 甲、乙产品共同耗用的材料费用按定额耗用量比例分配。

② 生产工人工资按甲、乙两产品生产工时比例分配。

③ 制造费用按甲、乙两产品生产工时比例分配。

(7) 开设生产成本明细账

以甲、乙两种产品为成本核算对象,开设辅助生产成本明细账,见表 4.11、表 4.12;开设制造费用明细账,见表 4.14;分别开设基本生产成本明细账,见表 4.16、表 4.17。

(8) 生产费用在各成本核算对象之间的归集和分配

根据上述原始凭证的有关资料,编制各种费用分配表,再根据各种费用分配表编制记账凭证,并登记到相关账户。

① 根据表 4.3 资料编制材料费用分配表,见表 4.8。

表 4.8 材料费用分配表

2015 年 6 月　　　　　　　　　　　　　　　　　　　　金额单位:元

应借账户			A 材料	B 材料			合计
总账账户	明细账户	成本或费用项目		定额用量	分配率	分配金额	
基本生产车间	甲产品	直接材料	40 000	1 000		10 000	50 000
	乙产品	直接材料	50 000	1 100		11 000	61 000
	小计		90 000	2 100	10	21 000	111 000

续表

应借账户			A材料	B材料			合计
总账账户	明细账户	成本或费用项目		定额用量	分配率	分配金额	
辅助生产成本	模具车间	机物料	14 000				14 000
	供电车间	机物料	6 000				6 000
	小计		20 000				20 000
制造费用	基本生产车间	机物料	5 000				5 000
合计			115 000			21 000	136 000

根据表4.8材料费用分配表编制如下会计分录,并据以登记有关总账和明细账。

借:生产成本——基本生产成本——甲产品　　　　　　50 000
　　生产成本——基本生产成本——乙产品　　　　　　61 000
　　生产成本——辅助生产成本——模具车间　　　　　14 000
　　生产成本——辅助生产成本——供电车间　　　　　 6 000
　　制造费用——基本生产车间　　　　　　　　　　　 5 000
　贷:原材料　　　　　　　　　　　　　　　　　　　136 000

② 根据表4.4资料编制人工费用分配表,见表4.9。

表4.9　人工费用分配表

2015年6月

应借账户			分配标准（生产工时）	分配率	应分配工资(元)	应分配福利费(元)	合计(元)
总账账户	明细账户	成本或费用项目					
基本生产成本	甲产品	直接人工	4 000		8 000	1 120	9 120
	乙产品	直接人工	4 500		9 000	1 260	10 260
	小计		8 500	2.00	17 000	2 380	19 380
辅助生产成本	模具车间	工资及福利费			10 000	1 400	11 400
	供电车间	工资及福利费			8 000	1 120	9 120
	小计				18 000	2 520	20 520
制造费用	基本生产车间	工资及福利费			7 000	980	7 980
合计					42 000	5 880	47 880

根据表4.9工资费用分配表编制如下会计分录,并据以登记有关总账和明细账。

借:生产成本——基本生产成本——甲产品　　　　　　 9 120
　　生产成本——基本生产成本——乙产品　　　　　　10 260
　　生产成本——辅助生产成本——模具车间　　　　　11 400
　　生产成本——辅助生产成本——供电车间　　　　　 9 120
　　制造费用——基本生产车间　　　　　　　　　　　 7 980

贷：应付职工薪酬　　　　　　　　　　　　　　　　　　　47 880

③ 根据表4.5和表4.6的资料编制折旧及其他费用分配表，见表4.10。

表4.10　折旧及其他费用汇总表

2015年6月　　　　　　　　　　　　　　　　　　　　　　　金额单位：元

应借账户		金额						
总账账户	二级账户	折旧费	低值易耗品摊销	办公费（现付）	水费（银付）	保险费（摊销）	其他（现付）	合计
制造费用	基本生产车间	10 000	1 600	500	2 800	2 200	400	17 500
辅助生产车间	模具车间	4 000	800	200	1 000	500	500	7 000
	供电车间	6 000	500	400	1 800	1 200	600	10 500
	小　计	10 000	1 300	600	2 800	1 700	1 100	17 500
合计		20 000	2 900	1 100	5 600	3 900	1 500	35 000

根据表4.10折旧及其他费用汇总表编制如下会计分录，并据以登记有关总账和明细账。

　　借：生产成本——辅助生产成本——模具车间　　　　4 000
　　　　生产成本——辅助生产成本——供电车间　　　　6 000
　　　　制造费用——基本生产车间　　　　　　　　　　10 000
　　　贷：累计折旧　　　　　　　　　　　　　　　　　　　　20 000
　　借：生产成本——辅助生产成本——模具车间　　　　800
　　　　生产成本——辅助生产成本——供电车间　　　　500
　　　　制造费用——基本生产车间　　　　　　　　　　1 600
　　　贷：周转材料——低值易耗品摊销　　　　　　　　　　2 900
　　借：生产成本——辅助生产成本——模具车间　　　　1 700
　　　　生产成本——辅助生产成本——供电车间　　　　2 800
　　　　制造费用——基本生产车间　　　　　　　　　　3 700
　　　贷：库存现金　　　　　　　　　　　　　　　　　　　　2 600
　　　　　银行存款　　　　　　　　　　　　　　　　　　　　5 600
　　借：生产成本——辅助生产成本——模具车间　　　　500
　　　　生产成本——辅助生产成本——供电车间　　　　1 200
　　　　制造费用——基本生产车间　　　　　　　　　　2 200
　　　贷：其他应付款——保险费　　　　　　　　　　　　　3 900

(9) 辅助生产费用分配

① 根据上述有关费用要素分配表，将属于辅助生产车间耗用的费用归集到辅助生产费用明细账。具体项目及数额见表4.11和表4.12。

表 4.11 辅助生产费用明细账

车间名称:模具车间　　　　　　　　　　　　　　　　　　　　金额单位:元

2015年		凭证号数	摘要	机物料	职工薪酬	折旧费	其他费用	合计
月	日							
6	30	略	材料费用分配表	14 000				14 000
	30		人工费用分配表		11 400			11 400
	30		折旧及其他费用分配表			4 000	3 000	7 000
	30		辅助生产费用分配表				900	900
			合计	14 000	11 400	4 000	3 900	33 300
	30		辅助生产费用分配表	14 000	11 400	4 000	3 900	33 300

表 4.12 辅助生产费用明细账

车间名称:供电车间　　　　　　　　　　　　　　　　　　　　金额单位:元

2015年		凭证号数	摘要	机物料	职工薪酬	折旧费	其他费用	合计
月	日							
6	30	略	材料费用分配表	6 000				6 000
	30		人工费用分配表		9 120			9 120
	30		折旧及其他费用分配表			6 000	4 500	10 500
	30		辅助生产费用分配表				1 000	1 000
			合计	6 000	9 120	6 000	5 500	26 620
	30		辅助生产费用分配表	6 000	9 120	6 000	5 500	26 620

② 根据"辅助生产费用明细账"中归集的辅助生产费用,采用计划成本分配法分配给各受益对象。具体见表 4.13 的辅助生产费用分配表。

表 4.13 辅助生产费用分配表

2015 年 6 月

项目			模具车间		供电车间		合计(元)
			数量(件)	金额(元)	数量(度)	金额(元)	
待分配的数量和费用			3 200	32 400	30 000	25 620	58 020
计划单位成本				10		0.9	
辅助生产成本	模具车间	电费			1 000	900	900
	供电车间	模具费	100	1 000			1 000
	小计		100	1 000	1 000	900	1 900
制造费用	基本生产车间	电费			29 000	26 100	26 100
		模具费	3 100	31 000			31 000
	小计		3 100	31 000	29 000	26 100	57 100

续 表

项　目	模具车间		供电车间		合计(元)
	数量(件)	金额(元)	数量(度)	金额(元)	
按计划成本分配合计		32 000		27 000	59 000
辅助生产实际成本		33 300		26 620	59 920
辅助生产成本差异		+1 300		−380	+920

根据表 4.13 辅助生产费用分配表编制如下会计分录,并据以登记有关总账和明细账。

借:生产成本——辅助生产成本——模具车间　　　　900
　　生产成本——辅助生产成本——供电车间　　　　1 000
　　制造费用——基本生产车间　　　　　　　　　　57 100
　　贷:生产成本——辅助生产成本——模具车间　　32 000
　　　　生产成本——辅助生产成本——供电车间　　27 000
借:管理费用　　　　　　　　　　　　　　　　　　920
　　生产成本——辅助生产成本——供电车间　　　　380
　　贷:生产成本——辅助生产成本——模具车间　　1 300

（10）制造费用分配

基本生产车间发生的制造费用在登记制造费用明细账(见表 4.14)归集完成后,据以编制制造费用分配表(见表 4.15),将制造费用分配给甲、乙两种产品。

表 4.14　制造费用明细账

车间名称:基本生产车间　　　　　　　　　　　　　　　　　　　　金额单位:元

2015年		凭证	摘要	机物料	职工薪酬	折旧费	低值易耗品摊销	办公费	保险费	水费	其他	模具费	电费	合计
月	日													
6	30	略	材料费用分配表	5 000										5 000
	30	略	人工费用分配表		7 980									7 980
	30	略	折旧及其他费用汇总表			10 000	1 600	500	2 200	2 800	400			17 500
	30	略	辅助生产费用分配表									31 000	26 100	57 100
	30		待分配费用合计	5 000	7 980	10 000	1 600	500	2 200	2 800	400	31 000	26 100	87 580
	30	略	制造费用分配转出	5 000	7 980	10 000	1 600	500	2 200	2 800	400	31 000	26 100	87 580

表 4.15　制造费用分配表

2015 年 6 月

分配对象	分配标准(生产工时)	分配率	应分配金额(元)
甲产品	4 000		41 214
乙产品	4 500		46 366
合　计	8 500	10.303 5	87 580

根据表 4.15 制造费用分配表编制如下会计分录,并据以登记有关总账和明细账。

借:生产成本——基本生产成本——甲产品　　　　41 214
　　生产成本——基本生产成本——乙产品　　　　46 366
　　贷:制造费用——基本生产车间　　　　　　　　　　　87 580

(11) 将生产费用在完工产品和在产品之间进行分配

经过以上分配,应由本月产品成本负担的费用,均已根据所编制的会计分录分配登记记入甲、乙两种产品的基本生产成本明细账(见表 4.16、表 4.17)。月末时据此还要计算本月完工产品成本。由于甲产品到月末时既有完工产品又有在产品,因而要将甲产品基本生产成本明细账中归集的生产费用在完工产品和在产品之间进行分配。又因资料告知该企业月末在产品完工程度为 50%,因而适用约当产量比例法分配。乙产品由于月末没有在产品,则基本生产成本明细账中归集的生产费用全部是完工产品成本。甲、乙两种产品的完工产品总成本及单位成本见表 4.16、表 4.17 和表 4.18。

表 4.16　基本生产成本明细账

产品名称:甲产品　　　完工产品数量:450 件　　　月末在产品数量:300 件　　　金额单位:元

2015 年		凭证号数	摘　要	成本项目			合　计
月	日			直接材料	直接人工	制造费用	
6	1		月初在产品成本	10 000	4 080	6 186	20 266
	30	略	材料费用(表 4.8)	50 000			50 000
	30	略	工资费用(表 4.9)		9 120		9 120
	30	略	制造费用(表 4.15)			41 214	41 214
			生产费用合计	60 000	13 200	47 400	120 600
			分配率	80①	22②	79③	181
	30	略	结转完工产品成本	36 000	9 900	35 550	81 450
	30		月末在产品成本	24 000	3 300	11 850	39 150

计算:① 直接材料分配率=60 000÷(450+300)=80(元/件)
　　　② 直接人工分配率=13 200÷(450+300×50%)=22(元/件)
　　　③ 直接制造费用分配率=47 400÷(450+300×50%)=79(元/件)

表 4.17 基本生产成本明细账

产品名称:乙产品　　　　完工产品数量:650 件　　　月末在产品数量:0 件　　　金额单位:元

2015年		凭证号数	摘要	成本项目			合计
月	日			直接材料	直接人工	制造费用	
6	1		月初在产品成本	9 175	7 030	3 034	19 239
	30	略	材料费用(表 4.8)	6 100			6 100
	30	略	工资费用(表 4.9)		10 260		10 260
	30	略	制造费用(表 4.15)			46 366	46 366
			生产费用合计	15 275	17 290	49 400	81 965
	30	略	结转完工产品成本	15 275	17 290	49 400	81 965

表 4.18 完工产品成本汇总计算表　　　金额单位:元

成本项目	甲产品(450 件)		乙产品(650 件)	
	总成本	单位成本	总成本	单位成本
直接材料	36 000	80	15 275	23.50
直接工资	9 900	22	17 290	26.60
制造费用	35 550	79	49 400	76
合计	81 450	181	81 965	126.10

根据表 4.18 完工产品成本汇总计算表编制如下会计分录,并据以登记有关总账和明细账。

　　借:库存商品——甲产品　　　　　　　　　　　　　　81 450
　　　　库存商品——乙产品　　　　　　　　　　　　　　81 965
　　　贷:生产成本——基本生产成本——甲产品　　　　　　81 450
　　　　　生产成本——基本生产成本——乙产品　　　　　　81 965

任务 4.3 产品成本核算的分批法

4.3.1 分批法的适用范围及特点

1)分批法的概念和适用范围

分批法是指以产品批别或订单作为成本核算对象,按产品的批别或订单归集生产费用,计算产品成本的一种方法。分批法一般适用于单件或小批多步骤生产的企业,如制造船舶、重型机械、精密仪器、专用设备和专用工具、模具等的企业。产品批别在成批组织产品生产的企业或车间中,是按照一定品种、一定批量产品划分的。因此,分批法也就是计算一定品种、一定批量的产品成本的方法。在实际工作中,产品的品种和每批产品的批量往往是根据客户的订单确定的,因而,按照产品批别计算产品成本,往往也就是按照订单计算产品成本,所以分批法亦称为订单法。

2) 分批法的特点

(1) 成本核算对象

分批法是以产品的批别(订单或生产通知单等)为成本核算对象,开设产品成本核算单或设置基本生产成本明细账。一般情况下,企业根据订单开设生产通知单号,车间则根据生产通知单号组织生产,仓库根据生产通知单号准备材料,会计部门根据生产通知单号开设成本核算单或基本生产成本明细账归集生产费用,计算产品成本。

由于生产通知单是根据订单开设,因此,一般是以一张订单上的产品为一批,即以订单划分批别。但在一张订单上如果规定的产品不只是一种,则为了分别计算不同产品的生产成本和便于生产管理,可以按照产品的品种划分批别组织生产并计算成本;如果订单中只规定一种产品,但其数量较大,不便于集中一次投产,或者客户要求分批交货,也可以分几批组织生产,计算产品成本;如果订单中只规定一件产品,但其生产周期很长,并且是由许多零部件装配而成的,则可按生产进度或构成成品的部件分别开设生产通知单组织生产,计算产品成本,如大型船舶的生产等。

(2) 成本核算期

分批法的产品成本核算期不固定,即成本核算期与生产周期相同,而与会计报告期不一致。分批法下,由于是以产品的批别或件别作为成本核算对象,因而一批产品只有全部完工后才能通过成本核算单将生产费用归集完整,也就决定了成本核算期与产品生产周期同步。

(3) 生产费用在完工产品与在产品之间的分配

分批法同其他方法一样,也要按月归集各批产品实际发生的费用,并在成本核算单上进行登记。但由于只有在该批产品完工时才能计算成本,因此,当该批产品全部完工时,成本核算单上归集的费用,就是完工产品成本,而在未完工之前,成本核算单上所归集的费用都是在产品成本。因此,一般来讲,分批法不存在生产费用在完工产品和在产品之间的分配问题。

但在批内产品跨月陆续完工的情况下,月末计算成本时,一部分产品已完工,另一部分尚未完工,这时就要在完工产品与月末在产品之间分配费用,以分别计算完工产品成本和月末在产品成本。此外,在同一月份内投产的产品批数很多的企业中,还可采用一种简化的不分批次计算在产品成本的分批法,该方法将在后面任务 4.3.3 中阐述。

4.3.2 分批法成本核算的一般程序

1) 分批法的计算程序

(1) 按产品批别或订单开设基本生产成本明细账(产品成本核算单)

在各批产品投产时,根据生产计划部门签发的生产任务通知单中所规定的产品批号,为每批产品开设一张基本生产成本明细账。生产成本明细账按成本项目分设专栏,以便归集各批产品生产费用和计算各批产品成本。

(2) 按产品批别归集和分配生产费用

① 根据原始凭证及有关资料,编制要素费用分配表,将直接费用直接记入各批产品成本核算单,间接费用按一定标准分配记入各批产品生产成本明细账。

② 根据辅助生产成本明细账上所归集的辅助生产费用,编制"辅助生产成本费用分配表",按各批产品耗用辅助生产产品和劳务数量,直接记入或通过制造费用的再分配记入各

批产品生产成本明细账。

③ 根据制造费用明细账所归集的制造费用,编制"制造费用分配表",将发生的制造费用分别记入各批产品生产成本明细账。

(3) 计算完工产品总成本和单位成本

① 月末加计完工批别生产成本明细账中所归集的生产费用,计算完工产品的实际总成本和单位成本;月末各批未完工产品成本明细账内归集的生产费用即为月末在产品成本。

② 如月末有部分产品完工,部分产品未完工,则应采用适当方法在完工产品与在产品之间分配费用。由于分批法下,批内产品跨月陆续完工的情况不多,因而,在有陆续跨月完工情况下,月末计算完工产品成本时,可采用计划成本、定额成本或最近时期相同产品的实际成本对完工产品进行计价的简易方法计算,然后将其从基本生产成本明细账中转出,余下的即为在产品成本。等到全部产品完工时,再计算该批全部产品实际的总成本和单位成本。

③ 结转完工产品成本。月末根据产成品入库单,将完工产品成本转入库存商品。

分批法成本核算程序如图 4.3 所示。

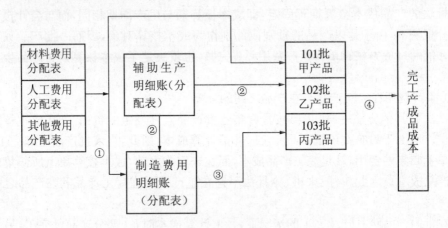

图 4.3 分批法成本核算程序图

说明:① 汇总各项直接计入费用,分配各项间接计入费用。
② 分配辅助生产费用。
③ 分配制造费用。
④ 计算并结转完工产品成本。

2) 分批法举例

【**例 4.2**】 某企业属于小批生产企业,根据客户的订单组织生产,采用分批法计算产品成本。该厂有两个基本生产车间,原材料在一车间生产开始时一次性投入,2015 年 12 月份的有关资料如下:

(1) 各批产品的生产情况如表 4.19 所示。

表 4.19 各批产品的生产情况

产品批号	产品名称	开工日期	批量(台)	完工产量(台)		本月耗用工时(小时)	
				11月	12月	一车间	二车间
07	甲产品	11月份	20	10	10	3 000	1 600

续 表

产品批号	产品名称	开工日期	批量(台)	完工产量(台)		本月耗用工时(小时)	
				11月	12月	一车间	二车间
08	乙产品	12月份	15		15	1 500	2 000
09	丙产品	12月份	10		0	1 000	1 500

(2) 07批甲产品11月份的有关资料为:直接材料10 500元,直接人工18 900元,制造费用6 050元。

(3) 12月份各批产品耗用材料的情况:08批乙产品耗用材料40 500元,09批丙产品耗用材料9 500元。

(4) 12月份的直接人工费用资料如表4.20所示。

表 4.20 直接人工费用表

2015年12月　　　　　　　　　　　　　　　　　　　　　　　　金额单位:元

产品批别	一车间	二车间
07批甲产品	9 900	4 000
08批乙产品	4 950	5 010
09批丙产品	3 300	3 750

(5) 12月份的制造费用资料:一车间为5 500元,二车间为6 120元,制造费用按生产工时比例在各批产品之间分配。

(6) 该企业对订单内跨月陆续完工的产品,月末计算成本时,对完工产品按计划成本转出,待全部完工后再重新计算完工产品的实际总成本和单位成本。本例中07批甲产品11月末完工10台,按计划单位成本结转,其中原材料计划单位成本500元,工资计划单位成本950元,制造费用计划单位成本300元。

(7) 成本核算对象和账户设置。该企业以产品的批别(07批次、08批次、09批次)为成本核算对象,设置并登记07批甲产品、08批乙产品、09批丙产品3个基本生产成本明细账(产品成本核算单);成本项目为直接材料、直接人工和制造费用,如表4.22、表4.23和表4.24。

(8) 生产费用在各成本核算对象之间分配

① 本月发生的材料费用、人工费用和其他费用均可按产品的批次加以区分,直接计入各生产成本明细账(各批产品成本核算单),因此,不需要在各成本核算对象之间分配费用。

② 本月发生的各种间接费用通过"制造费用"明细账进行归集,根据"制造费用"明细账和生产工时资料编制"制造费用"分配表,如表4.21,按各批产品的实际工时进行分配。

表 4.21 制造费用分配表

2015年12月　　　　　　　　　　　　　　　　　　　　　　　　金额单位:元

产品批别	一车间			二车间			合计
	工时	分配率	金额	工时	分配率	金额	
07批	3 000		3 000	1 600		1 920	4 920

续 表

产品批别	一车间			二车间			合计
	工时	分配率	金额	工时	分配率	金额	
08 批	1 500		1 500	2 000		2 400	3 900
09 批	1 000		1 000	1 500		1 800	2 800
合计	5 500	1.00	5 500	5 100	1.2	6 120	11 620

借：生产成本——07 批（甲产品）　　　　　　　4 920
　　　　——08 批（乙产品）　　　　　　　3 900
　　　　——09 批（丙产品）　　　　　　　2 800
　贷：制造费用　　　　　　　　　　　　　　　11 620

③ 结转本月完工的 07 批次甲产品和 08 批次乙产品产成品成本。
借：库存商品——甲产品　　　　　　　　　　　54 270
　　　　——乙产品　　　　　　　　　　　54 360
　贷：生产成本——07 批（甲产品）　　　　　　54 270
　　　　——08 批（乙产品）　　　　　　54 360

表 4.22　基本生产成本明细账

批号：07　　　　　　　　　　　　　　　　　　开工日期：2015 年 11 月
产品名称：甲产品　　　　　　　　　　　　　　完工日期：2015 年 12 月
批量：20 台　　　　　　　　　　　　　　　　　金额单位：元

2015 年		凭证号数	摘　要	直接材料	直接人工	制造费用	合计
月	日						
11	30		11 月份成本合计	10 500	18 900	6 050	35 450
	30	略	完工 10 台转出成本	5 000	9 500	3 000	17 500
	30		11 月末在产品成本	5 500	9 400	3 050	17 950
12	31	略	一车间成本分配		9 900	3 000	12 900
	31	略	二车间成本分配		4 000	1 920	5 920
	31		生产费用合计		13 900	4 920	18 820
	31	略	转出完工 10 台成本	5 500	23 300	7 970	36 770
	31		20 台产品累计总成本	10 500	32 800	10 970	54 270
			单位完工产品成本	525	1 640	548.50	2 713.50

表 4.23 基本生产成本明细账

批号:08 开工日期:2015 年 12 月份
产品名称:乙产品 完工日期:2015 年 12 月份
批量:15 台 金额单位:元

2015 年		凭证号数	摘 要	直接材料	直接人工	制造费用	合计
月	日						
12	31	略	一车间费用分配	40 500	4 950	1 500	46 950
	31	略	二车间费用分配		5 010	2 400	7 410
	31		生产费用合计	40 500	9 960	3 900	54 360
	31	略	转出完工产品成本	40 500	9 960	3 900	54 360
			单位完工产品成本	2 700	664	260	3 624

表 4.24 基本生产成本明细账

批号:09 开工日期:2015 年 12 月份
产品名称:丙产品 完工日期:
批量:10 台 金额单位:元

2015 年		凭证号数	摘 要	直接材料	直接人工	制造费用	合计
月	日						
12	31	略	一车间费用分配	9 500	3 300	1 000	13 800
	31	略	二车间费用分配		3 750	1 800	5 550
	31	略	12 月份累计成本	95 00	7 050	2 800	19 350

4.3.3 简化的分批法

在单件小批生产的企业或车间,如同一月份内投产的产品批数很多,并且月末未完工产品的批号也较多,若将间接费用在各批产品之间按月分配,核算的工作量将很大。在这种情况下,可采用一种简化分批法。

1) 简化分批法的特点

简化分批法,主要是简化间接费用的分配方法。它是将每月发生的人工费用和制造费用等间接费用,不采用按月分配的方法在各批产品之间进行分配,而是将这些间接费用累计起来,待某批产品完工时,确定每一工时应负担的间接费用,进而计算完工批次产品成本的方法,这种间接费用的分配方法被称为"累计间接费用分配法"。采用简化分批法的企业,在月末未完工产品之间不再分配间接费用,因此,这种方法也称为"不分批计算在产品成本的分批法"。与分批法相比较,简化分批法具有下列特点:

(1) 设置产品成本明细账和基本生产成本二级账

① 按批别设置的产品成本明细账,在平时只登记直接计入的原材料费用和该批产品的生产工时;基本生产成本二级账则按月归集企业投产的所有批次产品的各项生产费用和累计的全部生产工时(实际生产工时或定额生产工时)。

② 在有完工产品的月份,按照累计间接费用分配率对完工产品分配间接计入费用,计算完工产品的总成本,未完工产品的间接计入费用保留在基本生产成本二级账中;在没有

完工产品的月份,不分配间接计入费用。

(2) 通过累计费用分配率分配间接计入费用

简化分批法将生产费用(间接计入的费用)在各批次产品之间的分配与完工产品和在产品之间的分配一次完成,大大简化了成本核算工作。生产费用的分配,是利用计算出来的累计间接计入费用分配率进行的。累计间接费用分配率的计算公式如下:

$$\text{累计间接费用分配率} = \frac{\text{期初结存的全部产品间接费用} + \text{本月发生的全部间接费用}}{\text{期初结存的全部在产品工时} + \text{本月发生的全部工时}}$$

$$\text{完工批次产品应负担的间接费用} = \text{该批产品的累计工时数} \times \text{累计间接费用分配率}$$

(3) 不分批次计算在产品成本

将完工产品应负担的间接计入费用转入各完工产品生产成本明细账以后,基本生产成本二级账反映全部批次月末在产品成本。各批次未完工产品的生产成本明细账上只反映累计直接计入费用和累计工时,不反映各该批次在产品成本。这样不仅简化了间接费用的分配工作,还简化了对未完工批别产品成本明细账的登记工作,未完工批数越多,核算越简化。

但是在这种方法下,未完工批别的产品成本明细账不能完整地反映月末在产品的成本,如果各月的间接费用相差悬殊,会影响各批产品成本核算的准确性。例如,前几个月的间接费用较多,本月的间接费用较少,而某批产品本月投产完工,这样按累计间接费用分配率计算的该批完工产品成本就会出现不应有的偏高;反之,会造成不应有的偏低。另外,如果月末未完工产品的批数不多,也不宜采用这种方法。因为,一方面仍要对完工产品分配登记各项间接费用,不能简化核算工作;另一方面又会影响产品成本核算的准确性。

因此,应用简化的分批法必须具备两个条件:一是各个月份的间接费用水平比较均衡;二是月末未完工产品的批数较多。这样才能保证既简化核算产品成本的核算工作,又确保产品成本的准确。

2) 简化分批法的计算程序

(1) 设置产品成本明细账与基本生产成本二级账,在账内增设生产工时专栏

在产品投产时,按批别设立产品成本明细账,同时按全部产品设立一个基本生产成本二级账。产品完工前,产品成本明细账中只登记直接材料费用以及生产工时,只有在某批产品完工时,才分配该批产品应负担的人工费用,计算、登记各批完工产品的成本。

基本生产成本二级账登记全部产品的生产费用和全部产品耗用的工时,在有完工产品的月份,计算登记全部产品的累计间接费用分配率,确定全部完工产品的总成本和全部在产品的总成本。

(2) 登记各批产品发生的生产费用和生产工时

对各批别产品发生的直接费用和生产工时,平行记入各批别产品成本明细账和基本生产成本二级账。

对各批别产品共同发生的间接费用,根据有关费用分配表登记基本生产成本二级账,不必分配记入各批产品的产品成本明细账。

(3) 计算完工产品成本

在有完工产品的月份,要根据基本生产成本二级账的数据,计算全部产品的各项累计间接费用分配率,并以此为标准计算当月完工批次产品应负担的间接费用。该批产品的直

接费用加上分配的间接费用,即为该批完工产品的总成本。

对月末尚未完工的各批次产品,不分配间接费用。全部未完工批次产品的在产品成本只分成本项目,以总数集中反映在基本生产成本二级账中,无须按产品的批别分别记入各产品成本明细账。以上程序如图4.4所示。

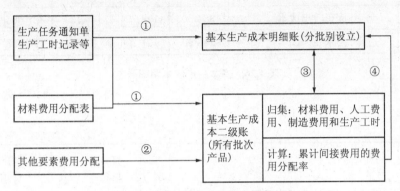

图4.4 简化分批法成本核算程序图

说明:
① 根据"生产任务通知单"设立多张基本生产成本明细账和一张基本生产成本二级账,根据材料费用分配表和生产工时记录等将各批别耗用的材料费和耗用工时记入各成本明细账和二级账;
② 根据"其他要素费用分配表",将人工费用和制造费用等记入"基本生产成本二级账";
③ 月终,将二级账中的直接材料费用和生产工时与成本明细账中直接材料费用和生产工时核对;
④ 月终,如有完工产品,计算累计间接费用分配率,并据此分配间接费用,登记"基本生产成本明细账"。

3)简化分批法举例

【例4.3】 假定某企业小批生产多种产品,产品批数多。为了简化核算,采用简化分批法计算各批次产品成本。该企业设有一个基本生产车间。

(1)该企业2015年9月份各批产品的生产情况

第701批号:A产品8件,7月份投产,本月全部完工;

第812批号:B产品10件,8月份投产,本月完工6件;

第824批号:C产品5件,8月份投产,尚未完工;

第901批号:D产品5件,9月份投产,尚未完工。

(2)成本资料

该企业生产成本二级账已经设置,并登记了以前月份累计发生的直接计入费用、间接计入费用以及各批产品的累计生产工时,如表4.25;以前月份投产,本月继续加工的A、B、C产品,已经设置了产品成本明细账,并登记了以前月份发生的直接计入费用和生产工时,如表4.26、表4.27和表4.28。

表4.25 基本生产成本二级账 金额单位:元

| 2015年 | | 凭证号数 | 摘 要 | 生产工时 | 直接材料 | 直接人工 | 制造费用 | 合计 |
月	日							
9	1	略	期初余额	30 650	218 000	50 276	68 240	336 516
9	30	略	本月发生额	30 150	81 600	54 300	70 384	206 284
9	30	略	累计	60 800	299 600	104 576	138 624	542 800

续 表

2015年		凭证号数	摘 要	生产工时	直接材料	直接人工	制造费用	合计
月	日							
9	30	略	累计间接费用分配率			1.72	2.28	
9	30		完工转出成本	38 450	198 304	66 134	87 666	352 104
			月末在产品	22 350	101 296	38 442	50 958	190 696

表 4.26 基本生产成本明细账

批号:701
产品名称:A
批量:8件

开工日期:2015年7月
本月完工:8件
金额单位:元

2015年		凭证号数	摘 要	生产工时	直接材料	直接人工	制造费用	合计
月	日							
7	31	略	本月发生	9 460	64 850			
8	31	略	本月发生	5 940	36 650			
9	30	略	本月发生	9 800	28 200			
9	30	略	累计数及累计间接费用分配率	25 200	129 700	1.72	2.28	
	30		本月转出完工产品成本	25 200	129 700	43 344	57 456	230 500
			完工产品单位成本		16 212.50	5 418	7 182	28 812.50

表 4.27 基本生产成本明细账

批号:812
产品名称:B
批量:10件

开工日期:2015年8月
本月完工:6件
金额单位:元

2015年		凭证号数	摘 要	生产工时	直接材料	直接人工	制造费用	合计
月	日							
8	31	略	本月发生	7 410	74 420			
9	30	略	本月发生	9 420	6 880			
9	30	略	累计数及累计间接费用分配率	16 830	81 300	1.72	2.28	
9	30	略	本月转出完工产品成本	13 250	68 604	22 790	30 210	121 604
9	30	略	完工产品单位成本		11 434	3 798	5 035	20 267
9	30	略	月末在产品	3 580	12 696			

表 4.28　基本生产成本明细账

批号:824　　　　　　　　　　　　　　　　　　　　　　开工日期:2015 年 8 月
产品名称:C　　　　　　　　　　　　　　　　　　　　本月完工:
批量 8 件　　　　　　　　　　　　　　　　　　　　　　金额单位:元

2015 年		凭证号数	摘　要	生产工时	直接材料	直接人工	制造费用	合计
月	日							
8	31	略	本月发生	7 840	42 080			
9	30	略	本月发生	4 270	8 680			

表 4.29　基本生产成本明细账

批号:901　　　　　　　　　　　　　　　　　　　　　　开工日期:2015 年 9 月
产品名称:D　　　　　　　　　　　　　　　　　　　　本月完工:
产品批量:5 件　　　　　　　　　　　　　　　　　　　金额单位:元

2015 年		凭证号数	摘　要	生产工时	直接材料	直接人工	制造费用	合计
月	日							
9	30	略	本月发生	6 660	37 840			

(3) 设置产品成本明细账(产品成本核算单)

根据本月生产各批次产品情况,设置本月投产的 901 批 D 产品的产品成本明细账,如表 4.29 所示;其他批次产品成本明细账及生产成本二级账在以前月份已经开设,如表 4.25、表 4.26、表 4.27 和表 4.28。

(4) 分配各项费用要素

根据各项费用的原始凭证,编制各要素费用分配汇总表,并编制相应的会计分录(略),登记有关账户,如表 4.25、表 4.26、表 4.27、表 4.28 和表 4.29 本月发生数。

(5) 分配辅助生产费用(略)

(6) 分配制造费用

根据本月制造费用明细账(略)提供的资料,本月基本生产车间发生的制造费用 70 384 元,采用简便的方法,不分配给各批产品成本,全部转入基本生产成本二级账,见表 4.25。

(7) 分配累计间接费用

根据表 4.25 基本生产成本二级账提供的资料,本月各批产品累计工时为 60 800 小时,累计直接人工费 104 576 元,累计制造费用 138 624 元。累计间接费用分配率计算如下:

直接人工费用分配率=104 576÷60 800=1.72

制造费用分配率=138 624÷60 800=2.28

根据累计间接费用分配率和完工批次生产成本明细账(表 4.25、4.26、4.27)所登记的累计工时,计算完工批次产品应负担的间接计入费用如下:

① 直接人工

701 批 A 产品:25 200×1.72=43 344(元)

812 批 B 产品:13 250×1.72=22 790(元)

② 制造费用

701 批 A 产品:25 200×2.28=57 456(元)

812批B产品：13 250×2.28＝30 210(元)

将上述分配结果从生产成本二级账转入各完工批次生产成本明细账，如表4.25、表4.26、表4.27所示。

(8)编制完工产品成本汇总表，结转完工产品成本(略)。

任务4.4 产品成本核算的分步法

4.4.1 分步法的适用范围及特点

1)分步法的概念和适用范围

产品成本核算的分步法，就是以产品的品种及其所经过的加工步骤作为成本核算对象，来归集生产费用，计算产品成本的一种方法。分步法适用于大量大批连续式多步骤生产的企业，如冶金、纺织、化工、造纸等企业；也适用于大量大批装配式多步骤生产企业，如机械制造等企业。在这些企业里，生产过程分成若干个生产步骤进行，能够按照生产步骤计算产品成本，同时，成本管理方面也要求按照生产步骤开设产品成本明细账，计算产品成本，以满足成本分析、成本考核等方面的需求。

2)分步法的特点

(1)成本核算对象

以各个加工步骤的各种产品作为成本核算对象，并据以设置基本生产成本明细账(或产品成本核算单)。即基本生产成本明细账按照生产步骤设立，账中按照产品品种反映生产成本。在大量大批多步骤生产下，每个加工步骤产出的半成品，其形态和性质各不相同，计量单位也可以不尽相同，而且各步骤生产的半成品，既可能转入后续步骤加工成不同的产成品，也可能对外出售。因此，成本核算必须按各步骤的各种产品进行。但应指出的是，产品成本核算的分步与实际的生产步骤不一定完全一致。为了简化成本核算工作，可以只对管理上要求分步计算成本的生产步骤单独设立产品成本明细账，单独计算成本；而对管理上不要求单独计算成本的生产步骤，则可与其他生产步骤合并，设立基本生产成本明细账计算其成本。

(2)成本核算期

产品成本核算期与会计报告期一致，与产品的生产周期不一致。分步法主要适用于大量大批多步骤生产企业，产品的生产过程较长，可以间断，而且往往都是跨月连续不断进行的，产品陆续完工，无法准确划分生产周期。因此，成本核算一般都是按月、定期进行。

(3)生产费用在完工产品与在产品之间的分配

月末要将生产费用采用适当方法在完工产品与在产品之间进行分配。在大量大批多步骤生产的情况下，原材料不断投入，产品不断产出，月末各步骤一般都存在未完工的在产品。因此，需要采用适当的方法，将汇集在各种产品、各生产步骤产品成本明细账中的生产费用，在完工产品与在产品之间进行分配，计算各产品、各生产步骤的完工产品成本和在产品成本。

3)分步法的种类

分步法按是否需要计算和结转各步骤半成品成本，分为逐步结转分步法和平行结转分步法两种。逐步结转分步法，指的是按各加工步骤归集生产费用，计算各加工步骤半成品成本,而且半成品成本随半成品实物转移而在各加工步骤之间顺序结转,最后计算出产成品成本的一种成本核算方法;平行结转分步法指的是各加工步骤只计算本步骤发生的生产费用和这些生产费用中应计入产成品成本的份额,将相同产品各步骤计入产成品的份额平行结转、汇总,计算出产成品成本,它不计算各步骤所耗上一步骤半成品成本,所以也叫不计算半成品成本的分步法。

4.4.2 逐步结转分步法

1) 逐步结转分步法的特点

逐步结转分步法又称顺序结转分步法,它是按照产品加工步骤的先后顺序,逐步计算并结转半成品成本,前一步骤的半成品成本,随着半成品实物的转移而结转到后一步骤的产品成本中,直到最后步骤累计计算出产成品成本的一种成本核算方法。该方法的显著特点是能够提供各步骤完整的半成品成本资料,因此,亦称"计算半成品成本法"。它适用于半成品具有独立经济意义、半成品外销式、管理上要求提供半成品成本资料的连续式、多步骤大批量生产的企业。

2) 逐步结转分步法的计算程序

由于采用逐步结转分步法计算各步骤产品成本时,上一步骤所产半成品的成本,要随着半成品实物的转移,从上一步骤的成本核算单转入下一步骤相同产品成本核算单中,因而其计算程序要受半成品实物流转程序制约。半成品实物的流转程序有两种,即不通过仓库收发和通过仓库收发。

(1) 半成品不通过仓库收发

在这种情况下,逐步结转分步法的产品成本核算程序是:首先计算第一步骤半成品成本,然后随半成品实物转移,将其成本转入第二步骤半成品成本,依次逐步累计结转,直到最后一个步骤计算出完工产品成本为止。具体计算程序如图 4.5 所示。

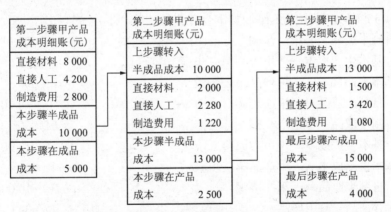

图 4.5 逐步结转分步法成本核算程序图(不通过仓库收发)

根据图 4.5 产品成本明细账,编制如下会计分录:

① 借:基本生产成本——甲产品第二步骤　　　　　　　　　　10 000
　　贷:基本生产成本——甲产品第一步骤　　　　　　　　　　　　　10 000
② 借:基本生产成本——甲产品第三步骤　　　　　　　　　　13 000
　　贷:基本生产成本——甲产品第二步骤　　　　　　　　　　　　　13 000

③ 借:库存商品——甲产品   15 000
  贷:基本生产成本——甲产品第三步骤   15 000

(2) 半成品完工和领用通过仓库收发

在这种情况下,成本核算的基本步骤与上述半成品不通过仓库收发基本相同,唯一区别是:在各步骤设立"自制半成品明细账"核算各步骤半成品的收、发、存情况。具体计算程序如图 4.6 所示。

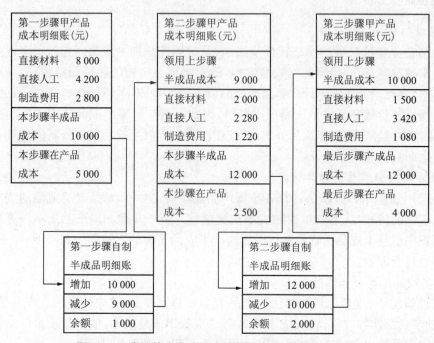

图 4.6 逐步结转分步法成本核算程序图(通过仓库收发)

根据图 4.6 产品成本明细账,编制如下会计分录:
① 借:自制半成品——第一步骤   10 000
  贷:基本生产成本——甲产品第一步骤   10 000
 借:基本生产成本——甲产品第二步骤   9 000
  贷:自制半成品——第一步骤   9 000
② 借:自制半成品——第二步骤   12 000
  贷:基本生产成本——甲产品第二步骤   12 000
 借:基本生产成本——甲产品第三步骤   10 000
  贷:自制半成品——第二步骤   10 000
③ 借:库存商品——甲产品   12 000
  贷:基本生产成本——甲产品第三步骤   12 000

从以上所述的成本结转计算程序可以看出,逐步结转分步法实际上就是品种法的多次连续应用。即在采用品种法计算上一步骤的半成品成本以后,按照下一步骤的耗用数量转入下一步骤成本;下一步骤再一次采用品种法归集所耗半成品的费用和本步骤其他费用,计算其半成品成本;如此逐步结转,直至最后一个步骤算出产成品成本。

3) 半成品成本结转的方式

逐步结转分步法,按照半成品成本在下一步骤成本明细账中的反映方法不同,又可分为综合结转和分项结转两种方法。

(1) 综合结转法

综合结转法,是指各步骤所耗上一步骤半成品成本不分成本项目,以一个合计的金额综合计入各该步骤产品成本明细账中的"直接材料"或专设的"半成品"成本项目内。综合结转法,既可按半成品实际成本综合结转也可按半成品计划成本(或定额成本)综合结转。

① 半成品按实际成本综合结转:采用这种方法结转时,如果上一步骤的半成品完工后直接转入下一步骤,则可按其转入半成品的数量和实际单位成本,计算求得半成品成本。在各步骤半成品通过半成品库收发的情况下,由于各月所产半成品的实际单位成本不同,因而所耗半成品的实际单位成本可选择使用加权平均法、先进先出法、后进先出法、个别计价法等存货计价方法计算。

【例 4.4】 某企业从 2015 年 1 月份开始生产 E 产品,该产品经过 3 个生产车间加工,一车间投入原材料加工成甲半成品,二车间领用甲半成品加工成乙半成品,三车间领用乙半成品加工成 E 产品,原材料在一车间生产时一次性投入,各步骤的在产品在本步骤的完工程度均为 50%,要求计算每个车间的半成品成本和产成品成本。有关资料如表 4.30 和表 4.31。

表 4.30 产量资料

2015 年 1 月 数量单位:件

项 目	一车间	二车间	三车间
投入产量(或领用量)	10	9	7
本月完工产品	9	7	6
月末在产品	1	2	1

表 4.31 成本费用资料

2015 年 1 月 金额单位:元

项 目	直接材料	直接人工	制造费用
一车间	1 000	760	570
二车间	—	560	400
三车间	—	390	260

各步骤成本核算程序和方法如下:

各步骤基本生产成本明细账(简化格式)分别如表 4.32、表 4.33 和表 4.34。

表 4.32 第一车间基本生产成本明细账

产品名称:甲半成品 金额单位:元

项 目	直接材料	直接人工	制造费用	合计
本月生产费用	1 000	760	570	2 330
单位成本	100	80	60	240

续表

项目	直接材料	直接人工	制造费用	合计
完工半成品成本	900	720	540	2 160
月末在产品成本	100	40	30	170

计算:(a) 直接材料单位成本=1 000/10=100(元)
(b) 直接人工单位成本=760/(9+1×50%)=80(元)
(c) 制造费用单位成本=570/(9+1×50%)=60(元)
将第一车间完工半成品直接转入第二车间时,作如下会计分录:
借:基本生产成本——第二车间——自制半成品　　　　2 160
　贷:基本生产成本——第一车间——甲半成品　　　　　　2 160

表4.33　第二车间基本生产成本明细账

产品名称:乙半成品　　　　2015年1月　　　　金额单位:元

项目	自制半成品	直接人工	制造费用	合计
本月生产费用	2 160	560	400	3 120
单位产品成本	240	70	50	360
完工半成品成本	1 680	490	350	2 520
月末在产品成本	480	70	50	600

计算:(a) 自制半成品单位成本=2 160/9=240(元)
(b) 直接人工单位成本=560/(7+2×50%)=70(元)
(c) 制造费用单位成本=400/(7+2×50%)=50(元)
将第二车间完工半成品直接转入第三车间时,作如下会计分录:
借:基本生产成本——第三车间——自制半成品　　　　2 520
　贷:基本生产成本——第二车间——乙半成品　　　　　　2 520

表4.34　第三车间基本生产成本明细账

产品名称:E产品　　　　2015年1月　　　　金额单位:元

项目	自制半成品	直接人工	制造费用	合计
本月生产费用	2 520	390	260	3 170
单位产品成本	360	60	40	460
完工产成品成本	2 160	360	240	2 760
月末在产成品成本	360	30	20	410

计算:(a) 自制半成品单位成本=2 520/7=360(元)
(b) 直接人工单位成本=390/(6+1×50%)=60(元)
(c) 制造费用单位成本=260/(6+1×50%)=40(元)
第三车间完工产成品入库,作如下会计分录:
借:库存商品——E产品　　　　　　　　　　　　　　2 760
　贷:基本生产成本——第三车间　　　　　　　　　　　　2 760

以上各步骤成本核算为没有月初在产品成本。下面再举一有月初在产品的例子说明其各步骤成本核算方法。

【例 4.5】 仍用例 4.4 资料,假定该企业 2015 年 2 月份继续生产 E 产品,原材料在车间生产开始时一次性投入,各步骤的在产品在本步骤的完工程度也均为 50%。2015 年 2 月份有关资料如表 4.35 和表 4.36 所示。

表 4.35 产量资料

2015 年 2 月　　　　　　　　　　　　　　　　　　　　　　　　数量单位:件

项　目	一车间	二车间	三车间
月初在产品	1	2	1
投入产量(或领用量)	13	12	10
本月完工	12	10	9
月末在产品	2	4	2

表 4.36 成本费用资料

2015 年 2 月　　　　　　　　　　　　　　　　　　　　　　　　金额单位:元

项　目	直接材料	直接人工	制造费用
一车间	1 300	1 000	750
二车间	—	770	550
三车间	—	570	380

各步骤成本核算程序和方法如下:

根据上述资料,设置各步骤基本生产成本明细账如表 4.37、表 4.38 和表 4.39。

表 4.37 第一车间基本生产成本明细账

产品名称:甲半成品　　　　　　2015 年 2 月　　　　　　　　　金额单位:元

项　目	直接材料	直接人工	制造费用	合计
月初在产品成本	100	40	30	170
本月生产费用	1 300	1 000	750	3 050
合计	1 400	1 040	780	3 220
单位产品成本	100	80	60	240
完工半成品成本	1 200	960	720	2 880
月末在产品成本	200	80	60	340

计算:(a) 直接材料单位成本=1 400/(12+2)=100(元)

(b) 直接人工单位成本=1 040/(12+2×50%)=80(元)

(c) 制造费用单位成本=780/(12+2×50%)=60(元)

(会计分录略)

表 4.38 第二车间基本生产成本明细账

产品名称：乙半成品　　　　　　2015 年 2 月　　　　　　　　　金额单位：元

项目	自制半成品	直接人工	制造费用	合计
月初在产品成本	480	70	50	600
本月生产费用	2 880	770	550	4 200
合计	3 360	840	600	4 800
单位产品成本	240	70	50	360
完工半成品成本	2 400	700	500	3 600
月末在产品成本	960	140	100	1 200

表 4.39 第三车间基本生产成本明细账

产品名称：E 产品　　　　　　　2015 年 2 月　　　　　　　　　金额单位：元

项目	自制半成品	直接人工	制造费用	合计
月初在产品成本	360	30	20	410
本月生产费用	3 600	570	380	4 550
合计	3 960	600	400	4 960
单位产品成本	360	60	40	460
完工产成品成本	3 240	540	360	4 140
月末在产品成本	720	60	40	820

上述两个例子都是上步骤生产的半成品直接转入下一加工步骤继续加工，没有通过半成品库，因而不需要编制半成品入库和从仓库领用的会计分录。如果每个步骤加工完成的半成品先入半成品仓库，然后再办理领料手续领料，用于下步骤生产，则要作两步会计分录，即：

半成品入库时：

借：自制半成品

　贷：基本生产成本——×车间——×产品

下一步骤领用半成品时：

借：基本生产成本——×车间——×产品

　贷：自制半成品

以上两个例子都是上步骤生产的半成品全部转为下步骤生产耗用的。如果下步骤仅领用上步骤部分半成品，则各步骤成本核算方法与表 4.37、表 4.38 和表 4.39 基本相同。下面举例说明：

【例 4.6】 现仍用例 4.5 资料，但假定将表 4.35 中第二车间领用量改为 11 件，月末在产品改为 3 件；第三车间领用量改为 9 件，月末在产品改为 1 件，其余资料不变。

各步骤基本生产成本明细账（简化格式）分别如表 4.40、表 4.41 和表 4.42。

表 4.40 第一车间生产成本明细账

产品名称:甲半成品　　　　　　　　2015 年 2 月　　　　　　　　金额单位:元

项目	直接材料	直接人工	制造费用	合计
月初在产品成本	100	40	30	170
本月生产费用	1 300	1 000	750	3 050
合　计	1 400	1 040	780	3 220
单位产品成本	100	80	60	240
完工半成品成本	1 200	960	720	2 880
月末在产品成本	200	80	60	340

计算:同表 4.37。

表 4.41 第二车间基本生产成本明细账

产品名称:乙半成品　　　　　　　　2015 年 2 月　　　　　　　　金额单位:元

项目	自制半成品	直接人工	制造费用	合计
月初在产品成本	480	70	50	600
本月生产费用	2 640	770	550	3 960
合　计	3 120	840	600	4 560
单位产品成本	240	73.04	52.17	365.21
完工半成品成本	2 400	730.40	521.70	3 652.10
月末在产品成本	720	109.60	78.30	907.90

计算:(a) 自制半成品单位成本＝3 120/(10＋3)＝240(元)

(b) 直接人工单位成本＝840/(10＋3×50%)＝73.04(元)

(c) 制造费用单位成本＝600/(10＋3×50%)＝52.17(元)

表 4.42 第三车间基本成本明细账

产品名称:E 产品　　　　　　　　2015 年 2 月　　　　　　　　金额单位:元

项目	在制半成品	直接人工	制造费用	合计
月初在产品成本	360	30	20	410
本月生产费用	3 286.89	570	380	4 236.89
合　计	3 646.89	600	400	4 646.89
单位产品成本	364.69	63.16	42.11	469.96
完工产成品成本	3 282.21	568.44	378.99	4 229.64
月末在产品成本	364.68	31.56	21.01	417.25

计算:(a) 自制半成品单位成本＝3 646.89/(9＋1)＝364.69(元)

(b) 直接人工单位成本＝600/(9＋1×50%)＝63.16(元)

(c) 制造费用单位成本＝400/(9＋1×50%)＝42.11(元)

② 半成品按计划成本结转法:采用计划成本结转半成品成本的方法与按计划成本进行

材料日常核算的方法相类似。即对半成品日常收发的核算均按计划单位成本核算,在半成品的实际成本出来以后,再计算出半成品成本差异率,调整半成品成本差异。

对上一步骤生产的半成品入半成品库时,在自制半成品的明细账中既反映其计划成本,也反映其实际成本;下一步骤领用半成品继续加工时,按计划成本记入下一步骤的基本生产成本明细账,同时在基本生产明细账中还要反映实际成本和成本差异。下面通过例题加以说明。

【例 4.7】 仍用例 4.5 资料,采用计划成本结转法计算各步骤产品成本(假定甲半成品的计划成本为 250 元,乙半成品的计划成本为 365 元,并假定入半成品库)。

各步骤成本核算程序和方法如下:

(a) 第一车间甲半成品成本核算方法同表 4.37(略)。

(b) 第一车间的甲半成品完工 12 件入库并假定本月份领用 12 件,半成品明细账的登记方法如表 4.43 所示。

表 4.43 自制半成品明细账

半成品名称:甲半成品　　　　　单位:件　　　　　计划单位成本:250 元

月份	月初结存			本月增加			合计					本月减少		
	数量	计划成本	实际成本	数量	计划成本	实际成本	数量	计划成本	实际成本	成本差异	差异率	数量	计划成本	实际成本
2				12	3 000	2 880	12	3 000	2 880	−120	−4%	12	3 000	2 880

根据第一车间产品成本明细账和自制半成品(甲半成品)明细账,编制如下会计分录:

借:自制半成品——甲半成品　　　　　　　　　　　　　　　　3 000
　　贷:基本生产成本——第一车间——甲半成品　　　　　　　　　　2 880
　　　　自制半成品成本差异　　　　　　　　　　　　　　　　　　　120

第二车间领用甲半成品时:

借:基本生产成本——第二车间——自制半成品　　　　　　　　2 880
　　自制半成品成本差异　　　　　　　　　　　　　　　　　　　120
　　贷:自制半成品——甲半成品　　　　　　　　　　　　　　　　3 000

(c) 第二车间乙半成品成本核算如表 4.44 所示。

表 4.44 第二车间基本生产成本明细账

半成品名称:乙半成品　　本月完工 10 件　　月末在产品:4 件　　金额单位:元

2015 年		凭证号数	摘要	半成品			直接工资	制造费用	合计
月	日			计划成本	成本差异	实际成本			
2	1		月初在产品	500	20	480	70	50	600
	28	略	本月生产费用	3 000	120	2 880	770	550	4 200
	28		合计	3 500	140	3 360	840	600	4 800
	28		分配率	250	10	240	70	50	360
	28	略	完工产品成品	2 500	100	2 400	700	500	3 600
	28		月末在产品成本	1 000	40	960	140	100	1 200

(d) 第二车间完工乙半成品 10 件入库,第三车间假定领用 10 件,则乙半成品入库和领用在自制半成品明细账上的登记方法如表 4.45 所示。

表 4.45　自制半成品明细账

半成品名称:乙半成品　　　　　　数量单位:件　　　　　　计划单位成本:365 元

月份	月初结存			本月增加			合计					本月减少		
	数量	计划成本	实际成本	数量	计划成本	实际成本	数量	计划成本	实际成本	成本差异	差异率	数量	计划成本	实际成本
2	1	365	360	10	3 650	3 600	11	4 015	3 960	55	1.37%	10	3 650	3 600

(e) 第三车间完工 E 产成品成本核算如表 4.46 所示。

表 4.46　第三车间基本生产成本明细账

产品名称:E 产品　　　完工数量:9 件　　　月末在产品数量:2 件　　　金额单位:元

2015 年		凭证号数	摘要	半成品			直接人工	制造费用	合计
月	日			计划成本	成本差异	实际成本			
2	1	略	月初在产品	365	5	360	30	20	410
	28		本月费用	3 650	50	3 600	570	380	4 550
	28		合计	4 015	55	3 960	600	400	4 960
	28		分配率	365	5	360	60	40	460
	28		完工产品成本	3 285	45	3 240	540	360	4 140
	28		月末在产品	730	10	720	60	40	820

由以上各例可知,各个生产步骤领用上一步骤的半成品,就相当于领用原材料。因此,综合结转半成品成本的核算就相当于各生产步骤领用原材料核算。按实际或计划成本综合结转半成品成本的核算原理与按材料实际或计划成本进行产品所耗原材料的核算原理基本相同。

③ 综合结转法的成本还原:采用综合结转法结转成本,各步骤所耗半成品的成本是以"半成品"或"原材料"项目综合反映的,这样计算出来的产成品成本,不能提供按原始成本项目反映的成本资料。在多步骤生产的情况下,逐步综合结转以后,表现在产成品成本中的绝大部分费用为最后一个步骤所耗"半成品"的费用,人工费用和制造费用仅是最后一个步骤的费用,与产品成本的实际构成情况不相符,不利于按成本项目分析产品成本升降原因。因此,在管理上要求按原始成本项目进行考核和分析的企业,要进行成本还原。例如,甲产品由三个步骤加工完成,上一步骤直接为下一生产步骤提供半成品直到第三步骤。其逐步结转的结果如表 4.47 所示。

表 4.47　甲产品成本项目明细表(综合结转法)　　　　　　金额单位:元

生产步骤	半成品	直接材料	直接人工	制造费用	成本合计
第一步骤半成品成本		50 000	11 400	8 600	70 000
第二步骤半成品成本	70 000		5 700	4 300	80 000

续表

生产步骤	半成品	直接材料	直接人工	制造费用	成本合计
第三步骤半成品成本	80 000		3 420	2 580	86 000
实际的原始成本项目金额		50 000	20 520	15 480	86 000

从表 4.47 可以看出,第一步骤完工的半成品成本 70 000 元转作第二步骤的半成品费用,第二步骤完工的半成品成本 80 000 元转作第三步骤的半成品费用。在第三步骤产品成本 86 000 元中,半成品费用 80 000 元占产品成本 86 000 元的 93% 还多,而工资及制造费用仅有 6 000 元,即仅占产品成本的 7% 不到,这与该产品成本的实际成本项目结构,即直接材料费用 50 000 元,直接工资费用 20 520 元,制造费用 15 480 元相差甚远。所以,如果管理上要求从整个企业角度分析和考核成本项目构成时,要将逐步综合结转计算出的产成品成本进行还原,使其成为按原始成本项目反映的成本。

表 4.47 例子中各步骤所耗的半成品费用恰好是上步骤完工的半成品成本,即两者可以抵消,那么成本还原的方法很简单:将各步骤半成品费用略而不计,其余项目分别汇总即可。但在实际工作中,这种下步骤半成品费用与上步骤半成品成本正好相等的情况是很少的,因而成本还原就不能用上列简单方法进行,而需要采用别的方法进行专门的成本还原。通常采用的成本还原方法是:从最后一个步骤起,把各个步骤所耗上一步骤半成品的综合成本,按照上一步骤所产半成品成本的结构,逐步分解还原,算出按原始成本项目反映的产成品成本。其计算公式如下:

$$\text{成本还原分配率} = \frac{\text{本月产成品所耗上一步骤半成品费用合计}}{\text{本月上一步骤所生产的半成品成本合计}}$$

$$\text{应还原为上步骤某项成本项目金额} = \text{上一步骤生产的半成品该成本项目的成本} \times \text{成本还原分配率}$$

【例 4.8】 仍以例 4.6 资料(具体数据见表 4.40、表 4.41 和表 4.42),从最后一个步骤起进行还原,方法和步骤如下:

a. 第一次还原

还原分配率 = 3 282.21 ÷ 3 652.10 = 0.898 72

$$\text{E 产成品所耗乙半成品费用中的甲半成品费用} = 2\ 400 \times 0.898\ 72 = 2\ 156.93(\text{元})$$

$$\text{E 产成品所耗乙半成品费用中直接人工费用} = 730.40 \times 0.898\ 72 = 656.43(\text{元})$$

$$\text{E 产成品所耗乙半成品费用中制造费用} = 521.70 \times 0.898\ 72 = 468.85(\text{元})$$

b. 第二次还原

还原分配率 = 2 156.93 ÷ 2 880 = 0.748 934

$$\text{乙半成品所耗甲半成品费用中的直接材料费用} = 1\ 200 \times 0.748\ 934 = 898.72(\text{元})$$

$$\text{乙半成品所耗甲半成品费用中直接人工费用} = 960 \times 0.748\ 934 = 718.98(\text{元})$$

$$\text{乙半成品所耗甲半成品费用中制造费用} = 720 \times 0.748\ 934 = 539.23(\text{元})$$

成本还原一般是通过成本还原计算表进行的。根据表 4.42、4.43 和 4.44 等资料编制 E 产品的成本还原计算表,如表 4.48 所示。

表 4.48 产成品成本还原计算表

2015 年 2 月   金额单位:元

行次	项目	产量	还原分配率	乙半成品	甲半成品	直接材料	直接人工	制造费用	成本合计
1	还原前产成品成本	9 件		3 282.21			568.44	378.99	4 229.64
2	第二步骤乙半成品成本				2 400		730.40	521.70	3 652.10
3	第一次成本还原		0.898 72	-3 282.21	2 156.93		656.43	468.85	
4	第一步骤甲半成品成本					1 200	960	720	2 880
5	第二次成本还原		0.748 934		-2 156.93	898.72	718.98	539.23	
6	还原后产成品总成本					898.72	1 943.85	1 387.07	4 229.64
7	还原后产成品单位成本	9 件				99.86	215.98	154.12	469.96

按照上述方法进行成本还原比较简单,但由于未考虑以前月份所产半成品成本结构的影响,在各月所产半成品的成本结构变化较大的情况下,采用这种方法进行成本还原会产生误差。如果企业有半成品的定额成本或计划成本且较准确,可以按半成品的定额成本或计划成本的成本结构进行还原。

采用综合结转半成品成本,便于分析和考核各步骤所耗半成品费用水平,以利于加强内部成本控制,努力降低成本,但还原工作量较大。因此,一般适用于管理上既要单独计算各步骤所耗半成品费用又不要求成本还原的情况。

(2) 分项结转法

分项结转法是指在结转半成品成本时,将各步骤所耗用的上一步骤半成品成本,分别按照原始成本项目分项对应转入各该步骤产品成本明细账中各个相同成本项目。如果半成品通过仓库收发,那么在自制半成品明细账中登记半成品成本时,也要按照成本项目分别登记。这样,上一步骤半成品成本中的各项费用仍按"直接材料""直接人工""制造费用"等成本项目对应转入领用步骤成本明细账的相同成本项目栏,也就不存在成本还原问题,从而保持产品成本的原始构成。

分项结转既可以按半成品实际单位成本结转,也可以按其计划成本结转。在按计划成本结转时,要分成本项目调整成本差异,因而计算工作量大。实际工作中,一般按实际成本分项结转。分项结转法的成本结转程序如图 4.7 所示。

由图 4.7 可以看出,采用分项结转法结转半成品成本可以直接、正确地提供按原始成本项目反映的企业产品成本资料,便于从整个企业的角度考核和分析产品成本计划的执行情况,不需要进行成本还原。但是,这种方法的成本结转工作比较复杂,而且在各步骤完工产品成本中看不出其所耗上一步骤的半成品成本是多少,本步骤加工费用是多少,不利于对各步骤完工产品进行分析。因而,这种方法一般适用于管理上只要求按原始成本项目计算产品成本,不要求计算各步骤加工费用的企业。

图 4.7 分项结转法成本核算程序

4.4.3 平行结转分步法

1) 平行结转分步法的特点

平行结转分步法,也称"不计算半成品成本法"。它是指在计算产品成本时,各生产步骤不计算本步骤所产半成品成本,也不计算本步骤耗用上一步骤半成品成本,只计算本步骤所发生的生产费用和这些费用中应计入产成品成本的"份额",且将相同产品各步骤的"份额"平行结转、汇总,计算产成品成本的一种分步法。它的主要特点表现在如下 4 个方面:

第一,各步骤之间只进行实物转移,而不进行成本的结转,各步骤只汇集本步骤发生的费用。

第二,半成品在各步骤之间转移,无论是否通过半成品库收发,均不通过"自制半成品"账户进行总分类核算。

第三,将各生产步骤所归集的本步骤所发生的生产费用在完工产成品与广义在产品之间进行分配,计算各步骤应计入产成品成本的"份额"。这里的广义在产品如前所述,它既包括本步骤加工中的在产品,又包括本步骤已经完工、转入以后各步骤继续加工和入半成品库但尚未最后完成的半成品。

第四,将各生产步骤确定的应计入产成品的"份额"平行汇总,计算产成品的总成本。

2) 平行结转分步法的核算程序

(1) 设置生产成本明细账并归集生产费用

按各加工步骤的各种产品设置产品明细账(或产品成本核算单),归集其在本步骤加工过程中发生的各项费用,但不包括其所耗用上一步骤半成品的成本。产品成本明细账的设置和生产费用的归集方法与逐步结转分步法相同。

(2) 计算各步骤应计入产成品成本的份额

月末在各生产步骤产品成本明细账上所归集的费用之和,就是各该产品生产费用的总额。根据各该步骤已完工半成品(包括尚留存在本步骤的半成品、已入库的半成品、停留在以后步骤的半成品及产成品所耗用的半成品)和正在本步骤加工的在产品约当产量,采用一定的方法将各加工步骤所归集的生产费用在半成品与在产品之间进行分配,计算出半成品单位成本,进而计算出产成品应负担的各加工步骤的费用"份额"。

(3) 计算产成品成本

将各加工步骤的生产费用中应计入产成品成本的"份额"平行结转、汇总,计算出产成品成本。

(4) 计算月末广义在产品成本

在各步骤产品成本明细账上生产费用总额扣除应计入产成品成本的份额后,产品成本明细账的余额即为各该步骤的月末在产品成本。此时的月末在产品成本属于广义在产品成本,即不仅包括本步骤月末在产品应负担的生产费用,也包括尚未最终完工的属于本步骤半成品成本。

平行结转分步法的基本核算程序如图4.8所示。

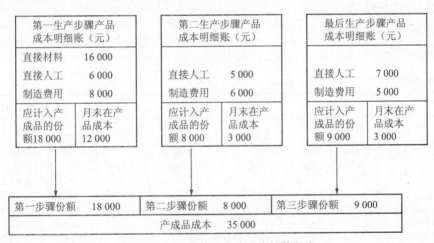

图4.8 平行结转分步法成本核算程序

3) 各步骤计入产成品成本"份额"的计算

平行结转分步法的关键在于合理计算各步骤应计入产成品成本中的"份额"。各步骤应计入产品成本的"份额",一般按下列公式计算:

$$\text{某步骤计入产成品成本份额} = \text{产成品数量} \times \frac{\text{单位产成品耗用该步骤半成品数量}}{} \times \text{该步骤半成品单位成本}$$

其中"该步骤半成品单位成本",在实际计算时要分成本项目进行确定,即分成本项目计算它的分配率。计算时可采用定额比例法或约当产量法求得。

(1) 按定额比例法分配

在这种方法下,分配率的计算公式为:

$$\text{某步骤某项目费用的分配率} = \frac{\text{该步骤该项目期初费用} + \text{该步骤该项目本月发生费用}}{\text{产成品定额消耗量(工时)或定额费用} + \text{月末广义在产品定额消耗量(工时)或定额费用}}$$

其中:

$$\begin{array}{l}\text{月末广义在产品定额消耗量(工时)或定额费用} = \text{月初广义在产品定额消耗量(工时)或定额费用} + \text{本月投入的定额消耗量(工时)或定额费用} - \text{本月产成品定额消耗量(工时)或定额费用}\end{array}$$

$$\text{本月产成品定额消耗量(工时)或定额费用} = \text{本月产成品数量} \times \text{单位产品的定额消耗量(工时)或定额费用}$$

$$\text{某步骤某项费用应计入产成品成本的份额} = \text{产成品定额消耗量(工时)或定额费用} \times \text{该步骤该项费用的分配率}$$

下面通过实例说明它的基本计算原理。

【例 4.9】 某企业生产甲产品分为两个步骤,第一步骤的半成品交由第二步骤继续加工成产成品。该企业在管理上不需要提供半成品成本资料,因此,采用平行结转分步法计算产品成本。各步骤生产费用在完工产品与在产品之间的分配方法,采用定额比例法;直接材料费用按定额原材料费用比例分配,直接人工和制造费用均按定额工时比例分配。2015 年元月有关资料如下。

① 定额资料:如表 4.49 所示。

表 4.49 甲产品成本定额资料
2015 年 1 月

车间	月初在产品		本月投入		本月产成品				
	定额原材料费用(元)	定额工时	定额原材料费用(元)	定额工时	单位定额		产量(件)	定额原材料费用(元)	定额工时
					原材料费用(元)	工时			
第一车间	208 800	8 500	150 800	6 500	116	5	1 400	162 400	7 000
第二车间		3 300		3 900		4	1 400		5 600
合计	208 800	11 800	150 800	10 400	116	9	1 400	162 400	12 600

② 成本资料:如表 4.50 所示。

表 4.50 甲产品实际成本资料

2015 年 1 月　　　　　　　　　　　　　　　　　　　　　　　金额单位:元

项 目		直接材料	直接人工	制造费用	合计	定额工时
第一车间	月初在产品	222 980	17 200	136 300	376 480	8 500
	本月费用	154 600	13 100	104 000	271 700	6 500
第二车间	月初在产品		13 316	51 980	65 296	3 300
	本月费用		15 700	76 900	92 600	3 900

③ 各步骤成本核算程序和方法

(a) 根据上述定额和成本资料,登记各步骤产品成本明细账,如表 4.51、表 4.52 所示。

表 4.51　第一车间基本生产成本明细账

产品名称:甲产品　　　　　　　　2015 年 1 月　　　　　　　　金额单位:元

2015 年		摘 要	产量(件)	直接材料		定额工时	直接人工	制造费用	合计
月	日			定额	实际				
1	1	月初在产品		208 800	222 980	8 500	17 200	136 300	376 480
1	31	本月费用		150 800	154 600	6 500	13 100	104 000	271 700
	31	合计		359 600	377 580	15 000	30 300	240 300	648 180
	31	费用分配率			1.05		2.02	16.02	
	31	产品成本中本步骤份额	1 400	(1 400×116) 162 400	170 520	(1 400×5) 7 000	14 140	112 140	296 800
	31	在产品费用		197 200	207 060	8 000	16 160	128 160	351 380

(b) 表 4.51 中在产品定额原材料费用、定额工时及各项费用分配率根据上述公式计算如下:

甲产品第一车间月末在产品定额原材料费用 $=208\,800+150\,800-162\,400=197\,200$(元)

甲产品第一车间月末在产品定额工时 $=8\,500+6\,500-7\,000=8\,000$(小时)

直接材料费用分配率 $=\dfrac{222\,980+154\,600}{208\,800+150\,800}=1.05$

直接人工费用分配率 $=\dfrac{17\,200+13\,100}{8\,500+6\,500}=2.02$

制造费用分配率 $=\dfrac{136\,300+104\,000}{8\,500+6\,500}=16.02$

产成品成本中第一车间直接材料费用份额 $=162\,400\times1.05=170\,520$(元)

广义在产品成本中第一车间直接材料费用份额 $=197\,200\times1.05=207\,060$(元)

产成品成本中第一车
间直接人工费用份额 $=7\,000×2.02=14\,140(元)$

广义在产品成本中第一
车间直接人工费用份额 $=8\,000×2.02=16\,160(元)$

产成品成本中第一
车间制造费用份额 $=7\,000×16.02=112\,140(元)$

广义在产品成本中第
一车间制造费用份额 $=8\,000×16.02=128\,160(元)$

表 4.52　第二车间基本生产成本明细账

产品名称：甲产品　　　　　　　　　2015 年 1 月　　　　　　　　　金额单位：元

2015年		摘　要	产量（件）	直接材料		定额工时	直接人工	制造费用	合计
月	日			定额	实际				
1	1	月初在产品				3 300	13 316	51 980	65 296
1	31	本月费用				3 900	15 700	76 900	92 600
	31	合计				7 200	29 016	128 880	157 896
	31	费用分配率					4.03	17.90	
	31	产品成本中本步骤份额	1 400			(1 400×4) 5 600	22 568	100 240	122 808
	31	在产品费用				1 600	6 448	28 640	35 088

(c) 表 4.52 第二车间基本生产成本明细账中各项数据计算方法同上。

(d) 根据上述计算结果编制产成品成本汇总表，如表 4.53 所示。

表 4.53　产成品成本汇总表

产品名称：甲产品　　　　　　完工产品产量：1 400 件　　　　　　金额单位：元

车间份额	产量（件）	直接材料	直接人工	制造费用	合计
第一车间转入份额	1 400	170 520	14 140	112 140	296 800
第二车间转入份额	1 400		22 568	100 240	122 808
合计	1 400	170 520	36 708	212 380	419 608
产成品单位成本		121.80	26.22	151.70	299.72

(2) 按约当产量法分配

在这种方法下，一般是先以某种产品的完工成品和期末广义在产品为产量基数，或者说以本步骤已完工半成品（包括尚留存在本步骤的半成品、已入库的半成品、停留在以后步骤的半成品及产成品所耗用的半成品）和正在本步骤加工的在产品为基数，计算各步骤各项费用应计入产品成本单位费用分配率，然后按完工产品数量，计算各步骤各项费用应计入产品成本的份额。计算公式如下：

某步骤某项目费用分配率 $=\dfrac{该步骤月初在产品成本+该步骤本月生产费用}{产成品耗用本步骤半成品数量+该步骤期末广义在产品约当产量}$

其中：期末广义在产品约当产量要分成本项目计算确定。

某步骤分配材料　　已经本步骤加工而留　　本步骤　　本步骤期
费用的期末广义＝存以后步骤(含半成品＋期末在　×末在产品
在产品约当产量　　库)的月末半成品数量　　产品数量　投料程度

某步骤分配工资、　已经本步骤加工而留存　　本步骤期　本步骤期
制造费用的期末广＝以后各步骤(含半成品　＋末在产　×末在产品
义在产品约当产量　　库)的月末半成品数量　　品数量　　加工程度

某步骤某项　　　　　　单位产成品　　该步骤该项费用
费用应计入＝产成品×需要该步骤×应计入产成品
在产品成本　　数量　　半成品数量　单位费用分配率

某步骤某项　该步骤该项　该步骤该　该步骤该项费用
费用期末　＝费用期初　＋项费用本－应计入产成品
在产品成本　在产品成本　期发生额　成本

【例 4.10】 某企业生产的甲产品经过 3 个生产车间完成。原材料于生产开始时一次投入，各生产车间的在产品完工程度均为 50%。由于该产品在各步骤的半成品不对外出售，管理上也不需要各步骤半成品生产成本资料，所以，为简化核算，企业采用平行结转分步法计算产品成本。而且采用约当产量比例法计算各步骤应计入产成品成本份额。单位产成品均消耗各生产步骤的半成品 1 件。8 月份有关资料如表 4.54 和表 4.55 所示。

表 4.54　产品生产情况表　　　　　　　　　　　　　　数量单位：件

项　目	一车间	二车间	三车间	产成品
月初在产品数量	8	14	22	
本月投产或上车间转入数量	110	90	92	
本月完工或转入下车间数量	90	92	100	100
期末各车间在产品数量	28	12	14	
加工程度	50%	50%	50%	

表 4.55　生产费用表　　　　　　　　　　　　　　金额单位：元

	项　目	直接材料	直接人工	制造费用	合计
一车间	月初在产品成本	5 030	1 880	960	7 870
	本月生产费用	25 000	5 680	3 240	33 920
二车间	月初在产品成本		950	680	1 630
	本月生产费用		4 330	3 520	7 850
三车间	月初在产品成本		540	660	1 200
	本月生产费用		4 810	3 941	8 751

根据上述资料，用约当产量比例法计算各生产车间应计入产品成本份额的程序如下：
① 第一车间成本核算
(a) 直接材料成本
第一车间期末广义在产品约当产量＝28×100%＋12＋14＝54(件)

材料费用分配率＝(5 030＋25 000)/(100＋54)＝195(元/件)
原材料费用应计入产成品成本份额＝100×195＝19 500(元)
期末广义在产品的原材料费用＝5 030＋25 000－19 500＝10 530(元)

(b) 直接人工成本

第一车间期末广义在产品约当产量＝28×50%＋12＋14＝40(件)
人工费用分配率＝(1 880＋5 680)/(100＋40)＝54(元/件)
直接人工费用应计入产成品成本份额＝100×54＝5 400(元)
期末广义在产品直接人工费用＝1 880＋5 680－5 400＝2 160(元)

(c) 制造费用成本

制造费用分配率＝(960＋3 240)/(100＋40)＝30(元/件)
制造费用应计入产成品成本份额＝100×30＝3 000(元)
期末广义在产品制造费用＝960＋3 240－3 000＝1 200(元)

将上述计算结果,列入基本生产成本明细账(用成本核算单位替代),如表4.56所示。

表4.56 第一车间成本核算单

产品名称:甲产品　　　　完工产成品产量:100件　　　　金额单位:元

月	日	摘要	直接材料	直接人工	制造费用	合计
8	1	月初在产品成本	5 030	1 880	960	7 870
	31	本月发生生产费用	25 000	5 680	3 240	33 920
	31	合计	30 030	7 560	4 200	41 790
	31	单位费用分配率	195	54	30	279
	31	应计入产成品成本份额	19 500	5 400	3 000	27 900
	31	期末在产品成本	10 530	2 160	1 200	13 890

② 第二车间成本核算

(a) 第二车间期末广义在产品约当产量＝12×50%＋14＝20(件)

(b) 直接人工成本

人工费用分配率＝(950＋4 330)/(100＋20)＝44(元/件)
人工费用应计入产成品成本份额＝100×44＝4 400(元)
期末广义在产品直接人工费用＝20×44＝880(元)

(c) 制造费用

制造费用分配率＝(680＋3 520)/(100＋20)＝35(元/件)
制造费用应计入产成品成本份额＝100×35＝3 500(元)
期末广义在产品制造费用＝20×35＝700(元)

将上述计算结果列入成本核算单,如表4.57所示。

表4.57 第二车间成本核算单

产品名称:甲产品　　　　完工产量:100件　　　　单位:元

月	日	摘要	直接材料	直接人工	制造费用	合计
8	1	月初在产品成本		950	680	1 630
	31	本月发生生产费用		4 330	3 520	7 850

续 表

月	日	摘 要	直接材料	直接人工	制造费用	合计
	31	合计		5 280	4 200	9 480
	31	单位费用分配率		44	35	79
	31	应计入产成品成本份额		4 400	3 500	7 900
	31	期末在产品成本		880	700	1 580

③ 第三车间成本核算

(a) 第三车间期末广义在产品约当产量＝14×50％＝7(件)

(b) 直接人工成本

人工费用率＝(540＋4 810)/(100＋7)＝50(元/件)

直接人工费用应计入产成品成本份额＝100×50＝5 000(元)

期末在产品直接人工费用＝50×7＝350(元)

(c) 制造费用

制造费用分配率＝(660＋3 941)/(100＋7)＝43(元/件)

制造费用应计入产成品成本份额＝100×43＝4 300(元)

期末在产品制造费用＝43×7＝301(元)

将上述计算结果列入产品成本核算单,如表 4.58 所示。

表 4.58 第三车间成本核算单

产品名称:甲产品　　　　　　完工产成品产量:100 件　　　　　　金额单位:元

月	日	摘 要	直接材料	直接人工	制造费用	合计
8	1	月初在产品成本		540	660	1 200
	31	本月发生生产费用		4 810	3 941	8 751
	31	合计		5 350	4 601	9 951
	31	单位费用分配率		50	43	93
	31	应计入产成品成本份额		5 000	4 300	9 300
	31	期末在产品成本		350	301	651

④ 根据上述计算结果编制产成品成本汇总表,如表 4.59 所示。

表 4.59 产成品成本汇总表

产品名称:甲产品　　　　　　完工产成品产量:100 件　　　　　　金额单位:元

车间份额	产量(件)	直接材料	直接人工	制造费用	合计
第一车间转入份额	100	19 500	5 400	3 000	27 900
第二车间转入份额	100		4 400	3 500	7 900
第三车间转入份额	100		5 000	4 300	9 300
合计	100	19 500	14 800	10 800	45 100
产成品单位成本		195	148	108	451

由上述举例可以看出,平行结转分步法由于不计算各步骤半成品成本,只是平行汇总应计入产成品成本的份额,因而能加速成本核算;另外,由于产成品成本是按原始成本项目直接平行汇总计算的,直接反映了产成品的原始成本构成,因此不需要成本还原,大大地简化了成本核算工作。但由于各步骤不计算和结转半成品成本,所以不能提供各步骤耗用前一步骤半成品成本资料,也不能正确反映各步骤在产品成本状况。这样,既不利于在产品的资金管理和实物管理,也不利于各步骤成本耗费水平的分析和考核工作。因而,这种方法适用于半成品种类较多,管理上又不要求提供各步骤半成品成本资料的产品。

任务 4.5 产品成本核算的辅助方法

在实际工作中,除了三种基本方法以外,还采用了一些其他成本核算方法。

4.5.1 产品成本核算的分类法

如果企业生产的产品品种、规格繁多,而某些品种、规格的产品使用的原材料、生产工艺等又很接近,在这种情况下,可以采用分类法来简化成本核算,如同类产品、联产品、副产品以及等级品等的成本核算。

1) 分类法的含义

产品成本核算的分类法是以产品的类别作为成本核算的对象来归集生产费用,计算出各类产品成本的方法。

在一些针织、食品、制鞋等制造企业中,产品品种、规格繁多,如果以产品品种作为成本核算对象归集生产费用计算产品成本,工作量非常大。在这种类型的企业中就可以采取分类法,将产品按照一定标准划分为若干类别,首先以每类产品作为成本核算对象来归集生产费用计算每类产品的成本,然后采用一定的分配方法,将每类产品成本在本类各品种产品之间进行分配,最终计算出每种产品的成本信息。分类法也可以提供每类产品的成本信息,为企业成本管理提供更多的信息资料。

2) 分类法的适用范围

分类法主要适用于产品品种、规格繁多,并且产品可以按照一定要求和标准划分为不用类别的企业或企业生产单位。分类法与企业生产类型没有直接联系,只要企业(或生产单位)的产品可以按照其性质、用途、生产工艺过程和原材料消耗等方面的特点划分为一定类别,都可以采用分类法。如同类产品、联产品、副产品以及等级品等都可以采用分类法进行产品成本的计算。

同类产品是指产品的结构、性质、用途以及使用的原材料、生产工艺过程等大体相同,规格和型号不一的产品。如灯泡厂生产的同一型号不同瓦数的灯泡可以归为同一类产品,先计算出同一型号灯泡的成本,即计算出一类产品成本,再将该类产品成本在不同瓦数的灯泡之间分配,最终计算出不同瓦数灯泡的成本。

联产品是指企业利用相同的原材料,在同一生产过程中,同时生产出几种使用价值不同,但具有同等地位的主要产品。如炼油企业将原油加工提炼出的汽油、煤油、柴油等属于联产品,可以将联产品作为一类产品采用分类法计算成本。

副产品是指企业在生产主要产品的过程中,附带生产出一些非主要产品。如制皂生产中产生的甘油即为副产品,可以将主要产品和副产品作为一类产品采用分类法计算成本。

等级品是指使用同种原料,经过同一加工过程而同时生产出品种相同但质量不同的产品。这些产品的结构、所用原材料、工艺过程相同,所以最适合分类法。

3) 分类法的特点

(1) 以产品类别作为成本核算对象

采用分类法计算产品成本时,首先根据产品的结构、所用的原材料和生产工艺过程的特点,将产品划分为若干类别,以产品类别作为成本核算对象,按照产品的类别设立基本成本明细账,归集产品的生产费用,计算各类产品的成本。

(2) 分类法不是一种独立的成本核算方法

分类法与企业生产类型没有直接联系,只要企业(或生产单位)的产品可以按照其性质、用途、生产工艺过程和原材料消耗等方面的特点划分为一定类别,都可以采用分类法。分类法不是一种独立的成本核算方法,它是产品成本核算的一种辅助方法,分类法必须和产品成本核算的基本方法,如品种法、分批法、分步法结合使用。当分类法与品种法结合使用时,将每类产品视为一个品种;当分类法与分批法结合使用时,将每类产品视为某一批别等。

(3) 成本核算期

分类法与企业生产类型没有直接联系,所以成本核算期取决于与分类法结合使用的基本方法。如果结合品种法或分步法进行成本核算,应定期于每月末计算成本;如果结合分批法进行成本核算,成本核算期与生产周期一致,生产周期结束时进行成本核算。

(4) 生产费用在完工产品和在产品之间的分配

生产费用在完工产品和月末在产品之间分配时,首先计算出每类产品的完工成本。企业以产品类别作为成本核算对象,将各类产品的生产费用在完工产品和月末在产品之间分配,计算出每类产品的完工产品成本。

然后计算每个品种的完工产品成本,将每类产品的完工产品成本在本类各品种产品之间分配,计算出本类各品种产品的完工产品成本。

如食品加企业按照所用原材料不同,将产品分为饼干、糖果、面包三类,饼干包括甜味饼干和咸味饼干两个品种。生产费用分配时,首先将饼干的生产费用在完工产品和月末在产品之间分配,计算出饼干的完工成本。然后将饼干的完工产品成本在甜味饼干和咸味饼干之间分配,计算出甜味饼干的完工产品成本和咸味饼干的完工产品成本(糖果和面包的成本核算过程与饼干相似)。

应当指出,将每类产品的完工产品成本在本类各种产品之间分配时,成本核算的结果带有一定的假定性。因此,采用分类法计算产品成本时,首先应当注意产品分类的合理性。分类过多,会影响计算结果的准确性;分类过细,每一类产品过少,则会加大成本核算的工作量,失去分类法的意义。其次,应当注意同一类中产品成本分配方法的合理性,选定的分配标准应当与各种产品成本的发生有着密切的联系。

4) 分类法成本核算程序

分类法的成本核算程序一般可以分为以下两步:

(1) 计算各类产品的完工成本

采用分类法计算产品成本时,首先应根据产品的性质、用途、生产工艺过程等标准将产品划分为若干类别。按照产品类别设置基本生产成本明细账(即产品成本核算单)。

以产品类别作为成本核算对象,结合使用一种产品成本核算的基本方法,按照要素费用的分配、服务费用的分配、基本生产车间制造费用的分配以及生产费用在完工产品和月末在产品之间的分配等程序计算出各类产品的完工产品成本。

(2) 计算每一类别内各品种完工产品成本

将每一类产品的完工产品成本,采用一定的分配方法在类别内各种产品之间分配,计算出每个品种产品的成本。

在同一类别内各种不同品种产品之间进行成本分配时,可以采用定额比例法或系数分配法。

采用定额比例法分配时,可以将某类产品的完工产品成本按照本类各品种产品的定额消耗量、定额成本的比例分配,计算出本类各品种产品的完工产品成本。采用定额比例法的前提是企业对每一品种的产品都制定有科学合理的消耗定额。

为了简化分配工作,在实际工作中,常常采用系数分配法进行分配,将分配标准折合成系数。系数一经确定,可以在较长时间内使用。按系数将实际产量折算为标准产量,以标准产量作为分配标准来分配生产费用的方法,称为标准产量比例法,又称为系数分配法。采用系数分配法时,首先要在本类中选择一种产量大、生产稳定、规格适中的产品作为标准产品,把标准产品的系数设为"1";然后求出本类中其他产品与标准产品的比例,即系数;再次将本类中每种产品的实际产量分别乘以该产品的系数,折算为标准产量,以标准产量作为分配标准;最后根据分配标准,计算出各项费用分配率,计算出本类中各种产品的总成本和单位成本。有关计算公式如下:

$$某种产品的系数 = \frac{该产品定额消耗量(或定额成本等)}{标准产品定额消耗量(或定额成本等)}$$

$$某种产品的标准产量 = 该产品实际产量 \times 该产品系数$$

$$费用分配率 = \frac{该类产品的完工产品成本}{本类各种产品的标准产量之和}$$

$$某种产品的应负担的费用 = 该产品标准产量 \times 费用分配率$$

4.5.2 产品成本核算的定额法

定额法是以产品的定额成本为基础,加减脱离定额差异和定额变动差异,进而计算产品实际成本的一种方法。这种方法是为了加强成本管理,进行成本控制而采用的一种成本核算与成本管理相结合的方法。

1) 定额法的含义

定额法是以事先制定的产品定额成本为标准,在生产费用发生时,就及时提供实际发生的费用脱离定额耗费的差异额,让管理者及时采取措施,控制生产费用的发生额,并且根据定额和差异额计算产品实际成本的一种成本核算和控制的方法。

2) 定额法的适用范围

定额法适用于已制定一整套完整的定额管理制度,产品定型,各项生产费用消耗定额稳定、准确,财会人员基本知识、基本技能较强的企业,主要是大批量生产的企业。

由于定额法的成本核算对象既可以是最终完工产品,也可以是半成品,所以定额法既可以在整个企业运用,又可以只运用于企业中的某些车间。

3) 定额法的特点

(1) 成本核算对象是企业的完工产品或半成品。根据企业管理的要求,只计算完工产品成本或者同时计算半成品成本与完工产品成本。

(2) 成本核算期间是每月的会计报告期。定额法一般用于大批大量生产企业,只能按月进行成本核算。

(3) 产品实际成本是以定额成本为基础,由定额成本、定额差异和定额变动三部分相加而组成。

(4) 每月的生产费用应分别定额成本、定额差异和定额变动三方面分配于完工产品和在产品。

由于采用定额成本核算法可以计算出定额与实际费用之间的差异额,并采取措施加以改进,所以,采用这种方法有利于加强成本的日常控制;采用定额成本核算法可计算出定额成本、定额差异、定额变动差异等指标项,有利于进行产品成本的定期分析;通过对定额差异的分析,可以对定额进行修改,从而提高定额的管理和计划管理水平。由于有了现成的定额成本资料,可采用定额资料对定额差异和定额变动差异在完工产品和在产品之间进行分配。

但是定额法也有其缺点:因它要分别核算定额成本、定额差异和定额变动差异,工作量较大,推行起来比较困难;且不便于对各个责任部门的工作情况进行考核和分析;定额资料若不准确,还会影响成本核算的准确性。

4) 定额法的计算程序

(1) 制定定额成本

定额成本包括定额材料、定额人工、定额制造费用。定额成本虽与计划成本都是以产品生产耗费的消耗定额和计划价格确定的目标成本,但定额成本与计划成本有一定区别:计划成本在计划期内通常是不变的,定额成本在计划期内是变动的;计划成本是国家或主管企业的上级机构下达的,是国家或上级机构对企业进行成本考核的依据,定额成本是企业自行制定的,是企业对当时的产品成本进行自我控制和考核的依据。

(2) 脱离定额差异的计算

① 脱离定额的差异包括原材料脱离定额的差异、生产工时和生产工人工资脱离定额的差异、制造费用脱离定额的差异。

② 原材料脱离定额的差异是按原材料的计划单价计算的,不包括价格差异和成本差异,特指数量差异。

$$产品成本 = 产品定额成本 \pm 脱离定额差异$$

(3) 材料成本差异的分配

采用定额法计算成本,为了便于产品的分析和考核,原材料的日常核算必须按计划成本进行。

$$某产品应分配的原材料成本差异 = (该产品原材料定额费用 \pm 原材料脱离定额差异) \times 原材料成本差异率$$

$$产品成本 = 产品定额成本 \pm 脱离定额差异 \pm 原材料或半成品成本差异$$

(4) 定额变动差异的计算

定额变动差异,是指由于修订定额或生产耗费的计划价格而产生的新旧定额之间的差额。在消耗定额计划价格修订之后,定额成本也应随之及时修订。在定额变动的月份,月初在产品的定额成本并未修订,它仍然是按照旧的定额计算的。

将按旧定额计算的月初在产品定额成本和按新定额计算的本月投入产品定额成本置

于统一基础上,需要按新定额计算月初在产品的定额变动差异,用以调整月初在产品的定额成本。

$$定额变动系数 = \frac{按新定额计算的单位产品费用}{按旧定额计算的单位产品费用}$$

月初在产品定额变动差异＝按旧定额计算的月初在产品费用×(1－定额变动系数)

月初在产品定额变动差异,通常表现为月初在产品价值的降低,即贬值。应从月初在产品定额费用中扣除该项差异,加入本月产品成本中。如果消耗定额不是降低,而是提高,月初在产品增值的差异则应加入月初在产品定额费用中,同时,从本月产品成本中将之予以扣除。定额降低时,减少了定额成本,增加了定额变动差异;定额提高时,情况则相反。

产品实际成本＝按现行定额计算的产品定额成本±脱离现行定额差异±
原材料或半成品成本差异±月初在产品定额变动差异

【思考题】

1. 确定产品成本核算方法的原则是什么?
2. 工业企业生产的主要类型有哪些?各种类型的特点如何?
3. 生产特点和管理要求对产品成本核算方法有哪些影响?
4. 为了适应不同类型生产特点和成本管理要求,产品成本核算的基本方法有哪些?这些方法各适应什么样的生产类型?
5. 产品成本核算有哪些辅助方法?这些方法又适应什么生产类型?

【练习题】

1. 单选题

(1) 产品成本核算既包括完工产品成本的计算也包括在产品成本的计算,一般情况下都是定期于(　　)进行的。

A. 每月月初　　　　B. 每月月中　　　　C. 每月月末　　　　D. 每年年末

(2) 确定产品成本核算方法的原则是:必须从企业(　　)出发,充分考虑各类型生产经营的特点和成本管理上的要求。

A. 会计核算方法　　　　　　　　　B. 不同的管理方式
C. 不同性质的生产类型　　　　　　D. 会计人员的素质

(3) 生产工艺过程不能间断,不可能或不需要划分为几个生产步骤的生产称为(　　)。

A. 装配式多步骤　　　　　　　　　B. 单步骤生产
C. 多步骤生产　　　　　　　　　　D. 连续式多步骤

(4) 生产工艺过程由若干个可以间断的、分散在不同地点、分别在不同时间进行的生产步骤所组成的生产称为(　　)。

A. 装配式多步骤　　　　　　　　　B. 单步骤生产
C. 多步骤生产　　　　　　　　　　D. 连续式多步骤

(5) 以产品品种为成本核算对象的产品成本核算方法,称为(　　)。

A. 分类法　　　　B. 品种法　　　　C. 分步法　　　　D. 定额法

(6) 以(　　)为成本核算对象的产品成本核算方法,称为分步法。

A. 批别　　　　　　　　　　　　　B. 产品品种

C. 产品类型   D. 产品生产步骤
(7) 企业应当根据(   ),确定适合本企业的成本核算对象、成本项目和成本核算方法。
A. 自身的经营特点和管理要求   B. 企业生产规模的大小
C. 企业生产产品的数量   D. 企业职工人数
(8) 以产品品种为成本核算对象的产品成本核算方法,其成本核算期的特点是(   )。
A. 不定期计算成本,与会计报告期不一致 B. 不定期计算成本,与生产周期一致
C. 定期计算成本,与会计报告期不一致   D. 定期按月计算成本,与会计报告期一致
(9) 分批法适用的生产组织形式是(   )。
A. 成批生产   B. 大量生产
C. 单件小批生产   D. 大量大批生产
(10) 品种法要求按(   )设置生产成本明细账和产品成本核算单。
A. 产品类别   B. 产品数量   C. 产品品种   D. 生产周期
(11) 在多步骤生产中,如果采用品种法计算产品成本,成本核算一般(   )进行。
A. 在产品生产周期结束时   B. 在季末
C. 在年终   D. 也是定期于每月月末
(12) 采用品种法,生产成本明细账(包括产品成本核算单)应当按照(   )分别开设。
A. 生产步骤   B. 生产单位
C. 产品品种   D. 产品类别
(13) 产品成本核算的分批法,是指以产品的(   )作为成本核算对象。
A. 品名   B. 类别
C. 生产步骤   D. 批别(单件生产为件别)
(14) 分批法的适用范围是(   )。
A. 成批生产   B. 大量生产
C. 小批、单件生产   D. 大量大批生产
(15) 分批法的计算程序与(   )一致。
A. 品种法   B. 分类法   C. 分步法   D. 定额法
(16) 简化分批法的适用范围是(   )。
A. 投产批数较少而在产品批数较少的企业
B. 投产批数较多而在产品批数较多的企业
C. 投产批数较多而在产品批数较少的企业
D. 投产批数较少而在产品批数较多的企业
(17) 在小批单件多步骤生产的情况下,如果管理上不要求分步计算产品成本,应采用的成本核算方法是(   )。
A. 分批法   B. 分步法   C. 品种法   D. 定额法
(18) 分步法主要适用于(   )组织形式的多步骤生产。
A. 大量、小批生产   B. 小量、大批生产
C. 小量、小批生产   D. 大量、大批生产
(19) 逐步结转分步法的成本核算程序,按各步骤完工的半成品是否经过(   )而有所不同。

A. 实物转移程序 B. 成本结转程序
C. 半成品库进行收发 D. 半成品成本核算

(20) 采用"逐步综合结转分步法"时需要成本还原,其还原标准是:要还原的半成品成本所在步骤的( )。

A. 前一步骤本月完工半成品成本总额及其构成
B. 本步骤本月完工半成品成本总额及其构成
C. 下一步骤本月完工半成品成本定额及其构成
D. 计划完工半成品成本总额及其构成

(21) 半成品成本都是随着半成品实物的转移而结转的成本核算方法是( )。
A. 分步法 B. 逐步结转分步法
C. 分批法 D. 平行结转分步法

(22) 不计算各生产步骤的半成品成本的分步法是指( )分步法。
A. 分项结转 B. 综合结转
C. 逐步结转 D. 平行结转

(23) 分步法中需要进行成本还原的成本核算方法是( )分步法。
A. 分项结转 B. 平行结转
C. 逐步结转 D. 综合结转

(24) 成本还原是将( )成本中的自制半成品项目的成本还原为原成本项目的成本。
A. 自制半成品 B. 半成品
C. 在产品 D. 产成品(完工产品)

(25) 成本还原必须从( )生产步骤开始。
A. 最初一个 B. 最后一个 C. 其中一个 D. 每一个

(26) ( )企业中,必须采用逐步结转分步法。
A. 没有自制半成品的
B. 有自制半成品对外销售的
C. 有自制半成品直接交给下一个生产步骤的
D. 不计算各生产步骤的半成品成本的

2. 多选题

(1) 工业企业的生产按照生产工艺过程的特点可以分为( )两种类型。
A. 装配式多步骤生产 B. 单步骤生产
C. 多步骤生产 D. 连续式多步骤生产

(2) 多步骤生产按其产品的加工方式,又可分为( )两种。
A. 连续式多步骤生产 B. 单步骤生产
C. 装配式多步骤生产 D. 间断多步骤生产

(3) 工业企业的生产按其生产组织的特点可以分为( )3种类型。
A. 单件生产 B. 大量生产 C. 成批生产 D. 订单生产

(4) 以成本核算对象为主要标志的产品成本核算的基本方法有( )。
A. 分类法和定额法 B. 分批法 C. 分步法 D. 品种法

(5) 除产品成本核算的基本方法以外,为了解决某一个特定问题而产生的成本核算的辅助方法包括( )。

A. 分类法　　　　　B. 品种法　　　　　C. 分步法　　　　　D. 定额法

(6) 生产特点和管理要求对产品成本核算方法的影响,主要表现在对(　　)的影响。

A. 产品总成本　　　　　　　　　　B. 成本核算对象
C. 产品成本核算期　　　　　　　　D. 完工产品与在产品之间成本分配

(7) 企业确定的成本核算对象,主要有(　　)。

A. 产品品种　　　　　　　　　　　B. 产品生产计划
C. 产品批别　　　　　　　　　　　D. 产品品种及其所经生产步骤

(8) 品种法的特点是(　　)。

A. 以产品品种作为成本核算对象
B. 成本核算期一般与会计报告期一致
C. 适用于单步骤的大量生产
D. 期末有在产品时,需要在完工产品和在产品之间分配生产耗费和支出

(9) 分批法的特点包括(　　)。

A. 以产品批别为成本核算对象
B. 成本核算期与产品周期一致
C. 成本核算期与产品周期不一致
D. 一般不需要在完工产品和期末在产品之间分配生产耗费和支出

(10) 一般来说,企业应根据本单位(　　)等具体情况与条件来组织成本会计工作。

A. 不同性质的生产类型　　　　　　B. 生产经营业务的特点
C. 会计人员的年龄　　　　　　　　D. 成本管理的要求

(11) 品种法下的成本核算期(　　)。

A. 一般是定期于每月月末进行　　　B. 与会计报告期一致
C. 与产品生产周期一致　　　　　　D. 与产品生产周期不一致

(12) 品种法的适用范围包括(　　)。

A. 大量大批单步骤生产
B. 大量大批多步骤生产
C. 企业内部的供水、供电和供气等辅助生产车间
D. 大量大批的多步骤生产,但不要求分步骤计算半成品成本

(13) 品种法是成本核算最基本的方法,这是因为(　　)。

A. 品种法不要求对发生的费用进行分配
B. 各种方法最终都要计算出各产品品种的成本
C. 品种法定期按月计算成本
D. 品种法的成本核算程序是成本核算的最基本程序

(14) 品种法的特点是(　　)。

A. 定期按月计算产品成本
B. 以产品品种作为成本核算对象
C. 需要采用一定的方法在各生产步骤之间分配生产费用
D. 如果有在产品时,需要在完工产品和期末在产品之间分配生产耗费和支出

(15) 在产品成本核算过程中存在的成本核算对象有(　　)。

A. 产品品种　　　　B. 产品类型　　　　C. 产品批别　　　　D. 产品生产步骤

(16) 产品成本核算分批法的特点有( )。
A. 成本核算期与生产周期基本一致
B. 成本核算期与会计报告期不一致
C. 一般不需要在完工产品与在产品之间分配生产成本
D. 需要在完工产品与在产品之间分配生产成本

(17) 简化分批法的特点是( )。
A. 必须设置基本生产成本二级账
B. 平时不登记间接成本和在产品成本
C. 分批计算月末在产品成本
D. 不分批计算月末在产品成本

(18) 产品成本核算的分步法具有的主要特点包括( )。
A. 以产品的品种及所经生产步骤作为成本核算对象
B. 成本核算定期按月进行,与产品生产周期不一致
C. 通常需要在完工产品与在产品之间分配生产耗费和支出
D. 在各步骤之间需要结转半成品成本

(19) 由于各个企业生产工艺过程的特点和成本管理对各步骤成本资料的要求不同,产品成本核算的分步法通常采用( )两种不同的方法。
A. 逐步结转分步法
B. 分项结转分步法
C. 平行结转分步法
D. 综合结转分步法

(20) 分步法中能够直接反映产成品成本的原始构成项目的成本核算方法是( )。
A. 逐步结转分步法
B. 逐步综合结转分步法
C. 逐步分项结转分步法
D. 平行结转分步法

(21) 采用分步法,计算各步骤半成品成本是( )的需要。
A. 成本核算
B. 成本控制
C. 对外销售
D. 全面考核和分析成本计划完成情况

(22) 广义的在产品是指( )。
A. 尚在本步骤加工中的在产品
B. 转入各半成品库的半成品
C. 已从半成品库转到以后各步骤进一步加工、尚未最后制成的半成品
D. 全部加工中的在产品和半成品

3. 判断题
(1) 产品成本核算的方法只有三种,即品种法、分步法和分批法。 ( )
(2) 计算产品成本,要先确定成本核算的对象。 ( )
(3) 若某企业只生产一种产品,则其生产过程中的全部生产费用,均是直接费用。
( )
(4) 产品成本核算最基本的方法有品种法、分批法和分步法三种。 ( )
(5) 分步法下,成本核算期与会计报告期是一致的。 ( )
(6) 品种法只适用于大量大批单步骤生产的企业。 ( )
(7) 分批法适用于单件小批单步骤和管理上不要求分步计算成本的多步骤生产。
( )
(8) 生产组织可分为单步骤生产和多步骤生产。 ( )
(9) 生产工艺过程可分为平行生产和连续式生产。 ( )

(10) 在单件小批生产的情况下,一般不存在生产费用在完工产品和在产品之间进行划分的问题。（　　）

(11) 分类法与分步法不能结合使用。（　　）

【技能实训】

技能实训总体要求:实训资料中的金额单位均为"元"。实训过程中的计算结果,金额数据保留2位小数,分配率保留4位小数。

1. 品种法实训

实训目的

通过本实训业务,把品种法计算成本的过程中所涉及的各种费用分配表、明细账结合起来,以便系统地掌握品种法的成本核算方法,理解产品成本核算的基本原理。将品种法的成本核算原理与实际操作结合起来,培养学生的理论应用能力和实际操作能力,训练其基本操作技能。

实训资料

1）企业概况

长虹机械厂设有一车间、二车间两个基本生产车间,大量大批生产甲、乙、丙三种产品,其工艺过程属于单步骤生产。一车间生产甲、乙两种产品,二车间生产丙产品。还设有供电、保养两个辅助生产车间,为基本生产车间和管理部门提供服务。辅助生产车间的制造费用不通过"制造费用"账户核算。产品成本包括"直接材料""直接人工"和"制造费用"三个成本项目。甲、乙、丙产品的原材料均为在生产开始时一次投入。该企业定额管理基础较好,产品的消耗定额或费用定额比较准确、稳定,甲、乙、丙三种产品各月末在产品数量变化较大,月末,采用定额比例法将本月实际生产费用在本月完工产品和月末在产品之间进行分配。直接材料费用按定额费用比例分配,其他费用按定额工时比例分配。

2）期初余额

该企业2015年10月份有关产品成本核算资料如表4.60和表4.61所示。

表4.60　产品产量资料

2015年10月　　　　　　　　　　　　　　　　　　　　单位:件

产品名称	月初在产品	本月投产	本月完工	月末在产品
甲	800	7 200	6 500	1 500
乙	600	2 300	2 900	0
丙	320	3 680	3 200	800

表4.61　月初在产品成本

2015年10月　　　　　　　　　　　　　　　　　　　　单位:元

产品名称	直接材料	直接人工	制造费用	合计
甲	8 090	5 880	6 830	20 800
乙	16 000	2 685	1 880	20 565
丙	6 160	2 968	2 728	11 856

3) 定额资料

定额资料如表 4.62 和表 4.63 所示。

表 4.62 完工产品定额资料
2015 年 10 月

项 目	甲产品	乙产品	丙产品
材料费用定额(元)	12	28	20
工时定额(小时)	6	4	1

表 4.63 月末在产品定额资料
2015 年 10 月

项 目	甲产品	乙产品	丙产品
材料费用定额(元)	12	28	20
工时定额(小时)	3.5	2	0.5

4) 经济业务

(1) 本月以银行存款支付各项费用,见表 4.64。

(2) 本月生产耗用材料费用见表 4.65。生产甲产品耗用材料 36 300 元,生产乙产品耗用材料 31 300 元,生产甲、乙产品共同耗用材料 90 000 元。甲、乙两种产品共同耗用的材料按定额费用的比例进行分配。

(3) 本月职工薪酬费用见表 4.66。生产工人的工资按实际生产工时的比例进行分配。

(4) 计提本月固定资产折旧费。该企业 10 月份管理部门购置一项新设备 19 800 元,已投入使用,同时报废一项旧设备 22 000 元。9 月份固定资产折旧见表 4.67。

(5) 摊销周转材料价值。各车间、部门本月领用的周转材料按规定在 10 月、11 月、12 月 3 个月之间摊销。各车间领用的周转材料见表 4.65。

(6) 计提借款利息 2 000 元。

(7) 分配辅助生产费用。辅助生产费用按一次交互分配法进行分配。供电车间、保养车间为各受益对象提供的劳务数量见表 4.68。

(8) 分配制造费用。一车间的制造费用按产品的实际生产工时比例,在甲、乙两种产品之间进行分配。本月各种产品的实际生产工时见表 4.69。

(9) 分配各成本项目费用,计算产品成本。完工产品及在产品数量见表 4.60,月初在产品成本及有关定额资料见表 4.61、表 4.62、表 4.63。

(10) 结转完工产品成本。

5) 原始资料

表 4.64 银行存款支付汇总表
2015 年 10 月
单位:元

部 门	办公费	劳保费	差旅费	其他费用
一车间	5 800	4 000	6 000	20 000
二车间	1 900	2 100	1 000	3 660

续表

部　　门	办公费	劳保费	差旅费	其他费用
供电车间	800	650	300	1 000
保养车间	1 200	600	230	1 500
管理部门	10 860	300	5 560	2 350

表 4.65　领料凭证汇总表

2015 年 10 月　　　　　　　　　　　　　　　　　　　　单位:元

领用部门	材料用途	1 日～10 日	11 日～20 日	21 日～31 日	合计
一车间	原材料	55 000	51 800	50 800	157 600
	周转材料	800	800	670	2 270
	机物料消耗	2 000	2 600	1 020	5 620
	保养用材料	200	700	900	1 800
	小计	58 000	55 900	53 390	167 290
二车间	原材料	20 000	26 000	15 000	61 000
	周转材料	800	350	200	1 350
	机物料消耗	800	700	350	1 850
	保养用材料	300	200	900	1 400
	小计	21 900	27 250	16 450	65 600
供电车间	周转材料	400	307	280	987
	机物料消耗	1 000	600	600	2 200
	保养用材料	200	400	500	1 100
	小计	1 600	1 307	1 380	4 287
保养车间	周转材料	1 000	1 100	200	2 300
	机物料消耗	800	500	300	1 600
	保养用材料	120	200	600	920
	小计	1 920	1 800	1 100	4 820

表 4.66　职工薪酬结算汇总表

2015 年 10 月　　　　　　　　　　　　　　　　　　　　单位:元

车间或部门	职工类别	应付职工薪酬	代扣款项总额	实发金额
一车间	生产工人	136 800	19 170	117 630
	管理人员	45 600	11 220	34 380
二车间	生产工人	7 980	1 780	6 200
	管理人员	2 280	478	1 802
供电车间	生产工人	6 840	1 340	5 500
	管理人员	2 280	1 000	1 280

续 表

车间或部门	职工类别	应付职工薪酬	代扣款项总额	实发金额
保养车间	生产工人	9 120	1 360	7 760
	管理人员	2 280	810	1 470
管理部门	管理人员	20 520	4 110	16 410
合 计		233 700	41 268	192 432

表 4.67 固定资产折旧
2015 年 9 月   单位:元

使用部门	一车间	二车间	供电车间	保养车间	管理部门
折旧额	20 000	1 500	2 000	2 980	3 000

表 4.68 辅助生产车间劳务量
2015 年 10 月

受益对象	供电车间(度)	保养车间(工时)
甲产品(生产用)	72 300	
乙产品(生产用)	17 400	
丙产品(生产用)	6 400	
一车间(照明用)	2 100	3 000
二车间(照明用)	1 000	1 600
供电车间		1 000
保养车间	17 800	
管理部门(办公用)	3 000	400
合 计	120 000	6 000

表 4.69 各种产品本月实际生产工时
2015 年 10 月

产品名称	甲产品	乙产品	丙产品
实际生产工时	40 400	9 600	3 520

实训要求

(1) 根据本月货币支出资料,编制其他费用分配表(表 4.70)及银行存款付款凭证。

表 4.70 其他费用分配表
2015 年 10 月 31 日   单位:元

部门	办公费	劳保费	差旅费	其他费用	合计
一车间					
二车间					
供电车间					

续 表

部门	办公费	劳保费	差旅费	其他费用	合计
保养车间					
管理部门					
合计					

(2) 根据领料凭证汇总表以及其他有关资料编制材料费用分配表(表 4.71 和表 4.72)，并编制记账凭证。

表 4.71　周转材料分配表

2015 年 10 月 31 日　　　　　　　　　　　　　　　　　　　　单位:元

分配对象	一车间	二车间	供电车间	保养车间	合计
分配金额					
合计					

表 4.72　材料费用分配表

2015 年 10 月 31 日　　　　　　　　　　　　　　　　　　金额单位:元

分配对象		成本费用项目	直接计入	分配计入			材料费用合计
				定额费用	分配率	应分配额	
甲产品		直接材料					
乙产品		直接材料					
小计							
丙产品		直接材料					
一车间	一般耗用	机物料					
	保养用	保养费					
	小计						
二车间	一般耗用	机物料					
	保养用	保养费					
	小计						
供电车间	一般耗用	机物料					
	保养用	保养费					
	小计						
保养车间	一般耗用	机物料					
	保养用	保养费					
	小计						
合计							

(3) 根据工资结算汇总表及生产工时，编制职工薪酬费用分配表(表 4.73)，并编制记账

凭证。

表4.73 职工薪酬费用分配表

2015年10月31日　　　　　　　　　　　　　　　　　金额单位:元

分配对象	成本费用或项目	直接计入	分配计入			职工薪酬合计
			生产工时	分配率	应分配额	
甲产品						
乙产品						
小计						
丙产品						
一车间管理人员						
二车间管理人员						
供电车间人员						
保养车间人员						
管理部门人员						
合计						

（4）根据固定资产折旧资料，编制固定资产折旧费用分配表（表4.74），并编制记账凭证。

表4.74 固定资产折旧费用分配表

2015年10月31日　　　　　　　　　　　　　　　　　　　　单位:元

使用部门	上月折旧费用	本月应增加计提折旧费用	本月应减少计提折旧费用	本月应计提折旧费用
一车间				
二车间				
供电车间				
保养车间				
管理部门				
合计				

（5）根据周转材料的有关资料，编制周转材料摊销表（表4.75），并编制记账凭证。

表4.75 周转材料摊销表

2015年10月31日　　　　　　　　　　　　　　　　　　　　单位:元

使用部门	费用项目	本期摊销金额	尚未摊销金额
一车间			
二车间			
供电车间			

续 表

使用部门	费用项目	本期摊销金额	尚未摊销金额
保养车间			
合计			

(6) 根据借款利息的有关资料,编制利息费用计提表(表4.76),并编制记账凭证。

表4.76 利息费用计提表

2015年10月31日　　　　　　　　　　　　　　　　　　　　　　　单位:元

部　　门	费用项目	本期计提金额	累计计提金额
财务部门			
合计			

(7) 根据上述各种费用分配表,登记辅助生产成本明细账(表4.77和表4.78),制造费用明细账(表4.79和表4.80),基本生产成本明细账(表4.81、表4.82和表4.83),管理费用明细账(表4.84),财务费用明细账(表4.85)。

表4.77 辅助生产成本明细账

车间名称:供电车间　　　　　　2015年10月31日　　　　　　　　　　　单位:元

日期	摘　要	人工费用	折旧费	保养费	机物料消耗	办公费	差旅费	劳保费	周转材料摊销	其他费用	合计
	分配职工薪酬										
	计提折旧费										
	分配材料费用										
	摊销周转材料										
	支付其他费用										
	小计										
	分配转入										
	分配转出										
	本月合计										
	本月转出										

表4.78 辅助生产成本明细账

车间名称:保养车间　　　　　　2015年10月31日　　　　　　　　　　　单位:元

日期	摘　要	人工费用	折旧费	保养费	机物料消耗	周转材料摊销	办公费	差旅费	劳保费	其他费用	合计
	分配职工薪酬										
	计提折旧费										
	分配材料费用										
	摊销周转材料										

续 表

日期	摘要	人工费用	折旧费	保养费	机物料消耗	周转材料摊销	办公费	差旅费	劳保费	其他费用	合计
	支付其他费用										
	小计										
	分配转入										
	分配转出										
	本月合计										
	本月转出										

表 4.79 制造费用明细账

车间名称：一车间　　　　　　　　　2015 年 10 月 31 日　　　　　　　　　单位：元

日期	摘要	人工费用	折旧费	保养费	机物料消耗	周转材料摊销	办公费	差旅费	劳保费	其他费用	合计
	分配职工薪酬										
	计提折旧费										
	分配材料费用										
	摊销周转材料										
	支付其他费用										
	小计										
	分配辅助生产费用										
	本月合计										
	本月转出										

表 4.80 制造费用明细账

车间名称：二车间　　　　　　　　　2015 年 10 月 31 日　　　　　　　　　单位：元

日期	摘要	人工费用	折旧费	保养费	机物料消耗	周转材料摊销	办公费	差旅费	劳保费	其他费用	合计
	分配职工薪酬										
	计提折旧费										
	分配材料费用										
	摊销周转材料										
	支付其他费用										
	小计										
	分配辅助生产费用										
	本月合计										
	本月转出										

表 4.81　基本生产成本明细账

产品名称：甲产品　　　　　　　　　　2015 年 10 月 31 日　　　　　　　　　　　　单位：元

2015 年		凭证字号	摘　　要	直接材料	直接人工	制造费用	合计
月	日						
		略	月初在产品成本				
			分配材料费				
			分配职工薪酬				
			分配动力费				
			分配制造费用				
			本月生产费用				
			生产费用合计				
			结转产成品成本				
			单位成本				
			月末在产品成本				

表 4.82　基本生产成本明细账

产品名称：乙产品　　　　　　　　　　2015 年 10 月 31 日　　　　　　　　　　　　单位：元

2015 年		凭证字号	摘　　要	直接材料	直接人工	制造费用	合计
月	日						
		略	月初在产品成本				
			分配材料费				
			分配职工薪酬				
			分配动力费				
			分配制造费用				
			本月生产费用				
			生产费用合计				
			结转产成品成本				
			单位成本				

表 4.83　基本生产成本明细账

产品名称：丙产品　　　　　　　　　　2015 年 10 月 31 日　　　　　　　　　　　　单位：元

2015 年		凭证字号	摘　　要	直接材料	直接人工	制造费用	合计
月	日						
		略	月初在产品成本				
			分配材料费				
			分配职工薪酬				

续 表

2015年		凭证字号	摘 要	直接材料	直接人工	制造费用	合计
月	日						
		略	分配动力费				
			分配制造费用				
			本月生产费用				
			生产费用合计				
			结转产成品成本				
			单位成本				
			月末在产品成本				

表 4.84 管理费用明细账

2015年10月31日　　　　　　　　　　　　　　　　　　　　　单位:元

日期	摘 要	工资费用	折旧费	办公费	差旅费	劳保费	保养费	其他费用	合计
	分配职工薪酬								
	计提折旧费								
	支付其他费用								
	分配辅助生产费用								
	本月合计								
	本月转出								

表 4.85 财务费用明细账

2015年10月31日　　　　　　　　　　　　　　　　　　　　　单位:元

日期	摘要	利息	其他	合计
	计提本月利息费用			
	本月合计			
	本月转出			

(8) 根据辅助生产成本明细账以及其他有关资料,编制辅助生产费用分配表(表 4.86),并编制记账凭证。

表 4.86 辅助生产费用分配表

2015年10月31日　　　　　　　　　　　　　　　　　　　　金额单位:元

项 目	交互分配			对外分配		
	供电	保养	合计	供电	保养	合计
待分配费用						
供应劳务数量						
分配率						

续 表

项目		交互分配			对外分配		
		供电	保养	合计	供电	保养	合计
供电	耗用数量						
	分配金额						
保养	耗用数量						
	分配金额						
金额小计							
甲产品	耗用数量						
	分配金额						
乙产品	耗用数量						
	分配金额						
丙产品	耗用数量						
	分配金额						
金额小计							
一车间	耗用数量						
	分配金额						
二车间	耗用数量						
	分配金额						
金额小计							
管理部门	耗用数量						
	分配金额						
分配金额合计							

(9) 根据辅助生产费用分配表,登记辅助生产成本明细账(表 4.77 和表 4.78),制造费用明细账(表 4.79 和表 4.80),基本生产成本明细账(表 4.81、表 4.82 和表 4.83),管理费用明细账(表 4.84)。

(10) 根据制造费用明细账以及其他有关资料,编制制造费用分配表(表 4.87),并编制记账凭证。

表 4.87 制造费用分配表

2015 年 10 月 31 日

分配对象	生产工时	分配率	分配金额(元)
甲产品			
乙产品			
小计			
丙产品			
合计			

(11) 根据制造费用分配表,登记制造费用明细账(表 4.79 和表 4.80),基本生产成本明细账(表 4.81、表 4.82 和表 4.83)。

(12) 根据完工产品和月末在产品定额资料,计算本月完工产品和月末在产品定额(表 4.88)。

表 4.88 完工产品和月末在产品定额计算表

2015 年 10 月 31 日　　　　　　　　　　　　　　　　　金额单位:元

	产品名称	数量	原材料		其他费用	
			单位费用定额	定额费用	单位工时定额	定额工时
完工产品	甲					
	乙					
	丙					
在产品	甲					
	乙					
	丙					
总定额	甲					
	乙					
	丙					

(13) 根据基本生产成本明细账和本月完工产品和月末在产品定额资料,编制产品成本核算表,计算各种完工产品的成本(表 4.89、表 4.90 和表 4.91)。

表 4.89 完工产品和月末在产品成本核算表

产品名称:甲产品　　　　　　2015 年 10 月 31 日　　　　　　　金额单位:元

项　目	直接材料	直接人工	制造费用	合计
月初在产品成本				
本月生产费用				
生产费用累计				
分配率				
完工产品定额				
月末在产品定额				
小计				
完工产品成本				
单位成本				
月末在产品成本				

表4.90　完工产品和月末在产品成本核算表

产品名称:乙产品　　　　　　2015年10月31日　　　　　　　　　　　　单位:元

项　目	直接材料	直接人工	制造费用	合计
月初在产品成本				
本月生产费用				
生产费用累计				
完工产品总成本				
单位成本				

表4.91　完工产品和月末在产品成本核算表

产品名称:丙产品　　　　　　2015年10月31日　　　　　　　　　　金额单位:元

项　目	直接材料	直接人工	制造费用	合计
月初在产品成本				
本月生产费用				
生产费用累计				
分配率				
完工产品定额				
月末在产品定额				
小　计				
完工产品成本				
单位成本				
月末在产品成本				

(14)根据产品成本核算表,编制产品成本汇总表(表4.92),并编制记账凭证。

表4.92　产品成本汇总表

2015年10月31日　　　　　　　　　　　　　　　　　　　　　　单位:元

产品名称 成本项目	甲产品		乙产品		丙产品		合计
	总成本	单位成本	总成本	单位成本	总成本	单位成本	
直接材料							
直接人工							
制造费用							
合计							

(15)根据产品成本汇总表,登记基本生产成本明细账(表4.81、表4.82和表4.83),结转完工产品成本,结算月末在产品成本。

(16)月末将管理费用明细账(表4.84)、财务费用明细账(表4.85)上的费用转出。

(17)根据记账凭证,编制科目汇总表(表4.93),登记各有关总账。

表 4.93　科目汇总表

2015 年 10 月 31 日　　　　　　　　　　　　　　　　　　　　科汇　号

会计科目	过账	本期发生额	
		借方	贷方
合计			

2. 分批法实训

实训目的

通过实训使学生熟悉分批法产品成本核算的基本原理和一般程序，掌握一般分批法。

实训资料

1) 企业概况

晨光制造厂属于机械制造行业，生产 A、B、C、D、E 等产品。该厂设有一个基本生产车间，根据客户的要求按订单分批组织生产，原材料按计划成本计价，产品成本核算采用分批法。

2) 期初余额及本月有关成本核算资料

(1) 期初余额

各产品期初在产品成本资料如表 4.94 所示。

表 4.94　月初在产品成本

金额单位:元

批号	产品名称	批量(台)	直接材料	直接人工	制造费用
401	A	100	32 480	4 760	10 460
402	B	50	23 450	2 560	7 228
403	C	80	28 660	8 650	3 658

(2) 本月有关资料

2015 年 3 月发生费用及工时资料如表 4.95 所示。

表 4.95　本月发生费用及工时资料

批号	产品名称	原材料(计划成本)(元)	实用工时(小时)	生产工人薪酬(元)
401	A	12 000	8 500	
402	B	7 400	5 460	
403	C	8 450	9 000	
404	D	25 000	30 000	
405	E	18 000	9 000	
合计		70 850	61 960	39 900

(3) 已知,材料成本差异率为-4%,404、405 为本月新投入生产的产品,批量分别为 70 台和 120 台。本月共发生制造费用 160 000 元。

(4) 本月 401、402、405 批号的产品已全部完工验收入库;404 批号的产品全部在产;403 批号的产品本月完工 15 台,按计划成本转出,直接材料计划单位成本为 550 元,直接人工单位成本 100 元,制造费用单位成本 1 680 元,合计 2 330 元。

本月发生的工资费用、制造费用均按实用工时比例分配(分配率保留 4 位小数,分配金额保留 2 位小数)。

实训要求

(1) 月末根据领料单、工资结算单及有关资料编制材料费用分配表(表 4.96)、职工薪酬分配表(表 4.97)、制造费用分配表(表 4.98)。

表 4.96　材料费用分配表

2015 年 3 月　　　　　　　　　　　　　　　　　　　　　　　　单位:元

应借科目	应贷科目	原材料		
		计划成本	成本差异(差异率-4%)	实际成本
基本生产成本	A			
	B			
	C			
	D			
	E			
合　计				

表 4.97　职工薪酬分配表

2015 年 3 月　　　　　　　　　　　　　　　　　　　　　　　　单位:元

应借科目	应贷科目	应付职工薪酬		
		分配标准	分配率	分配金额
基本生产成本	A			
	B			
	C			
	D			
	E			
合计				

表 4.98　制造费用分配表

2015 年 3 月　　　　　　　　　　　　　　　　　　　　　　　　单位:元

应贷科目	应借科目	基本生产成本					
		A	B	C	D	E	合计
制造费用	分配标准						
	分配率						
	分配金额						

(2) 根据材料费用分配表(表 4.96)、职工薪酬费用分配表(表 4.97)、制造费用分配表(表 4.98),登记各产品成本明细账(表 4.99、表 4.100、表 4.101、表 4.102 及表 4.103)。

表 4.99　产品成本明细账

批号:401　　　　　　　　　　　　　　　　　　　　　开工日期:2015 年 2 月
产品名称:A 产品　　　　　　　　　　　　　　　　　完工日期:2015 年 3 月 22 日
产量:100 台　　　　　　　　2015 年 3 月　　　　　　　　　　　　单位:元

2015 年		摘　　要	直接材料	直接人工	制造费用	合计
月	日					
2	28	月末余额				
3	31	本月发生额				
		总成本				
		单位成本				

表 4.100 产品成本明细账

批号:402
产品名称:B产品
产量:50 台

开工日期:2015 年 2 月
完工日期:2015 年 3 月 25 日
单位:元

2015 年 3 月

2015 年		摘要	直接材料	直接人工	制造费用	合计
月	日					
2	28	月末余额				
3	31	本月发生额				
		总成本				
		单位成本				

表 4.101 产品成本明细账

批号:403
产品名称:C产品
产量:80 台

开工日期:2015 年 2 月
完工日期:3 月 31 日完工 15 台
单位:元

2015 年 3 月

2015 年		摘要	直接材料	直接人工	制造费用	合计
月	日					
2	28	月末余额				
3	31	本月发生额				
		单台计划成本				
		完工 15 台产品成本				
		单位成本				

表 4.102 产品成本明细账

批号:404
产品名称:D产品
产量:70 台

开工日期:2015 年 3 月
完工日期:
单位:元

2015 年 3 月

2015 年		摘要	直接材料	直接人工	制造费用	合计
月	日					
3	31	本月发生额				
		合计				

表 4.103 产品成本明细账

批号:405　　　　　　　　　　　　　　　　　　　　开工日期:2015 年 3 月
产品名称:E 产品　　　　　　　　　　　　　　　　　完工日期:2015 年 3 月 30 日
产量:120 台　　　　　　　2015 年 3 月　　　　　　　　　　　　　单位:元

2015 年		摘　　要	直接材料	直接人工	制造费用	合计
月	日					
3	31	本月发生额				
		总成本				
		单位成本				

（3）根据各完工批号的产品成本明细账,编制产品成本核算单(表 4.104)。

表 4.104 产品成本核算单
2015 年 3 月

成本项目	A 产品 100 台		B 产品 50 台		C 产品 15 台		E 产品 120 台	
	总成本	单位成本	总成本	单位成本	总成本	单位成本	总成本	单位成本
直接材料								
直接人工								
制造费用								
合计								

3. 简化分批法实训

实训目的

通过实训使学生熟悉产品成本核算的基本原理和一般程序,了解简化分批法与一般分批法的区别,掌握简化分批法计算产品成本的步骤。

实训资料

1）企业概况

新兴机床厂的生产组织属于小批生产,一个月份内投产批数较多,而且月末未完工批数也较多,故产品成本核算采用简化分批法。

2）生产计划

2015 年 7 月份的产品批号有:

A-10 批号甲产品 10 件,5 月投产,本月完工;

A-11 批号乙产品 20 件,6 月投产,本月完工 8 件;

A-12 批号丙产品 15 件,6 月投产,尚未完工;

A-13 批号丁产品 12 件,7 月投产,尚未完工。

3）期初余额及本月有关成本核算资料

（1）各批号产品各月份发生的原材料和工时资料如表 4.105 所示。

表 4.105 原材料及工时资料

产品批号	月份	原材料(元)	工时(小时)
A-10	5	6 500	7 680
	6	2 450	9 920
	7	1 890	19 800
A-11	6	12 340	35 470
	7	13 250	20 060
A-12	6	7 500	21 120
	7	3 470	45 740
A-13	7	20 140	38930

(2) A-11 批号乙产品的原材料在生产开始时一次性投入,其完工 8 件的工时为 24 350 小时,在产品 12 件的工时为 31 180 小时。

(3) 6 月份该厂全部在产品的职工薪酬 35 360 元,制造费用为 78 976 元;7 月份该厂发生的职工薪酬为 64 000 元,制造费用为 80 000 元。

实训要求

根据上述各项资料,按照简化的分批法计算各批号的完工产品成本。

(1) 根据该企业有关资料(见表 4.105),开设"基本生产成本二级账"(表 4.106),并登记月初在产品成本、本月发生的生产成本等资料,计算间接成本(加工费)累计分配率。

表 4.106 基本生产成本二级账

生产单位: 　　　　　　　　　　　　　　　　　　　　　　　　金额单位:元

年		凭证		摘　　要	原材料	生产工时(小时)	燃料及动力	职工薪酬	制造费用	合计
月	日	字	号							
				月初在产品成本						
				本月发生成本						
				累计						
				间接成本累计分配率						
				结转完工产品成本						
				月末在产品成本						

(2) 将计算的间接成本(加工费)累计分配率登记到完工批次的产品成本明细账(表 4.107 和表 4.108),并按照该批完工产品累计工时和间接成本(加工费)累计分配率计算出完工产品的间接成本(加工费)和总成本。

表 4.107　产品成本明细账

产品批号：A-10　　　产品名称：甲产品　　　　　　　　　　　投产日期：5月
购货单位：光明工厂　　产品批量：10件　　　　　　　　　　　完工日期：7月

月	日	摘　要	直接材料	生产工时	直接人工	制造费用	合计
5	31	本月发生					
6	30	本月发生					
7	31	本月发生					
7	31	累计数及累计间接费用分配率					
7	31	本月完工产品转出					
7	31	完工产品单位成本					

表 4.108　产品成本明细账

产品批号：A-11　　　产品名称：乙产品　　　　　　　　　　　投产日期：6月
购货单位：宏达工厂　　产品批量：20件　　　　　　　　　　　完工日期：7月完工8件

月	日	摘　要	直接材料	生产工时	直接人工	制造费用	合计
6	30	本月发生					
7	31	本月发生					
7	31	累计数及累计间接费用分配率					
7	31	本月完工产品(8件)转出					
7	31	完工产品单位成本					
7	31	在产品					

(3) 登记丙产品和丁产品成本明细账(表 4.109 和表 4.110)。

表 4.109　产品成本明细账

产品批号：A-12　　　产品名称：丙产品　　　　　　　　　　　投产日期：6月
购货单位：大宇公司　　产品批量：15件　　　　　　　　　　　完工日期：

月	日	摘　要	直接材料	生产工时	直接人工	制造费用	合计
6	30	本月发生					
7	31	本月发生					

表 4.110　产品成本明细账

产品批号：A-13　　　产品名称：丁产品　　　　　　　　　　　投产日期：7月
购货单位：光明工厂　　产品批量：12件　　　　　　　　　　　完工日期：

月	日	摘　要	直接材料	生产工时	直接人工	制造费用	合计
7	31	本月发生					

4. 逐步综合结转分步法实训

实训目的

通过对产品成本核算的逐步综合结转分步法的实习训练,熟练掌握各种要素费用、综合费用归集分配计入各步骤产品成本的方法,掌握半成品成本在各步骤之间的结转,以便进一步理解产品成本核算的基本原理,培养学生的灵活运用能力和实际操作能力。

实训资料

1) 企业概况

火箭公司设有3个基本生产车间,大量生产甲、乙两种产品。第一车间为第二车间提供甲半成品和乙半成品,第二车间将甲半成品生产成产成品、将乙半成品加工后转入第三车间继续加工,第三车间将乙半成品生产成产成品。其中第一车间生产的甲半成品,交半成品库验收,第二车间按照需要从甲半成品库领用,其所需半成品费用按全月一次加权平均单位成本核算,第二车间生产的乙半成品直接转入第三车间继续加工。各车间每一件完工产品耗用上一车间半成品的数量均为一件。该企业为了加强成本管理,要求计算各种产品的各车间半成品成本。该企业还设有一个辅助生产车间,辅助生产车间的间接费用通过"制造费用"账户核算。产品成本包括"直接材料""直接人工"和"制造费用"3 个成本项目。原材料于生产开始时一次投入。各车间生产费用在完工产品和在产品之间的分配采用约当产量法。

2) 期初余额

该企业2015年9月份有关产品成本核算资料如表4.111、表4.112 及表4.113 所示。

表4.111 产品产量资料

2015年9月 单位:件

项 目	第一车间		第二车间		第三车间
	甲产品	乙产品	甲产品	乙产品	乙产品
月初在产品数量	60	360	150	480	240
本月投入或转入数量	90	960	160	1 200	1 440
本月完工转出数量	120	1 200	250	1 440	1 320
月末结存在产品数量	30	120	60	240	360
月末在产品完工程度	60%	60%	80%	50%	50%

表4.112 月初甲在产品成本

产品名称:甲产品　　　　2015年9月　　　　　　　　单位:元

生产车间	直接材料	直接人工	制造费用	合计
第一车间	55 630	7 200	5 400	68 230
第二车间	230 770.50	18 000	12 000	260 770.50

第一车间直接材料55 630元,其中原材料36 000元,动力和其他费用19 630元。

第二车间自制半成品费用230 770.50元,其中半成品费用216 370.50元,动力和其他费用14 400元。

表 4.113　月初乙在产品成本

产品名称:乙产品　　　　　　　　　　2015 年 9 月　　　　　　　　　　　　　单位:元

生产车间	直接材料	直接人工	制造费用	合计
第一车间	58 968	14 040	10 440	83 448
第二车间	109 632	6 672	4 968	121 272
第三车间	73 071.20	2 160	1 560	76 791.20

第一车间直接材料 58 968 元,其中原材料 54 000 元,动力和其他费用 4 968 元。

第二车间自制半成品 109 632 元,其中半成品费用 104 592 元,动力和其他费用 5 040 元。

第三车间自制半成品 73 071.2 元,其中半成品费用 7 1491.2 元,动力和其他费用 1 580 元。

3) 定额资料

材料费用定额资料如表 4.114 所示。

表 4.114　完工产品定额资料

2015 年 9 月

产品名称	甲产品	乙产品
材料费用定额(元)	600	150

4) 经济业务

(1) 2015 年 9 月以银行存款支付的各项费用见表 4.115。

(2) 2015 年 9 月职工薪酬费用见表 4.116。生产工人的工资按实际生产工时的比例进行分配。实际生产工时见表 4.117。

(3) 2015 年 9 月生产耗用材料费用见表 4.118。其中,生产甲产品耗用材料 51 000 元,生产乙产品耗用材料 136 000 元,生产甲、乙产品共同耗用材料 11 000 元。甲、乙两种产品共同耗用的材料按定额费用的比例进行分配。定额资料表 4.114,投产数量见表 4.111。

(4) 2015 年 9 月外购动力见表 4.119。各车间用电在甲、乙两种产品之间进行分配。实际生产工时见表 4.117。

(5) 计提 2015 年 9 月固定资产折旧费。该企业 9 月份固定资产折旧见表 4.120。

(6) 摊销周转材料价值。各车间、部门本月领用的周转材料按规定在 9 月、10 月、11 月 3 个月之间摊销。各车间领用的周转材料见表 4.118。

(7) 计提 2015 年 9 月财产保险费 30 000 元。(全部计入管理费用)

(8) 辅助生产车间为各受益对象提供的劳务数量见表 4.121。

(9) 库存甲半成品月初余额 60 件,总成本 52 344 元,第一车间本月完工入库甲半成品 120 件(分别于上旬入库 50 件,中旬入库 60 件,下旬入库 10 件),第二车间本月领用甲半成品 160 件(分别于上旬领用 40 件,中旬领用 70 件,下旬领用 50 件)。

(10) 分配各成本项目费用,计算产品成本时,各车间完工产品及在产品数量、在产品完工程度见表 4.111,月初在产品成本资料见表 4.112、表 4.113。

表 4.115　银行存款支付汇总表
2015 年 9 月　　　　　　　　　　　　　　　　　　　单位:元

车间或部门	办公费	劳动保护费	其他费用	合计
一车间	800	580	400	1 780
二车间	600	640	360	1 600
三车间	300	200	100	600
辅助生产车间	350	320	280	950
管理部门	2 500	600	2 000	5 100
合计	4 550	2 340	3 140	10 030

表 4.116　职工薪酬费用结算汇总表
2015 年 9 月　　　　　　　　　　　　　　　　　　　单位:元

车间或部门	生产工人薪酬	管理人员薪酬	合　计
一车间	35 600	16 500	52 100
二车间	34 800	20 000	54 800
三车间	24 800	11 400	36 200
辅助生产车间	30 000	11 000	41 000
管理部门		35 000	35 000
合　计	125 200	93 900	219 100

表 4.117　生产工时统计表
2015 年 9 月　　　　　　　　　　　　　　　　　　　单位:小时

生产车间	甲产品	乙产品	合计
一车间	8 700	5 540	14 240
二车间	1 500	3 000	4 500
合计	10 200	8 540	18 740

表 4.118　领料凭证汇总表
2015 年 9 月　　　　　　　　　　　　　　　　　　　单位:元

领用部门	材料用途	1 日～10 日	11 日～20 日	21 日～30 日	合计
一车间	原材料	198 000			198 000
	周转材料	1 000	1 600	2 200	4 800
	机物料消耗	800	1 200	800	2 800
	保养用材料	2 000	3 800	3 600	9 400
	小计	162 800	6 600	6 600	176 000

续 表

领用部门	材料用途	1日～10日	11日～20日	21日～30日	合计
二车间	原材料				
	周转材料	1 800	1 000	1 200	4 000
	机物料消耗	1 500	1 000	900	3 400
	保养用材料	12 200	17 800	12 350	42 350
	小计	15 500	19 800	14 450	49 750
三车间	原材料				
	周转材料	1 000	600	800	2 400
	机物料消耗	800	600	400	1 800
	保养用材料	6 000	8 800	6 000	20 800
	小计	7 800	10 000	7 200	25 000
辅助生产车间	原材料	40 000			40 000
	周转材料				
	机物料消耗	3 000	5 000	4 000	12 000
	保养用材料	200			200
	小计	43 200	5 000	4 000	52 200
管理部门	保养用材料	900	3 000	200	4 100

表 4.119　外购动力

2015 年 9 月　　　　　　　　　　　　　　　　　　　　　　　　　　　单位:度

用电部门	生产用电	管理用电
一车间	12 000	500
二车间	9 000	300
三车间	600	200
辅助生产车间	4 800	100
管理部门		200
合　计	26 400	1 300

表 4.120　固定资产折旧

2015 年 9 月　　　　　　　　　　　　　　　　　　　　　　　　　　　单位:元

使用部门	一车间	二车间	三车间	辅助生产车间	管理部门
固定资产原值	1 200 000	1 600 000	1 000 000	1 300 000	720 000
综合折旧率	0.5%				

表 4.121 辅助生产车间劳务量

车间名称：供气车间 2015年9月

受益部门	受益对象	受益数量（度）
一车间	甲产品	2 650
	乙产品	2 000
	一般耗用	150
	小计	4 800
二车间	甲产品	1 780
	乙产品	2 200
	一般耗用	120
	小计	4 100
三车间	乙产品	800
	一般耗用	200
	小计	1 000
管理部门		100
合计		10 000

实训要求

实训资料中的金额单位均为"元"。实训过程中的计算结果，金额数据保留2位小数，分配率保留4位小数。

首先开设成本核算的有关账户，然后按下列要求进行成本核算。

(1) 根据本月货币支出资料，编制其他费用分配表（表4.122）及银行存款付款凭证。

表 4.122 其他费用分配表

2015年9月30日 单位：元

部门	办公费	劳保费	其他费用	合计
一车间				
二车间				
三车间				
辅助生产车间				
管理部门				
合计				

(2) 根据领料凭证汇总表以及其他有关资料编制材料费用分配表和周转材料领用表（表4.123及表4.124），并编制记账凭证。

表 4.123　材料费用分配表

2015 年 9 月 30 日　　　　　　　　　　　　　　　　　　　　　　　　金额单位：元

分配对象		成本费用项目	直接计入	分配计入			材料费用合计
				定额费用	分配率	应分配额	
甲产品		直接材料					
乙产品		直接材料					
小计							
一车间	一般耗用	机物料					
	保养用	保养费					
	小计						
二车间	一般耗用	机物料					
	保养用	保养费					
	小计						
三车间	一般耗用	机物料					
	保养用	保养费					
	小计						
辅助车间	一般耗用	机物料					
	保养用	保养费					
	小计						
	生产耗用	直接材料					
管理部门	保养用	保养费					
合计							

表 4.124　周转材料领用表

2015 年 9 月 30 日　　　　　　　　　　　　　　　　　　　　　　　　单位：元

分配对象	一车间	二车间	三车间	合计
领用金额				
合计				

（3）根据职工薪酬费用结算汇总表（表 4.116）及生产工时统计表（表 4.117），编制职工薪酬费用分配表（表 4.125），并编制记账凭证。

表 4.125　职工薪酬费用分配表

2015 年 9 月 30 日　　　　　　　　　　　　　　　　　　　　　金额单位:元

分配对象		成本费用项目	直接计入	分配计入			职工薪酬合计
				生产工时	分配率	应分配额	
一车间	甲产品	直接人工					
	乙产品	直接人工					
	小计						
	管理人员	职工薪酬					
二车间	甲产品	直接人工					
	乙产品	直接人工					
	小计						
	管理人员	职工薪酬					
三车间	乙产品	直接人工					
	管理人员	职工薪酬					
辅助车间	生产人员	职工薪酬					
	管理人员	职工薪酬					
管理部门	管理人员	职工薪酬					
合计							

(4) 根据外购动力的有关资料,编制外购动力费用分配表(表 4.126),并编制记账凭证。

表 4.126　外购动力费用分配表

2015 年 9 月

分配对象		成本费用项目	生产工时	分配率	耗用数量(度)(0.6元/度)	分配金额(元)
一车间	甲产品	直接材料				
	乙产品	直接材料				
	小计					
	管理用电	水电费				
二车间	甲产品	直接材料				
	乙产品	直接材料				
	小计					
	管理用电	水电费				
三车间	乙产品	直接材料				
	管理用电	水电费				
辅助生产车间	生产用电	直接材料				
	管理用电	水电费				
管理部门	管理用电	水电费				
合　计						

(5) 根据固定资产折旧资料,编制固定资产折旧费用分配表(表 4.127),并编制记账

凭证。

表 4.127　固定资产折旧费用分配表

2015 年 9 月 30 日　　　　　　　　　　　　　　　　　　　　　　　　　单位:元

分配对象	固定资产原值	应计提折旧额
一车间		
二车间		
三车间		
辅助生产车间		
管理部门		
合　计		

(6) 根据周转材料的有关资料,编制周转材料摊销表(表 4.128),并编制记账凭证。

表 4.128　周转材料摊销表

2015 年 9 月 30 日　　　　　　　　　　　　　　　　　　　　　　　　　单位:元

使用部门	费用项目	本期摊销金额	尚未摊销金额
一车间			
二车间			
三车间			
合计			

(7) 根据财产保险的有关资料,编制保险费用计提表(表 4.129),并编制记账凭证。

表 4.129　保险费用计提表

2015 年 9 月 30 日　　　　　　　　　　　　　　　　　　　　　　　　　单位:元

部门	费用项目	本期计提金额	累计计提金额
管理部门			
合计			

(8) 根据上述各种费用分配表,登记辅助生产车间制造费用明细账(表 4.130),辅助生产成本明细账(表 4.131),基本生产车间制造费用明细账(表 4.132、表 4.133 及表 4.134),基本生产成本明细账(表 4.135、表 4.136、表 4.137、表 4.138 及表 4.139),管理费用明细账(表 4.140)。

表 4.130　制造费用明细账

车间名称:供气车间　　　　　　2015 年 9 月 30 日　　　　　　　　　　　　　　　单位:元

日期	摘要	人工费用	折旧费	保养费	机物料消耗	水电费	办公费	劳保费	其他费用	合计
	计提折旧费									
	分配材料费用									

续 表

日期	摘　要	人工费用	折旧费	保养费	机物料消耗	水电费	办公费	劳保费	其他费用	合计
	分配动力费									
	分配职工薪酬									
	支付其他费用									
	本月合计									
	本月转出									

表 4.131　辅助生产成本明细账

车间名称：供气车间　　　　　　　　2015 年 9 月 30 日　　　　　　　　　　单位：元

2015 年		凭证字号	摘　要	直接材料	直接人工	制造费用	合计
月	日						
		略	分配材料费用				
			分配职工薪酬				
			分配动力费				
			分配制造费用				
			本月生产费用				
			分配转出费用				

表 4.132　制造费用明细账

车间名称：一车间　　　　　　　　2015 年 9 月 30 日　　　　　　　　　　单位：元

日期	摘　要	人工费用	折旧费	保养费	机物料消耗	周转材料摊销	水电费	办公费	劳保费	其他费用	合计
	分配职工薪酬										
	计提折旧费										
	分配材料费用										
	摊销周转材料										
	分配动力费										
	支付其他费用										
	小计										
	分配辅助生产费用										
	本月合计										
	本月转出										

表 4.133　制造费用明细账

车间名称：二车间　　　　　　　　　　2015 年 9 月 30 日　　　　　　　　　　单位：元

日期	摘要	人工费用	折旧费	保养费	机物料消耗	周转材料摊销	水电费	办公费	劳保费	其他费用	合计
	分配职工薪酬										
	计提折旧费										
	分配材料费用										
	摊销周转材料										
	分配动力费										
	支付其他费用										
	小计										
	分配辅助生产费用										
	本月合计										
	本月转出										

表 4.134　制造费用明细账

车间名称：三车间　　　　　　　　　　2015 年 9 月 30 日　　　　　　　　　　单位：元

日期	摘要	人工费用	折旧费	保养费	机物料消耗	周转材料摊销	水电费	办公费	劳保费	其他费用	合计
	分配职工薪酬										
	计提折旧费										
	分配材料费用										
	摊销周转材料										
	分配动力费										
	支付其他费用										
	小计										
	分配辅助生产费用										
	本月合计										
	本月转出										

表 4.135　基本生产成本明细账

生产步骤：第一车间　　　　　产品名称：甲产品（甲半成品）　　　　　金额单位：元

2015 年		凭证字号	摘要	直接材料	直接人工	制造费用	合计
月	日						
			月初在产品成本				
			分配材料费				
			分配职工薪酬				

续 表

2015年		凭证字号	摘　要	直接材料	直接人工	制造费用	合计
月	日						
			分配动力费				
			分配气费				
			分配制造费用				
			本月生产费用				
			生产费用合计				
			本月完工半成品数量				
			月末在产品约当产量				
			约当总产量				
			完工半成品单位成本				
			结转完工半成品成本				
			月末在产品成本				

表 4.136　基本生产成本明细账

生产步骤:第一车间　　　　　　　产品名称:乙产品(乙半成品)　　　　　　　金额单位:元

2015年		凭证字号	摘　要	直接材料	直接人工	制造费用	合计
月	日						
			月初在产品成本				
			分配材料费				
			分配职工薪酬				
			分配动力费				
			分配气费				
			分配制造费用				
			本月生产费用				
			生产费用合计				
			本月完工半成品数量				
			月末在产品约当产量				
			约当总产量				
			完工半成品单位成本				
			结转完工半成品成本				
			月末在产品成本				

表 4.137 基本生产成本明细账

生产步骤:第二车间　　　　　　产品名称:甲产品　　　　　　金额单位:元

2015年		凭证字号	摘要	直接材料	直接人工	制造费用	合计
月	日						
			月初在产品成本				
			上步转入半成品成本				
			分配职工薪酬				
			分配动力费				
			分配气费				
			分配制造费用				
			本月生产费用				
			生产费用合计				
			本月完工产品数量				
			月末在产品约当产量				
			约当总产量				
			完工产品单位成本				
			结转完工产品成本				
			月末在产品成本				

表 4.138 基本生产成本明细账

生产步骤:第二车间　　　　　　产品名称:乙产品(乙半成品)　　　　　　金额单位:元

2015年		凭证字号	摘要	直接材料	直接人工	制造费用	合计
月	日						
			月初在产品成本				
			上步转入半成品成本				
			分配职工薪酬				
			分配动力费				
			分配气费				
			分配制造费用				
			本月生产费用				
			生产费用合计				
			本月完工半成品数量				
			月末在产品约当产量				
			约当总产量				
			完工半成品单位成本				
			结转完工半成品成本				
			月末在产品成本				

表 4.139 基本生产成本明细账

生产步骤:第三车间   产品名称:乙产品   金额单位:元

2015年		凭证字号	摘要	直接材料	直接人工	制造费用	合计
月	日						
			月初在产品成本				
			上步转入半成品成本				
			分配职工薪酬				
			分配动力费				
			分配气费				
			分配制造费用				
			本月生产费用				
			生产费用合计				
			本月完工产品数量				
			月末在产品约当产量				
			约当总产量				
			完工产品单位成本				
			结转完工产品成本				
			月末在产品成本				

表 4.140 管理费用明细账

2015 年 9 月 30 日   单位:元

日期	摘要	保养费	人工费	折旧费	办公费	劳保费	其他费用	保险费	合计
	分配材料费用								
	分配职工薪酬								
	计提折旧								
	支付其他费用								
	分配水电费								
	分配保险费								
	分配辅助生产费用								
	本月合计								
	本月转出								

(9) 根据辅助生产车间制造费用明细账(表 4.130),编制辅助生产车间制造费用分配表(表 4.141),并编制记账凭证。

表 4.141　制造费用分配表

车间名称：供气车间　　　　　　　2015 年 9 月 30 日

分配对象	分配金额(元)

(10) 根据辅助生产车间制造费用分配表(表 4.141)，登记辅助生产车间制造费用明细账(表 4.130)、辅助生产成本明细账(表 4.131)。

(11) 根据辅助生产成本明细账(表 4.131)，编制辅助生产费用分配表(表 4.142)，并编制记账凭证。

表 4.142　辅助生产费用分配表

车间名称：供气车间　　　　　　　2015 年 9 月 30 日

受益部门	受益对象	受益数量(度)	分配金额(元)
	待分配费用		
	辅助生产车间劳务量		
	分配率		
一车间	甲产品		
	乙产品		
	小计		
	一般耗用		
二车间	甲产品		
	乙产品		
	小计		
	一般耗用		
三车间	乙产品		
	一般耗用		
管理部门			

(12) 根据辅助生产费用分配表(表 4.142)，登记辅助生产成本明细账(表 4.131)，基本生产车间制造费用明细账(表 4.132、表 4.133 及表 4.134)，基本生产成本明细账(表 4.135、表 4.136、表 4.137、表 4.138 及表 4.139)，管理费用明细账(表 4.140)。

(13) 根据基本生产车间制造费用明细账(表 4.132、表 4.133 及表 4.134)以及其他有关资料，编制基本生产车间制造费用分配表(表 4.143)，并编制记账凭证。一车间、二车间的制造费用按产品的实际生产工时比例，在甲、乙两种产品之间进行分配。本月各种产品的实际生产工时见表 4.117。

表 4.143　制造费用分配表

2015 年 9 月 30 日

分配对象		生产工时	分配率	分配金额(元)
一车间	甲产品			
	乙产品			
	小计			
二车间	甲产品			
	乙产品			
	小计			
三车间	乙产品			

(14) 根据基本生产车间制造费用分配表(表 4.143),登记制造费用明细账(表 4.132、表 4.133 及表 4.134),基本生产成本明细账(表 4.135、表 4.136、表 4.137、表 4.138 及表 4.139)。

(15) 根据第一车间基本生产成本明细账、产品产量资料和月末在产品完工程度,计算本月第一车间自制半成品和月末在产品成本,并编制记账凭证,登记第一车间(甲半成品、乙半成品,表 4.135、表 4.136)、第二车间基本生产成本明细账(乙半成品,表 4.138)和自制半成品明细账(表 4.144),结转完工半成品成本,结算各车间月末在产品成本。

表 4.144　自制半成品明细账

产品名称:甲半成品　　　　　　　　　　　　　　　　　　　　　　　　　　　　金额单位:元

2015 年		凭证字号	摘　要	收入		发出		结存	
月	日			数量	金额	数量	金额	数量	金额
			月初结存						
			二车间领用						
			一车间交库						
			二车间领用						
			一车间交库						
			二车间领用						
			一车间交库						
			本月合计						

(16) 根据第二车间领用自制半成品的凭证,编制记账凭证,登记第二车间基本生产成本明细账(甲产品,表 4.137)和自制半成品明细账(甲半成品,表 4.144)。

(17) 根据第二车间基本生产成本明细账、产品产量资料和月末在产品完工程度,计算本月第二车间自制半成品(乙半成品)和月末在产品成本,并编制记账凭证,登记第二车间、第三车间基本生产成本明细账(乙半成品,表 4.138 及表 4.139),结转完工半成品成本,结算月末在产品成本。

(18) 根据第三车间基本生产成本明细账、产品产量资料和月末在产品完工程度,计算本月第三车间完工产品成本和月末在产品成本,并编制记账凭证,结转完工产品成本,结算月末在产品成本(表 4.139)。

(19) 编制产成品成本还原计算表(表 4.145 表 4.146)。将产成品成本中的半成品费用,按本月相应的生产车间所产半成品成本的结构进行成本还原,按原始成本项目反映完工产品成本(为简化核算,进行成本还原时,不将"直接材料"项目进行细分)。计算还原分配率。

表 4.145 产成品成本还原计算表(甲产品)　　　　　　　　　　单位:元

行次	项　目	半成品	直接材料	直接人工	制造费用	合计
1	还原前产成品总成本					
2	第一车间所产半成品成本					
3	半成品成本还原					
4	还原后产成品成本					

还原分配率＝

表 4.146 产成品成本还原计算表(乙产品)　　　　　　　　　　单位:元

行次	项　目	半成品	直接材料	直接人工	制造费用	合计
1	还原前产成品总成本					
2	第二车间所产半成品成本					
3	第三车间半成品成本还原					
4	第一车间所产半成品成本					
5	第二车间半成品成本还原					
6	还原后产成品成本					

第三车间半成品成本还原分配率＝

第二车间半成品成本还原分配率＝

(20) 月末将管理费用明细账上的费用转出(表 4.140)。

(21) 根据记账凭证,编制科目汇总表(表 4.147),登记各有关总账。

表 4.147 科目汇总表

2015 年 9 月 30 日　　　　　　　　　　科汇　号

会计科目	过账	本期借方发生额	本期贷方发生额
银行存款			
原材料			
周转材料			
库存商品			
自制半成品			
基本生产成本			
辅助生产成本			

续表

会计科目	过账	本期借方发生额	本期贷方发生额
制造费用			
管理费用			
应付账款			
应付职工薪酬			
其他应付款			
累计折旧费			
本年利润			
合计			

5. 平行结转分步法实训

实训目的

通过对产品成本核算的平行结转分步法的实习训练,在掌握各种要素费用、综合费用归集分配方法的基础上,进一步掌握各步骤生产费用计入产品成本的方法,尤其是掌握各步骤生产费用如何按份额计入完工产品成本,以便学生深入理解成本核算的原理。

实训资料

1) 企业概况

明远工厂设有3个基本生产车间,连续生产甲、乙两种产品。第一车间为第二车间提供甲半成品和乙半成品;第二车间将甲半成品生产成产成品,将乙半成品加工后转入第三车间继续加工;第三车间将乙半成品生产成产成品。其中第一车间生产的甲半成品,交甲半成品库验收,第二车间按照需要从甲半成品库领用,第二车间生产的乙半成品直接转入第三车间继续加工。各车间每一件完工产品耗用上一车间半成品的数量均为一件。该企业半成品不对外销售,管理上也不要求计算各车间半成品成本,所以要求采用平行结转分步法计算产品成本。该企业还设有一个辅助生产车间,辅助生产车间的间接费用通过"制造费用"账户核算。产品成本包括"原材料""燃料及动力""职工薪酬"和"制造费用"4个成本项目。原材料于生产开始时一次投入,其他费用按当月生产耗用情况分配。各车间生产费用在完工产品和在产品之间的分配采用约当产量法。

其相关资料除下列内容进行了变动外,其余均按"4.逐步综合结转分步法实训"资料处理。

2) 期初余额

该企业本月月初在产品成本资料如表4.148和表4.149所示。

表4.148 月初甲在产品成本   单位:元

生产车间	原材料	燃料及动力	直接人工	制造费用	合计
第一车间	3 600	19 630	7 200	5 400	68 230
第二车间		14 400	18 000	12 000	44 400

库存甲半成品月初余额60件(第二车间本月领用160件)。

表 4.149 月初乙在产品成本　　　　　　　　　　　　　　　　　　　　　　单位:元

生产车间	原材料	燃料及动力	直接人工	制造费用	合计
第一车间	54 000	4 968	14 040	10 440	83 448
第二车间		5 040	6 672	4 968	16 680
第三车间		1 580	2 160	1 560	5 300

3) 其他资料

(1)至(9)经济业务和其他成本核算资料见逐步综合结转分步法实训资料。

(10) 分配各成本项目费用,计算各步骤应结转产成品的费用"份额",计算产成品成本。"原材料"费用项目中的原材料费用按完工产品及在产品数量分配,其他费用按约当产量分配。各车间完工产品及在产品数量、在产品完工程度见表 4.111,月初在产品成本资料见表 4.148、表 4.149。

实训要求

首先开设成本核算的有关账户,然后按下列要求进行成本核算:

(1) 根据所给资料对各种费用进行归集和分配,编制有关费用分配表(其他费用分配表、材料费用分配表、工资费用分配表及职工福利费计算分配表、外购动力费用分配表、固定资产折旧费用分配表、周转材料摊销表、保险费用计提表),登记各车间制造费用明细账、辅助生产成本明细账、各车间基本生产成本明细账(根据需要可以直接运用逐步结转分步法的计算结果)。

(2) 根据各车间制造费用明细账、辅助生产成本明细账,编制各车间制造费用分配表、辅助生产费用分配表,登记各车间基本生产成本明细账(表 4.150、表 4.151、表 4.152、表 4.153 及表 4.154)。

表 4.150 基本生产成本明细账

生产步骤:第一车间　　　　　　　产品名称:甲产品　　　　　　　金额单位:元

年		凭证字号	摘要	原材料	燃料及动力	直接人工	制造费用	合计
月	日							
			月初在产品成本					
			分配材料费					
			分配职工薪酬					
			分配动力费					
			分配气费					
			分配制造费用					
			本月生产费用					
			生产费用合计					
			最终产成品数量					
			在产品约当产量					
			约当总产量					

续 表

年		凭证字号	摘 要	原材料	燃料及动力	直接人工	制造费用	合计
月	日							
			本车间费用分配率					
			应计入产成品费用份额					
			月末在产品成本					

表 4.151　基本生产成本明细账

生产步骤：第一车间　　　　　　　产品名称：乙产品　　　　　　　金额单位：元

年		凭证字号	摘 要	原材料	燃料及动力	直接人工	制造费用	合计
月	日							
			月初在产品成本					
			分配材料费					
			分配职工薪酬					
			分配动力费					
			分配气费					
			分配制造费用					
			本月生产费用					
			生产费用合计					
			最终产成品数量					
			在产品约当产量					
			约当总产量					
			本车间费用分配率					
			应计入产成品费用份额					
			月末在产品成本					

表 4.152　基本生产成本明细账

生产步骤：第二车间　　　　　　　产品名称：甲产品　　　　　　　金额单位：元

年		凭证字号	摘 要	燃料及动力	直接人工	制造费用	合计
月	日						
			月初在产品成本				
			分配职工薪酬				
			分配动力费				
			分配气费				
			分配制造费用				
			本月生产费用				

续 表

年		凭证字号	摘要	燃料及动力	直接人工	制造费用	合计
月	日						
			生产费用合计				
			最终产成品数量				
			在产品约当产量				
			约当总产量				
			本车间费用分配率				
			应计入产成品费用份额				
			月末在产品成本				

表 4.153　基本生产成本明细账

生产步骤:第二车间　　　　　产品名称:乙产品　　　　　金额单位:元

年		凭证字号	摘要	燃料及动力	直接人工	制造费用	合计
月	日						
			月初在产品成本				
			分配职工薪酬				
			分配动力费				
			分配气费				
			分配制造费用				
			本月生产费用				
			生产费用合计				
			最终产成品数量				
			在产品约当产量				
			约当总产量				
			本车间费用分配率				
			应计入产成品费用份额				
			月末在产品成本				

表 4.154　基本生产成本明细账

生产步骤:第三车间　　　　　产品名称:乙产品　　　　　金额单位:元

年		凭证字号	摘要	燃料及动力	直接人工	制造费用	合计
月	日						
			月初在产品成本				
			分配职工薪酬				
			分配动力费				

续 表

年		凭证字号	摘 要	燃料及动力	直接人工	制造费用	合计
月	日						
			分配气费				
			分配制造费用				
			本月生产费用				
			生产费用合计				
			最终产成品数量				
			在产品约当产量				
			约当总产量				
			本车间费用分配率				
			应计入产成品费用份额				
			月末在产品成本				

(3) 根据各车间基本生产成本明细账和产品产量资料,计算各车间各产品应计入产成品成本的费用"份额"和月末广义在产品的成本。

(4) 编制产品成本汇总表(表 4.155 及表 4.156),计算产成品成本。

表 4.155 产品成本汇总表

产品名称:甲产品　　　　　　　　完工数量:250 件　　　　　　　　　　　单位:元

转入车间	原材料	燃料及动力	直接人工	制造费用	合计
第一车间转入份额					
第二车间转入份额					
合　计					
单位成本					

表 4.156 产品成本汇总表

产品名称:乙产品　　　　　　　　完工数量:1 320 件　　　　　　　　　单位:元

转入车间	原材料	燃料及动力	直接人工	制造费用	合计
第一车间转入份额					
第二车间转入份额					
第三车间转入份额					
合　计					
单位成本					

(5) 根据产品成本汇总表,结转完工产品成本。

项目 5　其他行业成本核算

【教学目标】

知识目标
(1) 掌握商品流通企业、建筑企业成本核算的对象和范围。
(2) 掌握商品流通企业、建筑企业成本费用的构成。
(3) 掌握批发企业和零售企业已销商品的成本核算方法及账务处理。
(4) 掌握建筑工程企业的成本核算。

能力目标
(1) 能简单介绍不同行业成本核算的异同点。
(2) 能结合批发企业、零售企业特点进行商品流通企业成本核算。
(3) 能正确进行建筑施工企业成本费用的归集和成本费用的核算。

【学习重点、难点】

学习重点
(1) 商品流通企业成本的核算。
(2) 建筑工程企业成本的核算。

学习难点
(1) 商品流通企业库存商品采用售价金额核算法下已销商品进销差价的计算。
(2) 建筑工程企业成本费用的构成及核算。

【引　言】

为进一步了解其他行业成本核算的特点和方法及其与制造业成本核算的异同点,本项目介绍了商业批发企业和零售企业成本核算的特点及商品流通企业采购和销售的核算方法,以及建筑工程企业成本费用的构成及核算方法。

任务 5.1　商品流通企业成本核算

5.1.1　商品流通企业成本核算的对象和范围

商品流通企业即商业企业,是指以从事商品流通为主营业务的独立核算的企业,是商品流通中交换关系的主体。商品流通企业经营活动的最大特点是,作为商品生产者与消费者的中介,将社会产品从生产领域转移到消费(包括生产消费)领域,没有产品生产过程,不存在生产资金的消耗。在我国,商品流通企业主要包括粮食、物资供销,供销合作社,对外贸易、医药商业、图书发行等企业。

商品流通企业一般按照商品的品种、批次、订单、类别等确定成本核算对象。成本项目主要包括进货成本、相关税费及采购费用。其中,进货成本是指商品的采购价款;相关税费是指购买商品发生的进口关税、资源税和不能抵扣的增值税等;采购费是指运杂费、装卸费、保险费、仓储费、整理费、合理损耗以及其他可归属于商品采购成本的费用。采购费金额较小的,可以在发生时直接计入当期销售费用。

按照商品流通企业在社会再生产过程中的作用,商品流通企业可以分为批发企业和零售企业。商品成本的核算,一般要经过批发和零售两大环节。下面分别按批发企业和零售企业的成本核算方法阐述。

5.1.2 批发企业成本核算

1) 批发企业购进商品应设置的账户

批发企业通常以批量购销为主,其业务特点主要是从生产企业大批量采购,然后转销给零售企业、生产企业以及其他购买量较大的单位,使商品进入零售领域和生产性消费领域。批发企业的商品购进是指为了转卖或加工后转卖而购进的商品,一切未经过买卖行为而收入的物品及不作为转卖而购进的商品,均不得作为购进商品。商品流通企业成本核算的对象就是购进商品。

商品的购进,是通过货币为媒介引起商品所有权转移的买卖行为,由于商品交换方式和货款结算方式不同,所以收货与付款的时间有时不一致。因此,必须明确规定商品购进的时间和核算入账时间。目前,商品流通企业一般规定:在商品验收入库而货款未付时,以收到商品时间为商品购进,因为企业已经获得商品的实际支配权,并已承担了相应的债务;在货款先付而商品未到时,则以支付货款为商品购进,因而支付货款表示商品所有权的转移。一旦确定商品购进,随即可以进行购进商品的成本核算。

为了反映商品采购资金占用情况,核算购入各类商品的采购成本,企业应设置"在途物资"账户。企业为供应和销售给外单位而购入的各种商品,不论该商品是否到货验收入库,均应在付款时记入该账户的借方;已经付款并已验收入库的商品,从本账户的贷方转出,记入"库存商品"账户。本账户月末余额反映企业已付款但尚未验收入库的在途商品成本。

为了核算库存商品的增减变化,企业应设置"库存商品"账户,在从事批发业务的流通企业,多采用对库存商品按购货原价进行核算的方法,在商品验收入库时,按商品原价借记"库存商品"账户,贷记"在途物资"账户。

2) 批发企业销售成本的结转方法

批发企业的商品销售以后,为了正确计算企业销售毛利,确定库存商品余额,必须进行已销商品的成本核算和结转。这项工作一般在月末进行,平时只在库存商品明细账内登记各种商品的销售数量,但不记金额。在月末计算成本时,企业可以根据实物流转方式、管理要求、实物性质等实际情况,采用个别计价法、先进先出法、加权平均法、移动加权平均法、毛利率法等方法结转产品成本。

(1) 个别计价法

个别计价法又称分批实际进价法,就是以每批商品的实际进价作为该批商品的销售成本。这种方法的计算结果最为准确,但只适用于进货、销售能分清批次的商品。采用这种方法,就应该在商品购进时,分批贮存,在商品明细账中按进货品种、批次、单价登记入账,以便根据每批商品的进价确认已销商品的销货成本。这种方法计算的商品销售成本最为准确,但计算起来工作量最为繁重,适用于能分清进货批次的库存商品、直运商品、委托代销商品和分期收款发出商品等。

【例 5.1】 南京某百货批发站 2015 年 6 月份有关不锈钢茶杯的期初余额、进销业务记录等有关资料,如表 5.1 所示。

表 5.1 不锈钢茶杯的期初余额、进销业务记录　　　　　　金额单位:元

商品类别	货号	品名	计量单位	数量	单价	金额	销售牌价	购进批次
				期初余额				
茶杯	106	不锈钢	只	4 000	10.00	40 000.00	14.00	504

本月份进销记录

2015年		业务编号	购进				销售			
月	日		批次	数量	单价	金　额	批次	数量	单价	金　额
6	2	1	601	2 000	10.09	20 180.00				
	5	2					504	2 000		
	10	3					601	1 000		
	14	4	602	2 500	10.14	25 350.00				
	18	5					602	1 200		
	21	6					504 602	1 200 1 100		
	26	7	603	3 000	10.18	30 540.00				
	30	8					504	780		
	30	合计		7 500		76 070.00		7 280		

用分批实际进价法计算已销商品的销售成本,如表 5.2 所示。

表 5.2 已销商品的销售成本核算表(分批实际进价法)

销售日期	销售批次	销售数量(只)	成本单价(元)	已售商品成本(元)
(1)	(2)	(3)	(4)	(5)=(3)×(4)
6月5日	504	2 000	10.00	20 000.00
6月10日	601	1 000	10.09	10 090.00
6月18日	602	1 200	10.14	12 168.00
6月21日	504 602	1 200 1 100	10.00 10.14	12 000.00 11 154.00
6月30日	504	780	10.00	7 800.00
合　计		7 280	—	73 212.00

根据表 5.2 的计算结果,应编制如下会计分录:

借:主营业务成本　　　　　　　　　　　　73 212
　　贷:库存商品　　　　　　　　　　　　　　　73 212

采用这种方法,结转已销商品成本后,月末其库存商品明细账的结存数额,如表 5.3 所示。

表 5.3　"不锈钢茶杯"库存商品明细账的结存数额

2015 年 6 月 30 日

批　次	结存数量(只)	成本单价(元)	结存金额(元)
504	20	10.00	200.00
601	1 000	10.09	10 090.00
602	200	10.14	2 028.00
603	3 000	10.18	30 540.00
合　计	4 220		42 858.00

(2) 先进先出法

先进先出法是指每一批商品以实际进价记录,形成的销售不论其实际销售的是哪一批,均以当月相对最先的进价结转商品销售成本。采用这种方法计算商品的销售成本,由于期末结存商品金额是根据近期进价成本计价的,因此它的价格接近于市场价格,但每次销售要根据先购进的单价计算,工作量较大,一般适用于收、发货次数不多的商品。

【例 5.2】　仍以例 5.1 为例,采用先进先出法计算已销商品的销售成本,如表 5.4 所示。

表 5.4　已销商品的销售成本核算表(先进先出法)

销售日期	销售批次	销售数量(只)	成本单价(元)	已售商品成本(元)
6 月 5 日	504	2 000	10.00	20 000.00
6 月 10 日	504	1 000	10.00	10 000.00
6 月 18 日	504 601	1 000 200	10.00 10.09	12 018.00
6 月 21 日	601 602	1 800 500	10.09 10.14	23 232.00
6 月 30 日	602	780	10.14	7 909.20
合　计		7 280		73 159.20

根据表 5.4 的计算结果,应编制如下会计分录:

借:主营业务成本　　　　　　　　　　　　73 159.20
　　贷:库存商品　　　　　　　　　　　　　　　73 159.20

(3) 加权平均进价法

加权平均进价法是以每种商品的数量作权数,计算出该种商品的平均单价,然后据以计算已销商品及库存商品的成本。采用这种方法计算出来的商品销售成本较为均衡,也较为准确,但计算工作量较大,一般适用于经营品种较少,或者前后购进商品的单价相差幅度较大,并定期结转商品销售成本的企业。其计算公式如下:

$$某种商品加权平均单价=\frac{期初结存金额+本期进货金额-本期非销售付出金额}{期初结存数量+本期进货数量-本期非销售付出数量}$$

公式中非销售付出数量和金额是指商品销售以外的其他付出,如商品损耗、短缺以及拨出加工而减少的数量和金额。这些事项发生时,一般按期初的账面平均单价计算付出金额,并在有关库存商品明细分类账户上注销付出数量和金额,因此,期末计算加权平均单价时,需将这部分平时已注销的数量和金额剔除。那么:

某种商品销售成本=销售数量×加权平均单价

或:

某种商品销售成本=期初金额+本期进货金额-本期非销售付出金额-
     期末结存金额

某种商品期末结存金额=期末结存数量×加权平均单价

【例 5.3】 仍以前例为例,采用加权平均进价法计算已销商品的销售成本。

$$加权平均单价=\frac{40\,000+76\,070}{4\,000+7\,500}=10.093\,0(元)$$

期末结存商品金额=4 220×10.093 0=42 592.46(元)

本期商品销售成本=40 000+76 070-42 592.46=73 477.54(元)

根据上述计算结果,应编制如下会计分录:

借:主营业务成本   73 477.54
  贷:库存商品   73 477.54

其库存商品的明细账如表 5.5 所示。

表 5.5 库存商品明细账

2015 年 6 月

品名:不锈钢茶杯   单位:只   销售牌价:14.00 元

2015 年		摘要	收入			发出			结存		
月	日		数量	单价	金额	数量	单价	金额	数量	单价	金额
6	1	月初余额							4 000	10.00	40 000.00
	2	购进	2 000	10.09	20 180.00				6 000		
	5	销售				2 000			4 000		
	10	销售				1 000			3 000		
	14	购进	2 500	10.14	25 350.00				5 500		
	18	销售				1 200			4 300		
	21	销售				2 300			2 000		
	26	购进	3 000	10.18	30 540.00				5 000		
	30	销售				780			4 220		
	30	结转销售成本						73 477.54	4 220	10.093	42 592.46
6	30	本月合计	7 500		76 070.00	7 280		73 477.54	4 220	10.093	42 592.46

(4) 移动加权平均进价法

移动加权平均进价法是指以各次收入数量和金额与各次收入前的数量和金额为基础，计算出移动加权平均单价，再乘以销售数量，计算商品销售成本的一种方法。采用这种方法，计算出来的商品销售成本比加权平均进价法更为均衡和准确，但计算起来的工作量比加权平均进价法更大，一般适用于经营品种不多，或者前后购进商品的单价相差幅度较大，并逐日结转商品销售成本的企业。其计算公式如下：

$$\text{移动加权平均单价} = \frac{\text{本次收入前结存商品金额} + \text{本次收入商品金额}}{\text{本次收入前商品结存数量} + \text{本次商品收入数量}}$$

商品销售成本＝商品销售数量×移动加权平均单价

【例 5.4】 仍以例 5.1 为例，采用移动加权平均进价法计算已销售商品的成本。

$$6 \text{ 月 2 日的加权平均单价} = \frac{40\,000 + 20\,180}{4\,000 + 2\,000} = 10.03(\text{元}/\text{只})$$

$$6 \text{ 月 14 日的加权平均单价} = \frac{30\,090 + 25\,350}{3\,000 + 2\,500} = 10.08(\text{元}/\text{只})$$

$$6 \text{ 月 26 日的加权平均单价} = \frac{20\,160 + 30\,540}{2\,000 + 3\,000} = 10.14(\text{元}/\text{只})$$

其库存商品的明细账如表 5.6 所示。

表 5.6 库存商品明细账
2015 年 6 月

品名：不锈钢茶杯　　　　　　　　　　　单位：只　　　　　　　　　　　销售牌价：14.00 元

2015 年		摘要	收入			发出			结存		
月	日		数量	单价	金额	数量	单价	金额	数量	单价	金额
6	1	月初余额							4 000	10.00	40 000.00
	2	购进	2 000	10.09	20 180.00				6 000	10.03	60 180.00
	5	销售				2 000	10.03	20 060.00	4 000	10.03	40 120.00
	10	销售				1 000	10.03	10 030.00	3 000	10.03	30 090.00
	14	购进	2 500	10.14	25 350.00				5 500	10.08	55 440.00
	18	销售				1 200	10.08	12 096.00	4 300	10.08	43 344.00
	21	销售				2 300	10.08	23 184.00	2 000	10.08	20 160.00
	26	购进	3 000	10.18	30 540.00				5 000	10.14	50 700.00
	30	销售				780	10.14	7 909.20	4 220	10.14	42 790.80
6	30	本月合计	7 500		76 070.00	7 280		73 279.20	4 220	10.14	42 790.80

(5) 毛利率计算法

商品销售收入减去销售成本即为销售毛利，根据这三者之间的关系，可以从销售收入和毛利求出销售成本。所谓毛利率法，就是根据本月销售总额按上季实际毛利率估算本月毛利，最后求出本月销售成本。毛利的计算公式如下：

销售毛利＝本月销售总额×上季实际毛利率

销售成本＝本月销售额－销售毛利＝本月销售额×(1－上季实际毛利率)

一般说来,采用这种方法,不是按销售商品的品种分别计算销售成本,而是按销售总额或大类销售总额计算。这种方法计算比较简便,但是,由于当月的销售毛利是按上季综合毛利率计算的,如果毛利率不同的商品种类的销售结构发生变化,则计算结果与实际不相符,一般适用于经营品种较多、按月计算商品销售成本有困难的企业。

【例 5.5】 假如前例中不锈钢茶杯上季实际毛利率为 27.9%,采用毛利率计算法计算商品的销售成本:

不锈钢茶杯的本月销售额 = 7 280 × 14.00 = 101 920(元)

不锈钢茶杯的本月销售成本 = 101 920 × (1 − 27.9%) = 73 484.32(元)

不锈钢茶杯的期末结存金额 = 40 000.00 + 76 070.00 − 73 484.32 = 42 585.68(元)

5.1.3 零售企业成本核算

1) 售价金额核算法的特点

零售企业主要从事单个销售业务,使商品从生产领域最终进入到非生产性消费领域。有些商品流通企业兼营批发业务和零售业务。零售企业的业务特点同批发企业有所不同,商品进出比较频繁,数量零星,品种繁多。营业员在出售商品时,如果按商品品种设立明细账,每次销售都要填制销货凭证,按照进价来逐笔记录进、销、存的数量与金额,势必延长售货时间,加重会计人员和营业员的工作量。根据零售企业业务的经营特点和管理要求,零售商业企业核算一般实行售价金额核算。

售价金额核算是建立在实物负责制基础上的一种核算方法,也称"售价核算,实物负责制",或称"拨货计价,实物负责制"。它具有以下主要特点:

(1) 建立实物负责制,确定实物负责人

零售企业应当根据经营规模大小和商品类别,划分出若干营业柜组或再划分更小的售货单位,作为实物负责人(或实物负责小组)。实物负责人必须对其经营的商品数量和质量负全部责任。

(2) 售价记账,金额控制

库存商品的增减变动,只记售价,不记数量,其账面余额,就是实物负责人所经营的商品。

(3) 建立"商品进销差价"账户

"商品进销差价"账户是"库存商品"的调整账户。库存商品售价与进价之差,按差价的方向分别记入该账户的借方或贷方,即售价大于进价的差额记入该账户的贷方,售价小于进价的差额记入该账户的借方。由于售价一般大于进价,所以差额一般记在该账户的贷方。该账户的期末余额为期末库存商品的进销差价。

(4) 通过实地盘点,查明商品数量

将库存商品数量分别乘以销售单价,就得到库存商品以售价计算的实有数额,必须将其与营业柜组库存商品明细账进行核对,以保证账实相符,加强对实物的控制和管理。

从成本核算的角度看,售价金额核算法有其优点:它将按品种设置的明细账精简到若干按营业柜组设置明细账,大大减少了会计人员的工作量,简化了销售手续。但从成本管理的角度看,这种方法也存在一些缺点,库存商品明细账只记金额,不记数量,如果各种商品在月末盘点后发现有溢缺情况,很难查明原因,因此,不利于加强成本管理和实物管理。

零售企业商品购进的核算时间同批发企业一样,如果验收商品同付款同时进行,则以验收商品和付款为入账时间;如果两者不相一致,则在先付款时以付款时间为入账时间,在先收货时以收货时间为入账时间。此外,购进商品成本只包括进价,运杂费和其他费用一般不包括在商品的成本内,而作为期间费用处理,这一点也同批发企业一样。

【例5.6】 某零售商店购入男式休闲鞋200双,并取得增值税专用发票,用银行存款支付价款20 000元,增值税3 400元,鞋已验收入库,售价为30 000元。作会计分录如下:

付款时:
借:在途物资　　　　　　　　　　　　　　　20 000
　　应交税费——应交增值税(进项税额)　　 3 400
　贷:银行存款　　　　　　　　　　　　　　　　　　23 400
按售价入库时:
借:库存商品　　　　　　　　　　　　　　　30 000
　贷:在途物资　　　　　　　　　　　　　　　　　　20 000
　　　商品进销差价　　　　　　　　　　　　　　　 10 000

2) 零售企业销售成本的结转方法

由于零售企业以售价计算库存商品成本,因此月末必须按一定方法调整"主营业务成本"和"商品进销差价"账户,确定已销商品实际成本。实际工作中,一般先确定已销商品的进销差价,然后再将已销商品的售价减去进销差价,得到商品销售实际成本。计算已销商品进销差价的方法有如下几种:

(1) 综合平均差价率计算法

这种方法是按照全部商品的存、销比例分摊进销差价,即先求出全部商品综合平均差价率,然后再据以计算已销商品进销差价和结存商品进销差价。为了计算全部商品综合平均差价率,需要取得全部商品进销差价和全部商品售价总额的资料。全部商品进销差价可以从"商品进销差价"账户中取得。全部商品总额是指已销商品总额和结存商品总额之和。结存商品总额可以从"库存商品"账户月末余额取得,已销商品总额可以从"主营业务收入"账户取得。综合平均差价率和已销商品进销差价的计算公式如下:

$$综合平均差价率 = \frac{月末结账前"商品进销差价"账户余额}{月末"库存商品"账户余额 + 本月商品销售额}$$

已销商品进销差价 = 本月商品销售额 × 综合平均差价率

【例5.7】 某零售企业5月末结账前"商品进销差价"账户贷方余额为5 400 000元,"库存商品"账户余额为6 000 000元,"主营业务收入"账户贷方余额为24 000 000元。使用上述公式计算得出:

$$综合平均差价率 = \frac{5\,400\,000}{6\,000\,000 + 24\,000\,000} \times 100\% = 18\%$$

已销商品应摊销进销差价 = 24 000 000 × 18% = 4 320 000(元)
本月销售成本 = 24 000 000 − 4 320 000 = 19 680 000(元)

月末结账前,"商品进销差价"账户余额减去已销商品应摊进销差价即为库存商品应摊进销差价。以例5.7为例,月末库存商品应摊销的进销差价为:

5 400 000 − 4 320 000 = 1 080 000(元)

月末库存商品实际成本 = 6 000 000 − 1 080 000 = 4 920 000(元)

利用综合平均差价率计算已销商品进销差价,比较简便,但不够准确。这种方法适用于各种(类)差价率比较接近的商品。如果各种(类)商品的差价率差距较大,而不同差价率的商品在计算期内销售比重又不同,若按综合差价率计算已销商品进销差价就会发生偏高或偏低的情况,从而就会影响商品销售毛利和库存商品价值的正确性。

(2) 分类(或柜组)差价率计算法

采用这种方法首先按商品类别(或柜组)计算平均差价率,再根据分类(或柜组)平均差价率和销售额分别计算各类(或柜组)已销商品进销差价,然后,将各类(或柜组)已销商品进销差价加以汇总,计算出全部已销商品进销差价。

采用这种计算方法时,"商品进销差价"账户、"主营业务收入"账户应和"库存商品"账户一样,按商品类别或实物负责人分别设置明细账户分类核算,以便取得各类(或柜组)商品进销差价、已销商品和库存商品的核算资料。分类计算已销商品进销差价,可以通过编制已销商品进销差价计算表来完成,并将其作为记账的依据。

【例 5.8】 已销商品进销差价计算表如表 5.7 所示。

表 5.7 分类(或柜组)已销商品进销差价计算表

2015 年 5 月   金额单位:元

组别	月末结账前进销差价	月末库存商品	本月已销商品	分类差价率	已销商品进销差价	库存商品进销差价
	(1)	(2)	(3)	$(4)=\dfrac{(1)}{(2)+(3)}\times 100\%$	$(5)=(3)\times(4)$	$(6)=(1)-(5)$
A组	1 100 000	1 000 000	4 000 000	1 100 000/(1 000 000+4 000 000)×100%=22%	4 000 000×22%=880 000	1 100 000−880 000=220 000
B组	900 000	2 000 000	3 000 000	900 000/(2 000 000+3 000 000)×100%=18%	3 000 000×18%=540 000	900 000−540 000=360 000
合计	2 000 000	3 000 000	7 000 000		1 420 000	580 000

采用分类(或柜组)差价率计算法,由于缩小了平均差价率的计算范围,计算的结果比较准确,但仍受各种商品不同的差价率和销售比重的影响。这样计算的已销商品进销差价与实际情况还有一定的差距。

(3) 盘存商品进销差价计算法

盘存商品进销差价计算法是在逐项计算盘存商品购进价、销售价的基础上求得已销商品进销差价的一种计算方法。它主要用来调整平时计算商品进销差价的误差。

这种方法适用于年终结算前,结合年终盘点工作对各种商品进销差价进行一次核实调整。具体方法是:根据各实物负责人年终"商品盘点表"中各种商品的盘存数量,按照每一种商品的最后一次进价和售价,分别计算出库存商品的进价金额和售价金额,计算出库存商品的进销差价,与账面"商品进销差价"余额进行比较,并调整其差额,这样就调整了以前月份的不准确因素。其计算步骤如下:

① 按进价计算的库存商品金额=商品盘存数量×最后一次进价
② 按售价计算的库存商品金额=商品盘存数量×商品售价
③ 库存商品应摊销的进销差价=按售价计算的库存商品金额−按进价计算的库存商品金额
④ 已销商品进销差价="商品进销差价"账户账面余额−库存商品应摊的进销差价

【例 5.9】 某百货公司 2015 年 12 月末商品盘点表按售价计算的库存商品金额为 742 100 元,按进价计算的库存商品金额为 654 600 元,库存商品应摊的进销差价则为 87 500 元,12 月末"商品进销差价"账户贷方余额为 88 200 元,大于库存商品应摊的进销差价 700 元,予以调整,作如下会计分录:

借:商品进销差价　　　　　　　　　　　　　700
　　贷:主营业务成本　　　　　　　　　　　　　　700

如果在结转"商品进销差价"时,"商品进销差价"账户的余额小于库存商品应摊的进销差价,则应编制红字金额的会计分录:

借:商品进销差价　　　　　　　　　　　×××(红字)
　　贷:主营业务成本　　　　　　　　　　　　×××(红字)

这种方法计算的结果比较准确,符合实际情况,但是要增加核算工作量。商业系统统一会计制度规定,结合年度会计决算时,要采用这种方法调整商品进销差价。

由此可见,已销商品进销差价的计算方法有多种,但各有其优缺点,因而只能在一定条件下加以选用。在研究选用何种计算方法时,要认真考虑企业柜组商品经营的特点,以及有利于建立责任制等因素,才能达到预期的效果。

任务 5.2　建筑企业成本核算

5.2.1　建筑企业成本核算的对象和范围

1) 建筑企业成本核算的对象

建筑企业是从事建筑产品生产和经营的实体。一般按照订立的单项合同确定成本核算对象。单项合同包括建造多项资产,企业应当按照企业会计准则规定的合同分立原则,确定建筑合同的成本核算对象。为建造一项或数项资产而签订一组合同的,按合同合并的原则,确定建造合同的成本核算对象。

2) 建筑企业成本核算范围

建筑企业应根据行业特点和管理要求,按照成本的经济用途和生产要素内容相结合的原则设置成本项目。

建筑企业进行成本核算一般要设置直接人工、直接材料、机械使用费、其他直接费用和间接费用等成本项目,具体包括以下内容。

(1) 直接人工

直接人工指按照国家规定支付给施工过程中直接从事建筑安装工程施工的工人以及在施工现场直接为工程制作构件和运料、配料等工人的职工薪酬。

(2) 直接材料

直接材料指在施工过程中所耗用的、构成工程实体的材料、结构件、机械配件和有助于工程形成的其他材料以及周转材料的租赁费和摊销等。

(3) 机械使用费

机械使用费指施工过程中使用自有施工机械所发生的机械使用费,使用外单位施工机械的租赁费以及按照规定支付的施工机械进出场费等。

（4）其他直接费用

其他直接费用是指在施工过程中发生的材料搬运费、材料装卸保管费、燃料动力费、临时设施摊销、生产工具用具使用费、检验试验费、工程定位复测费、工程点交费、场地清理费以及能够单独区分和可靠计量的为订立建造承包合同而发生的差旅费、投标费等费用。

（5）间接费用

间接费用指企业各施工单位为组织和管理工程施工所发生的费用。

由于材料费、人工费、机械使用费和其他直接费直接耗用于工程的施工过程，也叫"直接费用"。间接费用要按照一定标准分配计入各项工程成本，工程直接费用加上分配的间接费用，构成建筑安装工程成本。

建筑企业将部分工程分包的，还可设置分包成本项目。分包成本，是指按照国家规定开展分包，支付给分包单位的工程价款。

5.2.2 建筑工程的成本核算

建筑企业发生的有关费用，由某一成本核算对象负担的，应当直接计入成本核算对象成本；由几个成本核算对象共同负担的，应当选择直接费用比例、定额比例和职工薪酬比例等合理的分配标准，分配计入成本核算对象成本。

1）材料费用的归集和分配

建筑安装工程耗用的材料品种较多，数量较大，领用的次数也较频繁，因此，核算工程材料费用时，应区别不同情况，采取不同的方法进行归集和分配。

第一种情况：领用时能点清数量、分清用料对象的材料，应在领料凭证上填明受益成本核算对象的名称，财会部门据以直接记入受益成本核算对象的"材料费"项目。

第二种情况：领用时能点清数量，但属于集中配料或统一下料的材料，如油漆、玻璃、木材等，则应在领料凭证上注明"集中配料"字样，月末由材料部门汇同领料班组，根据配料情况，结合材料耗用定额编制"集中配料耗用计算单"，据以分配计入各受益成本核算对象。

第三种情况：既不易点清数量，又难分清受益成本核算对象领用量的材料，如砂、石等大堆材料，可根据具体情况，先由材料员或施工生产班组保管，月末进行实地盘点，用月初结存量加本月收入量减月末盘点结存量求出本月实际耗用总量，然后再根据各工程成本核算对象所完成的实物工程量及材料耗用定额，编制"大堆材料耗用计算单"，据以分配计入有关成本核算对象"材料费"项目。

【例 5.10】 以某建筑施工企业为例，说明耗用大堆材料在各工程之间的分配。

① 假设石子上月盘存为 148 吨，本月收入为 520 吨，月末盘存还有 80 吨。则本月石子实际耗用量为：

$$148+520-80=588(吨)$$

② 石子定额耗用量可按完成混凝土工程量和每立方米混凝土石子消耗量计算，如表 5.8 所示。

表 5.8 石子定额耗用量计算表

2015 年 8 月

工程项目	完成混凝土工程量 （立方米）	消耗定额 （吨/立方米）	总耗用量 （吨）
303 厂房 建筑工程	280	1.4	392
304 食堂 建筑工程	120	1.4	168
合计	400		560

③ 以定额耗用量为分配标准，计算各工程应负担实际消耗量，如表 5.9 所示。

表 5.9 大堆材料耗用分配表

2015 年 8 月

工程项目	定额消耗量 （吨）	分配率	实际消耗量 （吨）
303 厂房 建筑工程	392		411.6
304 食堂 建筑工程	168		176.4
合计	560	1.05	588

上表中的分配率 $=\dfrac{588}{560}=1.05$。

用分配率分别乘以各工程项目的定额消耗量即可得出各工程项目的实际消耗量。

④ 根据各项工程实际耗用量和材料单价计算各工程耗用材料成本。

假定石子每吨成本为 70 元，则：

303 厂房建筑工程耗用石子成本 $= 411.6\times70 = 28\ 812$（元）

304 食堂建筑工程耗用石子成本 $= 176.4\times70 = 12\ 348$（元）

根据上述计算，编制如下会计分录：

 借：工程施工——303 厂房工程——材料费   28 812
      ——304 食堂工程——材料费   12 348
 贷：库存材料   41 160

根据上述分录，即可据以登记"工程施工成本明细账"。

2）人工费用的归集和分配

工程成本的"人工费用"项目，包括直接从事建筑安装工程施工工人及现场从事运料、配料等辅助工人的薪酬。

在工程成本核算中，计时工人的工资，可根据"工时汇总表"中各项工程耗用的作业工时总数和各该施工单位的平均工资率计算。

$$\text{施工单位平均工资率}=\frac{\text{建筑安装工人工资总额}+\text{建筑安装工人职工福利费}}{\text{建筑安装作业总工时}}$$

某项工程应分配的人工费用 = 该项工程耗用工时 × 施工单位平均工资率

【例 5.11】 某施工单位在 2015 年 8 月份建筑安装工人的工资总额为 620 000 元,职工福利费为 87 000 元,建筑安装工人作业工时总和为 14 000 工时,则:

$$该施工单位平均工资率 = \frac{620\,000 + 87\,000}{14\,000} = 50.50(元/工时)$$

根据求得的平均工资率和建筑安装工人"工时汇总表"中各项工程耗用的作业工时数,即可编制"人工费用分配表"(见表 5.10),计算各项工程的人工费用,据以记入各项工程成本的"人工费用"项目。

表 5.10 人工费用分配表
2015 年 8 月

工 程 项 目	工时数	分配率	人工费(元)
303 厂房建筑工程	10 000		505 000
304 食堂建筑工程	4 000		202 000
合 计	14 000	50.50	707 000

根据表 5.10 人工费用分配表,编制会计分录:

借:工程施工——303 厂房工程——人工费用　　505 000
　　　　　　——304 食堂工程——人工费用　　202 000
　贷:应付职工薪酬——工资　　　　　　　　　　707 000

对计件工资,可直接根据"工程任务书"中工资额汇总计入各项工程成本。其他津贴、补贴和职工福利费等,可按占计件工资总额的百分比,分配计入各项工程成本的"人工费用"项目。

3) 机械使用费的归集和分配

机械使用费的归集,在"机械作业"账户内进行。企业发生的各项机械使用费,都要自"库存材料""低值易耗品""材料成本差异""应付职工薪酬""累计折旧"等账户的贷方转入"机械作业"账户的借方。

月终,汇总"机械作业"账户发生数,根据机械管理部门报送的"机械使用月报",计算每台或每类机械台班实际成本或完成单位产量的实际成本,然后按各受益工程分配计入各成本核算对象。根据分配标准的不同,其分配方法有以下两种:

(1) 机械台班分配法

这种方法是以各成本核算对象使用机械台班数为分配标准进行分配。计算公式如下:

$$某种机械单位台班实际成本 = \frac{该种机械本月发生实际成本}{该种机械本月实际工作台班数}$$

$$某成本核算对象应分配机械使用费 = \sum[某种机械单位台班实际成本 \times 该成本核算对象本月实际使用机械台班数]$$

这种方法一般适用于按单机或机组进行成本核算的施工机械。

(2) 作业量分配法

这种方法是以各成本核算对象使用机械完成的作业量为分配标准进行分配。计算公式如下:

$$某种机械单位产量实际成本 = \frac{该种机械本月发生实际成本}{该种机械本月实际完成作业量}$$

某成本核算对象应分配机械使用费＝∑［某种机械单位产量实际成本×

该成本核算对象本月使用该种机械实际完成作业量］

这种方法适用于能计算完成作业量的施工机械。

【例 5.12】 根据计算编制机械使用费分配表,如表 5.11 所示。

表 5.11 机械使用费分配表

2015 年 8 月　　　　　　　　　　　　　　　　　单位:元

工程项目	提升机 每台班成本 150 元		起重机 每台班成本 600 元		推土机 每立方米土方成本 200 元		搅拌机 每立方米成本 80 元		合计
	机械台班	应分配机械使用费	机械台班	应分配机械使用费	完成土方（立方米）	应分配机械使用费	混凝土产量（立方米）	应分配机械使用费	
303 厂房建筑工程	30	4 500	8	4 800	200	40 000	120	9 600	58 900
304 食堂建筑工程	20	3 000	6	3 600	175	35 000	80	6 400	48 000
合计	50	7 500	14	8 400	375	75 000	200	16 000	106 900

根据"机械使用费分配表"编制会计分录如下:

借:工程施工——303 厂房工程——机械使用费　　58 900
　　　　　——304 食堂工程——机械使用费　　48 000
　贷:机械作业　　　　　　　　　　　　　　　106 900

为了简化计算手续,对于各种中型施工机械使用费的明细分类核算,也可不分机械类别进行。在这种情况下,对于各个成本核算对象应分配的机械使用费,可在月终先根据"机械使用月报"中各种机械台班或完成工作量合计和各该机械台班费计划数或单位工作量机械使用费计划数,计算出当月按台班费计划数计算的机械使用费合计,再计算实际发生的机械使用费占按台班费计划数计算的机械使用费计划数合计的百分比,然后将各个成本核算对象按台班费计划数计算的机械使用费计划数按算得的百分比加以调整:

按台班计划数计算的机械使用费＝∑［机械工作台班合计×该机械台班费计划数］

某项工程应分配的机械使用费＝∑［该项工程使用的机械工作台班×机械台班费计划数］×$\dfrac{实际发生的机械使用费}{按台班费计划数计算的机械使用费合计}$

4）其他直接费用的归集和分配

施工现场发生的其他直接费用,一般都应直接计入各成本核算对象。当由于某种原因不能直接确定各成本核算对象受益的数量时,可以根据具体情况,或以定额耗用量,或以工程的工料成本作为分配基础,在月终编制"其他直接费用分配表"(表 5.12),分配计入各成本核算对象。

【例 5.13】 月终编制"其他直接费用分配表",如表 5.12 所示。

表 5.12 其他直接费用分配表

2015 年 8 月   单位:元

工程项目	工料成本比例	其他直接费用				
		材料二次搬运费	临时设施摊销费	生产工具用具使用费	其他	合计
303 厂房建筑工程	60%	48 000	36 000	18 000	12 000	114 000
304 食堂建筑工程	40%	32 000	24 000	12 000	8 000	76 000
合计		80 000	60 000	30 000	20 000	190 000

根据表 5.12 编制会计分录如下:

借:工程施工——303 厂房工程——其他直接支出   114 000
         ——304 食堂工程——其他直接支出   76 000
  贷:应付职工薪酬   80 000
     临时设施摊销   60 000
     银行存款   50 000

5) 间接费用的归集和分配

建筑安装工程成本中,除了各项直接费外,还包括施工单位如工程处、施工队、分公司、工区、项目经理部为组织和管理施工生产活动所发生的各项费用。这些费用不能确定其具体为某项工程所负担,因而无法将它直接计入各成本核算对象。为了简化核算手续,可将它先记入"工程施工——间接费用"二级账户,然后按照适当的分配标准,分别计入各项工程成本。

间接费用在各项建筑安装工程成本之间的分配,可以按照实际发生数进行分配,也可先按计划分配率计算的分配数进行分配,然后于年末按实际数加以调整。

(1) 按实际数分配

① 直接费用比例分配法:该方法主要适用于建筑工程。其计算公式为:

$$间接费用分配率 = \frac{本期间接费用总额}{各成本核算对象直接费用总额}$$

某成本核算对象应分配的间接费用 = 该对象直接费用金额 × 间接费用分配率

② 人工费比例分配法:该方法主要适用于设备安装工程。其计算公式为:

$$间接费用分配率 = \frac{本期间接费用总额}{各成本核算对象人工费用总额}$$

某成本核算对象应分配的间接费用 = 该对象人工费用金额 × 间接费用分配率

上述分配,可通过编制"施工工程间接费用分配表"来完成。

【例 5.14】 假设,该企业间接费用为 945 000 元,月末,编制"施工工程间接费用分配表",如表 5.13 所示。

表 5.13　间接费用分配表

2015 年 8 月　　　　　　　　　　　　　　　　　　　　　　　　　　　　　　　　　单位：元

工程项目	分配标准 （直接费用）	分配率	分配金额
303 厂房建筑工程	706 712		639 044.33
304 食堂建筑工程	338 348		305 955.67
合计	1 045 060	0.904 25	945 000

根据表 5.13 间接费用分配表编制会计分录如下：

借：工程施工——303 厂房工程　　　　　　　　　639 044.33
　　　　　　——304 食堂工程　　　　　　　　　305 955.67
　　贷：工程施工——间接费用　　　　　　　　　　　　945 000

（2）按计划数分配

$$间接费用计划分配率 = \frac{全年间接费用计划数}{全年计划工作量}$$

某月应分配的间接费用＝该月实际完成工作量×间接费用计划分配率

6）已完工程和未完工程成本的计算

作为成本核算对象的工程（一般为单位工程）全部完工后，称为竣工工程。尚未竣工，但已完成预算定额规定的一个组成部分的工程（一般为分部或分项工程），称为已完工程或完工工程。尚未完工的工程称为未完工程或未完施工。建筑企业应按照建造合同的规定结转产品成本。合同结果能够可靠估计的，应当采用完工百分比法确定和结转当期提供服务的成本；合同结果不能可靠估计的，应当直接结转已经发生的成本。

由于施工工程具有规模大、生产周期长的特点，因此到了成本核算期，往往仍有一些分部或分项工程处在继续施工中。这些分项或分部工程，虽然已经投入了一定的人工和材料，但尚未完成预算定额所规定的全部工序，因此只能作为施工企业的"未完施工"。同时也可能有一些分项分部工程已完预算定额所规定的全部工序，则应作为施工企业成本核算期的"已完工程"。所以与工业企业计算完工产品与在产品成本相似，施工企业也要计算"已完工程"和"未完施工"成本。

本期已完工程实际成本＝期初未完施工成本＋本期施工费用－期末未完施工成本

在归集了本期施工费用之后，计算已完工程实际成本的关键是确定未完施工成本。由于计算未完施工的实际成本是比较困难的，为了简化计算手续，一般以预算成本代替。未完施工成本的计算，通常由统计人员在"未完施工盘点表"中进行。计算方法如下：

（1）盘点未完施工

通过盘点确定未完施工实物量。

（2）计算折合已完工程数量

由于工程预算单价一般是按单位分部工程确定的，所以要计算未完施工成本，必须先将未完施工的实物数量，折合为已完分部工程的实物量。为此，须根据各分部工程的已完工序内容，确定各工序的折合系数。

折合已完工程数量＝未完施工数量×折合系数

（3）计算未完施工成本

未完施工成本可按折合已完工程数量、预算单价（直接费用）和间接费用率计算。

$$未完施工(建筑工程)成本 = \sum [未完施工(建筑工程)折合已完工程数量 \times 预算单价] \times (1+间接费用率)$$

$$未完施工(安装工程)成本 = \sum [未完施工(安装工程)折合已完工程数量 \times 预算单价] + (未完工程人工费 \times 间接费用率)$$

【例 5.15】 某建筑施工企业的墙面抹灰工程按规定应抹两遍,如只抹了底层,而底层预算工料费占墙面抹灰工程工料费的 80%,则底层抹灰折合系数为 80%,2015 年 9 月在 1 000 平方米墙面抹灰工程上只抹底层,则折合已完抹灰工程数量为:

$$1\,000 \times 80\% = 800(平方米)$$

如每平方米墙面抹灰工程预算单价为 1.70 元,间接费用率为 7%,则 1 000 平方米墙面抹灰未完施工成本为:

$$800 \times 1.70 \times (1+7\%) = 1\,455.2(元)$$

建筑企业成本核算是在工程施工明细账内进行的,工程施工明细账如表 5.14 所示。

表 5.14 工程施工成本明细账

2015 年 9 月

工程编号及名称:408 厂房改造工程　　　　　　　　　　　　　　　　　　　　　　　　单位:元

摘要	工程实际成本						工程预算成本	月末未完施工成本	已完工程	
	材料费	人工费	机械使用费	其他直接费	间接费用	合计			实际成本	预算成本
月初累计余额	600 000	100 000	40 000	29 000	21 000	790 000	800 000	180 000	616 000	620 000
分配材料费	400 000					400 000				
分配人工费		60 000				60 000				
分配机械使用费			15 000			15 000				
分配其他直接费				18 000		18 000				
分配间接费用					7 000	7 000				
本月合计	400 000	60 000	15 000	18 000	7 000	500 000	520 000	340 000	340 000	360 000
本月累计	1 000 000	160 000	55 000	47 000	28 000	1 290 000	1 320 000	340 000	956 000	980 000

"工程施工成本明细账"中各成本项目的实际成本栏,登记该项工程各月发生和分配的各项费用,这些费用根据材料费、人工费等各种分配表计入。"月末未完施工成本"按前述方法根据未完施工数量、预算单价和间接费用率计算填列。"已完工程预算成本"可根据已完工程数量、预算单价和间接费用率计算填列。"已完工程实际成本"本月数则用本月工程实际成本加月初未完施工成本减月末未完施工成本,即:

已完实际成本 = 500 000 + 180 000 − 340 000 = 340 000(元)

对于已向建设单位进行点交结算的已完工程实际成本,应编制会计分录:

借:工程结算成本　　　　　　　　　　　　　　　　　　　×××

　　贷:工程施工　　　　　　　　　　　　　　　　　　　　　×××

7) 建筑工程成本决算

竣工工程成本决算是确定竣工单位工程的预算成本和实际成本,考核竣工工程成本节约或超支情况的主要依据。因此在工程竣工后,应及时编制竣工工程成本决算表,进行竣工工程成本决算,如表 5.15 所示。

表 5.15 竣工工程成本决算表

2015 年 9 月

工程编号及名称:104 车间厂房改造工程　　　　　　　　　　　　　　金额单位:元

项　目	预算成本	实际成本	降低额	降低率(%)
材料费	780 000	765 000	15 000	1.92
人工费	154 000	152 000	2 000	1.30
机械使用费	46 000	47 000	−1 000	−2.17
其他直接费	15 000	14 500	500	3.33
间接费用	52 000	51 600	400	0.77
合　计	1 047 000	1 030 100	16 900	1.61

表 5.15 中"预算成本"栏内各项目数字,根据施工图预算分析填入,也可根据各月有关该工程"已完工程结算表"中的预算成本按成本项目分别加总填列。"实际成本"栏内各项目数字,根据"工程施工成本明细账"的记录填列。"降低额"栏用各成本项目的预算成本减去实际成本而得,"降低率"则用降低额除以预算成本核算得到。

若施工单位编有单位工程成本计划,还可在竣工成本决算表中加设"计划成本"和"实际成本较计划成本增减"两栏,以便反映单位工程成本计划的执行情况。

【思考题】

1. 商品流通企业成本核算的对象是什么?
2. 商品流通企业成本费用包括哪些?
3. 什么是分批实际进价法、先进先出法、加权平均进价法、移动加权平均进价法、毛利率法? 分别适用于哪些企业?
4. 零售企业一般采用什么成本核算方法? 该方法有哪些特点?
5. 零售企业已销商品进销差价的计算方法有几种? 简述各种方法的含义。
6. 简述建筑企业成本核算的特点。
7. 建筑企业成本项目有哪些?

【练习题】

1. 单选题

(1) 下列不属于商业企业主要经营业务的是(　　)。
　A. 商品调拨的核算　　　　　　　B. 商品生产的核算
　C. 商品购进的核算　　　　　　　D. 商品销售的核算
(2) 下列不属于进货运费的处理方式的是(　　)。
　A. 计入采购成本　　　　　　　　B. 计入销售费用
　C. 直接计入主营业务成本　　　　D. 单独归集
(3) 采用售价金额核算法核算时,按照售价记账的方式正确的是(　　)。

A. 只记金额,不记数量　　　　　　B. 只记数量,不记金额
　　C. 数量和金额同时记　　　　　　D. 数量和金额都不记
　（4）下列选项中不属于批发企业结转销售成本的方法是(　　)。
　　A. 先进先出法　　　　　　　　　B. 加权平均法
　　C. 个别计价法　　　　　　　　　D. 先进后出法
　（5）下列选项中发生时,不直接计入有关工程成本的是(　　)
　　A. 机械使用费　B. 间接费用　　C. 人工费用　　D. 材料费
　（6）以下属于工程成本直接费用的是(　　)。
　　A. 办公费　　　B. 水电费　　　C. 人工费用　　D. 差旅费
　（7）施工企业工程成本中的机械使用费,应通过(　　)账户核算。
　　A. 机械作业　　B. 机械使用费　C. 其他直接费用　D. 间接费用
　（8）施工企业对于需要通过建筑安装活动才能完成的临时设施,其实际支出可以通过(　　)核算。
　　A. 临时设施　　B. 在建工程　　C. 固定资产　　D. 工程物资

2. 多选题

（1）下列选项中属于批发企业核算应设置的科目是(　　)。
　　A. 在途物资　　B. 库存商品　　C. 原材料　　　D. 商品进销差价
（2）下列属于售价金额核算法下科目设置的是(　　)。
　　A. 在途物资　　B. 库存商品　　C. 商品进销差价　D. 产成品
（3）下列选项中关于"商品进销差价"科目的叙述正确的是(　　)。
　　A. 本科目核算企业库存商品采用售价进行日常核算的,商品售价与进价之间的差额
　　B. 企业无论采用当月商品进销差价率还是上月商品进销差价率计算分摊商品进销差价,均应在年度终了,对商品进销差价进行核实调整
　　C. 月末分摊已销商品的进销差价,借:商品进销差价;贷:主营业务成本
　　D. 商品进销差价的期末借方余额,反映企业库存商品的商品进销差价
（4）下列选项中属于本期销售商品实际成本和期末库存商品的实际成本核算公式的有(　　)。
　　A. 本期销售商品的成本＝销售商品的售价－已销商品应分摊的进销差价＋本期销售商品应分摊的进货费用
　　B. 本期销售商品的成本＝销售商品的售价＋本期销售商品应分摊的进货费用
　　C. 期末库存商品的实际成本＝库存商品的售价成本－库存商品的进销差价＋期末库存商品的进货费用
　　D. 期末库存商品的实际成本＝库存商品的售价成本＋期末库存商品的进货费用
（5）下列关于发出存货成本的计量方法表述正确的是(　　)。
　　A. 先进先出法,适用于容易腐坏或变质商品的成本计量
　　B. 移动加权平均法,这种方法每次收货都要计算一次平均单价,计算工作量较大,不适用于收发货较频繁的企业
　　C. 月末一次加权平均法,在实地盘存制下才可用
　　D. 个别计价法,适用于种类及数量较少且单位价值较大的存货
（6）下列涉及商品进销差价的计算公式正确的是(　　)。

A. 进销差价率＝(期初库存进销差价＋本期购入商品差价)/(期初库存商品售价＋本期商品售价)×100%

B. 本期已销商品应分摊的差价＝本期商品销售收入×差价率

C. 本期销售商品的实际成本＝本期商品销售收入－本期已销商品的进销差价

D. 期末结存商品的实际成本＝期初库存商品的成本＋本期购进商品的进价成本－本期销售商品的实际成本

(7) 建筑安装工程成本中的机械使用费是指在施工过程中(　　)。

A. 使用自有施工机械发生的费用　　B. 租用外单位施工机械的租赁费
C. 施工机械安装费用　　　　　　　D. 施工机械进出场费

(8) 机械使用费用的分配方法主要有(　　)。

A. 约当产量法　　　　　　　　　　B. 实地盘点法
C. 工程量分配法　　　　　　　　　D. 台班分配法

3. 判断题

(1) 商品进销差价率＝商品进销差价之和/商品的售价总额　　　　　　　(　　)

(2) 零售业务采用售价金额核算法时明细科目按照柜组进行设置。　　　　(　　)

(3) 本期应分摊的商品进销差价＝本期商品销售售价×商品进销差价率。 (　　)

(4) 对商品流通企业进货运费进行处理时只能计入采购成本或销售费用，不能对其进行单独归集。　　　　　　　　　　　　　　　　　　　　　　　　　　(　　)

(5) 零售企业经营销售商品，一般采用数量进价金额核算法。商品批发业务一般采用售价金额核算法。　　　　　　　　　　　　　　　　　　　　　　　　(　　)

(6) 施工企业从本企业其他内部独立核算的机械站租入施工机械，按照规定的台班费定额支付的机械租赁费，通过"机械作业"账户核算。　　　　　　　　　(　　)

(7) "工程施工"账户核算施工企业实际发生的工程施工合同成本和合同毛利。(　　)

(8) 施工企业工程成本，指为进行一定的工程施工所发生的直接人工、直接材料、机械使用费、其他直接费和间接费用的总和。　　　　　　　　　　　　(　　)

【技能实训】

1. 批发企业成本核算实训

实训目的

通过对模拟企业成本的核算，了解毛利率法的运用，掌握批发企业成本核算的方法及相应的账务处理。

实训资料

某批发企业服装商品2015年第一季度实际毛利率为8%，第二季度各月份的商品销售额分别为140 000元、160 000元和146 800元。6月末按加权平均法计算的服装类商品的结存额为47 412元。第二季度各月份商品购进成本及6月末商品结存余额见表5.16相关数据。

表 5.16　商品存货二级账

商品类别:服装　　　　　　　　　　　　　　　　　　　　　　　　　　　　单位:元

2015年		凭证		摘要	借方	贷方	结余
月	日	字	号				
4	1	略	略	月初结存			40 000
	1			购进	80 000		120 000
	13			购进	60 000		180 000
	30			结转成本			
				本月合计	140 000		
5	12			购　进	100 000		
	26			购　进	40 000		
	30			结转成本			
				本月合计	140 000		
6	13			购　进	56 000		
	25			购　进	88 000		
	30			拨付加工		10 000	
	30			结转成本			
				本月合计	144 000		47 412
				季　结	424 000		47 412

实训要求

(1) 计算第二季度商品销售成本及第二季度实际毛利率。

(2) 编制结转商品销售成本的记账凭证。

(3) 登记有关库存商品明细账(表 5.17)。

表 5.17　商品存货二级账

商品类别:服装　　　　　　　　　　　　　　　　　　　　　　　　　　　　单位:元

2015年		凭证		摘要	借方	贷方	结余
月	日	字	号				
4	1	略	略	月初结存			40 000
	1			购　进	80 000		120 000
	13			购　进	60 000		180 000
	30			结转成本			
				本月合计	140 000		
5	12			购　进	100 000		
	26			购　进	40 000		
	30			结转成本			

续表

2015年		凭证		摘要	借方	贷方	结余
月	日	字	号				
				本月合计	140 000		
6	13			购　进	56 000		
	25			购　进	88 000		
	30			拨付加工		10 000	
	30			结转成本			
				本月合计	144 000		47 412
				季　结	424 000		47 412

2. 零售企业成本核算实训

实训目的

通过对模拟企业成本的核算,了解售价金额核算法的运用,掌握零售企业成本的核算方法及相应的账务处理。

实训资料

南京易发百货商店下设三个组,2015年6月末"商品进销差价""库存商品"及"主营业务收入"等科目明细账户余额如表5.18所示。

表5.18　账户余额表

2015年6月30日　　　　　　　　　　　　　　　　　　　　　　　单位:元

柜　组	"商品进销差价"账户余额	"主营业务收入"账户发生额	"库存商品"账户余额
甲组(针织品)	12 490	60 000	40 000
乙组(百货)	8 800	20 000	60 000
丙组(五金)	7 000	30 000	20 000
合　计	28 290	110 000	120 000

实训要求

根据以上资料,编制"已销商品进销差价计算表"(表5.19)。

表5.19　分类(或柜组)已销商品进销差价计算表

2015年6月　　　　　　　　　　　　　　　　　　　　　　　金额单位:元

组别	月末结账前进销差价	月末库存商品	本月已销商品	分类差价率	已销商品进销差价	库存商品进销差价
	(1)	(2)	(3)	$(4)=\dfrac{(1)}{(2)+(3)}\times 100\%$	$(5)=(3)\times(4)$	$(6)=(1)-(5)$
甲组						
乙组						
丙组						
合计						

3. 建筑企业成本核算实训

实训目的

通过对模拟企业成本的核算,掌握建筑企业成本核算的方法及相应的账务处理。

实训资料

振兴建筑公司承担了某小学教学楼和图书馆施工任务,工期15个月,2014年4月开始施工,截止2015年5月31日,教学楼和图书馆工程开工累计实际成本资料如表5.20所示。

表5.20 教学楼和图书馆工程开工累计实际成本　　　　　　　　　　　　　单位:元

项目	材料费	人工费	机械使用费	其他直接费用	间接费用	合计
教学楼工程开工累计实际成本	499 079.20	4 210 000.00	305 482.46	131 396.19	435 363.80	5 581 321.65
图书馆工程开工累计实际成本	644 092.61	4 307 000.00	352 343.10	232 337.49	614 257.26	6 150 030.46
合计	1 143 171.81	8 517 000.00	657 825.56	363 733.68	1 049 621.06	11 731 352.11

2015年6月发生下列经济业务:

(1) 分配发生的施工项目管理人员工资61 000元,生产人员的计件工资356 000元,其中教学楼施工人员计件工资220 000元,图书馆施工人员计件工资136 000元。

(2) 分配发生的施工生产人员的计时工资360 000元,当月实际耗费工日数3 000工日,其中教学楼工程1 600工日,图书馆工程1 400工日。

(3) 根据公司所在地规定,按职工工资总额25%计提各种社会保险费,10.5%计提住房公积金;按国家规定,按职工工资总额2%计提工会经费,1.5%计提职工教育费;根据税法规定,按职工工资总额14%计提职工福利费。

(4) 领用主要材料等3 646 000元,其中教学楼耗用1 466 000元,图书馆耗用2 180 000元。

(5) 摊销模板、脚手架等周转材料116 490元,其中教学楼摊销48 960元,图书馆摊销67 530元。

(6) 领用低值易耗品14 528元,其中教学楼用6 213元,图书馆用8 315元(采用一次摊销法)。

(7) 分配机械独立核算单位的机械使用费122 060元,其中教学楼分配58 487.74元,图书馆分配63 572.26元。

(8) 摊销施工现场搭建的临时房屋设施费(搭建时发生的实际成本267 000元,不考虑净残值,本月应摊销的临时设施费按施工生产人员的工资薪酬比例分摊)。

(9) 施工耗用水电费3 860元(施工耗用水电费由业主提供,结算工程款价款抵扣),其中教学楼耗用2 230元,图书馆耗用1 530元,项目管理部门耗用100元。

(10) 计提项目管理的办公设备折旧费32 100元。

(11) 以现金报销施工管理人员的差旅费12 000元。

(12) 施工项目办公室报销办公用品3 000元,劳保用品8 000元,办公设备保养费600元。上述费用通过银行转账支付。

(13) 以银行存款支付排污费 10 000 元。
(14) 分配间接费用(采用直接费用比例法分配)。
(15) 结转已完工教学楼工程的实际成本(累计已结算的工程价款 930 万元)。
(16) 结转已完工图书馆工程的实际成本(累计已结算的工程价款 1 100 万元)。

实训要求

(1) 编制"人工费分配表"(表 5.21)、"职工薪酬计提表"(表 5.22)、"临时设施摊销计算表"(表 5.23),做出有关账务处理。

表 5.21 人工费分配表

编制单位: 　　　　　　　　　　年 月 日　　　　　　　　　　单位:元

工程项目	实耗工日	日平均工资	工资分配金额
教学楼			
图书馆			
合计			

财务主管: 　　　　复核: 　　　　记账: 　　　　制表:

表 5.22 职工薪酬计提表

编制单位: 　　　　　　　　　　年 月 日　　　　　　　　　　单位:元

核算对象	工资金额	社会保险费(25%)	住房公积金(10.5%)	工会经费(2.5%)	教育经费(1.5%)	福利费(14%)	计提合计
教学楼工程							
计件工资							
计时工资							
小计							
图书馆工程							
计件工资							
计时工资							
小计							
间接费用(施工管理职工薪酬)							
合计							

财务主管: 　　　　复核: 　　　　记账: 　　　　制表:

表 5.23　临时设施摊销计算表

编制单位：　　　　　　　　　　　　年　月　日　　　　　　　　　　　　　　　单位：元

核算对象	生产人员职工薪酬	摊销率	摊销额	备注
教学楼工程				
图书馆工程				
合计				

财务主管：　　　　　复核：　　　　　记账：　　　　　制表：

（2）按会计处理登记"间接费用明细账"（表 5.24），编制"间接费用分配表"（表 5.25），做出有关间接费用的账务处理。

表 5.24　间接费用明细账　　　　　　　　　　　　　　　　　　　金额单位：元

2015年		凭证	摘要	职工薪酬	办公费	差旅费	折旧费	劳保费	其他	合计
月	日									
6	略									

表 5.25　间接费用分配表

编制单位：　　　　　　　　　　　　年　月　日　　　　　　　　　　　　　　　单位：元

工程项目	分配标准 （实际发生的直接费用）	分配率	分配金额
教学楼工程			
图书馆工程			
合计			

财务主管：　　　　　复核：　　　　　记账：　　　　　制表：

（3）根据会计处理登记"工程施工——合同成本（教学楼）"明细账（表 5.26）、"工程施工——合同成本（图书馆）"明细账（表 5.27）。做出结转已完工教学楼、图书馆实际成本的会计处理。

表 5.26 建造合同成本明细账

明细科目:教学楼　　　　　　　　　　　　　　　　　　　　　　　　　　　　　　单位:元

2015年		凭证	摘要	人工费	材料费	机械使用费	其他直接费	间接费	合计	余额
月	日									
6		略	月初余额	499 079.20	4 210 000.00	305 482.46	131 396.19	435 363.80	5 581 321.65	5 581 321.65

表 5.27 建造合同成本明细账

明细科目:图书馆　　　　　　　　　　　　　　　　　　　　　　　　　　　　　　单位:元

2015年		凭证	摘要	人工费	材料费	机械使用费	其他直接费	间接费	合计	余额
月	日									
6		略	月初余额	644 092.61	4 307 000.00	352 343.10	232 337.49	614 257.26	6 150 030.46	6 150 030.46

项目6 成本费用报表的编制与分析

【教学目标】

知识目标

(1) 掌握成本报表的概念、种类、特点,成本费用报表分析的意义。
(2) 掌握商品产品成本表,主要产品单位成本表以及制造费用、期间费用明细表的编制。
(3) 掌握商品产品成本计划完成情况分析和可比产品成本降低计划完成情况分析。
(4) 掌握主要产品单位成本计划完成情况分析的内容、方法。
(5) 了解制造费用、期间费用明细表的编制和分析。

能力目标

(1) 能了解成本费用报表的作用和种类,进行主要报表的编制工作。
(2) 能理解成本费用报表的分析方法,进行主要报表的数据分析。

【学习重点、难点】

学习重点

(1) 成本费用报表的编制。
(2) 成本费用报表的分析。

学习难点

(1) 商品产品成本计划完成情况分析和可比产品成本降低计划完成情况分析。
(2) 主要产品单位成本计划完成情况的分析。

【引 言】

成本费用水平的高低与企业的收益水平、盈利能力的大小有着内在联系。加强成本管理是提高企业经济效益的重要途径。本项目以降低成本费用水平为主线,编制的成本费用报表为主要信息来源,通过采用对比分析法、比率分析法、因素分析法等进行数据分析,达到揭示差异、查明原因、提出措施、改进成本管理工作及提高效益的目的。

任务6.1 成本费用报表的编制

会计报表是企业依据日常核算资料进行归集、汇总、加工而成的一个完整的报告体系。通过这一报告体系可以反映企业一定时期的经营成果和财务状况信息,从而满足企业内外各方了解、分析、考核企业经济效益的需要。企业会计报表分为两大类,一类是为向外报送的会计报表,如资产负债表、损益表、现金流量表,其具体格式和编制说明由企业会计制度规定;另一类为企业内部管理需要的报表,如成本报表等,其具体种类、格式由企业自行规定。成本报表是企业内部报表中的主要报表。

6.1.1 成本报表的定义与作用

1) 成本报表的定义

成本报表是按照成本管理的各种需求,根据企业日常成本核算资料定期或不定期编制,用以反映企业生产费用和产品成本水平、构成及其升降变动情况,考核和分析一定时期内生产费用预算和产品成本计划执行情况的报告文件。成本的高低是衡量乃至决定企业前途和命运的重要因素。为此,企业应科学地设计和填报管理所需要的各类报表。成本报表是企业会计报表体系的一项重要内容。

2) 成本报表的作用

正确及时地编制成本报表是成本会计的一项重要内容。成本报表对于加强企业内部经营管理,不断提高企业经济效益有着重要的作用,具体体现在以下 4 个方面:

(1) 成本报表反映了报告期内的产品成本水平

产品成本是反映企业生产经营质量的一项重要的综合性指标。在企业的生产经营活动中,材料、燃料和动力消耗的多少,设备利用的好坏,劳动生产率的高低,产品产量的增减和质量的优劣,资金周转的快慢,管理工作效率的高低等最终都要直接或间接地反映到产品成本上来。通过成本报表资料能及时发现产品成本升降原因,寻求降低产品成本的途径。

(2) 成本报表能综合考核企业成本计划的完成情况

成本计划是企业计划管理的有机组成部分,是企业实现目标成本和目标利润的保证。成本报表提供了有关实际产品成本水平的资料,通过它与成本计划所确定的成本奋斗目标的比较,可以了解成本计划的完成情况,为考核成本计划的完成情况提供可靠依据。利用成本报表提供的信息,也可以明确各有关部门和个人执行成本计划或预算的成绩和责任。

(3) 成本报表有利于分析企业成本管理中存在的问题

产品成本是一项综合性指标,影响其高低的因素是多方面的,如企业各种材料、燃料和动力消耗的多少,设备利用的好坏,劳动生产率的高低,资金周转的快慢等。通过成本报表可以了解影响企业产品成本高低的因素有哪些,在这些因素中哪些是主要的,哪些是次要的;企业在哪些方面取得了成绩,在哪些方面还存在问题等。从而可能抓住主要矛盾,有针对性地采取措施解决在成本管理中存在的问题,进一步挖掘企业降低成本的潜力,提高企业成本管理水平。

(4) 成本报表为企业编制成本计划提供了依据

计划年度的成本计划是在报告年度产品成本实际水平的基础上结合报告年度成本执行情况,考虑计划年度中可能出现的各种情况而制定的,所以本期报表所提供的资料,还可以作为企业进行成本预测、决策、编制成本计划的重要依据,为企业降低成本指出方向。企业的各级管理部门可从成本报表中了解成本计划的执行情况,各成本项目的变动趋势和成本降低任务的完成情况,及时找出经营管理中存在的缺陷,以便采取相应的改进措施。

3) 成本报表的种类

成本报表属于内部报表,由企业自行设计和填制,旨在为企业内部各阶层提供必要的信息。从报表格式、编报时间到报送程序、报送对象,都由企业根据自身经营过程的特点和企业管理的具体要求而定。不仅企业之间各不相同，就是同一企业不同时期也可能设置不同种类的内部成本报表。

(1) 成本报表按其所反映的主要经济内容划分

可以分为商品产品成本表、主要产品单位成本表、制造费用明细表、财务费用明细表、管理费用明细表、销售费用明细表、责任成本表和质量成本表等。

(2) 成本报表按其编制的时间划分

可以分为定期成本报表和不定期成本报表。定期成本报表一般按月、季、年编制，根据企业内部管理的特殊要求，也可以按旬、周、日乃至按工作班的形式来编制，这样可以满足成本信息资料及时反馈的要求。为了将成本管理中急需解决的问题及时反馈给有关部门，成本报表也可以不定期编制。例如发生金额较大的内部故障时，需要及时将信息反馈给有关部门而编制的质量成本报表。

(3) 按成本报表编制的范围划分

可以分为全厂成本报表、车间成本报表、班组成本报表或个人成本报表。

4) 成本报表的编制要求

为了保证成本报表提供信息的质量，充分发挥成本报表的作用，在编制成本报表时必须符合以下要求：

(1) 数字准确

数字准确是指成本报表的各个指标必须如实地反映企业成本工作的实际情况，做到账表相符。报表中的各项数据必须真实可靠，企业不得以估计数字、计划数字、定额数字代替实际数字，更不允许弄虚作假，篡改数字。因此，企业在编制报表前，应将所有的经济业务登记入账，并核对各种账户之间的记录，做到账账相符；清查财产、物资，做到账实相符。然后再依据有关账簿的记录编制报表。报表编制完毕后，还应检查各个报表中相关指标的数据是否一致。

(2) 内容完整

内容完整是指应编制的成本报表种类必须齐全；每张报表中应填列的报告指标和文字说明必须全面，表内的项目和表外的补充资料都应做到完整无缺，不得随意取舍。注意保持各成本报表计算口径一致，计算方法如有变动须在附注中说明。对定期报送的主要成本报表，还应有分析说明个别成本和费用升降情况、原因、采取措施的文字材料。

(3) 编报及时

编报及时是指必须按照规定期限报送成本报表。信息的及时性是其质量的重要保证，只有及时报送成本报表，才能准确利用资料对企业成本计划完成情况进行检查和分析，从而及时发现问题并采取措施加以解决。成本报表有些定期编制，有些不定期编制，无论是定期编制还是不定期编制，都要求及时编制、及时反馈，以充分发挥成本报表的应有作用。做到这一点，要求企业不仅要做好日常成本核算工作，还要注意整理、收集有关的历史成本资料、同行业成本资料、统计资料以及成本计划资料、费用预算资料等。

6.1.2 商品产品成本表的编制

1) 商品产品成本表的定义和作用

商品产品成本表是反映企业在报告期内生产的全部商品产品(包括可比产品和不可比产品)总成本，以及各种主要商品产品的单位成本和总成本的会计报表。

编制商品产品成本表是为了考核企业全部商品产品成本的执行情况以及可比产品成本降低任务的完成情况,以便分析成本增减变化的原因,指出进一步降低产品成本的途径。

2) 商品产品成本表的结构和内容

商品产品成本表将全部商品产品分为可比产品和不可比产品两大类,并分别列出它们的单位成本、本月总成本、本年累计总成本。可比产品是指上年度或以前年度曾经生产过,具有较完备成本资料的产品;不可比产品是指上年度或以前年度未正式生产过的产品,它没有历史成本资料。另外,对于去年试制成功、今年正式投产的产品,也应作为不可比产品。

对可比产品而言,因需要同上年度实际成本作比较,所以表中不仅要列示本期的计划成本和实际成本,而且还要列示上年成本。对不可比产品而言,因没有上年的成本资料可比,所以不反映上年成本,只列示计划成本和实际成本。表中列示实际产量、单位成本、本月总成本和全年累计总成本,各栏还分别设置了上年、计划、本月或本年成本数。另外还需补充"可比产品成本降低额"和"可比产品成本降低率"的"本年累计实际数"等资料。具体结构如表 6.1 所示。

3) 商品产品成本表的编制方法

商品产品成本表中各项目应根据产品生产成本明细账、库存商品明细账、上年年报、本年成本计划以及有关统计资料等编制。各项目的填列方法如下:

(1) "商品名称"项目

该项目应填列主要的"可比产品"和"不可比产品"的名称。主要商品产品的品种,要按规定填列。

(2) "实际产量"项目

该项目反映本月和从年初起至本月末止各种主要商品产品的实际产量。应根据"产品成本明细账"或"库存商品明细账"等资料的记录计算填列。

(3) "单位成本"项目

① "上年实际平均"栏:反映各种主要可比产品的上年实际平均单位成本。应分别根据上年度本表所列各种可比产品的全年实际平均单位成本填列。

② "本年计划"栏:反映各种主要商品产品的本年计划单位成本。应根据年度成本计划的有关数字填列。

③ "本月实际"和"本年累计实际平均"栏:反映本月和自年初至本月末止企业生产的有关商品产品的实际总成本。应根据产品生产成本明细账的有关数字按下列公式计算填列。

$$某产品本月实际单位成本 = \frac{某产品本月实际总成本}{某产品本月实际产量}$$

$$某产品本年累计实际平均单位成本 = \frac{某产品本年累计实际总成本}{某产品本年累计实际产量}$$

(4) "本月总成本"项目

① "按上年实际平均单位成本核算"栏:用本月实际产量乘以上年实际平均单位成本数计算填列。

② "按本年计划单位成本核算"栏:用本月实际产量乘以本年计划单位成本数计算填列。

③"本月实际"栏:根据本月产品生产成本明细账的资料填列。

(5)"本年累计总成本"项目

①"按上年实际平均单位成本核算"栏:用本年累计实际产量乘以上年实际平均单位成本数计算填列。

②"按本年计划单位成本核算"栏:用本年累计实际产量乘以本年计划单位成本数计算填列。

③"本年实际":根据本年产品生产成本明细账的资料填列。

商品产品成本表中补充资料内容:"可比产品成本降低额"和"可比产品成本降低率"的"本年累计实际数",按下列公式计算填列:

可比产品成本降低额＝可比产品按上年实际平均单位成本核算的本年累计总成本合计－可比产品本年实际累计总成本合计

$$可比产品成本降低率 = \frac{可比产品成本降低额}{可比产品按上年实际平均单位成本核算的本年累计总成本} \times 100\%$$

可比产品成本降低率的"本年计划数",根据年度计划数填列,可比产品成本的"超支额"和"超支率"用"－"号列示。

现列示某公司2015年12月的商品产品成本表,如表6.1所示。

表6.1 商品产品成本表

编制单位:×××公司　　　　　　　　2015年12月　　　　　　　　　　　　单位:元

商品名称	计量单位	实际产量		单位成本				本月总成本			本年累计总成本		
		本月	本年	上年实际平均	本年计划	本月实际	本年实际平均	按上年实际平均单位成本计算	按本年计划单位成本计算	本月实际	按上年实际平均单位成本计算	按本年计划单位成本计算	本年实际
可比产品合计								10 200	10 700		136 500	126 600	141 400
甲	件	100	1 200	20	18	21	22	2 000	1 800	2 100	24 000	21 600	26 400
乙	件	200	2 500	45	42	43	46	9 000	8 400	8 600	112 500	105 000	115 000
不可比产品合计								—	1 080	1 128	—	14 400	14 880
丙	台	12	160	—	90	94	93	—	1 080	1 128	—	14 400	14 880
商品产品成本合计									11 280	11 828	—	141 000	156 280

补充资料(本年累计实际数):

① 可比产品成本降低额为－4 900元;

② 可比产品成本降低率为－3.59%。

6.1.3 主要产品单位成本表的编制

1) 主要产品单位成本表的定义和作用

主要产品单位成本表,是反映企业一定时期内主要产品单位成本水平、变动情况、构成情况以及主要技术经济指标执行情况的成本报表。由于商品产品成本报表中各主要产品的成本只列示总数,无法根据表格分析构成情况,因此要编制本报表作为商品产品成本报表的补充报表。

通过该报表,可以反映出主要产品单位成本的变动,分析各主要产品单位成本计划的执行情况,查明各主要产品单位成本升降的原因;可以将各主要产品单位成本水平与上年实际和历史先进水平进行比较,找出差距,挖掘降低产品成本的潜力;还可以分析和考核各主要产品的主要技术经济指标的执行情况。

2) 主要产品单位成本表的结构和内容

该表按每种主要产品分别设置,它由表首、基本部分和主要技术经济指标3部分组成。表首列示主要产品的名称、规格、计量单位、销售单价、本月实际产量和本年累计实际产量等;基本部分列示按成本项目反映的单位成本,并分别反映历史先进水平、上年实际平均、本年实际和本年累计实际平均的单位成本;主要技术经济指标部分主要列示原材料、主要材料、燃料、动力和工时的消耗量。其基本格式如表6.2所示。

表6.2 主要产品单位成本表(甲产品)

编制单位:×××工厂　　　　　2015年12月　　　　　　金额单位:元

产品名称		甲产品	本月计划产量		2 850
规格			本月实际产量		3 000
计量单位		台	本年累计计划产量		30 500
销售单价		195	本年累计实际产量		32 000
成本项目	行次	历史先进水平 ××××年	上年实际平均	本年计划	本月实际	本年累计实际平均
直接材料	1	96.30	102.52	96.16	93.80	93.94
直接人工	2	34.20	36.48	35.34	34.20	33.06
制造费用	3	10.50	11.00	10.50	12.00	12.00
合计		141	150	142	140	139
主要技术经济指标		用量	用量	用量	用量	用量
1. 普通钢材(克)		83.2	87.5	81	78	80
2. 优质钢材(克)		10.5	12	10.1	9	9.8
3. 工时(小时)		18	19	18.5	17	17.5

3) 主要产品单位成本表的编制方法

主要产品单位成本表应根据产品生产成本明细账、以前年度年报、本年成本计划以及有关统计资料等编制。各项目的填列方法如下:

(1) 表首部分

① 表首部分的产品名称、规格、计量单位和销售单价项目:根据有关产品成本核算单填列。

② "本月计划产量"和"本年累计计划产量"项目:根据本月和本年产品产量计划资料填列。

③ "本月实际产量"和"本年累计实际产量"项目:根据统计提供的产品产量资料或产品入库单填列。

(2) 基本部分

① "成本项目"项目:根据规定的成本项目内容进行填列。

② "历史先进水平"项目:这是指本企业历史上该种产品成本最低年度的实际平均单位成本和实际单位用量。各成本项目的历史先进水平的数字,根据企业的成本历史资料填列。

③ "上年实际平均"项目:这是指各成本项目的上年实际平均单位成本和实际单位用量,根据上年度本表的本年累计实际平均单位成本和单位用量的资料填列。

④ "本年计划"项目:这是指本年计划单位成本和单位用量,根据年度成本计划中的资料填列。

⑤ "本月实际"项目:这是指本月实际单位成本和单位用量,根据本月完工的该种产品成本资料填列。

⑥ "本年累计实际平均":这是指自本年年初至本月末止该种产品的平均实际单位成本和单位用量,根据自本年年初至本月末止已完工产品成本明细账等有关资料,采用加权平均法计算后填列。其计算公式如下:

$$某产品的实际平均单位成本 = \frac{该产品累计总成本}{该产品累计产量}$$

$$某产品的实际平均单位用量 = \frac{该产品累计总用量}{该产品累计产量}$$

对不可比产品,则不填列"历史先进水平"和"上年实际平均"的单位成本和单位用量。

由于主要产品单位成本报表是商品产品成本报表的补充说明,所以,主要产品单位成本报表中反映的"上年实际平均""本年计划""本月实际""本年累计实际平均"的单位成本合计数,应与商品产品成本报表中的各项单位成本的数字分别相等。

(3) 主要技术经济指标部分

"主要技术经济指标"项目,反映主要产品每一单位产量所消耗的主要原材料、燃料、动力、工时等的数量,根据有关产品成本明细账填列。

主要产品单位成本报表编制如表6.2所示。

6.1.4 制造费用明细表的编制

1) 制造费用明细表的定义和作用

制造费用明细表是反映企业在一定时期内为组织和管理生产所发生的各项制造费用总额及其构成情况的成本报表。利用该报表可以按费用项目分析制造费用计划的执行情况,分析制造费用超支或节约的原因,从而寻求降低产品成本的方法;还可以分析制造费用的构成及其增减变动的情况,为编制制造费用计划和预测未来的费用水平提供依据。

2) 制造费用明细表的结构和内容

制造费用明细表按照规定的制造费用项目反映每一项制造费用的发生情况。为了便于制造费用本年实际数与本年计划数和上年同期实际数分别进行比较,以便加强对制造费用的管理,制造费用明细表把每一费用项目的"本年计划数""上年实际数"和"本年累计实际数"都分别予以列出。其基本结构如表6.3所示。

表 6.3 制造费用明细表

编制单位：×××工厂　　　　　2015 年 10 月　　　　　　　　　　　　　　单位：元

费用项目	行次	本年计划数	上年实际数	本年累计实际数
工资	1	80 000	90 000	81 000
职工福利费	2	11 200	12 600	11 340
折旧费	3	100 000	96 000	95 000
租赁费	4	8 000	10 000	8 100
维护费	5	800 000	810 000	750 000
机物料消耗	6	1 500 000	1 550 000	1 490 000
低值易耗品摊销	7	1 100 000	1 140 000	1 050 000
取暖费	8	310 000	300 000	300 000
水电费	9	520 000	560 000	500 000
办公费	10	70 000	78 000	65 000
差旅费	11	40 000	50 000	41 000
运输费	12	60 000	65 000	65 000
保险费	13	210 000	195 000	190 000
设计制图费	14	15 000	16 000	14 000
实验检验费	15	90 000	100 000	85 000
劳动保护费	16	30 000	42 000	29 000
季节性、修理期间的停工损失	17	—	—	—
其他	18	230 000	290 000	215 000
合 计	19	5 174 200	5 404 600	4 989 440

3) 制造费用明细表的编制方法

制造费用明细表应根据制造费用明细账、本年计划及上年同期该表等资料编制，各项目的填列方法如下：

(1)"费用项目"栏

该栏应根据规定的费用项目内容填列。

(2)"本年计划数"栏

该栏各项数字，根据制造费用年度计划每一费用项目计划数填列。

(3)"上年实际数"栏

该栏各项数字，根据上年本表的"本年累计实际数"填列。如果表内所列费用项目与上年度的费用项目在名称或内容上不相一致，应对上年度的各项数字按照表内项目及包括的内容进行调整。

(4)"本年累计实际数"栏

该栏各项数字，反映企业自年初起至编报月末止的累计实际数。根据"制造费用明细账"的有关记录填列。

制造费用明细表的编制详见表 6.3。

6.1.5 期间费用明细表的编制

期间费用明细表是反映企业一定会计期间内各项期间费用的发生额及其构成情况的报表,包括管理费用明细表、销售费用明细表和财务费用明细表。期间费用明细表通常按月编制。

1) 管理费用明细表的编制

(1) 管理费用明细表的结构

管理费用明细表一般在纵栏列示费用项目,横栏反映各项费用的本年计划数、上年实际数、本月实际数和本年累计实际数等指标。其具体格式如表6.4所示。

表6.4 管理费用明细表

2015年×月 单位:元

费用项目	本年计划数	本月实际数	上年实际数	本年累计实际数
工资及福利费	219 450	17 670	213 750	237 120
折旧费	18 700	1 350	16 200	14 350
保险费	3 250	220	2 620	3 170
税金	23 900	2 430	29 250	24 895
差旅费	56 800	6 100	82 965	41 260
办公费	27 650	2 540	35 300	22 345
水电费	12 750	1 200	15 600	10 560
修理费	38 800	3 630	47 800	21 480
机物料消耗	26 000	2 380	32 400	14 300
运输费	61 750	4 740	68 950	53 498
业务招待费	45 000	3 650	67 870	32 045
坏账损失	1 450	—	2 350	950
其他管理费用	26 800	4 170	42 670	17 804
合　计	562 300	50 080	657 725	493 777

(2) 管理费用明细表的编制方法

管理费用明细表应根据管理费用明细账、本年计划、上年年度报表等资料编制。表中各项目的填列方法如下:

① "费用项目"栏:该栏应根据规定的费用项目内容填列。

② "本年计划数"栏:该栏各项数字,根据企业的年度管理费用计划填列。

③ "本月实际数"栏:该栏各项数字,根据"管理费用"明细账本月发生额填列。

④ "上年实际数"栏:该栏各项数字,根据上年本表的"本年累计实际数"填列。

⑤ "本年累计实际数"栏:该栏各项数字,根据"管理费用"明细账年初至本月末的累计发生额填列。

如果表内所列费用项目与上年度的费用项目在名称或内容上不相一致,应对上年度的各项数字按照表内项目及包括的内容进行调整。

管理费用明细表反映企业行政部门为组织和管理生产发生的各项管理费用,分别计算每项费用占管理费用总额的比重,可以了解和分析管理费用的构成情况;将"本年累计实际数"与"本年计划数"对比,可以分析和考核计划的执行情况及其结果;将"本年累计实际数"与"上年实际数"对比,可以计算和分析管理费用的增减变动及其原因;将"本月实际数"与"本年累计实际数"比较,可以反映本月费用消耗对本年累计费用总额的影响。正确地分析管理费用变动的原因,又可以为进一步提出节支措施,预测和编制以后各期的管理费用计划提供依据。

2) 财务费用明细表的编制

(1) 财务费用明细表的结构

财务费用明细表一般在纵栏列示费用项目,横栏反映各项费用的本年计划数、上年实际数、本月实际数和本年累计实际数等指标。其具体格式如表 6.5 所示。

表 6.5 财务费用明细表

2015 年×月　　　　　　　　　　　　　　　　　　　　　　　　单位:元

费用项目	本年计划数	上年实际数	本月实际数	本年累计实际数
利息净支出	14 840	15 280	1 248	14 480
汇兑净损失	3 920	4 896	408	3 860
金融机构手续费	4 560	5 744	276	4 292
其他财务费用	2 360	2 900	240	2 240
合　计	25 680	28 820	2 172	24 872

(2) 财务费用明细表的编制方法

财务费用明细表应根据财务费用明细账、本年计划、上年年度报表等资料编制。表中各项目的填列方法如下:

① "费用项目"栏:该栏根据规定的费用项目内容填列。

② "本年计划数"栏:该栏各项数字,根据企业的年度财务费用计划填列。

③ "本月实际数"栏:该栏各项数字,根据"财务费用"明细账本月发生额填列。

④ "上年实际数"栏:该栏各项数字,根据上年本表的"本年累计实际数"填列。

⑤ "本年累计实际数"栏:该栏各项数字,根据"财务费用"明细账年初至本月末的累计发生额填列。

财务费用明细表反映企业行政部门为筹集生产经营所需资金而发生的各项费用,分别计算每项费用占财务费用总额的比重,可以了解和分析财务费用的构成情况;将"本年累计实际数"与"本年计划数"对比,可以分析和考核计划的执行情况及其结果;将"本年累计实际数"与"上年实际数"对比,可以计算和分析财务费用的增减变动及其原因;将"本月实际数"与"本年累计实际数"比较,可以反映本月费用消耗对本年累计费用总额的影响。正确地分析财务费用变动的原因,又可以为进一步提出节支措施,预测和编制以后各期的财务费用计划提供依据。

3) 销售费用明细表的编制

(1) 销售费用明细表的结构

销售费用明细表一般在纵栏列示费用项目,横栏反映各项费用的本年计划数、上年同期实际数、本月实际数和本年累计实际数等指标。其具体格式如表6.6所示。

表6.6 销售费用明细表

2015年×月　　　　　　　　　　　　　　　　　　　　　　　　　　单位:元

费用项目	本年计划数	上年实际数	本月实际数	本年累计实际数
运输费	23 900	24 153	2 010	24 150
装卸费	8 550	9 456	680	6 520
包装费	5 200	5 734	457	4 300
保险费	6 350	5 490	425	7 150
委托代销手续费	17 500	16 340	1 260	18 670
广告费	45 600	54 320	4 020	35 640
展览费	23 800	25 955	2 065	32 650
销售服务费	24 000	28 368	3 060	16 740
其他	6 700	8 458	308	8 430
合计	161 600	178 274	14 285	154 250

(2) 销售费用明细表的编制方法

销售费用明细表应根据营业费用明细账、本年计划、上年年度报表等资料编制。表中各项目的填列方法如下:

① "费用项目"栏:该栏应根据规定的费用项目内容填列。

② "本年计划数"栏:该栏各项数字,根据企业的年度营业费用计划填列。

③ "本月实际数"栏:该栏各项数字,根据"营业费用"明细账本月发生额填列。

④ "上年实际数"栏:该栏各项数字,根据上年本表的"本年累计实际数"填列。

⑤ "本年累计实际数"栏:该栏各项数字,根据"营业费用"明细账年初至本月末的累计发生额填列。

销售费用明细表反映企业销售产品时发生的各项销售费用,分别计算每项费用占营业费用总额的比重,可以了解和分析销售费用的构成情况;将"本年累计实际数"与"本年计划数"对比,可以分析和考核计划的执行情况及其结果;将"本年累计实际数"与"上年同期实际数"对比,可以计算和分析营业费用的增减变动及其原因;将"本月实际数"与"本年累计实际数"比较,可以反映本月费用消耗对本年累计费用总额的影响。正确地分析营业费用变动的原因,又可以为进一步提出节支措施,预测和编制以后各期的销售费用计划提供依据。

任务6.2 成本费用报表的分析

成本费用报表是企业提供成本信息的报告文件,如果把报表中的数字孤立地看,通常并不能说明什么问题。但如果通过一定的技术方法,将报表中所反映的数据进行加工、提炼、分析和对比,就能"由此及彼,由表及里"地掌握它们之间的相互联系,能更广泛,更深入地说明许多问题,使报表的作用得到更充分地发挥。

6.2.1 成本报表分析的内容和基本方法

1) 成本报表分析的内容

成本报表分析其实质是成本分析,是利用成本报表所提供的信息对企业成本计划、费用预算的执行情况所作的分析。成本分析是成本核算工作的继续,它贯穿于成本管理工作的全过程,包括事前分析、事中分析和事后分析。成本报表分析属于事后分析,它以成本报表所提供的、反映企业一定时期成本水平和构成情况的信息和有关的计划、核算资料为依据,运用科学的分析方法,通过分析各项指标的变动以及指标之间的相互关系,评价企业成本计划的完成情况,揭示影响成本指标变动的因素和原因,从而对企业一定时期的成本管理工作获得比较全面、本质的认识,为寻找降低成本、节约费用的途径,挖掘企业内部增产节约的潜力提供依据。

成本报表分析的过程实际上是成本指标的分解和综合相结合的过程。通过指标分解可以使分析不断深入,通过综合分析才能获得对企业成本管理工作全面、本质的认识。

成本报表分析的内容,主要包括对商品产品成本报表的分析,对主要产品单位成本报表的分析,对制造费用明细表的分析和对期间费用明细表的分析等。

2) 成本报表分析的方法

在对成本报表进行分析时可供选择的技术方法(也称数量分析方法)很多,企业应根据分析的目的、分析对象的特点、掌握的资料等情况确定应采用哪种方法进行成本分析。在实际工作中,通常采用的技术分析方法有对比分析法、因素分析法和比率分析法三种。

(1) 对比分析法

对比分析法是将实际成本指标与不同时期的成本指标进行对比,来揭示差异,分析差异产生原因的一种方法。在对比分析中,可采取实际指标与计划指标对比、本期实际与上期(或上年同期、历史最好水平)实际指标对比、本期实际指标与国内外同类型企业的先进指标对比等形式。通过对比分析,可初步了解企业成本的升降情况及其发展趋势,查明原因,找出差距,提出进一步改进的措施。在对比分析时,应注意本期实际指标与对比指标的可比性,使比较的结果能说明问题,揭示的差异才能符合实际。若不可比,则可能使分析的结果不准确,甚至可能得出与实际情况完全不同的结论。在采用对比分析法时,可采取绝对数对比、增减差额对比或相对数对比等多种形式。具体应用比较法时,依据分析的不同目的和要求,一般有以下几种对比方法:

① 实际指标与计划指标对比:通过对比,说明计划完成的程度,为进一步分析指明方向,但在进行比较时,必须检查计划本身的质量,如果计划制定不具有科学性,就失去可比的客观依据。

② 本期实际指标与上期(上年同期或历史最好水平)实际指标对比:这是一种动态对比,可以观察企业经济的发展和变动趋势以及企业生产经营管理的情况,有助于吸取经验教训,为改进企业经营管理提供线索,改进今后的工作。

③ 本期实际指标与同行业先进指标对比:这种对比方法,应用范围更广泛,可以扩大眼界。通过对比,反映本企业与国内外先进水平的差距,以便扬长避短,明确努力方向,挖掘降低成本的潜力,提高企业的经济效益。

在对比过程中也要防止指标对比的绝对化,尤其进行厂际对比分析时,只要条件接近,就可以对比,对比的范围越广泛,越容易发现差距,有利于进一步挖掘潜力。

【例 6.1】 某公司 2015 年年末进行成本分析时编制的成本对比分析表如表 6.7 所示。

表 6.7 成本对比分析表

项 目	本年计划数(元)	本年实际数(元)	差异额(元)	差异率
A 产品	350 000	358 000	+8 000	2.29%
B 产品	750 000	734 000	-16 000	-2.13%
C 产品	430 000	420 000	-10 000	-2.33%
合 计	1 530 000	1 512 000	-18 000	-1.18%

从表 6.7 中可以看出,各种产品成本的升降情况是不一样的。A 产品超支,B、C 两种产品成本降低,而 C 产品的降低幅度较大。对于 A 产品,应找出成本超支的原因,提出进一步降低成本的措施方案。

(2) 因素分析法

因素分析法是将某一综合性指标分解为各个相互关联的因素并测定这些因素对综合性指标差异额的影响程度的一种分析方法。在成本分析中采用因素分析法,就是将构成成本的各种因素进行分解,测定各个因素变动对成本计划完成情况的影响程度,并据此对企业的成本计划执行情况进行评价,提出进一步的改进措施。

采用因素分析法的程序如下:

① 将要分析的某项经济指标分解为若干个因素的乘积:在分解时应注意经济指标的组成因素应能够反映形成该项指标差异的内在构成原因,否则,计算的结果就不准确。如材料费用指标可分解为产品产量、单位消耗量与单价的乘积。但它不能分解为生产该产品的天数、每天用料量与产品产量的乘积,因为这种构成方式不能全面反映产品材料费用的构成情况。

② 确定分析的对象:计算经济指标的实际数与基期数(如计划数、上期数等),从而形成了两个指标体系。这两个指标的差额,即实际指标减基期指标的差额,就是所要分析的对象。各因素变动对所要分析的经济指标完成情况影响合计数,应与该分析对象相等。

③ 确定各因素的替代顺序:在确定经济指标因素的组成时,其先后顺序就是分析时的替代顺序。在确定替代顺序时,应从各个因素相互依存的关系出发,使分析的结果有助于分清经济责任。替代的顺序一般是:先替代数量指标,后替代质量指标;先替代实物量指标,后替代货币量指标;先替代主要指标,后替代次要指标。

④ 计算替代指标:其方法是以基期数为基础,用实际指标体系中的各个因素,逐步顺序地替换。每次用实际数替换基数指标中的一个因素,就可以计算出一个指标。每次替换后,实际数保留下来,有几个因素就替换几次,就可以得出几个指标。在替换时要注意替换顺序,应采取连环的方式,不能间断,否则,计算出来的各因素的影响程度之和,就不能与经济指标实际数与基期数的差异额(即分析对象)相等。

⑤ 计算各因素变动对经济指标的影响程度:其方法是将每次替代所得到的结果与这一因素替代前的结果进行比较,其差额就是这一因素变动对经济指标的影响程度。

⑥ 验证分析结果的正确性:将各因素变动对经济指标影响程度的数额相加,应与该项经济指标实际数与基期数的差额(即分析对象)相等。

上述因素分析法的计算过程可用以下公式表示:

设某项经济指标 N 是由 A、B、C 3 个因素组成的。在分析时,若是用实际指标与计划指标进行对比,则计划指标与实际指标的计算公式如下:

$$计划指标\ N_0 = A_0 \times B_0 \times C_0$$
$$实际指标\ N_1 = A_1 \times B_1 \times C_1$$

分析对象为 $N_1 - N_0$ 的差额。

采用因素分析法测定各因素变动对指标 N 的影响程度时,各项计划指标、实际指标及替代指标的计算公式如下:

$$计划指标\quad N_0 = A_0 \times B_0 \times C_0 \tag{1}$$
$$第一次替代\quad N_2 = A_1 \times B_0 \times C_0 \tag{2}$$
$$第二次替代\quad N_3 = A_1 \times B_1 \times C_0 \tag{3}$$
$$实际指标\quad N_1 = A_1 \times B_1 \times C_1 \tag{4}$$

各因素变动对指标 N 的影响数额按下式计算:

由于 A 因素变动造成的影响 = (2) - (1) = $N_2 - N_0$
由于 B 因素变动造成的影响 = (3) - (2) = $N_3 - N_2$
由于 C 因素变动造成的影响 = (4) - (3) = $N_1 - N_3$

将上述 3 个项目相加,即为各因素变动对指标 N 的影响程度,它与分析对象应相等。

【例 6.2】 某企业生产甲产品,本月产量及其他有关材料费用的资料如表 6.8 所示。

表 6.8 产量及其他有关资料

项　目	本月计划数	本月实际数
产品产量(件)	250	200
单位产品材料消耗量(千克)	48	50
材料单价(元)	9	10
材料费用(元)	108 000	100 000

分析对象 = 100 000 - 108 000 = -8 000(元)

根据因素分析法的替代原则,材料费用 3 个因素的替代顺序为产量、单位产品材料消耗量、材料单价。各因素变动对甲产品材料费用实际比计划降低 8 000 元的测定结果如下:

计划材料费用 = 250 × 48 × 9 = 108 000(元) (1)
第一次替代 = 200 × 48 × 9 = 86 400(元) (2)
第二次替代 = 200 × 50 × 9 = 90 000(元) (3)
实际材料费用 = 200 × 50 × 10 = 100 000(元) (4)

各因素变动对材料费用降低 8 000 元的影响程度如下:

由于产量变动对材料费用的影响 = (2) - (1) = 86 400 - 108 000 = -21 600(元)

由于单位产品材料消耗量变动对材料费用的影响 = (3) - (2) = 90 000 - 86 400 = 3 600(元)

由于材料单价变动对材料费用的影响 = (4) - (3) = 1 000 - 90 000 = 10 000(元)

三个因素变动对材料费用的影响程度 = -21 600 + 3 600 + 10 000 = -8 000(元)

上述分析计算时,还可以采用另外一种简化的形式,即差额计算法。差额计算法是利用各个因素的实际数与基期数的差额,直接计算各个因素变动对经济指标的影响程度。以

上述经济指标 N 为例,采用差额计算法时的计算公式如下:

$$由于 A 因素变动对指标的影响 = (A_1 - A_0) \times B_0 \times C_0$$
$$由于 B 因素变动对指标的影响 = A_1 \times (B_1 - B_0) \times C_0$$
$$由于 C 因素变动对指标的影响 = A_1 \times B_1 \times (C_1 - C_0)$$

【例 6.3】 以表 6.8 材料费用的分析资料为基础,采用差额计算法的计算结果如下:
由于 A 因素变动对指标的影响 = $(200-250) \times 48 \times 9 = -21\ 600$(元)
由于 B 因素变动对指标的影响 = $200 \times (50-48) \times 9 = 3\ 600$(元)
由于 C 因素变动对指标的影响 = $200 \times 50 \times (10-9) = 10\ 000$(元)
各因素变动对材料费用的影响程度 = $-21\ 600 + 3\ 600 + 10\ 000 = -8\ 000$(元)

两种方法的计算结果相同,但采用差额计算法显然要比第一种方法简单多了。

利用因素分析法进行分析时,应当注意几个重要问题:

① 计算程序的连环性:在计算每一因素变动对指标的影响数值时,总是在前一因素计算的基础上进行的,并采用连环比较的方法确定各因素变化的影响结果。

② 替代计算的顺序性:各个因素替代顺序要根据其内在的客观联系加以确定。在实际分析中,一般是先替代数量因素,后替代质量因素;先替代实物量、劳动量因素,后替代价值量因素;先替代主要因素,后替代次要因素。如果替代顺序改变了,虽然各因素的影响数额之和不变,但各个因素的影响额不同了。所以,运用因素分析法分析时,必须保持严格的替代顺序。

③ 计算结果的假定性:由于因素分析法计算的各个因素变动影响数会因替代计算顺序的不同而有差别,因而计算结果具有一定程度的假定性和近似性。

(3) 比率分析法

比率分析法是指在分析某个指标时,将与该指标相关但又不同的指标加以对比,分析其相互关系的一种方法。企业的经济指标之间存在着相互联系的依存关系,在这些指标体系中,一个指标发生了变化,受其影响的相关指标也会发生变化。如将利润指标与产品销售成本相比较,计算出成本利润率指标,可以分析企业成本收益水平的高低。再如,产品产量的变化,会引起成本随之发生相应的变化,利用相关分析法找出相关指标之间规律性的联系,从而为企业成本管理服务。比率分析法主要有相关指标比率分析法、结构比率分析法和动态比率分析法 3 种。

① 相关指标比率分析法:它是通过计算两个性质不同而又相关的指标的比率进行数量分析的方法。在实际工作中,由于企业规模不同等原因,单纯对比销售收入或利润等绝对数的多少,不能说明各个企业经济效益的好坏。但如果计算成本与销售收入或利润之比的相对数,即销售收入成本率或成本利润率,就可以反映各企业经济效益的好坏。销售收入成本率高的企业经济效益差,比率低的企业经济效益好;成本利润率则反之,即比率高的企业经济效益好,比率低的企业经济效益差。

② 结构比率分析法:又称比重分析法,或称构成比率分析法。它主要是通过计算某项成本指标的各个组成部分占总体的比重来分析其内容构成的变化。例如,把构成产品生产成本的各个成本项目(直接材料、直接人工、制造费用)与产品生产成本比较,计算占总成本的比重,然后与不同时期同样产品的成本构成相比较,观察产品成本构成的变化与提高生产技术水平和加强经营管理的关系,就能为进一步降低成本指明方向。

③ 动态比率分析法:它是将几个同类经济指标进行对比求出比率,分析该项指标的增

减速度和发展趋势。根据分析的要求,计算时采用的基期数值不同,计算出的动态比率有定基发展速度和环比发展速度两种。

6.2.2 商品产品成本表分析

1) 全部商品产品成本计划完成情况的分析

全部商品产品成本计划完成情况的分析,是一种总括性的分析。在实际工作中,根据管理的需要,可按产品成本项目反映的产品生产成本表和按产品种类反映的产品生产成本表两种,分别确定成本的降低额和降低率,其各自的编制与分析方法是不同的,其计算公式如下:

$$成本降低额 = 计划总成本 - 实际总成本$$
$$= \sum(实际产量 \times 计划单位成本) - \sum(实际产量 \times 实际单位成本)$$

$$成本降低率 = \frac{成本降低额}{\sum(实际产量 \times 计划单位成本)} \times 100\%$$

(1) 按成本项目分析

按成本项目分析是指将按成本项目反映的全部商品产品的实际总成本与按成本项目反映的实际产量计划总成本相比较,计算每个成本项目成本降低额和降低率对总成本的影响。

【例6.4】 某企业2015年12月份全部商品产品成本分析表如表6.9所示。

表6.9 全部商品产品成本分析表　　　　　　　　　　单位:万元

成本项目	全部商品产品成本		降低指标	
	计划	实际	降低额	降低率(%)
直接材料	5 190	4 848	342	6.59
直接人工	1 038	1 060	−22	−2.12
制造费用	692	732	−40	−5.78
制造成本	6 920	6 640	280	4.05

全部商品产品成本计划完成情况:

总成本降低额=6 920−6 640=280(万元)

总成本降低率=280/6 920×100%=4.05%

从表6.9中可以看出,总成本降低280万元,降低率为4.05%,主要依靠直接材料项目的降低,而直接人工和制造费用项目都是超支的。对此,应进一步对各成本项目进行分析,查明超支和降低的具体原因。

(2) 按产品种类分析

这种分析是按产品类别汇总全部成本,分别确定可比产品、不可比产品和全部商品产品成本的降低额和降低率。

【例6.5】 某公司2015年12月份全商品产品成本分析表如表6.10所示。

表6.10　全部商品产品成本分析表　　　　　　　　　　单位：万元

产品名称	计量单位	产量		单位成本			总成本			降低指标	
		计划	实际	上年	计划	实际	按上年计算	按计划计算	按实际计算	降低额	降低率(%)
可比产品合计								4 920	4 240	680	13.82
A产品	件	200	280	10	9	8	2 800	2 520	2 240	280	11.11
B产品	件	360	360	7	6	5	2 800	2 400	2 000	400	16.67
不可比产品合计								2 000	2 400	−400	−20
C产品	台	240	200	—	10	12	—	2 000	2 400	−400	−20
全部商品产品								6 920	6 640	280	4.05

从表6.10分析中可以看出，全部商品产品实际总成本比计划总成本降低280万元，降低率为4.05%。其中可比产品总成本降低680万元，降低率13.82%，不可比产品总成本超支400万元，超支率20%。虽然总的来说企业完成了产品成本计划降低的任务，但在超额完成产品成本计划中却隐藏了C产品的成本超支，应进一步分析各产品成本计划完成的原因和超支的原因，特别是要检查有无人为因素，把应属可比产品成本负担的成本挤进了不可比产品成本，以确保产品成本的真实性。

2）可比产品成本降低计划完成情况分析

在全部商品产品成本中，可比产品成本一般占有很大比重，可比产品成本的分析是成本分析的重点内容。在企业成本计划中，对可比产品不仅规定了计划成本，还规定了成本降低任务的指标。可比产品成本降低任务就是成本计划中规定的本年可比产品计划总成本与按计划产量和上年实际单位成本核算的上年实际总成本相比较，确定计划成本的降低额和降低率。可比产品成本降低任务完成情况的分析，就是将可比产品的实际成本与按实际产量和上年实际单位成本核算的上年实际总成本相比较，确定可比产品实际成本的降低额和降低率，并同计划成本降低额和降低率相比，评定企业完成可比产品成本降低的情况，确定各项因素的影响程度，为挖掘潜力，降低成本指明方向。可比产品成本分析包括可比产品成本降低任务的完成情况和变动的原因两个方面。

可比产品成本降低任务完成情况分析所需各项指标的计算公式为：

可比产品成本实际降低额 $= \sum$ 实际产量 $\times$ （上年实际单位成本 − 本年实际单位成本）
　　　　　　　　　　　= 实际产量按上年实际单位成本核算的总成本 −
　　　　　　　　　　　　实际产量按本年实际单位成本核算的总成本

可比产品成本计划降低额 $= \sum$ 计划产量 $\times$ （上年实际单位成本 − 本年计划单位成本）
　　　　　　　　　　　= 计划产量按上年实际单位成本核算的总成本 −
　　　　　　　　　　　　计划产量按本年计划单位成本核算的总成本

$$可比产品成本实际降低率 = \frac{可比产品成本实际降低额}{实际产量按上年实际单位成本核算的总成本} \times 100\%$$

$$可比产品成本计划降低率 = \frac{可比产品成本计划降低额}{计划产量按上年实际单位成本核算的总成本} \times 100\%$$

分析对象：

降低额＝可比产品成本实际降低额－可比产品成本计划降低额

降低率＝可比产品成本实际降低率－可比产品成本计划降低率

各因素变动对可比产品成本降低任务完成情况的影响,主要有产品单位成本、产品品种构成、产品产量等。

(1) 产品单位成本变动的影响

在计算可比产品成本计划降低额时,是根据本年计划单位成本和上年实际单位成本进行比较计算的;可比产品成本实际降低额,则是根据本年实际单位成本和上年实际单位成本进行计算的。这样,当本年实际单位成本发生变动时,必然会引起可比产品成本降低额和降低率的变动。

(2) 产品品种构成变动的影响

品种构成是指各种产品数量在全部产品数量总和中所占的比重,由于各种产品的实物数量不能简单相加,所以,在进行可比产品成本分析时,一般是用某产品的成本占全部产品成本的比重作为产品品种构成进行分析,其计算公式如下:

$$某产品的品种构成 = \frac{某产品的计划或实际产量 \times 该产品上年单位成本}{\sum(每种产品计划或实际产量 \times 该产品上年单位成本)} \times 100\%$$

当企业生产两种以上产品时,若各种产品的实际产量与计划产量不是同比例地增减,则会引起品种构成的变动。在企业生产的多种产品中,每种产品成本降低幅度是不一样的,有的产品成本达不到计划降低率。若企业增加成本降低幅度大的产品的生产比重,或降低成本降低幅度小的产品的生产比重,则可比产品平均降低率和降低额就会比原来的提高;反之,成本降低率和降低额就会下降。所以,产品品种构成的变动,同时影响成本降低额和成本降低率。

(3) 产品产量变动的影响

在计算可比产品成本降低任务时,是用可比产品的计划产量,乘上该产品上年实际单位成本和计划单位成本的差额计算的;实际完成情况则是根据可比产品实际产量,乘上该产品上年实际单位成本与本年实际单位成本的差额计算的。从这一计算过程中可以看出,当产品的品种构成和单位成本不变时,产品产量的变动会引起成本降低额发生同比例的变动,但不影响成本降低率的变动。所以,单纯产量的变动,仅影响成本降低额,不影响成本降低率。

【例 6.6】 某公司本年度生产甲、乙、丙三种产品,有关资料如表 6.11 所示。

表 6.11 产品产量及单位成本资料

产品名称	产量(件)		单位成本(元)		
	计划	实际	上年实际	本年计划	本年实际
甲产品	100	120	1 200	1 150	1 100
乙产品	150	200	850	830	810
丙产品	200	210	630	615	610

根据上述资料对可比产品成本降低任务完成情况进行分析的结果如下:

① 可比产品成本计划降低任务的计算结果如表 6.12 所示。

表 6.12 可比产品成本计划降低任务

可比产品	计划产量(件)	单位成本(元)		总成本(元)		降低任务	
		上年	计划	上年	计划	降低额(元)	降低率(%)
甲	100	1 200	1 150	120 000	115 000	5 000	4.167
乙	150	850	830	127 500	124 500	3 000	2.353
丙	200	630	615	126 000	123 000	3 000	2.381
合计	—	—	—	373 500	362 500	11 000	2.945

② 可比产品成本实际完成情况如表 6.13 所示。

表 6.13 可比产品成本实际完成情况

可比产品	实际产量(件)	单位成本(元)			总成本(元)			降低任务	
		上年	计划	实际	上年	计划	实际	降低额(元)	降低率(%)
甲	120	1 200	1 150	1 100	144 000	138 000	132 000	12 000	8.333
乙	200	850	830	810	170 000	166 000	162 000	8 000	4.706
丙	210	630	615	610	132 300	129 150	128 100	4 200	3.175
合计	—	—	—	—	446 300	433 150	422 100	24 200	5.422

根据上述资料,可计算出分析的对象:

降低额 = 24 200 − 11 000 = 13 200(元)

降低率 = 5.422% − 2.945% = 2.477%

③ 可比产品成本降低任务完成情况采用因素分析法的计算过程如表 6.14 所示。

表 6.14 计算过程

影响因素				计算方法	
顺序	产量	品种构成	单位成本	降低额(元)	降低率
①	计划	计划	计划	计划降低额 11 000	计划降低率 2.945%
②	实际	计划	计划	实际产量的上年总成本×计划降低率 = 446 300×2.945% = 13 144	计划降低率 2.945%
③	实际	实际	计划	实际产量的上年总成本−实际产量的计划总成本 = 446 300 − 433 150 = 13 150	本步骤的降低额/实际产量的上年总成本×100% = 13 150/446 300×100% = 2.946%
④	实际	实际	实际	实际降低额 24 200	实际降低率 5.422%
各因素的影响:					
②−①:产量因素的影响				13 144 − 11 000 = 2 144	—
③−②:品种构成因素影响				13 150 − 13 144 = 6	2.946% − 2.945% = 0.001%
④−③:单位成本因素影响				24 200 − 13 150 = 11 050	5.422% − 2.946% = 2.476%
合计				13 200	2.477%

6.2.3 主要产品单位成本表分析

对全部商品产品成本计划完成情况进行总体分析后,还应对主要产品的单位成本进行具体的分析,从而确定成本升降的原因,提出进一步改进的措施。主要产品单位成本分析一般是先将产品单位成本的实际数与计划等指标进行比较,计算其差异额和差异率,然后,在此基础上,分析各主要成本项目产生差异的原因。

1) 单位产品成本分析的意义

对企业全部商品产品成本降低情况进行总结分析可以得出企业产品成本升降的总体情况,但仅有这些分析信息还不够,因为这些信息会在某种情况下掩盖个别产品、个别项目的升降情况。这就需要对产品单位成本进行分析。

主要单位产品成本分析就是对成本变动较大的主要产品单位成本进行各方面的深入分析:主要产品单位实际成本比计划成本的升降情况;按成本项目分析成本变动情况,查明造成单位成本升降的原因;各项消耗定额的执行情况;产品结构、工艺、操作方法的改变及有关技术经济指标变动对产品单位成本的影响,等等。进行单位产品成本分析,有利于针对成本升降的具体原因采取措施,从而降低产品成本。

单位产品成本分析主要依据主要产品单位成本表、成本计划和各项消耗定额资料以及反映各项技术经济指标的业务技术资料。分析一般是先检查主要产品单位成本实际比计划的升降情况,然后按成本项目分析单位产品成本变动的具体原因。因此,单位产品成本分析主要包括两个方面的内容:主要产品单位成本变动情况的分析和主要成本项目的分析。

2) 主要产品单位成本变动情况分析

这是对主要产品单位成本所作的一般分析。分析时应采用比较分析法,依据主要产品单位成本表及有关技术经济指标,查明单位实际成本与基准的差异,确定单位成本是升高还是降低及升降幅度,然后按成本项目进行对比分析,分别确定各成本项目的消耗定额差异和价格差异。必要时还要进一步分析产品产量变动、产品质量水平变动等对单位产品成本的影响。

【例 6.7】 以表 6.12 商品产品成本分析中的可比产品甲为例,其单位成本表如表 6.14 所示。根据表 6.14 的资料,可以看出该公司甲产品的单位成本比本年计划低 50 元,比上年实际低 100 元,说明总体情况是好的。当然还应进一步与历史先进水平比较,若有差距,则说明产品成本控制方面仍有潜力可挖。

【例 6.8】 某公司对其生产的乙产品单位成本进行分析,详见表 6.15。

表 6.15 乙产品单位成本表

编制单位:××公司　　　　　　2015 年 12 月　　　　　　单位:万元

成本项目	历史先进水平	上年实际平均	本年计划	本月实际	本年累计实际平均
直接材料	29.75	36.51	36.70	40.80	40.92
直接人工	6.96	7.80	7.80	7.81	7.81
制造费用	5.82	6.23	6.02	6.01	6.03
产品单位成本	42.53	50.54	50.52	54.62	54.76
主要技术经济指标	用量	用量	用量	用量	用量

从表 6.15 可以看出,该公司乙产品的单位成本较计划、较上年、较历史先进水平都有上升,且上升幅度比较大。乙产品的单位成本较计划上升了 4.24 万元,上升了 8.39%;较上年上升了 4.22 万元,上升了 8.35%;较历史先进水平上升了 12.23 万元,上升了 28.76%。乙产品单位成本上升的主要原因是直接材料成本上升所致。因此,公司应对材料成本上升的原因进行因素分析,看其是单位产品材料消耗量上升所致,还是材料采购价格上升或是其他原因引起的。

3)主要成本项目分析

(1)直接材料项目分析

直接材料项目分析主要是对产品单位成本中直接材料成本超支和降低情况的分析。单位材料成本受材料消耗数量和材料价格两个因素的影响,其计算公式如下:

$$单位产品材料成本 = 单位产品材料消耗量 \times 材料单价$$

各因素变动对直接材料成本的影响可按下式计算:

$$材料耗用量变动对单位成本的影响 = \sum[(材料实际单位耗用量 - 材料计划单位耗用量) \times 材料计划单价]$$

$$材料价格变动对单位成本的影响 = \sum[(材料实际单价 - 材料计划单价) \times 材料实际单位耗用量]$$

【例 6.9】 某企业生产甲产品,材料项目的有关资料如表 6.16 所示。

表 6.16 材料项目的有关资料

材料名称	计量单位	单位耗用量(千克)		材料单价(元)		材料成本(元)		差异(元)
		计划	实际	计划	实际	计划	实际	
A	千克	120	125	62	65	7 440	8 125	685
B	千克	80	75	30	28	2 400	2 100	−300
C	千克	60	62	42	46	2 520	2 852	332
合计	—	—	—	—	—	12 360	13 077	717

材料耗用量变动对单位成本的影响 = $(125-120) \times 62 + (75-80) \times 30 + (62-60) \times 42 = 310 - 150 + 84 = 244$(元)

材料价格变动对单位成本的影响 = $(65-62) \times 125 + (28-30) \times 75 + (46-42) \times 62 = 375 - 150 + 248 = 473$(元)

各种因素变动对直接材料费用的影响 = $244 + 473 = 717$(元)

计算结果表明,甲产品单位成本中的材料成本实际比计划超支 717 元,这是由于材料消耗量变动超支 244 元和材料价格变动超支 473 元综合影响的结果。从各种材料看,A、C 材料分别超支 685 元和 332 元,超支的原因有材料消耗量增加和材料价格上涨两种,应进一步分析材料消耗量增加和材料价格上涨的原因,以降低材料成本;而 B 材料却节约了 300 元,节约的原因也有材料消耗量减少和材料价格下降两种,也应进一步分析具体原因,以进一步总结经验,挖掘企业内部降低材料成本的潜力。

综上所述,产品单位成本原材料费用的多少,取决于生产该种产品所用的原材料的数量的多少和原材料价格的高低。影响单位产品原材料耗用量变动的原因很多,归纳起来主要有以下几个因素：

① 产品或产品零部件结构的变化：由于结构的改进和简化，使产品质量更高而体积更小，重量更轻，从而减少材料消耗，降低材料费用。

② 原材料加工方法的变化：在产品生产过程中，不断改进生产工艺，改进加工的操作方法，减少边角余料，采取合理的套裁下料措施，会不断地提高各种材料的利用率，能减少材料的消耗。当然，在采用新工艺、新技术方法的同时，也不排除会由于工人操作不熟练而造成材料消耗量的增加。

③ 材料质量的变化：实际购入和消耗的材料质量有高有低。当材料质量较差时，就会影响产品质量，造成废品增加，使材料消耗量增加，同时也会引发工废数量的增加。因此，必须加强材料质量管理，严把材料的采购、收发关，使生产所用材料的质量得到保证。生产中使用质量较好的材料，可以节约原材料消耗，当然相应材料价格会提高。因此提高产品质量，也要综合分析由材料质量的改变引起的材料耗用量和材料单价变动的情况。

④ 代用材料的使用：在保证产品质量的前提下，采用廉价的普通材料代替价格高昂的贵重材料，就会使材料消耗量和材料价格发生很大变化，从而节约原材料消耗，降低原材料费用。

⑤ 配料比例的变化：在钢铁、化工、纺织等工业生产中，配料比例的变化，对各种材料的消耗量都有直接的影响。通过科学实验，在产品质量得到保证和提高的前提下，采用降低相对贵重原材料用量的配方，将会使材料成本得到降低。

⑥ 原材料的综合利用程度：原材料的综合利用程度提高，会生产出更多的产品，同样多的原材料费用被分配到更多品种和数量的产品上，必然使产品成本中原材料的成本相应降低。

影响原材料价格变化的原因，可归纳为以下几个因素：

① 材料采购价格变化：材料采购的价格，大多属于从市场采购时确定和支付的（也有少数可能是国家定价）。采购材料时，如果所购材料市场平均价格上涨（或国家调高了材料的价格），则购买材料的价格必然升高，从而引起直接材料费用的升高，这种升高属于与企业无关的因素。此外的材料采购价格的变动，也有与企业或企业内部人员有关的因素。如采购地点或供应商选择不当而提高了价格，采购人员或企业有关负责人员因获得好处而采购高价材料或质量低劣的材料等。对于材料采购价格的变动，要结合市场供求、材料价格变动、材料质量等因素认真查明原因，明确具体责任归属。

② 采购费用的变化：当采购地点发生变动，或运输方式、装卸费用等发生变动，或采购的材料需要增加挑选整理工作时，都会引起采购费用的变化，从而影响材料价格的变动。当然，运输部门调整运输费用时，也会引起采购费用的变化。

③ 材料质量变化：一般来讲，材料质量好，价格就高；材料质量差，价格就低。

(2) 直接人工项目分析

直接人工项目分析主要是对产品单位成本中生产工人的薪酬超支和降低情况的分析。单位产品直接人工成本的高低受生产单位产品的生产工时耗用量和小时工资率两个因素的影响。其计算公式如下：

单位产品成本中直接人工成本＝单位产品生产工时×小时工资率

各因素变动对直接人工成本的影响可按下式计算：

工时耗用量差异＝（单位产品实际工时－单位产品计划工时）×计划小时工资率

小时工资率差异＝(实际小时工资率－计划小时工资率)×单位产品实际工时

【例 6.10】 某企业生产多种产品,其中甲产品的有关资料如表 6.17 所示。

表 6.17　甲产品工时及工资资料

项　目	单　位	计　划	实　际	差　异
小时工资率	元/小时	4	4.5	0.5
单位产品工时	小时	100	95	－5.0
单位产品工资	元	400	427.5	27.5

分析对象：427.5－400＝27.5(元)

根据上述资料计算工时耗用量差异和小时工资率差异变动对单位成本中工资项目的影响结果如下：

工时耗用量差异的影响＝(95－100)×4＝－20(元)

小时工资率差异的影响＝(4.5－4)×95＝47.5(元)

各因素变动对单位产品成本中工资费用的影响＝－20＋47.5＝27.5(元)

计算结果表明,直接人工成本实际比计划超支 27.5 元,这是由于工时耗用量减少使单位产品直接人工成本节约 20 元和小时工资率提高使单位产品直接人工成本超支 47.5 元综合影响的结果。从中可以看出,直接人工成本的超支主要是由于工资水平的增长高于劳动生产率的提高所造成的,应进一步查明原因,以便采取措施提高劳动生产率。

产品生产中工时的变动,一般可以从以下几个方面来分析：

① 生产组织状况：企业生产经营活动的计划性、调度指挥的水平,对节约人力,提高劳动生产率有很大影响。例如每个生产者的生产任务是否能及时下达,原材料、工具的供应是否及时,上下工序半成品流转的安排是否恰当等。

② 生产工艺和操作方法：采用新的生产工艺、先进的操作方法可以节约劳动力,提高工效,提高劳动生产率,因此要组织职工开展技术革新,落实各项合理化建议,推广新技术、新工艺、新操作方法。

③ 生产工作的质量：生产废品、返修品就要追加工时进行修复,这就要求企业实行全面质量管理,提高每个生产环节的生产工作质量,减少废次品。

④ 材料的质量：企业购入材料质量不好往往也会造成额外的工时消耗。材料的质量对材料的价格、加工工时都有影响,这时就要全面地衡量材料质量对经济效益的影响。

⑤ 设备的性能：设备性能及其运转状况,也会影响生产工时的变动。选择高效率的设备,就可以节约工时,提高劳动生产率,同时要注意对设备的保养,杜绝带病作业、超负荷运转。

⑥ 工人的技术熟练程度和劳动态度：先进的技术,要靠人来掌握才能变成现实的生产力。必须加强职工的技术培训,提高技术水平,在加强思想工作的同时,切实关心职工的物质福利,调动生产者的积极性,以达到生产的高质量、高效率。

小时工资率也是影响单位产品成本中工资成本的一项因素。小时工资率是生产工人工资及福利费总额与生产工时消耗总数的比率。要尽量压缩停工时间和非生产时间,这样可以增加实际生产工时数,降低小时工资率,减少产品成本中的工资费用。影响小时工资率的另一因素是生产工人工资及福利费总额变动。生产工人工资及福利费总额的增加,就会提高产品成本,工资的增长应同生产的增长、劳动生产率的提高相适应。具体地说,就是劳动生产率的提高一定要超过平均工资的增长,只有这样,才能保证在职工工资增长的情况下降低产品成本。

(3) 制造费用项目分析

制造费用项目分析主要是对产品单位成本中制造费用超额降低情况的分析。单位产品中制造费用成本受单位产品消耗的生产工时和小时制造费用率两个因素的影响。其计算公式如下:

$$单位产品成本中制造费用＝单位产品生产工时×小时制造费用率$$

各因素变动的影响可按下式计算:

$$工时耗用量差异影响＝(单位产品实际工时-单位产品计划工时)×计划费用分配率$$

$$小时费用率变动的影响＝(实际制造费用分配率-计划制造费用分配率)×实际单位产品工时$$

【例 6.11】 某企业生产多种产品,其中甲产品有关资料如表 6.18 所示。

表 6.18 甲产品工时及制造费用资料

项 目	单 位	计 划	实 际	差 异
单位产品工时	小时	50	45	-5
制造费用分配率	元/小时	0.25	0.23	-0.02
单位产品制造费用	元	12.50	10.35	-2.15

根据上述资料计算工时耗用量差异和小时制造费用率差异变动对单位成本中制造费用影响的结果如下:

分析对象:10.35-12.50＝-2.15(元)

工时耗用量差异的影响＝(45-50)×0.25＝-1.25(元)

小时费用率差异的影响＝(0.23-0.25)×45＝-0.9(元)

各因素变动对制造费用的影响＝-1.25-0.9＝-2.15(元)

计算结果表明,制造费用实际比计划节约 2.15 元,这是由于工时耗用量减少使单位产品制造费用节约 1.25 元和小时制造费用率下降使单位产品制造费用成本节约 0.9 元综合影响的结果。应查明原因,以便采取措施进一步降低单位产品制造费用成本。

6.2.4 制造费用、期间费用明细表分析

制造费用、期间费用明细表分析,主要是对各费用明细表中的费用总额以及各个费用项目的本年累计实际数与上年同期的实际数相比较,以便了解各项费用比上年的增减情况;本年实际数与本年计划数相比,能确定出实际脱离计划的差异,并分析产生差异的原因。对于制造费用,还应计入产品成本,而对于期间费用则应计入当期损益,所以,分析这些费用的支出情况,不仅仅是作为促进节约各项费用的支出,杜绝铺张浪费,不断降低成本和增加盈利的重要途径,同时它也是推动企业改进生产经营管理,提高工作效率的重要措施。再有,在分析时还应注意不同费用项目支出的特点,对具体问题具体分析,不能只检查各种费用的总额情况,以免造成一些项目的节约掩盖了另一些费用的超支,也不能简单地将所有超过计划的费用支出都看作是不合理的。比如,企业(或车间,班组)为了超额完成

产量计划,那么就要加班加点,随之机物料的消耗和设备的维修费用等就要相应的增加,这就是合理的支出增加。同样,对某些费用项目支出的减少也要作具体分析,不能简单地作为企业的工作成绩,比如,制造费用中的劳动保护费等费用,管理费用中的职工教育经费等费用,这些费用的减少不一定都是工作的改进,相反,这些费用不按计划进行,有可能会造成劳动生产率和产品质量的下降,甚至影响安全生产。

因此,为了明确经济责任,应按照经济责任制的有关要求,结合生产车间的特点分析制造费用的升降及其原因;结合企业管理部门的特点分析期间费用的升降及其原因。找出差异,进行合理地分析,使企业及时吸取教训,总结经验,不断改善企业的经营管理,降低各项费用的支出。

【思考题】

1. 简述成本报表的作用和特点,成本报表如何分类?
2. 什么是成本报表分析,在实际工作中通常采用的成本报表分析方法有哪些?
3. 如何编制商品产品成本报表并进行全部商品产品成本计划完成情况的分析?
4. 如何编制主要产品商品单位成本报表,并进行可比产品成本降低任务完成情况的分析?
5. 影响可比产品成本降低任务完成情况的因素有哪些?
6. 制造费用明细表包括哪些内容?如何编制?

【练习题】

1. 单选题

(1) 企业为了考察经济业务发展变化情况,应将实际数与(　　)进行对比分析。

A. 定额数　　　　　　　　　　　B. 国内同行业先进水平
C. 计划数　　　　　　　　　　　D. 前期实际数

(2) 对比分析法只适用于(　　)指标的数量分析。

A. 同量　　　　B. 同期　　　　C. 同质　　　　D. 不同质

(3) 某企业可比产品成本资料中,按上年实际平均单位成本核算的本年累计总成本为20万元;按计划单位成本核算的本年累计总成本为20.5万元;本年累计实际总成本为21万元。该可比产品成本降低率是(　　)。

A. 5%　　　　B. 2.44%　　　　C. -5%　　　　D. -2.44%

(4) 同时影响可比产品降低额和降低率变动的因素是(　　)。

A. 产品产量和产品单位成本　　　　B. 产品单位成本和产品品种比重
C. 产品产量和产品品种比重　　　　D. 产品品种比重和产品单位售价

(5) 成本报表是(　　)。

A. 对外报表　　B. 内部报表　　C. 静态报表　　D. 年度报表

(6) 下列报表中,不属于成本报表的是(　　)。

A. 商品产品成本报表　　　　　　B. 主要产品单位成本表
C. 资产负债表　　　　　　　　　D. 制造费用明细表

(7) 生产的产品数量发生变动,(　　)。

A. 只影响产品成本降低额　　　　B. 只影响产品成本降低率

C. 不会影响产品成本降低额和降低率　　D. 会影响产品成本降低额和降低率

(8) 某产品本年计划单位成本与其本年实际平均单位成本的差异,除以其本年计划单位成本,等于该产品(　　)。

A. 计划成本降低额　　　　　　　　B. 实际成本降低额
C. 与计划比较的成本降低率　　　　D. 实际成本降低率

2. 多选题

(1) 下列属于工业企业成本报表的有(　　)。

A. 营业费用明细表　　　　　　　　B. 产品生产成本表
C. 管理费用明细表　　　　　　　　D. 财务费用明细表

(2) 在对比分析法下,其实际数可与(　　)进行对比分析。

A. 本企业历史先进水平　　　　　　B. 计划数
C. 前期实际数　　　　　　　　　　D. 以往年度同期实际数

(3) 下列属于比率分析法的有(　　)。

A. 趋势分析法　　　　　　　　　　B. 构成比率分析法
C. 对比分析法　　　　　　　　　　D. 相关指标比率分析法

(4) "产品生产成本(按成本项目反映)表"能提供各项生产费用和产品生产成本的(　　)资料。

A. 上年实际数　　　　　　　　　　B. 本月实际数
C. 计划数　　　　　　　　　　　　D. 上年同期实际数

(5) 成本报表的编制与报送要求包括(　　)。

A. 数字真实、计算准确　　　　　　B. 内容完整、突出重点
C. 编报及时、说明清楚　　　　　　D. 上级审批、对外公开

(6) 在下列各项指标中,属于构成比率的是(　　)。

A. 产值成本率　　　　　　　　　　B. 燃料及动力占生产成本的比率
C. 原材料占生产成本的比率　　　　D. 职工薪酬占生产成本的比率

(7) 成本分析应根据(　　)等资料进行。

A. 成本核算资料　　B. 成本计划资料　　C. 成本明细账资料　　D. 其他有关资料

(8) 采用因素分析法时确定各因素排列顺序的一般原则是(　　)。

A. 先计算数量因素变动的影响,后计算质量因素变动的影响
B. 先计算实物数量因素变动的影响,后计算价值数量因素变动的影响
C. 先计算主要因素变动的影响,后计算次要因素变动的影响
D. 先计算质量因素变动的影响,后计算数量因素变动的影响

(9) 产品单位成本计划完成情况的分析,重点分析的是(　　)。

A. 单位成本升降幅度较大的产品　　B. 产量较多的产品
C. 在企业全部产品中所占比重较大的产品　D. 原材料成本比重大的产品

(10) 全部产品总成本按成本项目进行分析,其依据是(　　)。

A. 按成本项目反映的产品生产成本表
B. 按成本项目反映的产品计划成本表
C. 按成本项目反映的主要产品生产成本表
D. 按成本项目反映的主要产品计划成本表

3. 判断题

(1) 由于成本报表不对外报送或公布,因而其报表的种类、项目、格式和编制方法由企业自行确定。（　）

(2) 可比产品成本降低额如为负数,则表明可比产品成本比上年降低;相反,则比上年升高。（　）

(3) 比率分析法、连环替代分析法、差额计算分析法和趋势分析法,实质上都是对比分析法。（　）

(4) 制造费用明细表只汇总企业基本生产单位的制造费用,不包括辅助生产单位的制造费用。（　）

(5) 制造费用明细表与期间费用明细表的编制方法类似。（　）

(6) 成本分析只需根据成本核算资料进行分析。（　）

(7) 主要产品成本降低额和降低率的计算,依据的是对比分析法的原理。（　）

(8) 采用因素分析法,改变因素的排列顺序,计算结果会有所不同。（　）

(9) 在全部产品成本分析中,通常要计算与计划比较的全部产品成本降低额和降低率。（　）

(10) 产品单位成本变动,既会影响成本降低额,又会影响成本降低率。（　）

【技能实训】

1. 全部商品产品生产成本表的编制与分析

实训目的

通过编制产品成本报表,加深对产品成本报表的理解,掌握运用因素分析的方法分析产量、品种结构和单位成本因素变动对成本降低任务完成情况的影响,增强编制报表和分析报表的能力。

实训资料

某企业主要生产机床,有 3 种型号 A1、A2、A3。2015 年度产量资料和单位成本资料如表 6.19 和表 6.20 所示。

表 6.19　产量资料汇总表

项　目		A1	A2	A3
产量(件)	上年实际	1 050	2 400	3 500
	本年计划	1 000	2 500	3 400
	本年实际	1 100	2 550	3 500

表 6.20　单位成本汇总表

项　目		A1	A2	A3
单位成本(元)	上年实际	480	560	360
	本年计划	450	550	350
	本年实际	440	540	340

实训要求

(1) 根据以上资料编制产品生产成本表(按产品类别)(表 6.21)。

表 6.21 产品生产成本表

产品名称	计量单位	本年实际产量	单位成本(元)			本年累计总成本(元)		
			上年	计划	本年	上年	计划	本年
A1								
A2								
A3								
合计								

(2) 列示可比产品成本计划降低任务(表 6.22)。

表 6.22 可比产品成本计划降低任务表

产品名称	计划产量(件)	单位成本(元)		总成本(元)		降低任务	
		上年	计划	上年	计划	降低额(元)	降低率(%)
A1							
A2							
A3							
合计							

(3) 计算可比产品成本实际完成的降低额和降低率,分析完成情况(表 6.23)。

表 6.23 可比产品成本实际完成情况表

产品名称	实际产量	单位成本(元)			总成本(元)			降低任务	
		上年	计划	实际	上年	计划	实际	降低额(元)	降低率(%)
A1									
A2									
A3									
合计									

根据上表可知:降低额=
降低率=

(4) 运用因素分析法分析产量、品种结构、单位成本 3 种因素对成本降低任务完成的影响程度(表 6.24)。

表 6.24 因素分析法的计算

顺序	影响因素			计算方法	
	产量	品种构成	单位成本	降低额(元)	降低率(%)
(1)	计划	计划	计划		
(2)	实际	计划	计划		
(3)	实际	实际	计划		
(4)	实际	实际	实际		
各因素的影响 (2)-(1):产量因素的影响 (3)-(2):品种构成的影响 (4)-(3):单位成本因素的影响					
合　计					

2. 主要产品单位成本表的编制与分析

实训目的

通过实训,掌握主要产品单位成本表的编制方法,掌握对主要产品单位成本的完成情况进行一般分析以及对主要成本项目进行分析的内容,从而分析出成本升降的原因。

实训资料

某企业的主要产品是乙产品,其单位成本表如表 6.25 所示。

表 6.25 主要产品单位成本表

编制单位:×××厂　　　　　　2015 年 12 月　　　　　　金额单位:元

成本项目		历史先进水平	上年实际平均	本年计划	本月实际	本年累计实际平均
直接材料		7 600	7 984	7 954		8 282
工资及福利费		1 230	1 240	1 240		1 230
制造费用		240	420	400		410
合计		9 070	9 644	9 594		9 992
主要技术经济指标		用量	用量	用量	用量	用量
原材料消耗量 (千克)	A 材料	60	62	61		63
	B 材料	40	42	41		43
原材料单价 (元)	A 材料	80	80	82		83
	B 材料	70	72	72		71

实训要求

(1) 对乙产品单位成本变动情况进行分析并填列表 6.26。

表 6.26 乙产品原材料费用分析表

原材料名称	计量单位	单位消耗量		材料单价(元)		材料成本(元)		差异(元)
		计划	实际	计划	实际	计划	实际	
A材料								
B材料								
合计								

(2) 分析影响原材料费用的因素以及各因素变动的影响程度(列示计算过程)。

① 材料耗用量变动对单位成本的影响＝

② 材料价格变动对单位成本的影响＝

③ 各因素变动对直接材料费用的影响＝

参考答案

项目1

练习题

1. 单选题
(1) D (2) C (3) C (4) C (5) B (6) D (7) B (8) A

2. 多选题
(1) AB (2) ACD (3) ABCD (4) AB (5) AD (6) ABD (7) BD (8) ABCD

3. 判断题
(1) 错误 (2) 正确 (3) 错误 (4) 错误 (5) 错误 (6) 正确 (7) 正确 (8) 错误

技能实训

表1.1 2015年6月发生的经济业务

序号	本月发生的部分支出项目	支出属性 属于成本	支出属性 属于费用	属于其他
1	企业以银行存款购入设备1台,价值20万元,当即交付使用			√
2	以银行存款支付购买原材料价款10万元			√
3	以银行存款支付甲产品生产工人工资8万元	√		
4	以现金支付职工出差借款3 000元			√
5	以银行存款支付车间办公费5 000元	√		
6	以银行存款支付前欠光明公司货款2万元			√
7	生产甲产品领用A材料30万元	√		
8	生产车间本月应计提固定资产折旧费3万元	√		
9	以银行存款支付本月短期借款利息1 000元		√	
10	以银行存款支付甲产品广告费2万元		√	
11	以银行存款对青海玉树受灾地区捐款9万元			√
12	职工出差回来报销差旅费2 800元		√	
13	生产车间保养设备发生支出合计6 000元		√	
14	企业盘亏B材料100元,经批准予以核销			√
15	甲产品生产完工验收入库,总成本42万元			√
16	结转已销甲产品销售成本37万元	√		

项目 2

练习题

1. 单选题
(1) A (2) C (3) B (4) C (5) D (6) C (7) A (8) C (9) A (10) D (11) A (12) A (13) A (14) B (15) C (16) D (17) A (18) B (19) C (20) D

2. 多选题
(1) ABCD (2) ABCD (3) AD (4) ABD (5) ABCD (6) ABD (7) ABD (8) AC (9) ABD (10) ACD

3. 判断题
(1) 错误 (2) 错误 (3) 正确 (4) 错误 (5) 正确 (6) 错误 (7) 错误 (8) 正确 (9) 错误 (10) 错误 (11) 正确 (12) 错误

技能实训

(本项目技能实训答案以会计分录代替,表格略)

1. 1) 借:生产成本——基本生产成本(甲产品)　　　　　　11 338.75
　　　　　　——基本生产成本(乙产品)　　　　　　7 446.25
　　　　　　——基本生产成本(丙产品)　　　　　　8 970
　　　　　　——辅助生产成本(供汽车间)　　　　　　1 110
　　　　　　——辅助生产成本(运输车间)　　　　　　880
　　　　制造费用——基本生产车间　　　　　　1 040
　　　　管理费用　　　　　　35
　　　　周转材料——在用周转材料　　　　　　2 500
　　贷:原材料　　　　　　30 820
　　　　周转材料——库存周转材料　　　　　　2 500

2) 借:制造费用——基本生产车间　　　　　　125
　　　　生产成本——辅助生产成本(供汽车间)　　　　　　250
　　　　生产成本——辅助生产成本(运输车间)　　　　　　225
　　　　管理费用　　　　　　25
　　贷:周转材料——周转材料摊销　　　　　　625

3) 借:生产成本——基本生产成本(甲产品)　　　　　　1 000
　　　　　　——基本生产成本(乙产品)　　　　　　900
　　　　　　——基本生产成本(丙产品)　　　　　　500
　　　　　　——辅助生产成本(供汽车间)　　　　　　240
　　　　　　——辅助生产成本(运输车间)　　　　　　80
　　　　制造费用——基本生产车间　　　　　　240
　　　　管理费用　　　　　　240
　　　　应交税费——应交增值税(进项税额)　　　　　　544
　　贷:银行存款　　　　　　3 744

2. 借:生产成本——基本生产成本(A产品)　　　　　　63 553.50
　　　　　　——基本生产成本(B产品)　　　　　　96 105.27
　　　　　　——基本生产成本(C产品)　　　　　　37 201.23

制造费用	35 250.00
管理费用	39 300.00
销售费用	61 800.00
贷:应付职工薪酬	333 210.00

3. 借:制造费用——基本生产车间　　　　　　　　　　　　4 320
　　　　　　——辅助生产车间　　　　　　　　　　　　3 440
　　　管理费用　　　　　　　　　　　　　　　　　　　1 410
　　　贷:累计折旧　　　　　　　　　　　　　　　　　　9 170
4. 辅助生产费用——供电车间　　　　　　　　　　　　68 250 元
　　　　　　　——模具车间　　　　　　　　　　　　13 500 元
　　　　　　　——运输车间　　　　　　　　　　　　21 900 元

1) 直接分配法

借:生产成本——基本生产成本(甲产品)　　　　　　　39 667.5
　　　　　——基本生产成本(乙产品)　　　　　　　30 810
　　销售费用　　　　　　　　　　　　　　　　　　12 555
　　管理费用　　　　　　　　　　　　　　　　　　20 617.5
　　贷:生产成本——辅助生产成本(供电车间)　　　　68 250
　　　　　　　——辅助生产成本(模具车间)　　　　13 500
　　　　　　　——辅助生产成本(运输车间)　　　　21 900

2) 交互分配法

交互分配率:供电车间 0.65;保养车间 4.5;运输车间 1.5;
对外分配率:供电车间 0.731;保养车间 5.665;运输车间 1.63 875
交互分配:

借:生产成本——辅助生产成本(供电车间)　　　　　　8 100
　　　　　——辅助生产成本(模具车间)　　　　　　2 912.5
　　　　　——辅助生产成本(运输车间)　　　　　　1 387.5
　　贷:生产成本——辅助生产成本(供电车间)　　　　3 250
　　　　　　　——辅助生产成本(模具车间)　　　　2 250
　　　　　　　——辅助生产成本(运输车间)　　　　6 900

对外分配:

借:生产成本——基本生产成本(甲产品)　　　　　　　39 504.5
　　　　　——基本生产成本(乙产品)　　　　　　　31 125.37
　　管理费用　　　　　　　　　　　　　　　　　　21 016.38
　　销售费用　　　　　　　　　　　　　　　　　　12 003.75
　　贷:生产成本——辅助生产成本(供电车间)　　　　73 100
　　　　　　　——辅助生产成本(模具车间)　　　　14 162.5
　　　　　　　——辅助生产成本(运输车间)　　　　16 387.5

3) 代数分配法

分配率:供电车间 0.735 176;保养车间 5.595 312;运输车间 1.614 414

借:生产成本——基本生产成本(甲产品)　　　　　　　39 463
　　　　　——基本生产成本(乙产品)　　　　　　　31 127
　　　　　——辅助生产成本(供电车间)　　　　　　8 944
　　　　　——辅助生产成本(模具车间)　　　　　　3 285
　　　　　——辅助生产成本(运输车间)　　　　　　1 670
　　管理费用　　　　　　　　　　　　　　　　　　21 081

销售费用	11 980
贷：生产成本——辅助生产成本（供电车间）	77 192
——辅助生产成本（模具车间）	16 781
——辅助生产成本（运输车间）	23 571

4) 计划成本法

辅助生产成本差异：供电车间－6 600元；保养车间2 070元；运输车间－1 320元。

按计划成本分配：

借：生产成本——基本生产成本（甲产品）	41 300
——基本生产成本（乙产品）	32 750
——辅助生产成本（供电车间）	9 150
——辅助生产成本（模具车间）	3 570
——辅助生产成本（运输车间）	1 600
管理费用	22 800
销售费用	12 650
贷：生产成本——辅助生产成本（供电车间）	84 000
——辅助生产成本（模具车间）	15 000
——辅助生产成本（运输车间）	24 820

结转分配成本差异：

借：生产成本——基本生产成本（甲产品）	－1 761.6
——基本生产成本（乙产品）	－1 564.8
管理费用	－1 806.6
销售费用	－717
贷：生产成本——辅助生产成本（供电车间）	－6 600
——辅助生产成本（模具车间）	2 070
——辅助生产成本（运输车间）	－1 320

5.（1）制造费用总额为38 056元。

（2）分配率为9.514元/小时，白板纸应分配24 736.40元，灰板纸应分配13 319.60元。

项目3

练习题

1. 单选题

(1) A　(2) C　(3) B　(4) D　(5) D　(6) A　(7) A　(8) A　(9) C　(10) A　(11) B　(12) D

2. 多选题

(1) ABCD　(2) ABC　(3) ABC　(4) ABCD　(5) ABD　(6) ABC　(7) ABC　(8) BC　(9) ABD　(10) CD

3. 判断题

(1) 正确　(2) 错误　(3) 正确　(4) 错误　(5) 错误　(6) 正确　(7) 正确　(8) 正确　(9) 错误　(10) 正确　(11) 正确　(12) 错误

技能实训

1. 101号在各道工序的完工率

第一道工序：2×50%÷10＝10%

第二道工序：(2+2×50%)÷10＝30%

第三道工序：(2+2+1×50%)÷10＝45%

102号在各道工序的完工率

第一道工序：1×50%÷10＝5%

第二道工序：(1+4×50%)÷10＝30%

在产品的定额材料费用＝450×60+650×70＝72 500(元)

直接人工分配率＝(12 100+13 400)÷(270+230)＝51(元/件)

完工产品直接人工费用＝51×270＝13 770(元)

月末在产品直接人工费用＝51×230＝11 730(元)

制造费用分配率＝(30 700+39 300)÷(270+230)＝140(元/件)

完工产品制造费用＝140×270＝37 800(元)

月末在产品制造费用＝140×230＝32 200(元)

完工产品成本＝24 340+13 770+37 800＝75 910(元)

借库存商品 75 910

贷生产成本——基本生产成本(甲产品)75 910

2. (1) 乙产品完工产品材料费用定额＝400×(5+6)＝4 400(元)

乙产品在产品的材料费用定额＝500×5+250×6＝4 000(元)

(2) 乙产品完工产品的工时定额＝400×(5+3)＝3 200(小时)

乙产品在产品的工时定额＝3×50%×300+(3+2×50%)×200+2×50%×150+(2+1×50%)×100＝1 650(小时)

(3) 分配材料费用

直接材料分配率＝18 200÷(4 400+4 000)＝2.166 7

月末完工产品直接材料费用＝2.166 7×4 400＝9 533.48(元)

月末在产品直接材料费用＝18 200－9 533.28＝8 666.52(元)

完工产品单位材料成本＝9 533.48÷400＝23.83(元)

分配人工费用

人工费用分配率＝11 400÷(3 200×2+1 650×2)＝1.175 2

月末完工产品直接人工费用＝1.175 2×6 400＝7 521.28(元)

月末在产品直接人工费用＝11 400－7 521.28＝3 878.72(元)

月末完工产品单位人工成本＝7 521.28÷400＝18.80(元)

分配制造费用

制造费用分配率＝12 200÷(3 200×2.5+1 650×2.5)＝1.006 1

月末完工产品制造费用＝1.006 1×6 400＝6 439.04(元)

月末在产品制造＝12 200－6 439.04＝5 760.96(元)

月末完工产品单位人工成本＝6 439.04÷400＝16.10(元)

完工产品成本＝9 533.48+7 521.28+6 439.04＝23 493.80(元)

借库存商品 23 493.80

贷生产成本——基本生产成本(乙产品)23 493.80

3. (1) 丙产品在产品的材料费用定额＝40×110+28×180+35×90+10×260＝15 190(元)

(2) 丙产品在产品的定额工时＝(14×60+14×50%×50)+(10×100+10×50%×80)+(8×50+8×50%×40)+(6×160+6×50%×100)＝4 410(小时)

丙产品在产品的人工费用定额＝4 410×0.57＝2 513.7(元)

丙产品在产品的定额加工费＝4 410×0.6＝2 646(元)

借库存商品 40 393.11

贷生产成本——基本生产成本(丙产品)40 393.11

项目4

练习题

1. 单选题

（1）C （2）C （3）B （4）A （5）B （6）D （7）A （8）D （9）C （10）C （11）D （12）C （13）D （14）C （15）A （16）B （17）A （18）D （19）C （20）A （21）B （22）D （23）C （24）D （25）B （26）B

2. 多选题

（1）BC （2）AC （3）ABC （4）BCD （5）AD （6）BCD （7）ACD （8）ABCD （9）ABD （10）ABD （11）ABD （12）ACD （13）BD （14）ABD （15）ABCD （16）ABD （17）ABD （18）ABC （19）AC （20）CD （21）BCD （22）ABCD

3. 判断题

（1）错误 （2）正确 （3）正确 （4）错误 （5）正确 （6）错误 （7）错误 （8）错误 （9）错误 （10）正确 （11）错误

技能实训

1.（1）其他费用分配表及记账凭证

表 4.70 其他费用分配表

2015年10月31日　　　　　　　　　　　　　　　　　　　　　　　　　　单位：元

部　　门	办公费	劳保费	差旅费	其他费用	合计
一车间	5 800	4 000	6 000	20 000	35 800
二车间	1 900	2 100	1 000	3 660	8 660
供电车间	800	650	300	1 000	2 750
保养车间	1 200	600	230	1 500	3 530
管理部门	10 860	300	5 560	2 350	19 070
合计	20 560	7 650	13 090	28 510	69 810

汇总付款凭证

贷方科目：银行存款　　　　　2015年10月31日

应　借　科　目			金　额（元）
总账科目	明细科目	成本或费用项目	
制造费用	一车间	办公费	5 800
		劳保费	4 000
		差旅费	6 000
		其他费用	20 000
		小计	35 800
	二车间	办公费	1 900
		劳保费	2 100
		差旅费	1 000
		其他费用	3 660
		小计	8 660

续 表

应借科目			金　额(元)
总账科目	明细科目	成本或费用项目	
辅助生产成本	供电车间	办公费	800
		劳保费	650
		差旅费	300
		其他费用	1 000
	小计		2 750
	保养车间	办公费	1 200
		劳保费	600
		差旅费	230
		其他费用	1 500
	小计		3 530
管理费用	管理部门	办公费	10 860
		劳保费	300
		差旅费	5 560
		其他费用	2 350
	小计		19 070
合　计			69 810

(2) 材料费用分配表及记账凭证

表 4.71　周转材料分配表

2015 年 10 月 31 日　　　　　　　　　　　　　　　　　　　　　　单位:元

分配对象	一车间	二车间	供电车间	保养车间	合计
分配金额	2 270	1 350	987	2 300	6 907
合计	2 270	1 350	987	2 300	6 907

表 4.72　材料费用分配表

2015 年 10 月 31 日　　　　　　　　　　　　　　　　　　　　　金额单位:元

分配对象		成本费用项目	直接计入	分配计入			材料费用合计
				定额费用	分配率	应分配额	
甲产品		直接材料	36 300	86 400		51 563.52	87 863.52
乙产品		直接材料	31 300	64 400		38 436.48	69 736.48
小计			67 600	150 800	0.596 8	90 000	157 600
丙产品		直接材料	61 000				61 000
一车间	一般耗用	机物料	5 620				5 620
	保养用	保养费	1 800				1 800
	小计		7 420				7 420

续 表

分配对象	成本费用项目		直接计入	分配计入			材料费用合计
				定额费用	分配率	应分配额	
二车间	一般耗用	机物料	1 850				1 850
	保养用	保养费	1 400				1 400
	小计		3 250				3 250
供电车间	一般耗用	机物料	2 200				2 200
	保养用	保养费	1 100				1 100
	小计		3 300				3 300
保养车间	一般耗用	机物料	1 600				1 600
	保养用	保养费	920				920
	小计		2 520				2 520
合计			145 090			90 000	235 090

记账凭证

2015 年 10 月 31 日　　　　　　　　　　　　　　字第　号

摘要	会计科目		借方	贷方
	总账科目	明细科目		
略	周转材料	在用周转材料	6 907	
	周转材料	库存周转材料		6 907
	合　计		6 907	6 907

记账凭证

2015 年 10 月 31 日　　　　　　　　　　　　　　字第　号

摘要	会计科目		借方	贷方
	总账科目	明细科目		
略	基本生产成本	甲产品	87 863.52	
		乙产品	69 736.48	
		丙产品	61 000	
	辅助生产成本	供电车间	3 300	
		保养车间	2 520	
	制造费用	一车间	7 420	
		二车间	3 250	
	原材料	原料		229 870
		保养备件		5 220
	合　计		235 090	235 090

(3) 职工薪酬分配表(下述业务以编制的会计分录代替记账凭证)

表 4.73 职工薪酬费用分配表

2015 年 10 月 31 日　　　　　　　　　　　　　　　　　　　　　　金额单位:元

分配对象	成本费用或项目	直接计入	分配计入			职工薪酬合计
			生产工时	分配率	应分配额	
甲产品	直接人工		40 400		110 534.40	110 534.40
乙产品	直接人工		9 600		26 265.60	26 265.60
小计			50 000	2.736	136 800	136 800
丙产品	直接人工	7 980				7 980
一车间管理人员	工资	45 600				45 600
二车间管理人员	工资	2 280				2 280
供电车间人员	工资	9 120				9 120
保养车间人员	工资	11 400				11 400
管理部门人员	工资	20 520				20 520
合计		96 900			136 800	233 700

借:基本生产成本——甲产品　　　　　　　　　　110 534.4
　　　　　　　　——乙产品　　　　　　　　　　 26 265.6
　　　　　　　　——丙产品　　　　　　　　　　 7 980
　　辅助生产成本——供电车间　　　　　　　　　 9 120
　　　　　　　　——保养车间　　　　　　　　　 11 400
　　制造费用——一车间　　　　　　　　　　　　 45 600
　　　　　——二车间　　　　　　　　　　　　 　 2 280
　　管理费用　　　　　　　　　　　　　　　　　 20 520
　贷:应付职工薪酬　　　　　　　　　　　　　　 233 700

(4) 固定资产折旧分配表及会计分录

表 4.74 固定资产折旧费用分配表

2015 年 10 月 31 日　　　　　　　　　　　　　　　　　　　　　　单位:元

使用部门	上月折旧费用	本月应增加计提折旧费用	本月应减少计提折旧费用	本月应计提折旧费用
一车间	20 000	0	0	20 000
二车间	1 500	0	0	1 500
供电车间	2 000	0	0	2 000
保养车间	2 980	0	0	2 980
管理部门	3 000	0	0	3 000
合计	29 480	0	0	29 480

借:辅助生产成本——供电车间　　　　　　　　　 2 000
　　　　　　　　——保养车间　　　　　　　　　 2 980
　　制造费用——一车间　　　　　　　　　　　　 20 000

　　　　——二车间　　　　　　　　　　　　　　　　　　　　1 500
　　管理费用　　　　　　　　　　　　　　　　　　　　　　　3 000
　　贷：累计折旧　　　　　　　　　　　　　　　　　　　　　　　29 480
（5）周转材料摊销表及会计分录

表 4.75　周转材料摊销表

2015 年 10 月 31 日　　　　　　　　　　　　　　　　　　　　　　单位：元

使用部门	费用项目	本期摊销金额	尚未摊销金额
一车间	周转材料摊销	756.67	1 513.33
二车间	周转材料摊销	450	900
供电车间	周转材料摊销	329	658
保养车间	周转材料摊销	766.67	1 533.33
合计		2 302.34	4 604.66

　　借：辅助生产成本——供电车间　　　　　　　　　　　　　　329
　　　　　　　　　　——保养车间　　　　　　　　　　　　　　766.67
　　　　制造费用——一车间　　　　　　　　　　　　　　　　　756.67
　　　　　　　　——二车间　　　　　　　　　　　　　　　　　450
　　贷：周转材料——周转材料摊销　　　　　　　　　　　　　　2 302.34
（6）利息费用计提表及会计分录

表 4.76　利息费用计提表

2015 年 10 月 31 日　　　　　　　　　　　　　　　　　　　　　　单位：元

部门	费用项目	本期计提金额	累计计提金额
财务部门	利息	2 000	2 000
合计		2 000	2 000

　　借：财务费用　　　　　　　　　　　　　　　　　　　　　　2 000
　　贷：应付利息　　　　　　　　　　　　　　　　　　　　　　2 000
（7）成本和费用明细账

表 4.77　辅助生产成本明细账

车间名称：供电车间　　　　2015 年 10 月 31 日　　　　　　　　　单位：元

日期	摘要	人工费用	折旧费	保养费	机物料消耗	办公费	差旅费	劳保费	周转材料摊销	其他费用	合计
	分配职工薪酬	9 120									9 120
	计提折旧		2 000								2 000
	分配材料费用			1 100	2 200						3 300
	摊销周转材料								329		329
	支付其他费用					800	300	650		1 000	2 750
	小计	9 120	2 000	1 100	2 200	800	300	650	329	1 000	17 499
	分配转入									3 532.8	3 532.80

续表

日期	摘要	人工费用	折旧费	保养费	机物料消耗	办公费	差旅费	劳保费	周转材料摊销	其他费用	合计
	分配转出									2 595.24	2 595.24
	本月合计	9 120	2 000	1 100	2 200	800	300	650	329	1 937.56	18 436.56
	本月转出	9 120	2 000	1 100	2 200	800	300	650	329	1 937.56	18 436.56

表 4.78 辅助生产成本明细账

车间名称：保养车间　　　　　2015 年 10 月 31 日　　　　　单位：元

日期	摘要	人工费用	折旧费	保养费	机物料消耗	周转材料摊销	办公费	差旅费	劳保费	其他费用	合计
	分配职工薪酬	11 400									11 400
	计提折旧费		2 980								2 980
	分配材料费用			920	1 600						2 520
	摊销周转材料					766.67					766.67
	支付其他费用						1 200	230	600	1 500	3 530
	小计	11 400	2 980	920	1 600	766.67	1 200	230	600	1 500	21 196.67
	分配转入									2 595.24	2 595.24
	分配转出									3 532.80	3 532.8
	本月合计	11 400	2 980	920	1 600	766.67	1 200	230	600	562.44	20 259.11
	本月转出	11 400	2 980	920	1 600	766.67	1 200	230	600	562.44	20 259.11

表 4.79 制造费用明细账

车间名称：一车间　　　　　2015 年 10 月 31 日　　　　　单位：元

日期	摘要	人工费用	折旧费	保养费	机物料消耗	周转材料摊销	办公费	差旅费	劳保费	其他费用	合计
	分配职工薪酬	45 600									45 600
	计提折旧费		20 000								20 000
	分配材料费用			1 800	5 620						7 420
	摊销周转材料					756.67					756.67
	支付其他费用						5 800	6 000	4 000	20 000	35 800
	小计	45 600	20 000	1 800	5 620	756.67	5 800	6 000	4 000	20 000	109 576.67
	分配辅助生产费用			12 155.4						378.84	12 534.24
	本月合计	45 600	20 000	13 955.4	5 620	756.67	5 800	6 000	4 000	20 378.84	122 110.91
	本月转出	45 600	20 000	13 955.4	5 620	756.67	5 800	6 000	4 000	20 378.84	122 110.91

表 4.80 制造费用明细账

车间名称：二车间　　　　　2015 年 10 月 31 日　　　　　单位：元

日期	摘要	人工费用	折旧费	保养费	机物料消耗	周转材料摊销	办公费	差旅费	劳保费	其他费用	合计
	分配职工薪酬	2 280									2 280

续 表

日期	摘要	人工费用	折旧费	保养费	机物料消耗	周转材料摊销	办公费	差旅费	劳保费	其他费用	合计
	计提折旧费		1 500								1 500
	分配材料费用			1 400	1 850						3 250
	摊销周转材料					450					450
	支付其他费用						1 900	1 000	2 100	3 660	8 660
	小计	2 280	1 500	1 400	1 850	450	1 900	1 000	2 100	3 660	16 140
	分配辅助生产费用			6 482.88						180.40	6 663.28
	本月合计	2 280	1 500	7 882.88	1 850	450	1 900	1 000	2 100	3 840.40	22 803.28
	本月转出	2 280	1 500	7 882.88	1 850	450	1 900	1 000	2 100	3 840.40	22 803.28

表 4.81 基本生产成本明细账

产品名称：甲产品　　　　　　　2015 年 10 月 31 日　　　　　　　　　　单位：元

2015 年		凭证字号	摘　要	直接材料	直接人工	制造费用	合计
月	日						
		略	月初在产品成本	8 090	5 880	6 830	20 800
			分配材料费	87 863.52			87 863.52
			分配职工薪酬		110 534.40		110 534.40
			分配动力费			13 042.92	13 042.92
			分配制造费用			98 664.88	98 664.88
			本月生产费用	87 863.52	110 534.40	111 707.80	310 105.72
			生产费用合计	95 953.52	116 414.40	118 537.80	330 905.72
			结转产成品成本	77 961	102 601.20	104 473.20	285 035.40
			单位成本	11.99	15.78	16.07	43.84
			月末在产品成本	17 992.52	13 813.20	14 064.60	45 870.32

表 4.82 基本生产成本明细账

产品名称：乙产品　　　　　　　2015 年 10 月 31 日　　　　　　　　　　单位：元

2015 年		凭证字号	摘　要	直接材料	直接人工	制造费用	合计
月	日						
		略	月初在产品成本	16 000	2 685	1 880	20 565
			分配材料费	69 736.48			69 736.48
			分配职工薪酬		26 265.60		26 265.60
			分配动力费			3 138.96	3 138.96
			分配制造费用			23 446.06	23 446.06
			本月生产费用	69 736.48	26 265.60	26 585.02	122 587.10
			生产费用合计	85 736.48	28 950.60	28 465.02	143 152.10

续 表

2015年		凭证字号	摘　要	直接材料	直接人工	制造费用	合计
月	日						
			结转产成品成本	85 736.48	28 950.60	28 465.02	143 152.10
			单位成本	29.56	9.98	9.82	49.36

表 4.83　基本生产成本明细账

产品名称：丙产品　　　　　　　　　04 年 10 月 31 日　　　　　　　　　　　　单位：元

2015年		凭证字号	摘　要	直接材料	直接人工	制造费用	合计
月	日						
		略	月初在产品成本	6 160	2 968	2 728	11 856
			分配材料费	61 000			61 000
			分配职工薪酬		7 980		7 980
			分配动力费			1 154.56	1 154.56
			分配制造费用			22 803.28	22 803.28
			本月生产费用	61 000	7 980	23 957.84	92 937.84
			生产费用合计	67 160	10 948	26 685.84	104 793.84
			结转产成品成本	53 728	9 731.52	23 720.64	87 180.16
			单位成本	16.79	3.04	7.41	27.24
			月末在产品成本	13 432	1 216.48	2 965.20	17 613.68

表 4.84　管理费用明细账

2015 年 10 月 31 日　　　　　　　　　　　　单位：元

日期	摘　要	工资费用	折旧费	办公费	差旅费	劳保费	保养费	其他费用	合计
	分配职工薪酬	20 520							20 520
	计提折旧费		3 000						3 000
	支付其他费用			10 860	5 560	300		2 350	19 070
	分配辅助生产费用						1 620.83	540.88	2 161.71
	本月合计	20 520	3 000	10 860	5 560	300	1 620.83	2 890.88	44 751.71
	本月转出	20 520	3 000	10 860	5 560	300	1 620.83	2 890.88	44 751.71

表 4.85　财务费用明细账

2015 年 10 月 31 日　　　　　　　　　　　　单位：元

日期	摘　要	利息	其他	合计
	计提本月利息费用	2 000		2 000
	本月合计	2 000		2 000
	本月转出	2 000		2 000

(8) 辅助生产费用分配表及会计分录

表 4.86 辅助生产费用分配表

2015 年 10 月 31 日   金额单位:元

项目		交互分配			对外分配		
		供电	保养	合计	供电	保养	合计
待分配费用		17 499	21 196.67	38 695.67	18 436.56	20 259.11	38 695.67
供应劳务数量		120 000	6 000		102 200	5 000	
分配率		0.145 8	3.532 8		0.180 4	4.051 8	
供电	耗用数量		1 000	1 000			
	分配金额		3 532.80	3 532.80			
保养	耗用数量	17 800		17 800			
	分配金额	2 595.24		2 595.24			
金额小计		2 595.24	3 532.8	6 128.04			
甲产品	耗用数量				72 300		72 300
	分配金额				13 042.92		13 042.92
乙产品	耗用数量				17 400		17 400
	分配金额				3 138.96		3 138.96
丙产品	耗用数量				6 400		6 400
	分配金额				1 154.56		1 154.56
金额小计					17 336.44		17 336.44
一车间	耗用数量				2 100	3 000	
	分配金额				378.84	12 155.40	12 534.24
二车间	耗用数量				1 000	1 600	
	分配金额				180.40	6 482.88	6 663.28
金额小计					559.24	18 638.28	
管理部门	耗用数量				3 000	400	
	分配金额				540.88	1 620.83	2 161.71
分配金额合计					18 436.56	20 259.11	38 695.67

借:辅助生产成本——供电车间　　　　　　　　　　　　3 532.8
　　　　　　　　——保养车间　　　　　　　　　　　　2 595.24
　贷:辅助生产成本——供电车间　　　　　　　　　　　　2 595.24
　　　　　　　　——保养车间　　　　　　　　　　　　3 532.80
借:基本生产成本——甲产品　　　　　　　　　　　　　13 042.92
　　　　　　　　——乙产品　　　　　　　　　　　　　3 138.96
　　　　　　　　——丙产品　　　　　　　　　　　　　1 154.56
　　制造费用——一车间　　　　　　　　　　　　　　　12 534.24

	——二车间	6 663.28
	管理费用	2 161.71
	贷:辅助生产成本——供电车间	18 436.56
	——保养车间	20 259.11

(10) 制造费用分配表及会计分录

表 4.87 制造费用分配表
2015 年 10 月 31 日

分配对象	生产工时(小时)	分配率	分配金额(元)
甲产品	40 400		98 664.88
乙产品	9 600		23 446.06
小计	50 000	2.442 2	122 110.94
丙产品	3 520	6.478 2	22 803.28
合计	53 520		144 914.22

	借:基本生产成本——甲产品	98 664.88
	——乙产品	23 446.06
	——丙产品	22 803.28
	贷:制造费用——一车间	122 110.94
	——二车间	22 803.28

(12) 产品定额计算表

表 4.88 完工产品和月末在产品定额计算表
2015 年 10 月 31 日   金额单位:元

	产品名称	数量	原材料		其他费用	
			单位费用定额	定额费用	单位工时定额	定额工时
完工产品	甲	6 500	12	78 000	6	39 000
	乙	2 900	28	81 200	4	11 600
	丙	3 200	20	64 000	1	3 200
在产品	甲	1 500	12	18 000	3.5	5 250
	乙	0	28	0	2	0
	丙	800	20	16 000	0.5	400
总定额	甲			96 000		44 250
	乙			81 200		11 600
	丙			80 000		3 600

(13) 产品成本计算表

表 4.89 完工产品和月末在产品成本核算表

产品名称:甲产品　　　　　2015 年 10 月 31 日　　　　　　　　　　　金额单位:元

项目	直接材料	直接人工	制造费用	合计
月初在产品成本	8 090	5 880	6 830	20 800
本月生产费用	87 863.52	110 534.4	111 707.8	310 105.72
生产费用累计	95 953.52	116 414.4	118 537.8	330 905.72
分配率	0.999 5	2.630 8	2.678 8	
完工产品定额	78 000	39 000	39 000	
月末在产品定额	18 000	5 250	5 250	
小计	96 000	44 250	44 250	
完工产品成本	77 961	102 601.20	104 473.20	285 035.40
单位成本	11.99	15.78	16.07	43.84
月末在产品成本	17 992.52	13 813.20	14 064.60	45 870.32

表 4.90 完工产品和月末在产品成本核算表

产品名称:乙产品　　　　　2015 年 10 月 31 日　　　　　　　　　　　单位:元

项目	直接材料	直接人工	制造费用	合计
月初在产品成本	16 000	2 685	1 880	20 565
本月生产费用	69 736.48	26 265.60	26 585.02	122 587.10
生产费用累计	85 736.48	28 950.60	28 465.02	143 152.10
完工产品总成本	85 736.48	28 950.60	28 465.02	143 152.10
单位成本	29.56	9.98	9.82	49.36

表 4.91 完工产品和月末在产品成本核算表

产品名称:丙产品　　　　　2015 年 10 月 31 日　　　　　　　　　　　金额单位:元

项目	直接材料	直接人工	制造费用	合计
月初在产品成本	6 160	2 968	2 728	11 856
本月生产费用	61 000	7 980	23 957.84	92 937.84
生产费用累计	67 160	10 948	26 685.84	104 793.84
分配率	0.839 5	3.041 1	7.412 7	
完工产品定额	64 000	3 200	3 200	
月末在产品定额	16 000	400	400	
小计	80 000	3 600	3 600	
完工产品成本	53 728	9 731.52	23 720.64	87 180.16
单位成本	16.79	3.04	7.41	27.24
月末在产品成本	13 432	1 216.48	2 965.20	17 613.68

(14) 产品成本汇总表及会计分录

表 4.92 产品成本汇总表

2015 年 10 月 31 日　　　　　　　　　　　　　　　　　　　　　　　　单位:元

产品名称 成本项目	甲产品		乙产品		丙产品		合计
	总成本	单位成本	总成本	单位成本	总成本	单位成本	
直接材料	77 961	11.99	85 736.48	29.56	53 728	16.79	217 425.48
直接人工	102 601.20	15.78	28 950.60	9.98	9 731.52	3.04	141 283.32
制造费用	104 473.2	16.07	28 465.02	9.82	23 720.64	7.41	156 658.86
合计	285 035.4	43.84	143 152.1	49.36	87 180.16	27.24	515 367.66

借:库存商品——甲产品　　　　　　　　　　　　　285 035.40
　　　　　　——乙产品　　　　　　　　　　　　　143 152.10
　　　　　　——丙产品　　　　　　　　　　　　　 87 180.16
　贷:基本生产成本——甲产品　　　　　　　　　　 285 035.40
　　　　　　　——乙产品　　　　　　　　　　　　143 152.10
　　　　　　　——丙产品　　　　　　　　　　　　 87 180.16

(16) 转出管理费用及财务费用

借:本年利润　　　　　　　　　　　　　　　　　　 46 751.71
　贷:管理费用　　　　　　　　　　　　　　　　　 44 751.71
　　　财务费用　　　　　　　　　　　　　　　　　 2 000

(17) 科目汇总表

表 4.93 科目汇总表

2015 年 10 月 31 日　　　　　　　　　　　　　　　　　　　　　　　　科汇　号

会计科目	过账	本期发生额	
		借方	贷方
银行存款			69 810
原材料			235 090
周转材料		6 907	9 209.34
库存商品		515 367.66	
基本生产成本		525 630.6	515 367.66
辅助生产成本		44 823.71	44 823.71
制造费用		144 914.22	144 914.22
管理费用		44 751.71	44 751.71
财务费用		2 000	2 000
应付职工薪酬			233 700
应付利息			2 000
累计折旧			29 480
本年利润		46 751.71	
合计		1 331 147	1 331 147

2. 材料实际总成本 68 016 元;

应付职工薪酬分配率 0.644 0,制造费用分配率 2.582 3;

A 产品总成本 86 643.43 元;

B 产品总成本 57 957.52 元;

C 产品完工 15 台总成本 34 950 元,月末在产品总成本为 43 166.57 元;

D 产品在产品总成本 120 788.58 元;

E 产品总成本 46 316.57 元。

3. 直接人工累计间接费用分配率＝0.5

制造费用累计间接费用分配率＝0.8

甲产品完工产品总成本 59 460 元,乙产品完工产品(8 件)总成本 41 892 元。

4. (1) 其他费用分配表及银行存款付款凭证

表 4.122　其他费用分配表

2015 年 9 月 30 日　　　　　　　　　　　　　　　　　　　　单位:元

部　门	办公费	劳保费	其他费用	合计
一车间	800	580	400	1 780
二车间	600	640	360	1 600
三车间	300	200	100	600
辅助生产车间	350	320	280	950
管理部门	2 500	600	2 000	5 100
合计	4 550	2 340	3 140	10 030

汇总付款凭证

贷方科目:银行存款　　　　2015 年 9 月 30 日

应借科目			金　额(元)
总账科目	明细科目	成本或费用项目	
制造费用	一车间	办公费	800
		劳保费	580
		其他费用	400
	二车间	办公费	600
		劳保费	640
		其他费用	360
	三车间	办公费	300
		劳保费	200
		其他费用	100
	辅助生产车间	办公费	350
		劳保费	320
		其他费用	280

续 表

应借科目			金 额(元)
总账科目	明细科目	成本或费用项目	
管理费用	管理部门	办公费	2 500
		劳保费	600
		其他费用	2 000
合 计			10 030

(2) 材料费用分配表及记账凭证

表 4.123 材料费用分配表

2015 年 9 月 30 日　　　　　　　　　　　　　　　金额单位:元

分配对象		成本费用项目	直接计入	分配计入			材料费用合计
				定额费用	分配率	应分配额	
甲产品		直接材料	51 000	54 000		3 002.40	54 002.40
乙产品		直接材料	136 000	144 000		7 997.60	143 997.60
小计			187 000	198 000	0.055 6	11 000	198 000
一车间	一般耗用	机物料	2 800				2 800
	保养用	保养费	9 400				9 400
	小计		12 200				12 200
二车间	一般耗用	机物料	3 400				3 400
	保养用	保养费	42 350				42 350
	小计		45 750				45 750
三车间	一般耗用	机物料	1 800				1 800
	保养用	保养费	20 800				20 800
	小计		22 600				22 600
辅助车间	一般耗用	机物料	12 000				12 000
	保养用	保养费	200				200
	小计		12 200				12 200
	生产耗用	直接材料	40 000				40 000
管理部门	保养用	保养费	4 100				4 100
合计			323 850			11 000	334 850

记账凭证

2015 年 9 月 30 日　　　　　　　　　　　　　　　　　　字第　号

摘要	会计科目		借方	贷方
	总账科目	明细科目		
略	基本生产成本	甲半成品	54 002.40	
		乙半成品	143 997.60	
	辅助生产成本		40 000	
	制造费用	辅助生产车间	12 200	
		一车间	12 200	
		二车间	45 750	
		三车间	22 600	
	管理费用	（保养费）	4 100	
	原材料	原料		258 000
		保养备件		76 850
	合　　计		334 850	334 850

表 4.124　周转材料领用表

2015 年 9 月 30 日　　　　　　　　　　　　　　　　　　单位:元

分配对象	一车间	二车间	三车间	合计
领用金额	4 800	4 000	2 400	11 200
合计	4 800	4 000	2 400	11 200

记账凭证

2015 年 9 月 30 日　　　　　　　　　　　　　　　　　　字第　号

摘要	会计科目		借方	贷方
	总账科目	明细科目		
略	周转材料	在用周转材料	11 200	
	周转材料	在库周转材料		11 200
	合　　计		11 200	11 200

(3) 职工薪酬分配表及记账凭证

表 4.125 职工薪酬费用分配表

2015 年 9 月 30 日   金额单位：元

分配对象	成本费用项目	直接计入	分配计入			职工薪酬合计
			生产工时	分配率	应分配额	
一车间	甲产品	直接人工		8 700		24 795	24 795
	乙产品	直接人工		5 540		15 789	15 789
	小计			14 240	2.85	40 584	40 584
	管理人员	职工薪酬	18 810				18 810
二车间	甲产品	直接人工		1 500		13 224	13 224
	乙产品	直接人工		3 000		26 448	26 448
	小计			4 500	8.816	39 672	39 672
	管理人员	职工薪酬	22 800				22 800
三车间	乙产品	直接人工	28 272				28 272
	管理人员	职工薪酬	12 996				12 996
辅助车间	生产人员	职工薪酬	34 200				34 200
	管理人员	职工薪酬	12 540				12 540
管理部门	管理人员	职工薪酬	39 900				39 900
合计			169 518			80 256	249 774

记账凭证

2015 年 9 月 30 日   字第　号

摘要	会计科目		借方	贷方
	总账科目	明细科目		
略	基本生产成本	一车间甲半成品	24 795	
		一车间乙半成品	15 789	
		二车间甲产品	13 224	
		二车间乙半成品	26 448	
		三车间乙产品	28 272	
	辅助生产成本		34 200	
	制造费用	辅助生产车间	12 540	
		一车间	18 810	
		二车间	22 800	
		三车间	12 996	
	管理费用	（工资）	39 900	
	应付职工薪酬			249 774
合　计			249 774	249 774

(4) 外购动力分配表及记账凭证

表 4.126 外购动力费用分配表

2015 年 9 月

分配对象	成本费用项目	生产工时	分配率	耗用数量(度)(0.6 元/度)	分配金额(元)
一车间	甲产品 直接材料	8 700		7 331.49	4 398.89
	乙产品 直接材料	5 540		4 668.51	2 801.11
	小计	14 240	0.842 7	12 000	7 200
	管理用电 水电费			500	300
二车间	甲产品 直接材料	1 500		3 000	1 800
	乙产品 直接材料	3 000		6 000	3 600
	小计	4 500	2	9 000	5 400
	管理用电 水电费			300	180
三车间	乙产品 直接材料			600	360
	管理用电 水电费			200	120
辅助生产车间	生产用电 直接材料			4 800	2 880
	管理用电 水电费			100	60
管理部门	管理用电 水电费			200	120
合　计				27 700	16 620

记账凭证

2015 年 9 月 30 日　　　　　　　　　　　　　字第　号

摘 要	会计科目		借方	贷方
	总账科目	明细科目		
略	基本生产成本	一车间甲半成品	4 398.89	
		一车间乙半成品	2 801.11	
		二车间甲产品	1 800	
		二车间乙半成品	3 600	
		三车间乙产品	360	
	辅助生产成本		2 880	
	制造费用	辅助生产车间	60	
		一车间	300	
		二车间	180	
		三车间	120	
	管理费用	(水电费)	120	
	应付账款			16 620
合　计			16 620	16 620

(5) 折旧费用分配表及记账凭证

表 4.127　固定资产折旧费用分配表

2015 年 9 月 30 日　　　　　　　　　　　　　　　　　　　　　　　　单位：元

分配对象	固定资产原值	应计提折旧额
一车间	1 200 000	6 000
二车间	1 600 000	8 000
三车间	1 000 000	5 000
辅助生产车间	1 300 000	6 500
管理部门	720 000	3 600
合　计	5 820 000	29 100

记账凭证

2015 年 9 月 30 日　　　　　　　　　　　　　　　　　　　　　　　　字第　　号

摘　要	会计科目		借方	贷方
	总账科目	明细科目		
略	制造费用	辅助生产车间	6 500	
		一车间	6 000	
		二车间	8 000	
		三车间	5 000	
	管理费用		3 600	
	累计折旧			29 100
	合　计		29 100	29 100

(6) 周转材料摊销表及记账凭证

表 4.128　周转材料摊销表

2015 年 9 月 30 日　　　　　　　　　　　　　　　　　　　　　　　　单位：元

使用部门	费用项目	本期摊销金额	尚未摊销金额
一车间	周转材料摊销	1 600	3 200
二车间	周转材料摊销	1 333.33	2 666.67
三车间	周转材料摊销	800	1 600
合计		3 733.33	7 466.67

记账凭证

2015 年 9 月 30 日　　　　　　　　　　　　　　　　　　　　　　　　字第　　号

摘　要	会计科目		借方	贷方
	总账科目	明细科目		
略	制造费用	一车间	1 600	

续 表

摘 要	会计科目		借方	贷方
	总账科目	明细科目		
		二车间	1 333.33	
		三车间	800	
	周转材料	周转材料摊销		3 733.33
	合 计		3 733.33	3 733.33

(7) 保险费用计提表及记账凭证

表 4.129　保险费用计提表

2015 年 9 月 30 日　　　　　　　　　　　　　　　　　　　　单位:元

部 门	费用项目	本期计提金额	累计计提金额
管理部门	财产保险费	30 000	30 000
合计		30 000	30 000

记账凭证

2015 年 9 月 30 日　　　　　　　　　　　　　　　　　　　　字第　号

摘 要	会计科目		借方	贷方
	总账科目	明细科目		
略	管理费用		30 000	
	其他应付款			30 000
	合 计		30 000	30 000

(8)~(18)参考答案

表 4.130　制造费用明细账

车间名称:供气车间　　　　2015 年 9 月 30 日　　　　　　　单位:元

日期	摘 要	人工费用	折旧费	保养费	机物料消耗	水电费	办公费	劳保费	其他费用	合计
	计提折旧费		6 500							6 500
	分配材料费用			200	12 000					12 200
	分配职工薪酬	12 540								12 540
	分配动力费					60				60
	支付其他费用						350	320	280	950
	本月合计	12 540	6 500	200	12 000	60	350	320	280	32 250
	本月转出	12 540	6 500	200	12 000	60	350	320	280	32 250

表 4.141 制造费用分配表

车间名称:供气车间　　　　　　　　　　2015 年 9 月 30 日　　　　　　　　　　　　单位:元

分配对象	分配金额
供气车间	32 250

记账凭证

2015 年 9 月 30 日　　　　　　　　　　　　字第　　号

摘　　要	会计科目		借方	贷方
	总账科目	明细科目		
略	辅助生产成本	供气车间	32 250	
	制造费用	供气车间		32 250
合　　计			32 250	32 250

表 4.131 辅助生产成本明细账

车间名称:供气车间　　　　　　　　　　2015 年 9 月 30 日　　　　　　　　　　　　单位:元

2015 年		凭证字号	摘　　要	直接材料	直接人工	制造费用	合计
月	日						
		略	分配材料费用	40 000			40 000
			分配职工薪酬		34 200		34 200
			分配动力费	2 880			2 880
			分配制造费用			32 250	32 250
			本月生产费用	42 880	34 200	32 250	109 330
			分配转出费用	42 880	34 200	32 250	109 330

表 4.142 辅助生产费用分配表

车间名称:供气车间　　　　　　　　　　2015 年 9 月 30 日

受益部门	受益对象	受益数量(度)	分配金额(元)
	待分配费用		109 330
	辅助生产车间劳务量	10 000	
	分配率		10.933
一车间	甲产品	2 650	28 972.45
	乙产品	2 000	21 866
	小计	4 650	50 838.45
	一般耗用	150	1 639.95
二车间	甲产品	1 780	19 460.74
	乙产品	2 200	24 052.6
	小计	3 980	43 513.34
	一般耗用	120	1 311.96

续 表

受益部门	受益对象	受益数量(度)	分配金额(元)
三车间	乙产品	800	8 746.40
	一般耗用	200	2 186.60
管理部门		100	1 093.30

记账凭证

2015 年 9 月 30 日　　　　　　　　　　　　　　　字第　号

摘要	会计科目		借方	贷方
	总账科目	明细科目		
略	基本生产成本	一车间甲半成品	28 972.45	
		一车间乙半成品	21 866	
		二车间甲产品	19 460.74	
		二车间乙半成品	24 052.60	
		三车间乙产品	8 746.40	
	制造费用	一车间	1 639.95	
		二车间	1 311.96	
		三车间	2 186.60	
	管理费用		1 093.30	
	辅助生产成本	供气车间		109 330
合　计			109 330	109 330

表 4.132　制造费用明细账

车间名称：一车间　　　　2015 年 9 月 30 日　　　　　　　单位：元

日期	摘要	人工费用	折旧费	保养费	机物料消耗	周转材料摊销	水电费	办公费	劳动保护费	其他费用	合计
	分配职工薪酬	18 810									18 810
	计提折旧费		6 000								6 000
	分配材料费用			9 400	2 800						12 200
	摊销周转材料					1 600					1 600
	分配动力费						300				300
	支付其他费用							800	580	400	1 780
	小计	18 810	6 000	9 400	2 800	1 600	300	800	580	400	40 690
	分配辅助生产费用									1 639.95	1 639.95
	本月合计	18 810	6 000	9 400	2 800	1 600	300	800	580	2 039.95	42 329.95
	本月转出	18 810	6 000	9 400	2 800	1 600	300	800	580	2 039.95	42 329.95

表 4.133 制造费用明细账

车间名称:二车间　　　　　　　　　　　2015 年 9 月 30 日　　　　　　　　　　　单位:元

日期	摘要	人工费用	折旧费	保养费	机物料消耗	周转材料摊销	水电费	办公费	劳保费	其他费用	合计
	分配职工薪酬	22 800									22 800
	计提折旧费		8 000								8 000
	分配材料费用			42 350	3 400						45 750
	摊销周转材料					1 333.33					1 333.33
	分配动力费						180				180
	支付其他费用							600	640	360	1 600
	小计	22 800	8 000	42 350	3 400	1 333.33	180	600	640	360	79 663.33
	分配辅助生产费用									1 311.96	1 311.96
	本月合计	22 800	8 000	42 350	3 400	1 333.33	180	600	640	1 671.96	80 975.29
	本月转出	22 800	8 000	42 350	3 400	1 333.33	180	600	640	1 671.96	80 975.29

表 4.134 制造费用明细账

车间名称:三车间　　　　　　　　　　　2015 年 9 月 30 日　　　　　　　　　　　单位:元

日期	摘要	人工费用	折旧费	保养费	机物料消耗	周转材料摊销	水电费	办公费	劳保费	其他费用	合计
	分配职工薪酬	12 996									12 996
	计提折旧费		5 000								5 000
	分配材料费用			20 800	1 800						22 600
	摊销周转材料					800					800
	分配动力费						120				120
	支付其他费用							300	200	100	600
	小计	12 996	5 000	20 800	1 800	800	120	300	200	100	42 116
	分配辅助生产费用									2 186.6	2 186.6
	本月合计	12 996	5 000	20 800	1 800	800	120	300	200	2 286.6	44 302.6
	本月转出	12 996	5 000	20 800	1 800	800	120	300	200	2 286.6	44 302.6

表 4.143 制造费用分配表

2015 年 9 月 30 日

分配对象		生产工时(小时)	分配率	分配金额(元)
一车间	甲产品	8 700		25 861.62
	乙产品	5 540		16 468.33
	小计	14 240	2.972 6	42 329.95

续 表

分配对象		生产工时(小时)	分配率	分配金额(元)
二车间	甲产品	1 500		26 991.75
	乙产品	3 000		53 983.54
	小计	4 500	17.994 5	80 975.29
三车间	乙产品			44 302.60

记账凭证

2015 年 9 月 30 日   字第   号

摘 要	会计科目		借方	贷方
	总账科目	明细科目		
略	基本生产成本	一车间甲半成品	25 861.62	
		一车间乙半成品	16 468.33	
		二车间甲产品	26 991.75	
		二车间乙半成品	53 983.54	
		三车间乙产品	44 302.60	
	制造费用	一车间		42 329.95
		二车间		80 975.29
		三车间		44 302.60
	合 计		167 607.80	167 607.80

记账凭证

2015 年 9 月 30 日   字第   号

摘 要	会计科目		借方	贷方
	总账科目	明细科目		
略	自制半成品	甲半成品	173 095.90	
	基本生产成本	二车间乙半成品	261 480	
	基本生产成本	一车间甲半成品		173 095.90
		一车间乙半成品		261 480
	合 计		434 575.90	434 575.90

记账凭证

2015 年 9 月 30 日   字第   号

摘 要	会计科目		借方	贷方
	总账科目	明细科目		
略	基本生产成本	二车间甲产品	200 390.40	
	自制半成品	甲半成品		200 390.40
	合 计		200 390.40	200 390.40

表 4.135　基本生产成本明细账

生产步骤:第一车间　　　　产品名称:甲产品(甲半成品)　　　　金额单位:元

2015年		凭证字号	摘要	直接材料	直接人工	制造费用	合计
月	日						
			月初在产品成本	55 630	7 200	5 400	68 230
			分配材料费	54 002.40			54 002.40
			分配职工薪酬		24 795		24 795
			分配动力费	4 398.89			4 398.89
			分配气费	28 972.45			28 972.45
			分配制造费用			25 861.62	25 861.62
			本月生产费用	87 373.74	24 795	25 861.62	138 030.36
			生产费用合计	143 003.74	31 995	31 261.62	206 260.36
			本月完工半成品数量	120	120	120	120
			月末在产品约当产量	30	18	18	
			约当总产量	150	138	138	
			完工半成品单位成本	984.09	231.85	226.53	1 442.47
			结转完工半成品成本	118 090.32	27 822	27 183.60	173 095.90
			月末在产品成本	24 913.42	4 173	4 078.02	33 164.44

表 4.136　基本生产成本明细账

生产步骤:第一车间　　　　产品名称:乙产品(乙半成品)　　　　金额单位:元

2015年		凭证字号	摘要	直接材料	直接人工	制造费用	合计
月	日						
			月初在产品成本	58 968	14 040	10 440	83 448
			分配材料费	143 997.60			143 997.60
			分配职工薪酬		15 789		15 789
			分配动力费	2 801.11			2 801.11
			分配气费	21 866			21 866
			分配制造费用			16 468.33	16 468.33
			本月生产费用	168 664.70	15 789	16 468.33	200 922
			生产费用合计	227 632.70	29 829	26 908.33	284 370.03
			本月完工半成品数量	1 200	1 200	1 200	1 200
			月末在产品约当产量	120	72	72	
			约当总产量	1 320	1 272	1 272	
			完工半成品单位成本	173.30	23.45	21.15	217.90
			结转完工半成品成本	207 960	28 140	25 380	261 480
			月末在产品成本	19 672.70	1 689	1 528.33	22 890.03

表 4.144 自制半成品明细账

产品名称:甲半成品   金额单位:元

2015年		凭证字号	摘要	收入		发出		结存	
月	日			数量	金额	数量	金额	数量	金额
		略	月初结存					60	52 344
			二车间领用			40		20	
			一车间交库	50				70	
			二车间领用			70		0	
			一车间交库	60				60	
			二车间领用			50		10	
			一车间交库	10				20	
			本月合计	120	173 095.9	160	200 390.4	20	25 049.5

表 4.137 基本生产成本明细账

生产步骤:第二车间   产品名称:甲产品   金额单位:元

2015年		凭证字号	摘要	直接材料	直接人工	制造费用	合计
月	日						
		略	月初在产品成本	230 770.50	18 000	12 000	260 770.50
			上步转入半成品成本	200 390.40			200 390.40
			分配职工薪酬		13 224		13 224
			分配动力费	1 800			1 800
			分配气费	19 460.74			19 460.74
			分配制造费用			26 991.75	26 991.75
			本月生产费用	221 651.10	13 224	26 991.75	261 866.80
			生产费用合计	452 421.60	31 224	38 991.75	522 637.30
			本月完工产品数量	250	250	250	250
			月末在产品约当产量	60	48	48	
			约当总产量	310	298	298	
			完工产品单位成本	1 464.06	104.78	130.84	1 699.68
			结转完工产品成本	366 014.25	26 195.05	32 710	424 919.3
			月末在产品成本	86 407.4	5 028.95	6 280.32	97 716.67

表 4.138 基本生产成本明细账

生产步骤:第二车间   产品名称:乙产品(乙半成品)   金额单位:元

2015年		凭证字号	摘要	直接材料	直接人工	制造费用	合计
月	日						
		略	月初在产品成本	109 632	6 672	4 968	236 260
			上步转入半成品成本	261 480			261 480

续 表

2015年		凭证字号	摘要	直接材料	直接人工	制造费用	合计
月	日						
			分配职工薪酬		26 448		26 448
			分配动力费	3 600			3 600
			分配气费	24 052.6			24 052.6
			分配制造费用			53 983.54	53 983.54
			本月生产费用	289 132.6	26 448	53 983.54	369 564.14
			生产费用合计	398 764.6	33 120	58 951.54	490 836.14
			本月完工半成品数量	1 440	1 440	1 440	1 440
			月末在产品约当产量	240	120	120	
			约当总产量	1 680	1 560	1 560	
			完工半成品单位成本	238.86	21.23	37.79	297.88
			结转完工半成品成本	343 958.4	30 571.14	54 417.6	428 947.14
			月末在产品成本	54 806.2	2 548.86	4 533.94	61 889

记账凭证

2015年9月30日　　　　　　　　　　　　　字第　号

摘要	会计科目		借方	贷方
	总账科目	明细科目		
略	基本生产成本	三车间乙半成品	428 947.2	
	基本生产成本	二车间乙半成品		428 947.2
	合　计		428 947.2	428 947.2

记账凭证

2015年9月30日　　　　　　　　　　　　　字第　号

摘要	会计科目		借方	贷方
	总账科目	明细科目		
略	库存商品	甲产品	424 919.3	
		乙产品	469 748.4	
	基本生产成本	二车间甲产品		424 919.3
		三车间乙产品		469 748.4
	合　计		894 667.7	894 667.7

表 4.139　基本生产成本明细账

生产步骤:第三车间　　　　　产品名称:乙产品　　　　　金额单位:元

2015年		凭证字号	摘　要	直接材料	直接人工	制造费用	合计
月	日						
		略	月初在产品成本	73 071.20	2 160	1 560	76 791.20
			上步转入半成品成本	428 947.20			428 947.20
			分配职工薪酬		28 272		28 272
			分配动力费	360			360
			分配气费	8 746.40			8 746.40
			分配制造费用			44 302.60	44 302.60
			本月生产费用	438 053.60	28 272	44 302.60	510 628.20
			生产费用合计	511 124.80	30 432	45 862.60	587 419.40
			本月完工产品数量	1 320	1 320	1 320	1 320
			月末在产品约当产量	360	180	180	
			约当总产量	1 680	1 500	1 500	
			完工产品单位成本	305	20.29	30.58	355.87
			结转完工产品成本	402 600	26 782.80	40 365.60	469 748.40
			月末在产品成本	108 524.80	3 649.20	5 497	117 671

表 4.140　管理费用明细账

2015 年 9 月 30 日　　　　　　　　　　　　　　　单位:元

日期	摘　要	保养费	人工费	折旧费	办公费	劳保费	其他费用	保险费	合计
	分配材料费用	4 100							4 100
	分配职工薪酬		39 900						39 900
	计提折旧			3 600					3 600
	支付其他费用				2 500	600	2 000		5 100
	分配水电费						120		120
	分配保险费							30 000	30 000
	分配辅助生产费用						1 093.3		1 093.3
	本月合计	4 100	39 900	3 600	2 500	600	3 213.3	30 000	83 913.3
	本月转出	4 100	39 900	3 600	2 500	600	3 213.3	30 000	83 913.3

(19) 产成品成本还原计算表

表 4.145　产成品成本还原计算表（甲产品）　　　　　　　　单位：元

行次	项目	半成品	直接材料	直接人工	制造费用	合计
1	还原前产成品总成本	366 014.25		26 195	32 710	424 919.3
2	第一车间所产半成品成本		(118 090.32)	(27 822)	(27 183.60)	(173 095.90)
3	半成品成本还原		249 701.98	58 829.62	57 482.65	366 014.25
4	还原后产成品成本		249 701.98	85 024.62	90 192.65	424 919.30

还原分配率=366 014.25/173 095.9=2.114 5

表 4.146　产成品成本还原计算表（乙产品）　　　　　　　　单位：元

行次	项目	半成品	直接材料	直接人工	制造费用	合计
1	还原前产成品总成本	402 600		26 782.80	40 365.60	469 748.40
2	第二车间所产半成品成本	(343 958.40)		(30 571.20)	(54 417.60)	(428 947.20)
3	第三车间半成品成本还原	322 839.35		28 694.13	51 066.52	402 600
4	第一车间所产半成品成本		(207 960)	(28 140)	(25 380)	(261 480)
5	第二车间半成品成本还原		256 768.21	34 744.46	31 326.68	322 839.35
6	还原后产成品成本		256 768.21	90 221.39	122 758.80	469 748.40

第三车间半成品成本还原分配率=402 600/428 947.2=0.938 6
第二车间半成品成本还原分配率=322 839.35/261 480=1.234 7

(20) 结转管理费用记账凭证

记账凭证

2015 年 9 月 30 日　　　　　　　　　　　　　　　字第　号

摘要	总账科目	明细科目	借方	贷方
略	本年利润		83 913.3	
	管理费用			83 913.3
合计			83 913.3	83 913.3

(21) 科目汇总表

表 4.147　科目汇总表

2015 年 9 月 30 日　　　　　　　　　　　　　　　科汇　号

会计科目	过账	本期借方发生额	本期贷方发生额
银行存款			10 030
原材料			334 850
周转材料		11 200	14 933.33
库存商品		894 667.7	
自制半成品		173 095.9	200 390.4

续 表

会计科目	过账	本期借方发生额	本期贷方发生额
基本生产成本		1 481 012	1 758 191
辅助生产成本		109 330	109 330
制造费用		199 857.84	199 857.84
管理费用		83 913.3	83 913.3
应付账款			16 620
应付职工薪酬			249 774
其他应付款			30 000
累计折旧费			29 100
本年利润		83 913.3	
合计		3 036 990	3 036 990

5. (1) 各车间基本生产成本明细账

表 4.150 基本生产成本明细账

生产步骤:第一车间　　　　　产品名称:甲产品　　　　　金额单位:元

年		凭证字号	摘 要	原材料	燃料及动力	直接人工	制造费用	合计
月	日							
		略	月初在产品成本	36 000	19 630	7 200	5 400	68 230
			分配材料费	54 002.40				54 002.40
			分配职工薪酬			24 795		24 795
			分配动力费		4 398.89			4 398.89
			分配气费		28 972.45			28 972.45
			分配制造费用				25 861.62	25 861.62
			本月生产费用	54 002.40	33 371.34	24 795	25 861.62	138 030.36
			生产费用合计	90 002.40	53 001.34	31 995	31 261.62	206 260.36
			最终产成品数量	250	250	250	250	250
			在产品约当产量	110	98	98	98	
			约当总产量	360	348	348	348	
			本车间费用分配率	250.006 7	152.302 7	91.939 7	89.832 2	
			应计入产成品费用份额	62 501.68	38 075.68	22 984.93	22 458.05	123 520.30
			月末在产品成本	27 500.72	14 925.66	9 010.07	8 803.57	82 740.06

表 4.151 基本生产成本明细账

生产步骤:第一车间　　　　产品名称:乙产品　　　　金额单位:元

年 月	日	凭证字号	摘要	原材料	燃料及动力	直接人工	制造费用	合计
		略	月初在产品成本	54 000	4 968	14 040	10 440	83 448
			分配材料费	143 997.60				143 997.60
			分配职工薪酬			15 789		15 789
			分配动力费		2 801.11			2 801.11
			分配气费		21 866			21 866
			分配制造费用				16 468.33	16 468.33
			本月生产费用	143 997.60	24 667.11	15 789	16 468.33	200 922
			生产费用合计	197 997.60	29 635.11	29 829	26 908.33	284 370.04
			最终产成品数量	1 320	1 320	1 320	1 320	1 320
			在产品约当产量	720	672	672	672	
			约当总产量	2 040	1 992	1 992	1 992	
			本车间费用分配率	97.057 6	14.877 1	14.974 4	13.508 2	
			计入产成品费用份额	128 116.03	19 637.77	19 766.21	17 830.82	185 350.83
			月末在产品成本	69 881.57	9 997.34	10 062.79	9 077.51	99 019.21

表 4.152 基本生产成本明细账

生产步骤:第二车间　　　　产品名称:甲产品　　　　金额单位:元

年 月	日	凭证字号	摘要	燃料及动力	直接人工	制造费用	合计
		略	月初在产品成本	14 400	18 000	12 000	44 400
			分配职工薪酬		13 224		11 599.95
			分配动力费	1 800			1 800
			分配气费	19 460.74			19 460.74
			分配制造费用			26 991.75	26 991.75
			本月生产费用	21 260.74	13 224	26 991.75	61 476.49
			生产费用合计	35 660.74	31 224	38 991.75	105 876.49
			最终产成品数量	250	250	250	250
			在产品约当产量	48	48	48	48
			约当总产量	298	298	298	298
			本车间费用分配率	119.666 9	104.778 3	130.844 8	
			应计入产成品费用份额	29 916.73	26 194.58	32 711.20	88 822.51
			月末在产品成本	5 744.01	5 029.42	6 280.55	17 053.98

表 4.153 基本生产成本明细账

生产步骤：第二车间　　　　　　　　产品名称：乙产品　　　　　　　　金额单位：元

年		凭证字号	摘要	燃料及动力	直接人工	制造费用	合计
月	日						
		略	月初在产品成本	5 040	6 672	4 968	16 680
			分配职工薪酬		26 448		26 448
			分配动力费	3 600			3 600
			分配气费	24 052.60			24 052.60
			分配制造费用			53 983.54	53 983.54
			本月生产费用	27 652.60	26 448	53 983.54	108 084.20
			生产费用合计	32 692.60	33 120	58 951.54	124 764.20
			最终产成品数量	1 320	1 320	1 320	1 320
			在产品约当产量	480	480	480	480
			约当总产量	1 800	1 800	1 800	1 800
			本车间费用分配率	18.162 60	18.40	32.750 9	
			应计入产成品费用份额	23 974.57	24 288	43 231.13	91 493.70
			月末在产品成本	8 718.03	8 832	15 720.41	33 270.50

表 4.154 基本生产成本明细账

生产步骤：第三车间　　　　　　　　产品名称：乙产品　　　　　　　　金额单位：元

年		凭证字号	摘要	燃料及动力	直接人工	制造费用	合计
月	日						
		略	月初在产品成本	1 580	2 160	1 560	5 300
			分配职工薪酬		28 272		28 272
			分配动力费	360			360
			分配气费	8 746.40			8 746.40
			分配制造费用			44 302.60	44 302.60
			本月生产费用	9 106.40	28 272	44 302.6	81 681
			生产费用合计	10 686.40	30 432	45 862.6	86 981
			最终产成品数量	1 320	1 320	1 320	1 320
			在产品约当产量	180	180	180	180
			约当总产量	1 500	1 500	1 500	1 500
			本车间费用分配率	7.124 3	20.288	30.575 1	57.987 3
			应计入产成品费用份额	9 404.08	26 780.16	40 359.13	76 543.24
			月末在产品成本	1 282.32	3 651.84	5 503.468	10 437.76

(4) 产品成本汇总本表

表 4.155　产品成本汇总表

产品名称:甲产品　　　　　完工数量:250 件　　　　　　　　　　单位:元

转入车间	原材料	燃料及动力	直接人工	制造费用	合计
第一车间转入份额	62 501.68	38 075.68	22 984.93	22 458.05	146 020.34
第二车间转入份额		28 758.65	26 194.58	32 711.2	87 664.43
合　计	625 001.68	66 834.33	49 179.51	55 169.25	233 683.77
单位成本	250.01	267.34	196.72	220.68	934.75

表 4.156　产品成本汇总表

产品名称:乙产品　　　　　完工数量:1 320 件　　　　　　　　　单位:元

转入车间	原材料	燃料及动力	直接人工	制造费用	合计
第一车间转入份额	128 116.03	19 637.77	19 766.21	17 830.82	185 350.83
第二车间转入份额		23 974.57	24 288.00	43 231.13	91 493.70
第三车间转入份额		9 404.08	26 780.16	40 359.13	76 543.24
合　计	128 116.03	53 016.42	70 834.37	101 421.08	353 387.77
单位成本	97.06	40.16	53.66	76.83	267.72

(5) 结转完工产品成本

借:库存商品——甲产品　　　　　　　　　　　　233 683.77
　　　　　　——乙产品　　　　　　　　　　　　353 387.77
　贷:基本生产成本——甲产品　　　　　　　　　　233 683.77
　　　　　　　　——乙产品　　　　　　　　　　353 387.77

项目 5

练习题

1. 单选题

(1) B　(2) C　(3) A　(4) D　(5) B　(6) C　(7) A　(8) B

2. 多选题

(1) AB　(2) ABC　(3) ABC　(4) AC　(5) ABCD　(6) ABCD　(7) ABCD　(8) CD

3. 判断题

(1) 正确　(2) 正确　(3) 正确　(4) 错误　(5) 错误　(6) 错误　(7) 正确　(8) 错误

技能实训

1. (1) 4 月份商品销售成本＝140 000×(1－8％)＝128 800(元)

5 月份商品销售成本＝1600 000×(1－8％)＝147 200(元)

根据计算数据,结合商品存货二级账上相关数据,利用倒挤成本法(实地盘存制),求出 6 月份商品销售成本。

4 月份商品结余额＝40 000＋140 000－128 800＝51 200(元)

5 月份商品结余额＝51 200＋140 000－147 200＝44 000(元)

而 6 月份商品结余额通过加权平均法计算已得为 47 412 元

则 6 月份商品销售成本 = 44 000 + 144 000 − 10 000 − 47 412 = 130 588(元)

因此,第二季度商品销售成本 = 128 800 + 147 200 + 130 588 = 406 588(元)

第二季度商品销售收入 = 140 000 + 160 000 + 146 800 = 446 800(元)

第二季度商品销售毛利 = 446 800 − 406 588 = 40 212(元)

第二季度实际毛利率 = 40 212/446 800 = 9%

(2) 4 月份会计分录

借:主营业务成本　　　　　　　　　　　　　　　　　　　128 800
　　贷:库存商品　　　　　　　　　　　　　　　　　　　　　　128 800

5 月份会计分录

借:主营业务成本　　　　　　　　　　　　　　　　　　　147 200
　　贷:库存商品　　　　　　　　　　　　　　　　　　　　　　147 200

6 月份会计分录

借:主营业务成本　　　　　　　　　　　　　　　　　　　130 588
　　贷:库存商品　　　　　　　　　　　　　　　　　　　　　　130 588

2. 已销商品进销差价计算表

表 5.19　分类(或柜组)已销商品进销差价计算表

2015 年 6 月　　　　　　　　　　　　　　　　　　　　　　　金额单位:元

组别	月末结账前进销差价	月末库存商品	本月已销商品	分类差价率	已销商品进销差价	库存商品进销差价
	(1)	(2)	(3)	$(4)=\dfrac{(1)}{(2)+(3)}\times 100\%$	(5)=(3)×(4)	(6)=(1)−(5)
甲组	12 490	40 000	60 000	12.49%	7 494	4 996
乙组	8 800	60 000	20 000	11%	2 200	6 600
丙组	7 000	20 000	30 000	14%	4 200	2 800
合计	28 290	120 000	110 000		13 894	14 396

3.(1) 账务处理

① 分配施工项目人员工资计件工资

借:工程施工——合同成本(教学楼,人工费)　　　　　　220 000
　　　　　　——合同成本(图书馆,人工费)　　　　　　136 000
　　　　　　——间接费用(职工薪酬)　　　　　　　　　61 000
　　贷:应付职工薪酬——工资及补贴　　　　　　　　　　　　417 000

② 分配人员计时工资:360 000/6 000 = 60

表 5.21　人工费分配表

编制单位:振兴建筑公司　　　2015 年 6 月 30 日　　　　　　　　　　单位:元

工程项目	实耗工日	日平均工资	工资分配金额
教学楼	3 200	60	192 000
图书馆	2 800	60	168 000
合计	6 000	60	360 000

财务主管:　　　　　　复核:　　　　　　记账:　　　　　　制表:

借:工程施工——合同成本(教学楼,人工费)　　　　　　　192 000
　　　　　　——合同成本(图书馆,人工费)　　　　　　　168 000
　　贷:应付职工薪酬——工资及补贴(各项明细)　　　　　360 000

③ 计提职工薪酬

表 5.22　职工薪酬计提表

编制单位:振兴建筑公司　　　　2015 年 6 月 30 日　　　　　　　单位:元

核算对象	工资金额	社会保险费(25%)	住房公积金(10.5%)	工会经费(2.5%)	教育经费(1.5%)	福利费(14%)	计提合计
教学楼工程							
计件工资	220 000	55 000	23 100	4 400	3 300	30 800	116 600
计时工资	192 000	48 000	20 160	3 840	2 880	26 880	101 760
小计	412 000	103 000	43 260	8 240	6 180	57 680	218 360
图书馆工程							
计件工资	136 000	34 000	14 280	2 720	2 040	19 040	72 080
计时工资	168 000	42 000	17 640	3 360	2 520	23 520	89 040
小计	304 000	76 000	31 920	6 080	4 560	42 560	161 120
间接费用(施工管理职工薪酬)	61 000	15 250	6 405	1 220	915	8 540	32 330
合计	777 000	194 250	81 585	15 540	11 655	108 780	411 810

财务主管:　　　　　复核:　　　　　记账:　　　　　制表:

借:工程施工——合同成本(教学楼,人工费)　　　　　　　218 360
　　　　　　——合同成本(图书馆,人工费)　　　　　　　161 120
　　　　　　——间接费用(职工薪酬)　　　　　　　　　　32 330
　　贷:应付职工薪酬——社会保险费　　　　　　　　　　194 250
　　　　　　　　　　——住房公积金　　　　　　　　　　 81 585
　　　　　　　　　　——工会经费　　　　　　　　　　　 15 540
　　　　　　　　　　——职工教育费　　　　　　　　　　 11 655
　　　　　　　　　　——职工福利费　　　　　　　　　　108 780

④ 领用主要材料
借:工程施工——合同成本(教学楼,材料费)　　　　　　1 466 000
　　　　　　——合同成本(图书馆,材料费)　　　　　　2 180 000
　　贷:原材料——主要材料等　　　　　　　　　　　　3 646 000

⑤ 摊销周转材料
借:工程施工——合同成本(教学楼,材料费)　　　　　　　 48 960
　　　　　　——合同成本(图书馆,材料费)　　　　　　　 67 530
　　贷:周转材料——周转材料摊销模板等　　　　　　　　116 490

⑥ 领用低值易耗品
借:工程施工——合同成本(教学楼,材料费)　　　　　　　 6 213
　　　　　　——合同成本(图书馆,材料费)　　　　　　　 8 315
　　贷:周转材料——在库低值易耗品　　　　　　　　　　 14 528

⑦ 分配机械使用费

借:工程施工——合同成本(教学楼,机械使用费)   58 487.74
　　　　　　——合同成本(图书馆,机械使用费)   63 572.26
　贷:周转材料——在库低值易耗品   122 060

⑧ 摊销施工现场搭建的临时房屋设施费(搭建时发生的实际成本 267 000 元,不考虑净残值,本月应摊销得临时设施费按施工生产人员的工资酬薪比例分摊)

表 5.23　临时设施摊销计算表

编制单位:振兴建筑公司　　　　2015 年 6 月 30 日　　　　　　　　　单位:元

核算对象	生产人员职工薪酬	摊销率	摊销额	备注
教学楼工程	412 000	0.025	10 300	临时设施摊销额＝267 000/15＝17 800 元
图书馆工程	304 000	0.025	7 500	
合计	716 000	0.025	17 800	

财务主管:　　　　　　复核:　　　　　　记账:　　　　　　制表:

借:工程施工——合同成本(教学楼,其他直接费)   10 300
　　　　　　——合同成本(图书馆,其他直接费)   7 500
　贷:周转材料——临时房屋摊销费   17 800

⑨ 施工耗用水电费

借:工程施工——合同成本(教学楼,其他直接费)   2 230
　　　　　　——合同成本(图书馆,其他直接费)   1 530
　　　　　　——合同成本(办公费)   100
　贷:应收账款——应收工程款(业主)   3 860

⑩ 计提办公设备折旧费

借:工程施工——间接费用(折旧保养费)   32 100
　贷:累计折旧——其他固定资产(办公设备)   32 100

⑪ 报销差旅费

借:工程施工——间接费用(差旅费)   12 000
　贷:库存现金   12 000

⑫ 施工项目办公室报销办公用品 3 000 元,劳保用品 8 000 元,办公设备保养费 600 元。上述费用通过银行转账支付。

借:工程施工——间接费用(办公费)   3 000
　　　　　　——间接费用(劳保费)   8 000
　　　　　　——间接费用(折旧保养费)   600
　贷:银行贷款   11 600

⑬ 支付排污费 10 000 元

借:工程施工——间接费用(排污费)   10 000
　贷:银行存款   10 000

(2) 分配间接费用

表 5.24 间接费用明细账

金额单位:元

| 2015年 | | 凭证 | 摘要 | 职工薪酬 | 办公费 | 差旅费 | 折旧费 | 劳保费 | 其他 | 合计 |
月	日									
6	略	(1)	分配职工工资	61 000						61 000
		(3)	计提职工薪酬	32 330						32 330
		(9)	管理耗用水电费		100					100
		(10)	计提办公设备折旧费				32 100			32 100
		(11)	报销差旅费			12 000				12 000
		(12)	报销办公用品		3 000					3 000
		(12)	报销劳保用品					8 000		8 000
		(12)	办公设备保养费				600			600
		(13)	支付排污费						10 000	10 000
			合计	93 330						
		(14)	分配间接费用	93 330	3 100	12 000	32 700	8 000	10 000	159 130

表 5.25 间接费用分配表

编制单位:振兴建筑公司　　　2015年6月30日　　　单位:元

工程项目	分配标准 (实际发生的直接费)	分配率	分配金额
教学楼工程	2 222 550.74	0.031 7	70 454.86
图书馆工程	2 793 567.26	0.031 7	88 675.14
合计	5 016 118.00		159 130.00

财务主管:　　　复核:　　　记账:　　　制表:

借:工程施工——合同成本(教学楼,间接费)　　　70 454.86
　　　　　　——合同成本(图书馆,间接费)　　　88 675.14
　贷:工程施工——间接费(各明细)　　　159 130.00

(3) 结转已完工教学楼实际成本

借:工程结算——教学楼　　　9 300 000.00
　贷:工程施工——合同成本(教学楼)　　　7 874 327.25
　　　　　　——合同毛利(教学楼)　　　1 425 672.75

表 5.26 建造合同成本明细账

明细科目:教学楼　　　单位:元

| 2015年 | | 凭证 | 摘要 | 人工费 | 材料费 | 机械使用费 | 其他直接费 | 间接费 | 合计 | 余额 |
月	日									
6	略		月初余额	499 079.20	4 210 000.00	305 482.46	131 396.19	435 363.80	5 581 321.65	5 581 321.65
		(1)	分配人工费	220 000					220 000	

续 表

2015年		凭证	摘要	人工费	材料费	机械使用费	其他直接费	间接费	合计	余额
月	日									
			(2) 分配人工费	192 000					192 000	
			(3) 计提职工薪酬	218 360					218 360	
			(4) 领用主要材料		1 466 000				1 466 000	
			(5) 摊销周转材料		48 960				48 960	
			(6) 领用低值易耗品		6 213				6 213	
			(7) 分配机械使用费			58 487.74			58 487.74	
			(8) 临时设施摊销费				10 300		10300	
			(9) 耗用水电费				2 230		2 230	
			(14) 分配间接费用					70 454.86	70 454.86	
			本月合计	630 360	1 521 173	58487.74	12 530	70 454.86	2 293 005.60	
			本月累计	1 129 439.20	5 731 173	563 970.20	143 926.19	505 818.66	7 874 327.20	7 874 327.25
			结转完工成本	1 129 439.20	5 731 173	363 970.20	143 926.19	505 818.66	7 874 327.20	平

(4) 结转已完工图书馆实际成本:
借:工程结算——图书馆　　　　　　　　　　　　　　1 100 000.00
　　贷:工程施工——合同成本(图书馆)　　　　　　　　9 032 272.86
　　　　　　　　——合同毛利(图书馆)　　　　　　　　1 967 727.14

表 5.27　建造合同成本明细账

明细科目:图书馆　　　　　　　　　　　　　　　　　　　　　　　　单位:元

2015年		凭证	摘要	人工费	材料费	机械使用费	其他直接费	间接费	合计	余额
月	日									
6		略	月初余额	644 092.61	4 307 000.00	352 343.10	232 337.49	614 257.26	6 150 030.46	6 150 030.46
			(1) 分配人工费	136 000					136 000	
			(2) 分配人工费	168 000					168 000	
			(3) 计提职工薪酬	161 120					161 120	

续 表

2015年		凭证	摘要	人工费	材料费	机械使用费	其他直接费	间接费	合计	余额
月	日									
		(4)	领用主要材料		2 180 000				2 180 000	
		(5)	摊销周转材料		67 530				67 530	
		(6)	领用低值易耗品		8 315				8 315	
		(7)	分配机械使用费			63 572.26			63 572.26	
		(8)	临时设施摊销费				7 500		7 500	
		(9)	耗用水电费				1 530		1 530	
		(14)	分配间接费用					88 675.14	88 675.14	
			本月合计	465 120	2 255 845	63 572.26	9 030	88 675.14	2 882 242.4	
			本月累计	1 109 212.61	6 562 845	415 915.36	241 367.49	702 932.4	9 032 272.86	9 032 272.86
			结转完工成本	1 109 212.61	6 562 845	415 915.36	241 367.49	702 932.4	9 032 272.86	平

项目 6

练习题

1. 单选题

(1) D (2) C (3) C (4) B (5) B (6) C (7) A (8) C

2. 多选题

(1) ABCD (2) ABCD (3) ABD (4) ABC (5) ABC (6) BCD (7) ABD (8) ABC (9) ACD (10) AB

3. 判断题

(1) 正确 (2) 错误 (3) 错误 (4) 正确 (5) 正确 (6) 错误 (7) 正确 (8) 正确 (9) 正确 (10) 正确

技能实训

1. (1) 按上年单位成本核算的本年累计总成本为 3 216 000 元；按计划单位成本核算的本年累计总成本为 3 122 500 元；按本年实际单位成本核算的总成本为 3 051 000 元。

(2) 可比产品成本本年度计划降低额为 89 000 元，计划降低率为 2.867%。

(3) 可比产品成本本年度实际的降低额为 165 000 元,实际的降低率为 5.131%。
完成情况:降低额为 76 000 元,降低率为 2.264%。
(4) 因素分析

表 6.27　各因素对成本降低任务完成的影响程度

影响因素	对成本降低额的影响(元)	对成本降低率的影响
产量变动影响	3 202.72	—
品种结构变动影响	1 297.28	43%
单位成本变动影响	71 500	2.221%
合　　计	76 000	2.264%

2.(1) 略

(2) 材料耗用量变动对单位成本的影响值为 308 元,材料价格变动对单位成本变动的影响值为 20 元,各因素变动对直接材料费用的影响值为 328 元。

参考文献

[1] 崔国萍.成本管理会计[M].3版.北京:机械工业出版社,2014.
[2] 万寿义,任月君.成本会计[M].3版.大连:东北财经大学出版社,2013.
[3] 乐艳芬.成本会计[M].4版.上海:上海财经大学出版社,2012.
[4] 李会青.成本会计学[M].上海:上海财经大学出版社,2012.
[5] 褚文凤,李慧锋.成本会计[M].上海:上海财经大学出版社,2011.
[6] 周云凌.成本会计实训教程[M].北京:北京理工大学出版社,2010.
[7] 江希和,向有才.成本会计教程与案例[M].上海:立信会计出版社,2009.